权威·前沿·原创

皮书系列为
"十二五""十三五"国家重点图书出版规划项目

中国社会科学院创新工程学术出版资助项目

新媒体蓝皮书
BLUE BOOK OF NEW MEDIA

中国新媒体发展报告 No.8
（2017）

ANNUAL REPORT ON DEVELOPMENT OF NEW MEDIA IN CHINA
(2017)

中国社会科学院新闻与传播研究所
主　编／唐绪军
副主编／吴信训　黄楚新

社会科学文献出版社
SOCIAL SCIENCES ACADEMIC PRESS (CHINA)

图书在版编目(CIP)数据

中国新媒体发展报告.No.8,2017/唐绪军主编
.--北京：社会科学文献出版社,2017.7
（新媒体蓝皮书）
ISBN 978-7-5201-0959-8

Ⅰ.①中… Ⅱ.①唐… Ⅲ.①传播媒介-发展-研究报告-中国-2017 Ⅳ.①G219.2

中国版本图书馆CIP数据核字（2017）第133602号

新媒体蓝皮书
中国新媒体发展报告No.8（2017）

主　　编／唐绪军
副 主 编／吴信训　黄楚新

出 版 人／谢寿光
项目统筹／邓泳红　郑庆寰
责任编辑／郑庆寰　刘晶晶　刘　翠

出　　版／社会科学文献出版社·皮书出版分社（010）59367217
　　　　　　地址：北京市北三环中路甲29号院华龙大厦　邮编：100029
　　　　　　网址：www.ssap.com.cn

发　　行／市场营销中心（010）59367081　59367018
印　　装／北京季蜂印刷有限公司

规　　格／开　本：787mm×1092mm　1/16
　　　　　　印　张：25.25　字　数：381千字
版　　次／2017年7月第1版　2017年7月第1次印刷
书　　号／ISBN 978-7-5201-0959-8
定　　价／79.00元

皮书序列号／PSN B-2010-169-1/1

本书如有印装质量问题，请与读者服务中心（010-59367028）联系

▲ 版权所有 翻印必究

新媒体蓝皮书编委会

委　　员（按姓氏笔画排序）

刘瑞生　闵大洪　宋小卫　吴信训　孟　威
姜　飞　杨瑞明　钟　瑛　赵天晓　彭　兰
钱莲生　唐绪军　黄楚新　殷　乐

协编单位　上海市社会科学创新研究基地/吴信训工作室·
上海大学文化繁荣与新媒体发展研究基地

欲了解中国新媒体发展最新动态，请关注"新媒体蓝皮书"微信公众号，以及新媒体蓝皮书的官方微博新浪微博"@中国新媒体发展报告蓝皮书"。

主要编撰者简介

唐绪军 中国社会科学院新闻与传播研究所所长，研究员，所学术委员会主任，兼任中国社会科学院研究生院教授、教授委员会委员、新闻学与传播学系主任、博士生导师、系学位评定委员会主任，《新闻与传播研究》主编，中国记协第八届理事会常务理事、国家新闻出版总署报业专家顾问团顾问，享受政府特殊津贴。

吴信训 上海大学中国艺术产业研究院院长，教授，博士生导师。上海市社会科学创新研究基地（文化繁荣与新媒体发展研究方向）及上海发展战略研究所吴信训工作室首席专家，全国"十佳"广播电视理论工作者，享受政府特殊津贴，中国传媒经济与管理学会常务副会长兼秘书长。

黄楚新 中国社会科学院新闻与传播研究所新闻学研究室主任，传媒发展研究中心主任，中国社会科学院新媒体研究中心副主任兼秘书长，研究员，博士。首都互联网协会新闻评议专业委员会评议员，《中国报业》杂志学术顾问，《新闻论坛》杂志学术顾问，《中国青年社会科学》杂志特约作者。

摘 要

《中国新媒体发展报告 No.8（2017）》是由中国社会科学院新闻与传播研究所主持编撰的关于新媒体发展的最新年度报告，分为总报告、热点篇、调查篇、传播篇和产业篇五部分，全面分析中国新媒体发展状况，解读新媒体发展趋势，总结新媒体发展问题，探析新媒体的深刻影响。

2016年，我国大力推动信息化发展，互联网创新方兴未艾，新技术、新产品、新业态竞相涌现，信息经济在我国国内生产总值中的占比不断攀升。网信工作的"四梁八柱"基本确立，网络强国顶层设计愈加完备、网信事业发展路线图愈加清晰。创新、协调、绿色、开放、共享的发展理念成为互联网新媒体发展的共识。

本书总报告全面概括了2016年以来，在"互联网+"行动计划的推动下，信息化进一步造福社会、造福人民，新媒体正在加速影响中国发展进程。我国不断加快互联网治理步伐，积极从互联网大国迈向网络强国。短视频、网络直播等新信息产品生产样态革新媒体传播生态，网红经济与共享经济推动新媒体产业发展，人工智能技术引领传播技术创新，媒体"智能化"发展，媒体融合步入提速升级阶段，内容创业步入快车道，网络扶贫助力脱贫攻坚，新媒体在中国对外传播与国家形象塑造中的重要性凸显。随着新媒体发展进入新阶段，一些问题不容忽视：全球面临网络空间安全威胁，互联网金融风险集中爆发，新媒体传播伦理问题亟待讨论，互联网企业的社会责任亟待提升。总报告重点解析了新媒体的高速发展对中国政治、经济、文化、社会等方面的深刻影响，展望了中国新媒体的未来发展趋势。

本书收入了全国研究新媒体的数十位著名专家学者撰写的分报告，深入探讨了中国媒体融合、网红经济、政务微博矩阵、虚拟现实、新闻无人机、

互联网国际舆论、视频付费、网络电影、网络直播、网络信息安全、电视媒体融合发展、新媒体版权、政府网络传播等重要问题。同时,还总结了图书网络出版、数字报纸以及手机视频等新媒体产业的发展状况。

本书认为,2016年,国家战略不断推进新媒体发展,传统媒体与新兴媒体的融合不断走向深度和广度。在我国大力推动网络和信息化事业发展的顶层设计强化下,新媒体连接多行业、多领域发展,成为中国社会转型新阶段中的关键因素。各种新技术、新产品、新业态竞相呈现,推动中国向网络强国迈进。

目 录

Ⅰ 总报告

B.1 智能化与视频化：中国新媒体发展的新趋势
　　　　　　　　　　　　　　　　　唐绪军　黄楚新　王　丹 / 001
　　一　总体概况与发展态势 ……………………………………… / 002
　　二　热门盘点和焦点透视 ……………………………………… / 013
　　三　传播分析与影响解读 ……………………………………… / 032
　　四　未来展望与政策建议 ……………………………………… / 038

Ⅱ 热点篇

B.2　2016年中国网红经济发展报告 ……………欧阳日辉　刘　健 / 043

B.3　2016年中国网络直播业发展报告 ……阳美燕　周晓瑜　刘　厚 / 061

B.4　2016年中国媒体融合发展报告 ………………黄楚新　彭韵佳 / 078

B.5　2016年中国互联网国际舆论发展报告
　　　　　　　　　　　　　　　　刘鹏飞　曲晓程　齐思慧 / 097

B.6　2016年中国新媒体版权保护报告 ……………朱鸿军　刘向华 / 116

B.7　2016年移动APP新媒体创新发展报告 …… 钟　瑛　李秋华 / 130

B.8　2016年中国政务微博矩阵发展报告 ………………… 侯　锷 / 143

B.9　2016年中国虚拟现实新媒体发展报告 ……… 李卫东　刘亚婷 / 160

Ⅲ　调查篇

B.10　2016年中国网络直播传播特征与用户需求

　　　分析报告 ………………………………… 殷　乐　刘政阳 / 176

B.11　2016年政府网络传播发展报告 …… 谭　天　夏　厦　张子俊 / 190

B.12　当前大学生的微信表情使用行为研究 ……… 匡文波　邱水梅 / 202

B.13　2016年争议性政策事件网络传播报告 …… 张淑华　王佳林 / 219

B.14　2016年中国电视媒体融合发展报告 ………………… 于　烜 / 235

B.15　当前手机新媒体对城镇残疾青年社会融入的影响研究

　　　——以北京市西城区为例 ……………… 罗自文　李鸿达 / 248

Ⅳ　传播篇

B.16　2016年中国视频付费市场发展报告 ……… 刘友芝　王晓婉 / 262

B.17　"VR+"：2016年中国虚拟现实发展报告 ……… 雷　霞 / 275

B.18　2016年中国网络大电影发展报告

　　　………………………………… 苗伟山　周　逵　朱鸿军 / 287

B.19　2016年河北省"互联网+"发展报告 ……………… 梁跃民 / 301

Ⅴ　产业篇

B.20　2016年中国新媒体产业发展报告 ………… 郭全中　郭凤娟 / 312

目 录

B.21 2016年中国新闻无人机发展现状、问题及展望 …… 刘　君 / 329

B.22 2016年图书网络出版的现状、问题及对策
　　　——以SPRINGER、人民出版社和科学出版社为例
　　　……………………………………………… 吴卓晶 / 341

B.23 2016年中国数字报纸发展报告 ……………… 李　珠 / 354

Abstract ………………………………………………………… / 371
Contents ………………………………………………………… / 373

皮书数据库阅读**使用指南**

总报告

General Report

B.1
智能化与视频化：中国新媒体发展的新趋势

唐绪军 黄楚新 王 丹*

摘 要： 2016年以来，在"互联网+"行动计划的推动下，新媒体加速影响中国发展进程。我国不断加快互联网治理步伐，积极从网络大国迈向网络强国。短视频、网络直播等新信息产品生产样态革新媒体传播生态，网红经济与共享经济推动新媒体产业发展，人工智能技术引领传播技术创新，媒体"智能化"发展，媒体融合步入提速升级阶段，内容创业步入快车道，网络助力精准脱贫攻坚，新媒体在中国对外传播与国家

---

* 唐绪军，中国社会科学院新闻与传播研究所所长，研究员，所学术委员会主任；黄楚新，中国社会科学院新媒体研究中心副主任兼秘书长，中国社会科学院新闻与传播研究所新闻学研究室主任，传媒发展研究中心主任，研究员；王丹，中国社会科学院研究生院新闻学与传播学硕士研究生。

形象塑造中的重要性进一步凸显。随着新媒体发展进入新阶段，一些问题不容忽视：全球面临网络空间安全威胁，互联网金融风险集中爆发，新媒体传播伦理问题亟待规范，互联网企业的社会责任亟待提升。

关键词： 新媒体 短视频 人工智能 互联网治理 新媒体产业

一 总体概况与发展态势

1. 互联网广泛而深刻地造福国家与人民

中国互联网络信息中心（CNNIC）2017年1月发布的第39次《中国互联网络发展状况统计报告》显示，截至2016年12月，我国网民规模达7.31亿人，互联网普及率达到53.2%，我国网民规模已经相当于欧洲人口总量。[①] 2016年4月19日，习近平总书记在网络安全和信息化工作座谈会上指出，推进网络强国建设，推动我国网信事业发展，让互联网更好地造福国家和人民，让亿万人民在共享互联网发展成果上有更多获得感。[②] 2016年12月，国务院印发《"十三五"国家信息化规划》，提出要着力满足广大人民群众的普遍期待和经济社会发展的关键需要，重点突破，推动信息技术更好服务经济升级和民生改善。[③] 互联网发展的本质属性是为民造福，通过网络实现国家跨越式发展，民众拥有美好生活是我国互联网发展的价值追求与目标。当前，互联网发展呈现共享性与普惠性特征，网络内化为用户生活习

---

① 中国互联网络信息中心：第39次《中国互联网络发展状况统计报告》，http://www.cnnic.net.cn/hlwfzyj/hlwxzbg/，2017年1月。
② 新华网：《习近平：让互联网更好造福国家和人民》，http://news.xinhuanet.com/politics/2016-04/19/c_1118672059.htm，2016年4月19日。
③ 新华网：《国务院印发〈"十三五"国家信息化规划〉》，http://news.xinhuanet.com/2016-12/27/c_1120199064.htm，2016年12月27日。

惯，深入到人们生活的各个层面，网络成果惠及普通用户，国家经济社会发展呈现新面貌。

商务部数据显示，2017年第一季度我国网络零售交易额达到1.4万亿元，同比增长32.1%，增速比上年同期增加4.3个百分点。2017年一季度，西北、西南地区网络零售额同比增幅超过40%。① 电子商务深入发展，一方面方便了人们生活，另一方面也拉动了经济增长，促进了西部地区经济发展。截至2016年11月底，我国农村网络光纤接入占比达到82.2%（FTTH端口占比），比2015年底提升19个百分点；贫困村宽带覆盖率超过80%；农村光纤宽带用户超过6100万户，比2015年底提升90%。② 2017年政府工作报告明确提出，年内全部取消手机国内长途和漫游费，大幅降低中小企业互联网专线接入资费，降低国际长途电话费。③ 信息化基础设施的建设是有效弥合"数字鸿沟"的基础，也是网络成果惠民的保障。

在"互联网+"行动计划的指引下，互联网与人们的学习、生活、工作等各个层面需求相连接，民生服务迎来了新局面：互联网和移动互联网政务服务不断推进，"网上办事"更加便利；"众筹""众包""众创"等新模式促进生产方式变革，创业投资更加高效；"互联网+医疗""互联网+养老""互联网+教育""互联网+社区"等行业的互联网实践促进了信息公开，加速了传统行业的经济发展转型。人们在信息共享中享受网络发展成果，在绿色化与信息化发展中进行着生活"重构"。新型智慧城市建设成为各地积极推行与落实的惠民政策。2016年10月，全国首个"新媒体小镇"在天津落户，提供了新媒体促进社会发展的新样本。

---

① 央视网：《商务部发布一季度网络零售数据：交易额破万亿同比增32.1%》，http://m.news.cctv.com/2017/04/25/ARTI5A38zQoOvt06PlsFBR3T170425.shtml，2017年4月25日。
② 新华网：《工信部：预计2017年全国行政村光纤通达比例超90%》，http://news.xinhuanet.com/info/2017-01/23/c_136005775.htm?from=singlemessage&isappinstalled=0，2017年1月23日。
③ 新华网：《年内全部取消手机国内长途和漫游费》，http://news.xinhuanet.com/fortune/2017-03/05/c_1120571036.htm，2017年3月5日。

2. 向网络强国大步迈进

2016年4月19日，习近平总书记主持召开网络安全和信息化工作座谈会时提出了关于建设网络强国的重要思想。他指出，要尽快在核心技术上取得突破，坚定不移实施创新驱动发展战略，推动我国网信事业发展。① 网络强国战略是我国重要的国家发展目标，一直以来在国家发展规划中处于重要位置。早在2014年2月，习近平主持召开中央网络安全和信息化领导小组第一次会议时便明确提出，建设网络强国的战略部署要与"两个一百年"奋斗目标同步推进，向着网络基础设施基本普及、自主创新能力显著增强、信息经济全面发展、网络安全保障有力的目标不断前进。② 当前，我国网络信息技术不断创新，网络设施建设不断完善，网络信息技术应用与服务不断升级，网络强国建设不断深化。

中国互联网络信息中心（CNNIC）发布的第39次《中国互联网络发展状况统计报告》数据显示，截至2016年12月，中国国际出口带宽为6640291Mbps，年增长率为23.1%。③ 网络国际出口带宽数不断增长，有利于我国网络建设的现代化，与国际互联互通，提升信息通信技术的国际竞争力。在高端服务器领域，2016年12月，浪潮发布了新一代关键应用主机天梭M13，这是我国自主研制的在线交易处理性能最强的单机服务器系统，我国由此成为继美国和日本之后，全球第三个掌握最高端主机核心技术的国家。④ 2017年4月，我国虚拟现实领域首个自主制定的标准发布，这对于规范市场和行业发展具有重要意义。在移动通信技术方面，我国4G用户增速

---

① 人民网：《在网络安全和信息化工作座谈会上的讲话》，http://politics.people.com.cn/n1/2016/0426/c1024-28303544.html，2016年4月19日。
② 新华网：《习近平：把我国从网络大国建设成为网络强国》，http://news.xinhuanet.com/politics/2014-02/27/c_119538788.htm，2014年2月27日。
③ 中国互联网络信息中心：第39次《中国互联网络发展状况统计报告》，http://www.cnnic.net.cn/hlwfzyj/hlwxzbg/，2017年1月。
④ 中国经济网：《浪潮发布新一代主机天梭M13可承载大型机应用》，http://finance.ce.cn/rolling/201612/28/t20161228_19223980.shtml，2016年12月27日。

持续攀升，2017年一季度末总数达到8.36亿户。① 2016年初中国全面启动了5G技术研发实验，截至2017年2月，我国5G技术研发已进入第二阶段试验，预计到2017年底完成。② 中国已经建成了全球最大的4G网络，并在5G的布局上处于全球领先地位，③ 正在着力于推动全球统一的5G标准的形成。

在网络强国建设进程中，资金支持是其中重要一环。自2016年起，多支国家级投资基金相继成立，在资本层面为重点领域发展提供支持。2016年8月，中国国有资本风险投资基金股份有限公司成立，基金总规模约2000亿元。④ 该基金通过市场化运作方式为国家战略实施与推进提供了保障。同年9月，总规模高达3500亿元的中国国有企业结构调整基金成立。该基金重点投资的转型升级领域、并购重组领域等均对促进网络发展具有重要意义。2017年1月，中国首次专门面向互联网领域的国家级投资基金——中国互联网投资基金成立。该基金规划总规模为1000亿元，出资单位和合作伙伴包括中国移动、中国联通、中国电信三大运营商与中国工商银行、中国农业银行等金融机构，具有丰厚的资源支持与广阔的发展前景。互联网专项投资基金的成立有利于调整行业资本分配结构，促进我国互联网行业健康有序发展。

通过不断增强核心竞争力，从技术、人才、设施等各个要素入手，加大信息化建设力度，提升信息化管理与应用水平，我国正大步向建设成为网络强国的目标迈进。随着"中国制造2025""科技创新2030""天地一体化信息网络""网络空间安全学院""国家网络安全人才与创新基地"等一批国

---

① 中国新闻网：《工信部：一季度末4G用户已达到8.36亿户》，http://finance.chinanews.com/cj/2017/04-26/8209362.shtml，2017年4月26日。
② 新华网：《工信部：中国5G技术研发实验已经进入第二阶段》，http://news.xinhuanet.com/tech/2017-02/17/c_1120486163.htm，2017年2月17日。
③ 王伟凯：《中国5G布局处全球领先地位》，《南方日报》（电子版），http://epaper.southcn.com/nfdaily/html/2016-06/30/node_15.htm，2016年6月30日，第A14版。
④ 证券时报网：《中国国有资本风险投资基金公司今成立规模2000亿元》，http://kuaixun.stcn.com/2016/0818/12842912.shtml#_cj，2016年8月18日。

家重大规划与重点项目的不断启动与推进,我国的网络实力将显著提升。我国正在逐步补全区域与行业信息化发展不平衡、信息基础设施建设不完备、网络专业核心人才不足等发展短板,朝着建设网络强国的目标不懈努力。

3. 互联网治理:依法治理为重,政策指引与平台管理并举

依法治网是中国互联网治理的主线。在"约谈"创新了互联网治理模式后,2016年互联网治理发展到以依法治理为重点,政策指引与平台管理并举的阶段。中国互联网治理顶层设计呈现出立法进程不断加快、立法效力不断提高的特点,互联网立法呈现体系化发展趋势。以《网络安全法》的通过为标志,中国的互联网治理法治化进入新阶段。

习近平总书记指出,网络空间不是"法外之地"。2016年,国家通过密集出台法律法规与战略谋划的形式加强对互联网的依法治理。其中,作为网络安全领域的基本大法——《网络安全法》的通过对国家网络安全的管理具有里程碑式的意义,我国网络治理拥有了法律依据。2016年7月,中共中央办公厅、国务院办公厅印发《国家信息化发展战略纲要》,对未来10年国家信息化发展做出了规划,确立了大力增强信息化发展能力、着力提升经济社会信息化水平、不断优化信息化发展环境等重点战略任务,并通过体制保障和组织实施规定保障战略目标的实现。2016年12月,《国家网络空间安全战略》发布,明确捍卫网络空间主权、维护国家安全、保护关键信息基础设施等9项任务。2016年12月,最高法院、最高检察院、公安部联合发布《关于办理电信网络诈骗等刑事案件适用法律若干问题的意见》,针对电信网络诈骗依法进行严惩严治。

自2016年以来,各部门针对网络治理的具体方面出台了多项部门规章与规范性文件,对互联网应用、信息搜索、互联网广告、网络直播等进行专项管理。主要规章有:2016年6月,国家互联网信息办公室(下称:国家网信办)发布《互联网信息搜索服务管理规定》,明确了互联网信息搜索服务的监督管理责任;同月,国家网信办发布《移动互联网应用程序信息服务管理规定》,加强对移动客户端的管理;7月,国家工商总局发布《互联网广告管理暂行办法》,明确了互联网广告的定义与范围,并规定了违规互

联网广告的行政处罚力度；12月，文化部印发《网络表演经营活动管理办法》，对音视频形式的互联网文化产品的内容做出了规定，明确了网络表演经营单位应承担的主体责任。2017年1月，国家网信办下发《关于开展互联网应用商店备案工作的通知》，对各省、区、市启动互联网应用商店备案工作提出了明确要求；2017年5月，国家网信办公布新版《互联网新闻信息服务管理规定》，对网络新闻信息服务中的舆论导向、网络主权、公民隐私等内容进行了规定；5月，《网络产品和服务安全审查办法（试行）》发布并于2017年6月起实施，作为国家层面的安全审查的纲领性文件，维护了重要网络产品和服务安全。

针对发展迅速的网络直播行业，国家管理部门快速、精准地出台了相关管理规定。2016年9月，新闻出版广电总局下发《关于加强网络视听节目直播服务管理有关问题的通知》，对开展网络视听节目直播服务应具有的资质问题进行了明确规定。2016年11月，国家网信办发布《互联网直播服务管理规定》，对网络直播的内容进行规范管理，通过"实名制"与"黑名单"将管理方法细化。

互联网治理不断强调网络平台的主体责任，主张多元主体参与，网络治理是一项长期的工作，具备"常态化"与"长期化"特征。2016年8月，国家网信办召开专题座谈会，就网站履行网上信息管理主体责任提出了八项要求，包括建立总编辑负责制、严格落实7×24小时值班制、建立健全跟帖评论管理制度、完善用户注册管理制度、强化内容管理队伍建设、做好举报受理工作等。[①] 2016年10月，阿里巴巴集团与国务院联席办联合开发推出了"互联网+反电信诈骗"系统——钱盾平台，通过提供技术支持发挥网络平台主体责任。从2016年7月到10月，公安部在全国范围内对网络直播平台进行专项整治。2016年，国家网信办开展了"护苗2016""剑网2016""清朗"等系列专项行动，互联网治理工

---

① 余瀛波：《新闻网站要建立总编辑负责制》，法治网，http://www.legaldaily.com.cn/index/content/2016-08/18/content_6768106.htm?node=20908，2016年8月18日。

作逐步"常态化"。

4. 短视频与网络直播塑造微传播新生态

新传播技术打造新信息产品样态,重塑新媒体传播生态。2016年,短视频与网络直播迎来黄金发展期,成为现阶段主流的信息产品形式。

短视频发展势头强劲。艾媒咨询2017年4月发布的《2016~2017中国短视频市场研究报告》数据显示,2016年中国移动短视频用户规模为1.53亿人,预计2017年将达到2.42亿人,增长58.2%。① 在信息获取视频化发展的大趋势下,短视频依托移动互联网的快速发展迅速崛起。短视频的快速发展一方面得益于网络基础设施和移动通信技术发展,另一方面也是因为其产品产量大、分发快等属性符合互联网,特别是移动互联网的传播特征。网络时代是读图时代,更是看视频时代。短视频介于图文与长视频之间,相较图文能使用户在同等时间内获得更大的信息量,既满足了用户同时获取声音与画面的视频观看需求,同时又依靠小体量的产品长度符合用户碎片化的时间要求。由于短视频可以弥补文字和图片中的环境缺失、场景欠缺、情感不足等缺陷,用户在社交媒体使用中也对短视频更加青睐。用户依托网络平台功能进行短视频拍摄与分享,可以更加直观地参与社交。

2016年,短视频创业集中,短视频创业项目发展显著。艾瑞发布的《2016年中国短视频行业发展研究报告》显示,截至2016年7月1日,短视频行业共获得43笔投资。② QuestMobile发布的《2017年移动互联网春季报告》显示,短视频平台"秒拍"以2.76亿月用户覆盖数和5877万日均用户覆盖数位列短视频行业第一。③ "秒拍"依托"一下科技"打造的移动视频产品体系快速发展。主打生活方式类的短视频项目"一条""二更"

---

① 艾媒咨询:《2016~2017中国短视频市场研究报告》,http://www.iimedia.cn/51028.html,2017年4月21日。
② CCTIME飞象网:《艾瑞发布2016短视频报告 秒拍成国内最大短视频平台》,http://www.cctime.com/html/2016-9-23/1222188.htm,2016年9月23日。
③ CCTIME飞象网:《QuestMobile:秒拍2.76亿月用户数领跑短视频行业第一阵营》,http://www.cctime.com/html/2017-4-18/1281158.htm,2017年4月18日。

"即刻"等也通过资本投资快速扩张,实现商业变现。2016年,一些传统媒体人也纷纷转入短视频市场。2016年7月,"今日头条"副总裁林楚方离职,转身创立了以"环球旅行"为内容的视频项目;8月,原壹读CEO马昌博创立短视频项目"视知",致力于知识传播;11月,澎湃新闻总编辑邱兵离职后创立的资讯短视频内容平台"梨视频"正式推出。随着传统媒体人和专业人士的不断进入,短视频行业将逐渐规范化与专业化。

与短视频相伴而生的是网络直播。如今,网络直播已经成为我国媒体"国家队"标配。2015年下半年,主流新闻网站排名靠前的人民网、新华网、央视网,其总覆盖人数均在1.3亿人以上,而2016年,新华网总覆盖人数下降至1亿人左右,人民网、央视网的总覆盖人数均不到1亿人(见表1)。新闻网站覆盖人群下降的同时,网络直播用户规模不断攀升。

表1 2016年下半年中国主流新闻网站基本数据

序号	网站	总覆盖人数(万人)	总覆盖人数比例(%)	总访问次数(万次)	总访问次数比例(%)	总页面浏览量(万次)	总页面浏览量比例(%)	总访问时长(小时)	总访问时长比例(%)
1	东方网	11122.5	43.26	150406.3	20.56	298304.1	19.82	49644837	13.11
2	新华网	10192.2	39.65	74898.5	10.24	214474.6	14.25	34059478	9
3	人民网	9578.4	37.26	58989.6	8.06	110806.2	7.36	35976812	9.5
4	中国网络电视台	9259.6	36.02	60943.3	8.33	109797.8	7.3	115504685	30.51
5	中国网	9034.7	35.14	37929.4	5.18	54700.9	3.63	8916254	2.35
6	环球网	6238.3	24.27	78024.1	10.66	120330.4	8	31463780	8.31
7	大河网	5510.1	21.43	56648.5	7.74	124829.2	8.3	19225323	5.08
8	中国日报网	5307.4	20.65	72387.7	9.89	238829.9	15.87	17826129	4.71
9	中央人民广播电台	4945.8	19.24	33668.1	4.6	56095.8	3.73	12131109	3.2
10	南方网	3508.1	13.65	18820.5	2.57	30660.5	2.04	4998515	1.32
11	中国国际广播电台	3372.4	13.12	12527.8	1.71	22182.6	1.47	12788234	3.38
12	中国新闻网	2413.6	9.39	7672.8	1.05	13623.3	0.91	2416370	0.64
13	千龙网	1464.8	5.7	1898.4	0.26	5901	0.39	336361	0.09
14	中国文明网	1012	3.94	3659.2	0.5	5332.3	0.35	1407179	0.37
15	大洋网	362.6	1.41	2092.5	0.29	3115.8	0.21	549142	0.15

资料来源:中国互联网数据平台。

中国互联网络信息中心（CNNIC）发布的第39次《中国互联网络发展状况统计报告》显示，截至2016年12月，网络直播用户规模达3.44亿人，占网民总体的47.1%，较2016年6月增长1932万人。① 除游戏直播、赛事直播、真人秀直播类型外，2016年以来，传统主流媒体也加入直播队伍中，通过直播平台增加信息出口。2017年2月19日，由人民日报社打造的全国移动直播平台"人民直播"正式上线。就在同一天，包含移动直播功能的新华社"现场云"、央视新闻移动网也相继亮相。中央主流媒体通过自建平台组成"媒体直播国家队"，进行直观化新闻生产的探索。在2017年"两会"报道中，一方面，媒体通过与互联网企业合作的形式进行网络直播，例如新华社和腾讯联合推出《看两会现场》栏目；人民网和腾讯合作打造《两会进行时》视频直播，超百小时直播报道使用户更加直观"看两会"。另一方面，媒体通过自建平台进行信息直播。

5. 网红经济和共享经济：互联网产业新模式兴起

2016年，互联网产业发展多方面推进，其中新商业模式不断涌现。以网红经济、共享经济为代表的新互联网经济发展方式促进了经济增长，改变了人们的生活习惯与生活方式，深入影响社会发展。

"网红"指的是网络红人，他们依托社交媒体通过内容输出获得知名度，并通过粉丝打赏进行商业变现。因此，网红经济的基础是新传播技术，微博、微信等社交媒体平台的出现以及通信技术的提升是"网红"进行内容输出的前提和技术保证。网红经济同时伴生了粉丝经济与参与经济。2016年，短视频、网络直播在"网红"内容输出中的应用大大推动了这一行业的发展。同时，由于资本的介入，"网红"发展呈现出产业化趋势，由个人操作演变为团队、集体运营。具体变现的商业模式较为多样，大致可以分为五类：第一，售卖内容变现，主要通过付费阅读或者粉丝打赏实现；第二，

---

① 中国互联网络信息中心：第39次《中国互联网络发展状况统计报告》，http://www.cnnic.net.cn/hlwfzyj/hlwxzbg/，2017年1月。

通过"二次售卖"直接实现盈利，与传统媒体的盈利方式相同，以广告、商业合作等变现；第三，通过社群化运营变现，例如会员制、线下活动等；第四，电商变现，售卖产品获利，促进形成新消费方式；第五，"网红"依靠知名度向演艺圈发展，通过形象代言人、拍摄影视剧等变现。可以说，网红经济现已形成了较为完整的运作模式且盈利前景较好。据 Analysys 易观预测，2018 年中国网红产业规模将超过 1000 亿元人民币，2015～2018 年复合增长率为 59.4%。[1] 被称为"2016 第一网红"的 Papi 酱获得千万融资便显示了这一经济模式的活力。

自 2016 年分享经济被写入政府工作报告以来，分享经济、共享经济在政策红利下进入发展成长期。国家信息中心发布的《中国分享经济发展报告 2017》显示，2016 年我国分享经济市场交易额约为 34520 亿元，比上年增长 103%。[2] 中国电子商务研究中心发布的《2016 年度中国"共享经济"发展报告》显示，截至 2016 年 12 月底，全国众筹行业历史累计成功筹资金额达 363.95 亿元。[3] 2016 年 5 月，李克强总理在中国大数据产业峰会开幕式上对共享经济的概念进行解读："共享经济不仅是在做加法，更是在做乘法，以此有效降低创业创新门槛，实现闲置资源充分利用。人人皆可参与、人人皆可受益。"[4] 共享经济与分享经济是共同使用资源的一种形式，借助分享与共享平台实现了资源的有效利用和分配，直接惠及普通人生活，有利于促进社会绿色发展。目前，在交通出行、空间使用、医疗健康、物品租赁等方面共享经济应用较为广泛。2017 年 5 月，支付宝正式宣布 ofo、永安行、小蓝、Hellobike、funbike、优拜等共享单车品牌与蚂蚁金服达成

---

[1] 易观国际：《易观国际中国网红产业专题研究报告 2016》，http://finance.qq.com/a/20160906/021768.htm，2016 年 9 月 6 日。
[2] 国家信息中心：《中国分享经济发展报告 2017》，http://www.sic.gov.cn/News/250/7737.htm，2017 年 3 月 2 日。
[3] 中国电子商务研究中心：《2016 年度中国"共享经济"发展报告》，http://b2b.toocle.com/zt/gxjjbg/，2017 年 3 月。
[4] 中国政府网：《李克强阐述共享经济：人人皆可受益》，http://www.gov.cn/premier/2017-01/18/content_5160946.htm，2017 年 1 月 18 日。

合作。① 这一举动促进了共享单车平台的贯通与融合发展,同时用户通过网络实名制信用分可以实现免押金使用单车,个人信用指数的介入有利于突破共享单车现有发展瓶颈,促进社会信用体系的建设。

6. 网络舆情倒逼互联网企业肩负平台责任

2016年,有关公民个人安全和公共利益的涉企事件成为年度舆情热点。2016年初,百度血友病吧被卖事件引发网民关注,网友通过在线举报、讨论与沟通牵引出百度多家疾病吧被出售的信息,公众通过网络舆论对信息搜索平台问责致使百度发表正式声明。无独有偶,"魏则西事件"引起了网民对百度关键词竞价排名机制的集中舆论问责。网友通过主动跟踪事件发展进程获取信息,同时在分享过程中加以互动与评论使舆情快速发酵,最终公众形成了一致的意见,将矛头指向百度。2016年6月,国家网信办发言人表示:"根据网民举报,国家网信办会同国家工商总局、国家卫生计生委成立联合调查组进驻百度公司,对此事件及互联网企业依法经营事项进行调查并依法处理。"② 调查组最终对百度公司提出了多项整改要求。这一事件加速了《互联网信息搜索服务管理规定》出台,国家工商总局对付费搜索广告的界定进一步明确。此外,快播案、徐玉玉事件、罗一笑事件等一系列网络舆情热点事件均与互联网平台责任相关。

2016年,互联网金融风险的集中显现也与网络平台管理不当有关。例如,2016年11月,"大学生裸条借贷"事件在网络持续发酵,10G大小的"女大学生裸条"照片、视频压缩包在微博等新媒体平台上不断被转载,致使相关学生个人信息遭到泄露。此事件中,一方面,借贷宝平台"裸贷"这种网络借贷方式本身存在问题,同时又对用户个人信息保管不当;另一方面,微博、微信等新媒体平台的监管不力也间接导致了更广范围的信息泄露与扩散。社交媒体如何更好地保护个人隐私、防控谣言传播已经成为监管的

---

① 证券时报网:《支付宝:6家共享单车与蚂蚁金服达成合作可免押金》,http://kuaixun.stcn.com/2017/0502/13325781.shtml#,2017年5月2日。
② 李丹丹:《国家网信办牵头成立联合调查组进驻百度》,《新京报》新媒体,http://www.bjnews.com.cn/news/2016/05/02/402009.html,2016年5月2日。

重要内容。2016年4月发布的《微信年度谣言分析报告》数据显示,微信谣言可以细分为健康养生、人身安全、财产安全等多种类型,而传播最为广泛的五大热门谣言,阅读量均超过2000万次,并被多个公众号转发。① 社交媒体中的谣言信息造成了网络信息污染,影响了社交关系的正常开展。

网络不仅是技术平台与信息平台,更是社会平台与管理平台。互联网平台运营者与管理者需要肩负起严格的平台责任,以保证网络空间的清朗。互联网企业需要均衡商业利益与社会责任,面对平台不断发展、用户画像更加清晰的现实,提升平台安全监测标准以及健全相关信息服务管理规定,以维护网民的利益。2016年7月,国家网信办印发《关于进一步加强管理制止虚假新闻的通知》,针对网络虚假新闻对互联网平台加强了管理。互联网平台需要对网上信息管理负主体责任,对自身和来源于第三方的信息均应起到及时监管的作用。

二 热门盘点和焦点透视

1. 数字经济成为经济增长新动能

数字经济是全球科技资源投入最为集中,创新活力最为凸显,增长速度最快的领域,成为促进世界经济发展新动力,是全球经济发展的竞争高地。加大数字经济发展力度,推动全球信息技术产业高速发展,促使经济发展模式转型已经成为全球共识。美国商务部组建数字经济顾问委员会(Digital Economy Board of Advisors),通过发挥学界与业界的力量为政府实施数字经济发展提供政策建议;英国出台《数字经济战略(2015~2018)》规划,为实现数字强国目标提供了方向指引;德国提出"数字战略2025",推动德国宏观经济实现数字化转型;日本提出"超智能社会"科研计划,旨在打造由科技引领的全新社会。

---

① 范晓:《五大年度微信谣言点击均超2000万》,《北京日报》(电子版),http://bjrb.bjd.com.cn/html/2016-04/02/content_21983.htm,2016年4月2日,第6版。

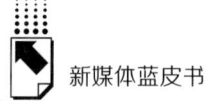

中国准确把握全球经济发展的趋势，高度重视数字经济发展，把握历史发展机遇，通过顶层设计把数字经济发展摆在优先发展的位置，着重提升中国的数字经济实力。在G20杭州峰会上，中国作为2016年二十国集团（G20）主席国，首次将"数字经济"列为G20创新增长蓝图中的一项重要议题。G20会议通过了全球首个由多国领导人共同签署的数字经济政策文件《G20数字经济发展与合作倡议》。① 2016年10月，习近平总书记在主持中共中央政治局第三十六次集体学习时强调，加快数字经济对经济发展的推动，做大做强数字经济，拓展经济发展新空间。② 2017年2月22日，李克强总理在国务院常务会议上指出，互联网不仅改变了人民群众的生活方式，也直接影响着我国整体的经济结构。③ 2017年3月，"数字经济"首次被写入国务院政府工作报告。

在这一大背景下，数字经济也成为我国国民经济的重要组成部分。腾讯发布的《中国互联网+数字经济指数（2017）》数据显示，2016年全国数字经济总量已占据全国GDP总量的30.61%，④ 在促进就业、拉动GDP增长等方面，数字经济均表现抢眼。2016年9月，汕头大学国际互联网研究院、互联网实验室、中国与全球化智库等多家研究机构共同发布《G20国家互联网发展研究报告》。报告显示，G20成员中发达国家的互联网经济占GDP比重平均为5.5%，发展中国家平均为4.9%；中国为6.9%，互联网经济水平超过发达国家平均水平。⑤ 中国信息化百人会2017年报告统计，中国数字

---

① 中国日报网：《G20会议通过了全球首个由多国领导人共同签署的数字经济政策文件〈G20数字经济发展与合作倡议〉》，http://china.chinadaily.com.cn/2016-09/28/content_26926631.htm，2016年9月28日。
② 新华网：《做大做强数字经济，拓展经济发展新空间》，http://news.xinhuanet.com/politics/2016-10/09/c_1119682204.htm，2016年10月6日。
③ 付聪：《李克强为何盯住"提速降费"不放？》，中国政府网，http://www.gov.cn/premier/2017-02/25/content_5170967.htm，2017年2月25日。
④ 腾讯科技：《中国"互联网+"指数发布：数字经济已占GDP总量三成》，http://tech.qq.com/a/20170420/026037.htm，2017年4月20日。
⑤ 丁栋：《G20互联网经济排名发布 中国超发达国家均线》，中国新闻网，http://www.chinanews.com/cj/2016/08-31/7990094.shtml，2016年8月31日。

经济规模达到22.4万亿元，超过日本和英国之和，位列全球第二。① 从1996年的在GDP中占比仅为5%，到2001年的占比达到10%，再到2016年的占比达到30.61%，② 中国数字经济后发优势明显，具有巨大的发展空间。中国当之无愧成为数字经济发展大国。

中国数字经济在消费领域取得了显著成绩。2016年"双十一"活动中，天猫最终交易额达1207亿元，覆盖235个国家和地区；京东交易额同比增长59%；苏宁易购全渠道增长达193%，线上增长达210%；国美在线交易额增长268%，移动端交易额占比达72%；网易考拉海购的"超级洋货节"在11月11日凌晨1点突破1.5亿元销售额……③ 中国商务部发布的数据显示，2016年中国网络零售交易额达5.16万亿元，同比增长26.2%，是同期中国社会消费品零售总额增速的两倍有余。④ 在数字阅读领域，2017年中国数字阅读大会提供的数据显示，2016年，我国数字阅读用户突破3亿人，年增长12.3%，中国数字阅读市场规模已达120亿元。⑤ 目前，在"互联网+"行动计划的指导下，国家积极推进供给侧改革，数字经济加速向生产侧发展，推动中国经济转型升级。中国互联网络信息中心（CNNIC）发布的第39次《中国互联网络发展状况统计报告》数据显示，截至2016年12月，全国使用计算机办公的企业比例为99%，其中对云计算、大数据、物联网技术采用或计划采用的比例分别为21.4%、19.3%和19%。⑥ 随着

---

① 刘育英：《中国已成全球第二大数字经济体》，中国新闻网，http：//www.chinanews.com/cj/2017/03-28/8185841.shtml，2017年3月28日。
② 中国信息化百人会：《"数字经济"写入政府工作报告　2016年我国数字经济规模达22.4万亿》，http：//www.chinainfo100.com/document/201703/article13485.htm，2017年3月5日。
③ 《2016年"双十一"繁盛背后存五大隐忧》，经济参考网，http：//jjckb.xinhuanet.com/2016-11/16/c_135832574.htm?_k=nlc5nm&_t_t=0.6950087689328939，2016年11月16日。
④ 李晓喻：《2016年中国网络零售交易额超5万亿元　同比增26.2%》，中国新闻网，http：//www.chinanews.com/cj/2017/02-09/8145277.shtml，2017年2月9日。
⑤ 董碧水：《中国数字阅读市场规模已达120亿元　用户超3亿》，中青在线，http：//news.cyol.com/content/2017-04/14/content_15939275.htm，2017年4月14日。
⑥ 中国互联网络信息中心：第39次《中国互联网络发展状况统计报告》，http：//www.cnnic.net.cn/hlwfzyj/hlwxzbg/，2017年1月。

互联网、云计算、大数据、物联网等产业不断发展,数字经济市场将愈加广阔。

数字经济是中国经济加快融入世界经济的加速器。艾媒咨询2017年1月发布的《2016～2017中国跨境电商市场研究报告》显示,2016年中国跨境电商交易规模达到6.3万亿元;至2018年,中国进出口跨境电商整体交易规模预计将达到8.8万亿元。① 跨境电商的繁荣发展成为中国数字经济国际化大势的一个表征。2017年4月,美国商业期刊《福布斯》杂志评选出2016年最有投资价值的10大公司,阿里巴巴、滴滴出行、中通速递、京东和小米五家中国企业上榜,其中阿里巴巴位居榜首。② 五家公司均与科技发展密切相关。2017年1月阿里巴巴集团发布的《数字经济2.0报告——告别公司,拥抱平台》显示,数字经济的发展正在迈入以互联网平台为载体、以数据为驱动的2.0时代,十大平台经济体中,中国占三席(阿里巴巴、腾讯、百度)。③ 以数字经济为突破口,中国经济的国际影响力逐步增强,受到全球关注与认可,引领世界新经济发展。

2. 人工智能技术引领传播技术创新,媒体"智能化"发展

2016年3月,AlphaGO打败世界围棋冠军李世石。这一具有里程碑意义的事件使人工智能行业得到越来越多人士关注。2017年3月5日,李克强总理在做政府工作报告时指出,要加快培育壮大包括人工智能在内的新兴产业。"人工智能"首次被写入国务院政府工作报告。在中国,人工智能在政治、经济、媒体、互联网、学术等领域的重要性愈加提升。其中,人工智能在媒体领域的应用有望改变现有媒体环境。以人工智能为代表的新传播技术主要通过改变新闻生产与呈现的方式构建新兴

---

① 艾媒咨询:《2016～2017中国跨境电商市场研究报告》,http://www.iimedia.cn/47588.html,2017年1月9日。
② 参考消息网:《阿里巴巴获评〈福布斯〉全球最有投资价值公司》,http://www.cankaoxiaoxi.com/finance/20170421/1911433.shtml,2017年4月21日。
③ 阿里研究院:《数字经济2.0报告发布,全球十大平台经济体中国占据三席》,http://www.aliresearch.com/blog/article/detail/id/21210.html,2017年1月10日。

媒介生态。

新科技与新技术通过重塑媒体生产业务链的形式对传媒业进行改造。2016年，机器人在新闻生产领域的表现格外抢眼。写稿机器人的实际应用甚至引发了新闻从业者对职业前景问题的讨论。作为国内首批将机器人写手引入媒体领域的互联网企业之一，腾讯在内容生产智能化探索上不断推进。《中国新媒体趋势报告（2016）》数据显示，仅2016年三季度，腾讯财经机器人写作文章的数量就达到了4万篇。① 在2016年奥运会期间，写稿机器人产出内容达3600余篇。目前在财经和科技领域，其产出内容达到每天2000篇。② 同在奥运期间，"今日头条"的写作机器人也以每天撰写30篇以上体育赛事报道的速度进行着新闻生产实践。写作机器人凭借信息搜集的全面性与及时性，以及较快的成稿速度等特点，在科技、财经与体育报道领域的表现尤其突出。随着自然语言处理、视觉图像处理与机器学习等技术的不断更新，机器人写作将向全品类资讯生产发展，新闻生产的人工智能化水平将不断提升。

除了写作机器人，交互机器人的应用则丰富了机器人在新闻生产中功能发挥的样式。在2017年"两会"报道中，新华社派出的机器人"i思"以"实习记者"的身份实现了对代表委员的采访。智能机器人"小融"入驻人民日报社"中央厨房"，通过发挥互动聊天、通讯查询、会议提醒等功能担任报道小助手。《深圳特区报》定制的交互智能机器人"读特"搭载了人机互动、人脸识别和红外感应等功能。此前，《光明日报》推出的人工智能新闻信息服务平台"光明小明"则支持文字与语音两种互动方式。通过智能挖掘与分析信息，《小明AI两会》栏目实现了拍照获取代表委员人物图谱的功能。

新传播技术革新了新闻分发形式，创新了新闻产品样态。2016年12月，猎豹移动旗下的内容产品News Republic发布了以人工智能为技术动力

---

① 《智媒来临：2016中国新媒体趋势报告》，http://mt.sohu.com/20161115/n473276125.shtml，2016年11月15日。
② 汪传鸿：《腾讯酝酿推出新资讯类产品 机器写作是核心》，21经济网，http://www.21jingji.com/2017/4-18/3MMDEzODFfMTQwNzA3MA.html，2017年4月18日。

的自媒体内容分发平台——Spark。此次发布的平台特点在于通过机器学习技术可以为用户提供源于自媒体的个性化内容推荐。① 在国内，以"今日头条""一点资讯""天天快报"为代表的新闻聚合平台通过算法进行内容重组与推送，获得了用户的青睐。智能技术实现了用户原生数据的汇集与生产。智能算法通过分析用户偏好，进行内容的自动分发，革新了内容分发规则，实现了产品形态的智能化。一方面，人工智能主动型内容分发模式使得读者可以更好地发现自身的阅读兴趣；另一方面，也可以扩大信息内容的传播覆盖面和增强传播效果。

2017年"两会"上，李克强总理的政府工作报告文本中首次出现了二维码。通过扫描，即可观看一个动画短视频与一张信息图表。通过搭载新网络技术，政府工作报告的形态实现了跨屏创新。以虚拟现实技术（VR）、增强现实技术（AR）、无人机等为代表的新传播技术改造了传统新闻产品的形态，提升了用户体验，推进了"浸媒"时代的到来。基于新传播技术，用户得以获得全方位的感官体验，仿佛"沉浸"在新闻现场，感官体验由平面变得立体。2016年4月，在切尔诺贝利核事故30周年之际，网易推出VR新闻作品《不要惊慌，没有辐射》。该新闻产品通过VR全景技术实现了事故现场的场景还原，以真切的灾难现场景象激发用户感受。在一些大型新闻事件，特别是灾害新闻的报道中，无人机拥有可以到达新闻核心现场的"在场"优势，并能提供全方位、多角度的新闻信息。新传播技术重塑了信息产品的样态，参与性与互动性成为新闻产品的重要参数，信息传播中的情感传达更加直接和深刻。

新媒介、新工具、新技术同时使传统新闻编辑部的发展理念、组织结构以及运营模式得到重新评估和定义。2017年1月3日，国家新闻出版广电总局局长聂辰席在全国新闻出版广播影视工作会议上明确指出，要着眼于加快广播电视智慧化发展，要着眼于加快新闻出版转型升级，要强化自主创

---

① 中国新闻网：《猎豹移动旗下 News Republic 推出人工智能内容分发平台》，http：//www.chinanews.com/it/2016/12-15/8095105.shtml，2016年12月15日。

新，通过技术进步融通媒体介质。① 智能化发展作为一项战略目标被细化到实际新闻业务工作中，技术转型规划成为媒体进行"编辑部＋"转型的第一步。在组织机构设置方面，新增数字与智能部门成为媒体组织架构改革的主流。2016年5月，封面传媒联合暴风魔镜集团共同构建新型VR资讯平台。同年8月，全国12家主流报纸共同成为"VR新闻实验室"首批成员，分享VR新闻制作技巧。2017年4月，《南方都市报》与科大讯飞共建"智媒体实验室"，联合研发智能媒体服务。2017年2月，新华网首批新闻无人机导航直播车启用。同年4月，第二批直播车也正式投入使用。新闻编辑部组织机构的调整、重组与新职位的安排，使其灵敏度与灵活度提升。构建以人机协作为核心、以人工智能和大数据为支撑的智能编辑部成为未来媒体趋势。

3. 媒体融合步入提速升级阶段

2016年，传统媒体的寒冬仍在继续。《芭莎艺术》《伊周femina》《京华时报》《东方早报》等一些知名报刊相继宣布停刊。值得庆幸的是，与因内容生产或管理方式不当被市场淘汰的媒体不同，一些因网络冲击而遭遇发展瓶颈的媒体通过与新媒体融合的方式继续其业务链的延伸。2016年初停刊的《九江晨报》利用官方微博、微信公众号以及APP充当新闻发布平台。《京华时报》在2017年告别纸质版的同时全面转型发展新媒体业务，以媒体APP、微博、微信公众号等组成的新媒体矩阵影响力强大。《外滩画报》于2016年停刊后重点进行新媒体平台与发展业务创新，已获得资本青睐。2016年，媒体融合成为媒体行业发展自觉，"互联网＋"成为媒体深化融合新引擎，② 融合发展是网络时代媒体聚焦发展方向、提升发展空间、增加发展渠道的有效路径。

现阶段，媒体融合步入提速升级期，具体表现为：从中央到地方，各级媒体的融合发展举措同步展开，各具特色的融合策略促使媒体融合进度加

---

① 聂辰席：《在2017年全国新闻出版广播影视工作会议上的讲话》，http://www.sarft.gov.cn/art/2017/1/19/art_1848_32720.html，2017年1月19日。
② 唐绪军、黄楚新、王丹：《中国媒体融合发展现状（2015～2016）》，中国社会科学出版社，2017。

快；传统媒体通过合作与共享，逐步与新媒体融为一体，"你中有我，我中有你"。

自2014年媒体融合上升为国家战略以来，在国家顶层设计的引导与推动下，传统媒体开启了与新兴媒体融合发展的各项尝试。经过了初期的理念转变、人员调整、制度改革等一系列融合发展措施的探索后，媒体融合取得了一些成绩，也在试错过程中收获了转型经验。人民网研究院发布的《2016中国媒体融合传播指数报告》数据显示，2016年，《人民日报》、中央人民广播电台、中央电视台等央媒走在媒体融合的前列，央媒在终端数量、终端质量以及多样性等方面表现突出。[1] 在中央主流媒体发挥"先锋队"作用的背景下，地方媒体通过经验借鉴，普遍找到了适合自身的转型发展道路，并通过各具特色的发展策略快步改革。

作为媒体"国家队"，中央主流媒体的融合发展战略具有大局观与全局观。中央级媒体是在全国具有影响力与权威性的媒体，具有特殊的地位与作用。因此，在国家政策的倾斜和媒体资源的优势条件下，中央级媒体大刀阔斧推进转型，融合改革较为深入与全面。中央级媒体普遍出台发展战略规划统一指导融合工作，以组织机构调整、体制机制创新、生产流程更新、经营模式转变等多措并举，全方位形成融合发展的合力。

在组织机构建设方面，"中央厨房"成为当前中央级媒体标配。2016年，中央电视台技术部门着力打造"中央厨房"式采播系统，建设全媒体演播室和一体化制作平台，全力支撑媒体融合核心业务。[2] 中央人民广播电台在全台层面成立了融媒体新闻指挥中心，通过领导决策、指挥协作、执行落实三个层面发挥优势，推进融合发展。[3] 2017年2月，占地面积800平方米的经济日报社"全媒体中心"正式启动运行。作为经济日报社的"中央

---

[1] 人民网：《人民网总编辑余清楚发布〈2016媒体融合传播指数报告〉》，http://media.people.com.cn/n1/2016/1215/c120837 - 28952077.html，2016年12月15日。
[2] 央视网：《打造"中央厨房式"系统全面支撑媒体融合》，http://www.cctv.com/2016/04/16/ARTI1C8Zok0FZTLYjKEOQAnk160416.shtml，2016年4月16日。
[3] 阎晓明：《坚持融合发展建设新型广播》，《新闻战线》2017年第3期。

厨房"——"全媒体中心"分为策划指挥、新闻编发、值班调度、远程会议室等多个功能区，是统一指挥调度、统一协调采编、统一流程管理、统一技术保障的中枢。① 2017年3月，具有《中国青年报》特色的"中央厨房"——"融媒小厨"正式投入使用，这是中国青年报社全媒体内容制作、分发传播、整合运营的机制平台。② 在2017年"两会"报道中，解放军报社成立了融媒体报道团队，在"中央厨房"的统一调度下，通过联动生产打造了多终端新闻产品。工人日报社首次尝试启动全媒体采编平台（"中央厨房"）的模式报道全国"两会"。③ 拥有国内媒体"中央厨房"范本的人民日报社则在技术服务、组织管理、运营推广等方面不断提升，继续推进与完善"中央厨房"的功能。"中央厨房"成为中央级媒体融合发展的"龙头工程"，为媒体加速融合发展提供了机制引导与保障。

地方媒体则通过探索垂直化发展的道路加速融合转型。综观国家新闻出版广电总局公布的"2016年全国报刊媒体融合创新案例30佳"名单可以发现，各地方媒体"因地制宜"，依托媒体优势资源进行"信息+服务"垂直转型成为融合发展获胜的主要秘诀。上海第一财经报业有限公司致力于提供财经信息服务，因而公司树立了"成为中国最具公信力和全球影响力的新型数字化财经媒体和信息服务集团"的战略愿景。2016年8月，英文财经媒体"一财全球"正式启航，④ 通过与世界级的社交媒体平台和新闻客户端展开深入合作的形式进行全球化融合探索。当代贵州期刊传媒集团以经营党刊为主，探索"打造红色新媒体"的融合发展之路。该传媒集团"领导者"客户端精准定位党建、时政用户人群，针对乡镇以上的各级党政部门、事业

---

① 中国经济网：《"我们来了！"经济日报社全媒体中心正式启动》，http：//www.ce.cn/xwzx/gnsz/gdxw/201702/24/t20170224_20509902.shtml，2017年2月24日。
② 李晨赫：《中青报"融媒小厨"开张》，《中国青年报》（电子版），http：//zqb.cyol.com/html/2017-03/07/nw.D110000zgqnb_20170307_5-01.htm，2017年3月7日，第1版。
③ 车辉：《两会报道新看点｜工人日报：报道机制手段理念出新》，中国记协网，http：//news.xinhuanet.com/zgjx/2017-03/08/c_136112615.htm，2017年3月8日。
④ 第一财经：《连接中国与世界，"一财全球"来了！》，http：//www.yicai.com/news/5081216.html，2016年8月31日。

单位、国有企业的领导干部进行资讯推送。① 作为全国首家高校期刊传媒集团,广西期刊传媒集团将增强现实技术运用到少年期刊中,通过智能手机和平板电脑等移动终端实现了3D阅读。此外,集团还通过与专业网络平台和科技企业联盟合作等方式,以出版资源的多重开发为基础实现融合发展。②

在媒体融合发展中,中央媒体充分发挥示范与共享作用,通过抱团发展提高融合效率。2016年8月,新华社将内部运行的新媒体系统对外开放,媒体行业的第一个开放平台——全媒平台上线。全媒平台开放全系新媒体终端、内容管理系统与数据统计系统,首批加入的42家中央和地方主流媒体可以享受到从平台到软件系统的多项服务。③ 2017年"两会"报道期间,河南日报报业集团、湖南日报社"新湖南"客户端、《广西日报》与广西日报客户端、《广州日报》、《四川日报》等多家党媒入驻人民日报社"中央厨房",通过人民日报社的信息共享进行新闻协作生产。在"两会"报道中,入驻人民日报社"中央厨房"的7家省区市党媒建立了党报联盟,一方面通过内容的互推互鉴扩大信息的传播效果,另一方面通过信息生产上的协作,生产出了方言互动的H5产品《您又有6位亲友来电……》等,媒体协作与跨区域媒体联动成为常态。

2016年2月19日,习近平总书记在党的新闻舆论工作座谈会上发表重要讲话,指出"融合发展关键在融为一体、合而为一"。当前,传统媒体通过跨界与合作,正在与新媒体融为一体,实现了融合升级。例如,传统媒体通过与互联网公司频繁合作共同打造新产品、新平台与新入口。2016年,《新京报》与腾讯视频深入进行视频合作,共同推出"我们视频",主要面向移动端视频市场。2017年"两会"前夕,新华社与百度云达成战略合作。

---

① 邓国超:《当代贵州期刊传媒集团:探索党刊新媒体立体传播融合发展之道》,《中国记者》2016年第11期。
② 李子木:《广西期刊传媒集团用改革之笔绘出期刊"桂林风景"》,中国新闻出版广电网,http://www.chinaxwcb.com/2017-02/13/content_352161.htm,2017年2月13日。
③ 任玮:《首个国家级新媒体开放平台正式上线》,新华每日电讯,http://news.xinhuanet.com/mrdx/2016-08/31/c_135646703.htm,2016年8月31日。

依托百度云先进技术，新华社客户端旨在完成智能升级。随后，央广视讯与百度云达成战略合作协议，央广借助百度云智能推荐技术进行媒资互联网分发探索，同时央广视讯为百度云的媒体云产品加入播控能力服务，[①] 双方通过合作推进彼此应用服务能力升级。2017年4月，新华网宣布将携手阿里巴巴等合资成立新华智云科技有限公司，研发大数据处理技术，搭建面向媒体行业提供技术服务的智能化平台。[②] 2017年4月12日，以北京广播电视台的新媒体业务板块为基础的北京新媒体集团揭牌成立。同时，北京新媒体集团与互联网平台级企业奇虎360在资本层面深度合作，合资成立"北京时间股份有限公司"，与集团旗下"北京新闻媒体有限责任公司"形成整体合作模式，利用传统主流媒体资源进行融合生态共建。[③] 同年4月13日，浙江广播电视集团与新浪正式达成战略合作，双方就短视频业务进行深度合作。

当前，传统媒体不仅限于与互联网企业、科技公司、新媒体企业通过项目合作的方式进行融合发展探索，更通过整体共建、合资成立公司等形式将融合发展升级。这种从资本层面深入的整体合作的方式，有利于协调合作方之间的地位关系，使成本分担、利润分成与运营管理更加合理与透明化。合作双方得以在更加开放的环境下发挥各自的优势，实现共赢。

4. 网络扶贫助力精准脱贫攻坚

网络扶贫行动是实现精准扶贫，打赢扶贫攻坚战的重要举措。习近平总书记在网络安全和信息化工作座谈会上明确指出，要发挥互联网在助推脱贫攻坚中的作用，推进精准扶贫、精准脱贫。2016年是全面建成小康社会决胜阶段的开局之年。网络扶贫工作作为决胜全面小康的新杠杆，意义重大。网络扶贫为新时期扶贫工作的开展提供了新的途径和方向，同时也丰富了扶

[①] 央广网：《央广携手百度达成战略合作布局视讯产业新领域》，http://www.cnr.cn/hd/20170316/t20170316_523661802.shtml，2017年3月16日。
[②] 新华广播：《新华网进军新闻智能化》，http://news.xinhuanet.com/video/2017-04-13/c_129532160.htm，2017年4月13日。
[③] 千龙网：《北京新媒体集团成立"北京时间"网站及APP同步上线》，http://beijing.qianlong.com/2016/0412/530076.shtml，2016年4月12日。

贫工作的技术手段，提供了强有力的信息支撑。

国家出台系列政策，通过系统部署，从顶层设计上为网络扶贫工作的开展提供了制度保障和工作指导。2016年7月，中共中央办公厅、国务院办公厅印发《国家信息化发展战略纲要》，提出实施网络扶贫行动计划的任务部署。随后，中央网信办、国家发展改革委、国务院扶贫办印发《网络扶贫行动计划》，从整体上对网络扶贫工作进行了部署，重点谋划了网络覆盖工程、农村电商工程、网络扶智工程、信息服务工程、网络公益工程五大工程。① 2016年，我国的网络扶贫工作高效有序推进，呈现多策并用、数管齐下的特点。

贫困地区网络基础设施建设与应用加快，为扶贫工作的开展提供了设备基础。2016年，农村网络普遍提速，宽带网络建设成效显著。截至2016年11月底，我国农村网络光纤接入占比达到82.2%（FTTH端口占比），比2015年底提升19个百分点；贫困村宽带覆盖率超过80%；农村光纤宽带用户超过6100万户，比2015年底提升90%；预计2017年两批试点建设完成后全国行政村光纤通达比例将超过90%。② 扩大网络覆盖面、提升网络质量是实现信息与服务覆盖的前提，是网络扶贫工作的首要任务。近两年，李克强总理一直关注并督促宽带"提速降费"工作。2016年12月7日，在国务院常务会议上，李克强总理再次要求加快高速宽带网络建设，打通入户"最后一公里"，进一步推进提速降费。随着我国电信普遍服务试点工作落地实施，政府与企业等多方共同参与推进，农村网络基础设施水平提升明显。

2017年3月24日，阿里研究院发布《阿里巴巴网络扶贫研究报告（2016）》。报告数据显示，2016年，在阿里巴巴零售平台上，有280多个国家级贫困县网络零售额超过1000万元，其中40余个贫困县网络零售额超过

---

① 中国网信网：《中央网信办、国家发展改革委、国务院扶贫办联合发文加快实施网络扶贫行动》，http://www.cac.gov.cn/2016-10/27/c_1119801364.htm，2016年10月27日。
② 新华网：《工信部今年推进3万个以上行政村开展宽带网络建设》，http://news.xinhuanet.com/politics/2017-01/20/c_1120355050.htm，2017年1月20日。

1亿元。① 农村电商成为农村脱贫的重要途径，带动农村经济社会发展。商务部2017年3月发布的数据显示，2016年农村网络零售额近9000亿元，约占全国网络零售额的17.4%。全年农村网络零售额季度环比增速均高于城市。② 农村电商显示出强大的生机与活力，互联网与农村特色资源相结合，不断拓宽产业种类与类型，促进农村经济转型。农产品、农村工业品、农村旅游等多种形式的产品与服务上网，实现农村商业模式创新。

主流媒体发挥传播力与影响力优势，通过新媒体打造新闻产品，助推信息扶贫。在同为大别山老区的信阳和南阳，新媒体成为两地及时交流扶贫信息、分享精准扶贫工作经验的渠道，高效的脱贫致富经验得以及时传播和被采纳。③ 而通过"脱贫攻坚看贵州，网络媒体'走转改'"采访活动、"长征路上奔小康"系列采访活动、"脱贫攻坚看甘肃"网络采访活动等专题采访活动，新闻从业者得以使用来自一线的扶贫资料制作出具有极强传播力与感染力的新闻作品，也使最新的农村脱贫情况得以及时传播。图解脱贫、专题网页、深度稿件，多形式的新闻内容促进了扶贫信息流动与反馈。同时，媒体也致力于通过利用自身平台优势，打造信息服务平台，为网络扶贫信息服务体系的建立与完善不断效力。2016年8月30日，"人民网全媒体扶贫信息平台"正式上线。人民网整合自身信息资源，旨在通过发挥媒体报道优势，为县域经济精准扶贫打造大数据应用系统。

5. 政务新媒体助推社会治理精准化

2016年，政务新媒体逐渐被纳入各地各部门的常规性工作范畴，发展日趋规范。政务新媒体的定位更加明确与完善。继政务公开成为政务新媒体的重要功能后，政务服务功能的实现成为现阶段政务新媒体建设与发展的重点。2016年10月，习近平总书记在主持中共中央政治局第三十六次集体学

---

① 中国经济网：《阿里网络扶贫研究报告发布 百余贫困县网络零售额超千万》，http://www.ce.cn/xwzx/gnsz/gdxw/201703/24/t20170324_21383201.shtml，2017年3月24日。
② 何晓源、于佳欣：《2016年我国农村网络零售额近9000亿元》，新华网，http://news.xinhuanet.com/fortune/2017-03/02/c_1120559063.htm，2017年3月2日。
③ 周亚涛：《新媒体助力扶贫更精准——访南阳网副总编辑黄术生》，http://www.xyxww.com.cn/2016dbskxy/52705.jhtml，2016年4月27日。

习时强调,随着互联网特别是移动互联网发展,社会治理模式正在从单向管理转向双向互动,从线下转向线上线下融合,从单纯的政府监管向更加注重社会协同治理转变。①《2016年人民日报·政务指数微博影响力报告》数据显示,截至2016年末,新浪微博平台认证的政务微博达到164522个。其中,政务机构官方微博125098个,公务人员微博39424个。② 政务新媒体通过细化平台功能、优化互动机制、简化服务流程等举措,在社会治理和国家管理中的作用凸显。

精准的管理政策与体制为政务新媒体发展提供制度支撑和保障。中央和地方出台了一系列有关政务新媒体发展的文件,通过精准施政引导政务新媒体有效发挥功用。2016年2月,中共中央办公厅、国务院办公厅印发《关于全面推进政务公开工作的意见》,全面推进各级行政机关政务公开工作。③ 同年4月,《国务院办公厅关于转发国家发展改革委等部门推进"互联网+政务服务"开展信息惠民试点实施方案的通知》的发布,赋予了政务新媒体工作新内涵,明确了政务新媒体发挥信息惠民这一功能的重要性。8月,国办下发《关于在政务公开工作中进一步做好政务舆情回应的通知》,就政务新媒体如何通过信息公开做好网络舆情应对工作提出了要求。9月,国务院印发《关于加快推进"互联网+政务服务"工作的指导意见》,对加快推进政务新媒体进行政务服务工作进行了总体部署与路径引导。11月,国办印发《〈关于全面推进政务公开工作的意见〉实施细则》,对政务舆情回应、政府网络平台建设、公众参与及互动机制等具体工作做出了部署。

2017年1月,国务院办公厅印发《"互联网+政务服务"技术体系建设

---

① 新华网:《习近平:加快推进网络信息技术自主创新朝着建设网络强国目标不懈努力》,http://news.xinhuanet.com/politics/2016-10/09/c_1119682204.htm,2016年10月9日。
② 人民网:《〈2016年人民日报·政务指数微博影响力报告〉发布》,http://yuqing.people.com.cn/n1/2017/0119/c209043-29036185.html,2017年1月19日。
③ 新华网:《中办国办印发〈关于全面推进政务公开工作的意见〉》,http://news.xinhuanet.com/politics/2016-02/17/c_1118073561.htm,2016年2月17日。

指南》，提出了优化政务服务供给的信息化解决路径和操作方法。① 同年1月，中共中央印发的《关于新形势下加强政法队伍建设的意见》指出，全面实施科技强警战略，建设数据化、智慧型政法机关，完善政法宣传舆论引导工作机制，制定政法专门人才差别化管理办法，② 针对政法新媒体工作进行了专项指导。2017年2月，中央《关于加强乡镇政府服务能力建设的意见》与《国务院办公厅关于开展全国政务服务体系普查的通知》相继出台，乡镇一级的网络政务工作与全国范围内的政务服务体系普查工作的要求进一步明确。有关政务新媒体发展的文件密集出台，从总体部署到具体指导，逐渐细化。

2017年3月，国务院办公厅印发《2017年政务公开工作要点》，就新时期政务新媒体发挥信息公开功能提出了具体要求。"放管服"改革信息、财政税收体制改革、国资国企等领域信息首次被纳入重点公开范围。每项政策条文的后面均明确附有该项工作具体的牵头落实单位，从源头上保证了工作的精细化与精准化。在中央政策的指导下，各地方部门相继出台本地政务新媒体政策，确保政策落地。2017年3月14日，青海省印发《2017年全省政务公开工作要点》；3月20日，中共黑龙江省委办公厅、黑龙江省人民政府办公厅印发《关于全面推进政务公开工作的实施意见》；2017年4月，广西壮族自治区制订《广西壮族自治区贯彻落实国务院办公厅2017年政务公开工作要点分工方案》……从中央到地方，从政策起草、落实执行到第三方的效果评估，有关政务新媒体工作的政策体系逐渐建立与完善。

精准政务服务成为当前政务新媒体工作重点，政务服务与政务公开并列为政务新媒体的主要工作内容。在开设与运营的前期，政务新媒体的工作主要集中在政务公开方面，其中包括政务信息公开、政策信息解读、政务舆情

---

① 中国政府网：《国务院办公厅关于印发"互联网＋政务服务"技术体系建设指南的通知》，http：//www.gov.cn/zhengce/content/2017-01/12/content_5159174.htm，2017年1月12日。
② 新华网：《中共中央印发〈关于新形势下加强政法队伍建设的意见〉》，http：//news.xinhuanet.com/politics/2017-01/18/c_1120338561.htm，2017年1月18日。

回应等内容。随着李克强总理在2016年政府工作报告中明确提出大力推行"互联网+政务服务",政务新媒体发展进入探索政务服务新模式的阶段。政务新媒体功能逐渐由"政务公开"向"政务服务"扩展。

政务新媒体通过实现部分政府办事职能与服务功能,"最大程度利企便民,让企业和群众少跑腿、好办事、不添堵"①,旨在实现社会治理结构优化,社会治理能力提升,社会治理体系日趋完善。上海市政府新闻办公室新浪官方微博"@上海发布"推出粉丝服务菜单"市政大厅",通过微博登录,用户可以一键享受"结婚登记预约""出入境办证""驾照违法记分"等服务。广东省公安厅在微信客户端上线"出入境"业务,用户通过微信便可以完成业务预约、港澳再次签注、进度查询等事项。外交部上线了"12308"微信小程序,其具备一键求助、在线客服、目的地安全提醒等功能菜单,就领事工作提供专项服务。政务服务为政务新媒体工作注入了新的活力,带动了政务新媒体迭代升级。

不同部门、行业、地域间的协同管理与发展成为政务新媒体的新工作方式。在系统内部,不同部门和不同层级间快速联动,通过充分调动内部资源,打破信息资源壁垒,形成工作合力。跨区域政务新媒体通过交流与共享,促进横向互联互通,通过统筹工作实现"一盘棋"发展。2016年8月,伊犁日报社和连云港日报社签署战略合作协议,双方联合发起成立新丝绸之路经济带移动政务新媒体联盟,②推动"一带一路"倡议沿线重点城市利用新媒体进行政务合作。2017年2月,佛山市200多家政务新媒体单位共同加入"佛山政务新媒体联盟",通过资源互通共享实现服务跨越。2017年4月,廊坊市新媒体联盟宣告成立,首批加入成员达112家③;江门市政务新媒体联盟正式成立,该联盟覆盖该市300余家政务新媒体机构;

---

① 新华网:《国务院印发〈关于加快推进"互联网+政务服务"工作的指导意见〉》,http://news.xinhuanet.com/politics/2016-09/29/c_129306109.htm,2016年9月29日。
② 燕玲:《连云港日报社和伊犁日报社签署战略合作协议》,伊犁新闻网,http://www.ylxw.com.cn/2016/0825/48629.shtml,2016年8月25日。
③ 张伟健:《廊坊新媒体联盟成立 首批成员112家》,河北新闻网,http://hebei.hebnews.cn/2017-04/12/content_6424162.htm,2017年4月12日。

中山市89个政务号集体入驻"南方+"客户端，组成"南方号·中山矩阵"，依托南方都市报传媒集团媒体资源聚合政务信息，开发移动端政务服务功能。

6. 内容创业步入快车道

2016年，内容创业井喷式发展。随着移动互联网用户与平台生态的变化，传播链中的内容价值凸显，并迅速成为发展与创投的焦点。在我国网络商业环境发生变化的大背景下，内容生态竞争进入了新的阶段。内容创业主要发力点在于原创内容的生产，指的是依靠优质的原创内容吸引用户从而进行商业变现。因此，优质内容生产源成为内容创业的关键。

为了抢占内容生产创作资源，网络平台一直采用对内容生产者进行鼓励与扶持的策略进行账号入驻吸引与维护。2016年9月，较早进行内容平台"头条号"打造的"今日头条"宣布将拿出10亿元人民币补贴短视频创作，同时给予每一条优质原创短视频至少10万次加权推荐。① 这是"今日头条"继2015年提出"千人万元"补贴计划之后，再次通过巨额补贴对内容创作者进行扶持。2016年，包括腾讯、百度、阿里巴巴等在内的互联网巨头公司也开始抢滩内容领域，纷纷出台专项战略计划，通过资金优势进行内容产业扩张。2016年4月，网易自媒体内容平台"网易号"上线，并直接通过"自媒体亿元奖励计划"的方式进行账号培养。2016年11月，百度宣布2017年将累计向内容生产者分成100亿元，所有个人和机构内容生产者都可以入驻百家号，参与百亿分润。② 百度旨在以百家号为核心，通过整合百度系产品资源，塑造内容生态系统。2016年12月，UC宣布启动UC订阅号"W+"量子计划并投入10亿元专项扶优基金，以创作奖金、广告分成两种形式对平台订阅号予以扶持③，落实星级评定

---

① 赵越：《今日头条进军短视频领域 投10亿元补贴创作者》，人民网，http://it.people.com.cn/n1/2016/0921/c1009-28729312.html，2016年9月21日。
② 环球网：《百家号火力全开：2017年给内容生产者分成100亿》，http://tech.huanqiu.com/news/2016-11/9722070.html，2016年11月23日。
③ 孙宏超：《UC订阅号启动"W+"量子计划 将投入10亿基金鼓励创作者》，腾讯科技，http://tech.qq.com/a/20161201/028040.htm，2016年12月1日。

等鼓励机制。2017年3月，阿里巴巴继续将"W+"量子计划升级为"大鱼计划"，推出补贴计划扶持短视频的内容创作，现金投入超过20亿元。① 2017年2月，腾讯加码推出"芒种计划2.0"，在继2016年"芒种计划"送出2亿元补贴后，再次投入12亿元供给内容创作者。互联网巨头对内容生态体系的重视与发力加速了平台竞争。

除了给予内容创作者资金扶持外，软性服务也是互联网平台企业进行内容产业布局的一个亮点。腾讯通过推出"芒种特训营""企鹅青训营""伯乐计划"等配套内容培训机制提升内容创作者的持续内容生产能力，挖掘具有潜力的内容创作者，通过提供综合资源增加对内容创作者的吸引力。拥有小咖秀、一直播、秒拍等视频内容平台产品的一下科技通过打造移动视频创作基地的形式给内容创作者提供场地、设备、培训、媒体等方面的支持服务。在2016年9月首个创作基地落地上海之后，2017年3月首个西南地区创作基地落地成都。互联网巨头公司通过平台支持、培训机制、资本对接、创业孵化等体系化的全面资源扶持，强势布局内容领域，影响内容创业的发展趋势与走向。

资本的青睐与进入为内容创业提供了前所未有的发展机遇。2016年6月，财经原创信息提供商"蓝鲸传媒"获天风证券领投，小米、猎豹跟投亿元B轮融资②；2016年7月，主要提供金融圈八卦内容的"金融八卦女"完成天使轮融资，主打新经济领域深度和独家内容报道的科技新媒体"新经济100人"完成1800万元Pre-A轮融资；同年11月，原创内容大号"灵魂有香气的女子"获得由头头是道基金领投、羚羊早安跟投的1500万元投资；2017年1月，知识分享平台"知乎"宣布已顺利完成D轮1亿美元融资，原创视频平台"二更"正式对外宣布完成1.5亿人民币B轮融资；2017年3月，短视频内容分享平台"快手"宣布完成新一轮3.5亿美元的

---

① 黄云腾：《专访何小鹏：阿里动用20亿"重启"土豆，短视频的生态级竞争正式开始》，搜狐科技，http://it.sohu.com/20170401/n485938429.shtml，2017年4月1日。
② 游苏杭：《蓝鲸传媒集团获天风证券和小米、猎豹亿元B轮融资》，新华网，http://news.xinhuanet.com/fortune/2016-06/29/c_129100036.htm，2016年6月29日。

融资……资本入局一方面显示出内容创业领域的巨大发展潜力与价值，另一方面也为内容创业者进行下一步的尝试提供了基础保障。

2016年，内容创业的主要形式更加多元，短视频与内容付费成为新热点。短视频被视为当前内容创业的风口，项目发展火爆。根据艾瑞咨询《2016年中国短视频行业发展研究报告》，截至2016年7月1日，短视频行业共获得43笔投资。[①]"梨视频""今日排行榜""暴娱"等短视频项目迅速发展，影响力剧增。随着网络技术的发展与支持，短视频将成为移动互联网内容形态的主流。2016年，内容付费作为一种新的网络阅读形式被越来越多的用户接受。"分答""得到""喜马拉雅""简书""豆瓣时间"等各类内容平台通过头条内容吸引用户进行付费，取得了一定的成绩。2016年12月，新浪微博上线"微博问答"功能，通过微博大V进军知识电商，并通过开通提问的"围观"功能引入了社交元素。

依托新媒体平台进行内容传播，内容创业与流量平台存在着共生共荣的关系，即抛开传播内容作为影响因素，内容传播效果的好坏影响平台的用户规模与影响力，平台本身的内容分发能力也影响着内容的传播效果。因此，这种互为重要合作伙伴的关系使得内容创作者出现跨平台发展的趋势。企鹅智酷发布的《2017自媒体趋势报告》数据显示，近六成自媒体入驻了四个及以上的流量平台。[②]在提升内容到达率和传播力的同时，跨渠道分发的运营状态在一定程度上也会引发内容同质化等问题。

随着内容创业规模的不断扩大，内容创业方也开始走上机构化道路，由个人内容生产转变为以个人品牌为号召力集体从事内容生产，生产内容的专业性进一步加强。同时，内容创业的商业变现方式和手段也在逐渐多样化。2016年12月，主打星座内容的自媒体"同道大叔"所属公司被以2.17亿元的价格收购了72.5%的股份。同月，主打原创商业分

---

① 艾瑞咨询：《2016年短视频行业发展研究报告》，http：//report. iresearch. cn/report/201609/2643. shtml，2016年9月18日。
② 《内容创业新风向：企鹅智酷发布2017自媒体趋势报告》，http：//tech. qq. com/a/20170221/007017. htm#p＝29，2017年2月21日。

析内容的公众号"李叫兽"所属公司被百度收购,"李叫兽"作者李靖担任百度副总裁。自媒体公众号"咪蒙"则通过高价广告费实现了快速变现。

三 传播分析与影响解读

2016年是中国"十三五"规划的开局之年,是推进结构性改革的攻坚之年。有着"互联网女皇"之称的玛丽·米克尔发布的2016年互联网趋势报告数据显示,全球互联网用户数已超30亿人,互联网全球渗透率达到42%。中国成为全球第一大互联网市场。[①] 新媒体对全球媒体格局的影响进一步深化,影响国际传播与信息新秩序的重组与建立。2016年11月,由中国倡导举办的第三届世界互联网大会(乌镇峰会)的主题为"创新驱动,造福人类——携手共建网络空间命运共同体",体现出中国参与全球互联网治理、国际合作的主张和全球互联网开放创新、共享发展的精神与理念。在新一轮传播技术推动与国家政策引导下,我国新媒体发展生机勃勃。新媒体领域体制与机制不断创新,新媒体发展加速中国现代化建设,推进国家发展进程,提升国家国际竞争力与全球影响力。

1. 互联网企业成为提升我国战略传播与对外传播能力的突破口

据Bloomberg统计,近20年来,全球市值排名前十企业从能源、金融、制造等传统领域逐渐转变为互联网、科技等数字经济领域。[②] 以互联网企业为代表的新经济模式改变了国家经济结构和世界经济格局,互联网企业在迅速发展中显示出巨大的国际传播力。中国互联网企业是全国互联网行业发展的亮点,也是国际传播的主力军。中国传媒大学等单位发布的《中国国际传播发展报告》显示,2016年,中国企业国际传播力

---

① 199IT:《KPCB:玛丽·米克尔"互联网女皇"——2016年互联网趋势报告(中文版)》,http://www.199it.com/archives/479199.html,2016年6月2日。
② 腾讯研究院:《〈微信社会经济影响力研究报告(2016)〉发布》,http://www.tisi.org/4861,2017年4月13日。

十强中有六成是科技类公司，其中联想、华为和腾讯位居前三。① 在"一带一路"倡议的引导下，中国互联网企业通过加速海外布局，进行全球化发展，在全球舆论空间与网络空间中传达"中国声音"，增强"中国力量"。

中国互联网企业已具备同世界领先的互联网公司竞争的实力。互联网巨头企业腾讯、阿里巴巴、百度稳居全球十大互联网公司之列。同时，2016年互联网趋势报告显示，在全球前20大互联网公司中，蚂蚁金服、小米、京东、滴滴快车也榜上有名，② 中国互联网新生力量强大。另据CNNIC统计，截至2016年12月底，中国境内外互联网上市企业数量达到91家，总体市值为5.4万亿人民币。腾讯公司和阿里巴巴公司的市值总和超过3万亿人民币。③ 中国互联网企业逐步缩小与世界顶尖互联网企业的差距，通过统一战略规划，以龙头产品进行海外业务延伸，打造国际传播矩阵。

阿里巴巴公司大力发展跨境电商服务，通过新外贸零售进军海外市场。2017年4月，阿里巴巴旗下的全球速卖通平台海外买家数突破一个亿，过去12个月，速卖通活跃买家数超过6000万。平台商品目前已覆盖全球220个国家和地区。④ 同时，阿里云的数据中心已经覆盖亚洲、欧洲、澳洲、北美洲，在全球设立了14个地域节点。⑤ 作为新经济的基础设施，云计算在全球主要互联网市场的覆盖对中国企业"出海"进行业务升级具有重要意义，同时也改变了全球网络传播的走向。阿里巴巴通过国际技术输出进行普惠化

---

① 中国网：《中国企业国际传播力发布 联想、华为、腾讯位列前三》，http://www.china.com.cn/news/txt/2017-01/12/content_40089871.htm，2017年1月12日。
② 199IT：《KPCB：玛丽·米克尔"互联网女皇"——2016年互联网趋势报告（中文版）》，http://www.199it.com/archives/479199.html，2016年6月2日。
③ 中国互联网络信息中心：第39次《中国互联网络发展状况统计报告》，http://www.cnnic.net.cn/hlwfzyj/hlwxzbg/，2017年1月。
④ 199 IT：《阿里巴巴：2017年4月全球速卖通平台海外买家数突破1亿》，http://www.199it.com/archives/580960.html，2017年4月10日。
⑤ 陈静：《习近平总书记"4·19"重要讲话发表一周年回眸：步履坚定建设网络强国》，中国经济网，http://www.ce.cn/xwzx/gnsz/gdxw/201704/20/t20170420_22147473.shtml，2017年4月20日。

发展，为当地提供了经济发展机会，提升了中国企业知名度和企业形象。

腾讯公布的2016年年度业绩报告显示，微信和WeChat的合并月活跃账户数达到8.89亿，比2015年同期增长28%。①拥有国际领先移动互联网的腾讯利用社交产品持续发挥国际影响力。2017年，腾讯众创空间首次拓展海外市场，建立横贯"中－欧""中－美""中－亚"的国际化合作桥梁。腾讯为创业者进行海外发展提供了机遇。同时，通过举办全球创业大赛及建立海内外众创空间的联动，促进国内外资源有效流动，加强中外沟通。

2016年4月19日，习近平总书记在网络安全和信息化工作座谈会上强调，要鼓励和支持我国网信企业"走出去"，深化互联网国际交流合作。今日头条、腾讯、阿里巴巴、华为等中国科技公司在全球互联网领域拓展业务，通过投资并购等形式促进区域协调发展，提升海外影响力。2016年8月，猎豹移动以5700万美元收购了全球移动新闻服务运营商News Republic，利用News Republic的内容分发优势打造全球内容平台；2016年10月和2017年2月，今日头条分别以2500美元领投印度内容分发平台Dailyhunt和全资收购美国移动短视频创作者社区Flipagram，旨在着重发展移动视频产品；2016年12月，腾讯全资收购泰国最大门户网站Sanook，通过打造网站和音乐流媒体平台等旗舰产品加强国际布局；2017年2月，阿里巴巴集团领投印度支付Paytm电商业务，以发展印度电商市场。同时，在海外较有影响力的新闻聚合平台，如印度的NewsDog、印尼的Baca、巴西的Central das notícias等均含有"中国基因"。一方面中国互联网企业在海外的发展以提升企业国际形象的形式助力中国国家形象建设，另一方面频繁而广泛的海外布局成为国家提升国际影响力的新渠道与新方式。

2. 共享与共治：全球互联网治理"中国方案"彰显战略高度与实践意义

2016年10月，美国商务部下属机构国家电信和信息局把互联网域名管理权正式移交给一家非营利性机构，这一举动意味着全球网络空间格局发生

---

① 腾讯科技：《腾讯2016年总收入1519.38亿元同比增长48%》，http://tech.qq.com/a/20170322/034572.htm，2017年3月22日。

变化，互联网治理进入新阶段。面对新机遇，中国勇于提出国家主张，倡导"构建网络空间命运共同体"，为互联网治理提出"中国方案"。

中国在坚持网络空间主权的前提下，倡导互联网的共建共享、共管共治、互联互通。2016年11月，第三届世界互联网大会（乌镇峰会）如期召开，这是中国搭建的中国与世界、国家与国家间互通互享的交流平台。"建设更加可信的互联网"是此次互联网大会新媒体发展论坛的主题，透露出中国举办会议的目的是致力于通过国家间合作互补、资源共享，构建国际传播新秩序。2017年2月，全球能源互联网发展合作组织发布了《全球能源互联网发展战略白皮书》《跨国跨洲电网互联技术与展望》《全球能源互联网发展与展望（2017）》三项创新成果，促进能源生产消费新方式、能源发展新格局与世界能源共同体的形成。① 通过共享发展，互联网成果得以惠及全球人民。

互联网的高速发展也面临着网络犯罪与网络安全的威胁。艾媒咨询发布的《2016年中国电信诈骗事件分析报告》显示，近七成的受访用户表示被窃取过银行账户、密码和手机号等隐私信息；22.0%的用户表示收到过仿冒银行的短信。② 腾讯发布的《腾讯2016年第四季度反电信网络诈骗大数据报告》显示，2016年第四季度骗子拨出的诈骗电话次数合计7.2亿次，第四季度用户遭受诈骗损失金额合计47.4亿元。③ 网络黑灰产业治理形势严峻。2016年，国际网络空间安全同样面临威胁：1月，乌克兰电网系统遭黑客攻击，数百个家庭停电；10月，美国域名解析服务提供商遭到攻击，致使多个城市大面积断网；11月，德国由于路由器遭到攻击，遭遇大范围网络故障。全球共同面临网络安全挑战，维护网络安全、建设健康清朗的网络环境需要各国各界共同参与。

---

① 王静：《全球能源互联网发展合作组织发布3项创新成果》，人民网，http://energy.people.com.cn/n1/2017/0222/c71895-29100266.html，2017年2月22日。
② 艾媒网：《2016年中国电信诈骗事件分析报告》，http://www.iimedia.cn/45172.html，2016年9月30日。
③ 央广网：《腾讯反诈骗大数据报告：年末警惕"提额"与"网购"陷阱》，http://tech.cnr.cn/techgd/20170123/t20170123_523523933.shtml，2017年1月23日。

2016年10月,由中国社会科学院新闻与传播研究所和北京师范大学新闻传播学院主办,加拿大多伦多大学麦克卢汉中心和美国宾夕法尼亚大学互联网政策观察室协办,以"全球视野,中国实践"为主题的"首届中外合作互联网治理论坛"在北京举办。来自中国、法国、美国、加拿大、日本、丹麦、喀麦隆等国家的专家学者共聚一堂,从学术研究的角度探讨了全球互联网治理的相关问题。学者们认为,互联网连通世界,就需要世界各国携手治理。应当根据各国信息技术的发展水平、文化制度,制定有关法律法规和政策,依法管理本国信息基础设施,维护网络空间秩序,保障公民合法权益。同时,也要在达成共识的基础上,构建新的全球互联网治理体系,促进公平正义。

在实践方面,中国通过出台专项文件与采取具体行动措施等积极参与全球互联网治理。2016年12月,国家网信办发布《国家网络空间安全战略》,2017年3月,外交部和国家网信办共同发布《网络空间国际合作战略》。两份有关网络空间发展的战略密集发布,是我国积极参与全球互联网治理的体现。在ICANN国际化进程、联合国互联网治理论坛、G20杭州峰会、世界互联网大会等活动中,中国勇于提出互联网治理方案,倡导多边、双边交流合作,通过网络共治营造全球互联网良好生态。

3. 网络文化成为文化产业的重要发展力量,促进我国国际影响力提升

在国家数字版权保护力度进一步加大的环境下,我国网络文化发展势头迅猛。根据CNNIC统计,截至2016年12月,网络文学用户规模达到3.33亿人,较2015年年底增加3645万人;网络音乐用户规模达5.03亿人,较2015年年底增加176万人;网络游戏用户规模达到4.17亿人,较2015年年底增加2556万人。① 随着网络对人们生活方式的影响不断加深,网络游戏、网络剧、网络文学、网络音乐等网络文化产品用户数量日趋庞大,在文化消费品中占主流。

以网络文学为例,2017年4月发布的《2017中国网络版权产业发展报

---

① 中国互联网络信息中心:第39次《中国互联网络发展状况统计报告》,http://www.cnnic.net.cn/hlwfzyj/hlwxzbg/,2017年1月。

告（摘要版）》显示，2016年中国网络核心版权产业规模突破5000亿元，同比保持了31.3%的高增长速度，对整体经济的贡献能力持续提升。[①]《2016年度中国数字阅读白皮书》显示，2016年，中国数字阅读用户规模已超过3亿人，市场规模已经达到了120亿元左右。与2015年相比，数字阅读版权和广告的收入占总收入的比例从3.4%、3.1%分别提升到6.5%、4.8%。[②] 网络版权环境的改善促进了网络文学良性发展。如表2所示，2016年下半年，文学网站排在前五名的晋江文学城、起点中文、17K文学网、潇湘书院和纵横中文网的总覆盖人数均超过千万人。其中，晋江文学城总覆盖人数超过2500万人。2016年，我国网络文学产值已达到90亿元。国家新闻出版广电总局调研数据显示，截至2016年12月，国内40家重点网络文学网站作品总量已经达到1454.8万件。[③] 网络文学作品被改编为电影、电视剧、游戏、动漫等形式，内容开发逐渐深入、产业链不断延伸，商业价值得到开发。

2017年4月，文化部发布了《关于推动数字文化产业创新发展的指导意见》，进一步推进网上文化内容建设。文化部发布的《"十三五"时期文化产业发展规划》提出，"到2020年，实现文化产业成为国民经济支柱性产业的战略目标"。[④] 网络文化已经成为推动文化产业发展的主要力量，对促进这一目标的实现具有至关重要的作用。

---

① 成琪：《〈2017中国网络版权产业发展报告（摘要版）〉在京发布 行业规模突破5000亿元》，中国经济网，http://www.ce.cn/culture/gd/201704/25/t20170425_22295693.shtml，2017年4月25日。
② 董碧水：《我国数字阅读呈井喷之势》，《中国青年报》（电子版），http://zqb.cyol.com/html/2017-04/17/nw.D110000zgqnb_20170417_2-03.htm，2017年4月17日，第3版。
③ 窦新颖：《2016年我国网络文学产值已达到90亿元》，中国知识产权资讯网，http://www.iprchn.com/Index_NewsContent.aspx?newsId=99320，2017年4月14日。
④ 文化部：《文化部关于印发〈文化部"十三五"时期文化产业发展规划〉的通知》，http://www.mcprc.gov.cn/whzx/bnsjdt/whcys/201704/t20170420_493285.html，2017年4月20日。

表 2　2016年下半年中国文学网站基本数据

序号	网站	总覆盖人数（万人）	总覆盖人数比例（%）	总访问次数（万次）	总访问次数比例（%）	总页面浏览量（万次）	总页面浏览量比例（%）	总访问时长（小时）	总访问时长比例（%）
1	晋江文学城	2565.6	36.31	97079.3	37.21	263180	51.31	111786527	54.76
2	起点中文	1822.1	25.79	125596.2	48.14	182866	35.65	66448612	32.55
3	17K文学网	1657.4	23.46	14877.7	5.7	31608.8	6.16	14330564	7.02
4	潇湘书院	1345.9	19.05	4469.5	1.71	7410.4	1.44	3469337	1.7
5	纵横中文网	1215.1	17.2	7646.9	2.93	9847.4	1.92	3634277	1.78
6	言情小说吧*	719.1	10.18	1441.1	0.55	1679.7	0.33	318556	0.16
7	新浪读书	679.3	9.61	1425.1	0.55	2118.8	0.41	757219	0.37
8	搜狐读书	646.8	9.15	1749.6	0.67	2456.1	0.48	595927	0.29
9	凤凰网读书	342.8	4.85	1202.5	0.46	2412.3	0.47	683539	0.33
10	TXT小说下载*	139	1.97	233.4	0.09	368.6	0.07	23229	0.01
11	红袖添香*	137.6	1.95	1181.7	0.45	2723.5	0.53	940407	0.46

注：*表示该实体在选定时间段内覆盖的样本量较小，其统计数据可能不稳定。
资料来源：中国互联网数据平台。

随着《中国诗词大会》《见字如面》《朗读者》等电视节目的网络热播，文化在网络时代的发展活力凸显。2016年8月，习近平总书记在推进"一带一路"建设工作座谈会上强调，要切实推进民心相通，弘扬丝路精神，推进文明交流互鉴，重视人文合作。网络文化作为一种文化输出方式，在国际传播与国际交往中的作用显著。《中国国家形象全球调查报告》显示，有51%的海外受众倾向于通过新媒体了解中国文化。因此，通过网络文化进行交流与互动，提升中国文化的影响力，是国家提升国际影响力的机遇。青年群体对网络文化的接受度高，通过网络文化进行价值观输出，以"柔性"力量塑造国家形象是当今新媒体时代的最佳选择。

四　未来展望与政策建议

1. 十大未来展望

（1）"互联网+"行动计划成效显著，互联网与实体经济融合空间广阔。
互联网与传统行业的融合不断加深，不仅体现在各类传统行业对互联网的应用上,更体现在传统行业通过互联网逻辑进行发展模式的重塑。围绕"中国制造2025",信息化建设与实体经济融合进一步深化,互联网对供给侧的贡献值不断加大,促进产业水平提升。通过行动计划执行细则的不断实施,不同行业间实现了信息分享与协同发展,创新型国家建设得到推进。

(2)物联网迎来发展机遇期,智能产品样态多样化。

2017年初,中国电信发布"NB-IoT(窄带物联网)企业标准",中国联通、中国移动也加快了NB-IoT外场测试部署与城市试点工作。随着三大运营商加速布局,窄带物联网商用指日可待。根据工信部、中国IMT–2020(5G)推进组的工作部署及三大运营商5G商用计划,我国将于2019年启动5G网络建设,最快将在2020年投入商用。第五代移动通信技术为丰富智能产品种类,实现万物互联提供了可能。

(3)媒体融合发展举措不断创新与升级。

经过前几年的探索,媒体融合已经在组织重构、流程再造等方面取得了一定的成绩,未来工作的重点将在战略规划、人才机制、效果评价等方面。明确而统一的发展规划是媒体融合可持续发展的基础,不同层级与类型的媒体需要根据各自定位找到适合自身发展的战略指导。在用人体制机制方面,率先在中央级新闻媒体开展的人事改革已经体现出人才问题的重要性。设定绩效标准、明确上升通道等,新媒体人才培养与管理体系需要逐渐完善。媒体融合评价体系将对媒体融合工作效果进行及时跟踪与科学评价。

(4)"一带一路"倡议成为我国提升对外传播水平新契机。

在"一带一路"倡议的政策影响下,更多的中国企业有望走向世界,加快海外布局与建设,中国企业成为我国与国际沟通和交流的新桥梁。互联网企业在海外发展迎来机遇期,互联网企业的竞争市场范围将扩大到国外,海外网络市场竞争呈现激烈态势。此外,中国媒体和政府也将利用"一带一路"机遇探索对外传播的新方式与新手段,借机扭转现有国际舆论格局"西强我弱"的局面。

(5)微视频、网络直播深耕垂直领域发展,内容创业热度不减。

随着基础网络服务的提速降价，信息获取形式的视频化将是未来网络内容发展的主流趋势，因而，视频类信息产品生产的热度将继续保持。随着大数据技术的不断发展，网络平台上的用户画像更加清晰，这使得信息产品与用户个性化需求对接的精准度进一步提升。高质量的内容一直是有市场的，取得最佳传播效果的前提是根据市场需求不断调整呈现方式与呈现时机。

（6）人工智能技术成为热门，其应用领域的选择与布局日显重要。

人工智能技术的发展将直接影响现有一些行业的生产链，甚至关乎一些行业的生死存亡。以人工智能为代表的新技术将推动社会不同领域的发展。但是，人工智能应用领域的选择是一个关键性问题，决定着人工智能发挥作用的空间和意义。2017年政府工作报告中明确，要扩大数字家庭、在线教育等信息消费。人工智能技术很有可能在家庭教育领域获得突破。

（7）网络文化发挥"硬威力"，社交功能仍是新媒体产品的核心功能。

网络文化产业的发展将更加迅速，网络文化不断迸发新的生机与活力。网络文化在经济、外交、社会发展等多领域中将发挥更大的作用。2017年4月，文化部发布了《关于推动数字文化产业创新发展的指导意见》，数字文化产业成为文化产业的重头戏。用户是网络世界的核心，因此社交功能在新媒体产品中具有重要地位，在社交功能方面进行创新是新媒体产品研发的关键点。

（8）政务新媒体体系化发展，网络扶贫有效推进精准扶贫。

在信息公开、舆情应对、政务服务等功能不断完善之后，政务新媒体将拓展服务领域，通过新的沟通机制更加高效地实现政府职能。政务新媒体矩阵完成，体系化建设与社群化运营拉近了公众与政府的距离。网络扶贫工程的实施与深入将成为完成精准扶贫目标的主要抓手，为贫困地区实现可持续发展提供信息资源和知识资源基础。

（9）新媒体盈利方式更加多元但受到规范约束，移动变现成为新发力点。

《2017年中国网络广告市场年度监测报告》数据显示，2016年，中国整体网络广告市场规模为2902.7亿元。网络广告市场，特别是移动互联网广告市场的蓬勃发展是世界性趋势。《互联网广告管理暂行办法》的实施，将有效抑制虚假广告，减少广告泡沫。在新媒体通过不断创新营销手段获得商业利益的同时，对新媒体商业运营的监管也将更加全面和深入。

（10）互联网治理"常态化"与"长期化"，网络安全成为全球互联网治理的重点。

网络发展到不同的阶段会出现不同问题，因此，互联网治理是一个长期的过程。同时，互联网治理在未来将更加"常态化"，治理办法更新快、治理手段见效快。网络安全是影响国家安全的重要命题。因此，各国将携手共同解决网络安全问题，共建人类命运与利益共同体。

2. 八大政策建议

2017年是"十三五"国家信息化规划的推进之年，是中国深度参与全球网络空间新秩序建构的持续之年。中国快步向网络强国的目标迈进，彰显负责任的大国形象。新时期面对新挑战，我国应该通过顶层设计与战略规划，把握历史发展机遇，在新媒体领域实现领先发展。因此，我们提出以下政策建议。

（1）坚持推进"互联网+"行动计划，适时出台传统媒体与新兴媒体融合发展梯级规划，具体指导媒体融合发展的实践，壮大主流媒体矩阵；深化信息供给侧结构改革，以互联网提升经济发展新动能，释放数字红利。

（2）抓住"一带一路"倡议发展时机，打造新时期"中国精神"品牌，带动新媒体产业海外发展与升级，推动中国媒体提升国际传播力与影响力；重视新媒体对外传播话语体系建设，利用新媒体转变对外传播方式方法。

（3）直面5G、人工智能、虚拟现实、量子计算、机器人等新传播技术发展浪潮，着力推进关键领域核心技术自主研发，探索媒体"智能编辑部"与"智能生态圈"建设。

（4）正视"人人都有麦克风"的传播现实，适时启用"公共传播"与"注意义务"概念，通过对不同传播主体注意义务的等级划分，将"一个标准、一个要求、一条底线"的管理要求适用于传统媒体和新兴媒体。加强对新媒体伦理、大数据开发与运用伦理、内容分发机制等问题的研究，细化互联网平台行为规范，强调互联网企业社会责任与网络行为的多元主体责任。

（5）重视网络空间安全，依法加大打击网络犯罪力度，以合作与共享理念参与全球互联网治理，打好网络治理国内外联合战，促使信息化和互联网建设成果惠及全体中国人民、惠及世界人民。

（6）加快网络扶贫行动工程建设，提升网络扶贫精准度与实效性，协调行业和区域网络发展，制定与规范跨领域信息资源共享标准，提升互联网全产业链协同性。

（7）创新媒体人才弹性管理体制机制，加强网络舆情预判与风险评估工作，发挥新媒体舆论的引导力与凝聚力，突出互联网在国家治理与社会治理中的作用，革新公共传播形式，增进社会认同。

（8）推进网上内容建设，赋予传统优秀文化时代性、现代性与网络化内涵，强调新媒体平台内容的人文精神，将网络发展与生态文明建设相连接，助力智慧城市发展与美丽中国建设。

热 点 篇
Hot Topics

B.2
2016年中国网红经济发展报告

欧阳日辉 刘 健*

摘 要: 网红经济是互联网经济的重要部分,是新媒体经济在"互联网+"时代的新业态,丰富了数字经济的内容。2016年是我国网红经济元年,网红规模迅速扩大,网红平台快速发展,风险资本大量涌入,网红经济形成闭环。网红经济快速发展中,暴露出网红生命周期短、内容质量不高、商业化运作过度、转化率低、数据造假等问题,严重妨碍了网红经济的正常运行。未来网红经济将打通全产业链,细分市场,升级商业模式,建立行业生态体系。政府需要把握网红经济发展趋势,加快网红经济治理体系建设,引领网红经济规范健康发展。

---

* 欧阳日辉,中央财经大学中国互联网经济研究院副院长,经济学博士,教授,主要研究领域为互联网经济、互联网金融、电子商务;刘健,中央财经大学经济学院硕士研究生。

关键词： 网红经济 电商变现 网络直播

2016年3月"papi酱"融资成功，引爆了网红经济大发展、大繁荣，2016年成为"网红经济元年"。网红经济快速发展中暴露出诸多问题，监管层迅即对网红进行整治：4月，文化部对违规网络直播平台进行了整治；7月，公安部开展了网络直播平台专项整治工作；11月，国家网信办发布《互联网直播服务管理规定》，给网红经济中的虚火泼了一盆冷水。网红是什么？什么样的人能红？网红经济会是个泡沫吗？网红经济会迎来"黄金时代"还是"泡沫宿命"？政府应当如何引导、规范和监督网红经济？

一 2016年是网红经济发展元年

从以凤姐为代表的"网红1.0"时代的网络红人（简称"网红"），到以"papi酱"为代表的2.0时代的网红，网红越来越职业化，网红们找到了可以变现的商业模式，将人气转变成商业价值，催生了新的经济业态——网红经济。所谓网红经济就是通过网络红人在社交媒体上利用内容获取关注、聚集人气、打造个性化品牌，依托庞大的粉丝群体与社交电子商务等结合，从而将粉丝转化为购买力、人气转变成商业价值，实现个人价值变现、流量变现的新经济业态。

（一）网红吸粉能力快速提高

网红经济的迅速崛起使得"网红"一词备受关注，2015年末，"网红"一词的百度指数迅速飙升，其关注度一度超过"明星"一词，并在2016年持续处于高位，与"明星"一词的热度相比几乎不分伯仲。

1. 网络红人层出不穷

网络红人是指依托网络走红，有一定影响力和传播力并且具备一定变现能力的魅力人格体①。网红具备三个特征：首先，网红必须来源于网络，具备网生性，而不能仅仅是线下名人的线上化；其次，网红要能够凭借优质的内容和个人魅力集聚粉丝，并能够对粉丝的消费习惯、生活方式甚至价值观产生影响；最后，网红必须是具备传播渠道的独立个体，可以是具体的人也可以是象征性的符号。②

2016年网络红人层出不穷，网红类型趋于多样化，如表1所示，2016年主要网红大致可分为五种类型：电商网红、视频网红、直播网红、图文网红和事件网红。各种类型的网红拥有不同的风格，网红粉丝也是各具特征，而网红风格与粉丝群体的差异又进一步决定了网红变现方式和生命周期的不同。

表1 网红模式及特征

网红类型	代表网红	红人特点	变现渠道	粉丝特征	生命周期	活跃平台
电商网红	张大奕、雪梨	颜值为王，引领时尚	淘宝、微卖等电商	多为爱美女性，消费能力和消费欲望较强	取决于对时尚的把握，产品的质量和粉丝的忠诚度	微博,淘宝
视频网红	papi酱、艾克里里	内容为王，搞笑或有内涵	广告，内容付费，粉丝打赏，电商	粉丝构成广泛，异质性强	取决于内容创作的持续性和质量	微博,秒拍,微信
直播网红	Miss、周二珂	差异化大，多存在于某一领域	打赏，广告，电商，代言	男性粉丝为主，粉丝多集中于某一垂直领域，同质化强	取决于直播内容，可复制性强，受众易产生审美疲劳	直播平台,微博
图文网红	天才小熊猫、回忆专用小马甲	段子手居多，美图配美文	代言，广告，出书	粉丝广泛，个性鲜明	取决于图文内容的质量和持续性	微博,微信

---

① 《2016网红生态白皮书》，新浪微博数据中心/艾瑞咨询，2016年7月。
② 《7000字长文深度解析"网红经济"》，新榜研究院，2016年3月31日。

续表

网红类型	代表网红	红人特点	变现渠道	粉丝特征	生命周期	活跃平台
事件网红	虹桥一姐、傅园慧	因某一事件暴红	广告,代言,演艺	粉丝广泛,大众化程度高	取决于后期运作,总体生命周期较短	微博,微信,直播平台

资料来源:《全民网红——社交电商与网红经济行业深度报告》,微信公众号"成功营销",2016年5月18日。

2016年网红经济内容形式进一步多样,其中原创内容所占比重最大,如图1所示,原创内容的占比达到47%,其次是产品导购,达到了24%,相比之下,其他一些内容形式所占比重较小。

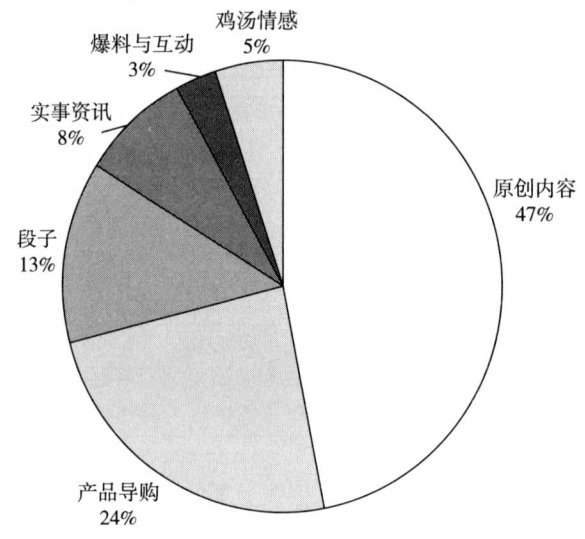

图1 网红内容分布

资料来源:《2016网红产业研究报告》,清博大数据,2016年9月。

2016年网红变现模式呈现出多样化的趋势,目前,广告和电商依旧是最主要的变现手法,如图2所示,广告比重最大,达到50.6%,其次是电商变现模式,份额为28.5%,相比之下,其他一些变现模式的所占比重较小。

2. 网红粉丝快速增长

2016年网红粉丝规模进一步扩大,截至2016年5月,仅微博平台的网

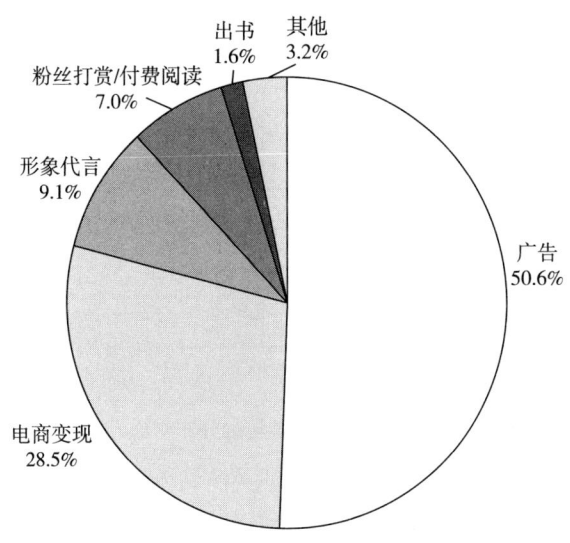

图 2　网红变现方式

资料来源:《2016 年中国在线直播/网红行业专题研究报告》,艾媒咨询,2016 年 5 月。

红粉丝规模就已达到 3.85 亿人,在微博平台粉丝中比重为 28%,仅次于娱乐明星的 43%。

网红与粉丝主要集中于 17~33 岁的高学历人群,如图 3 所示,网红与粉丝在年龄和学历程度上存在极大的相似性,这使得网红与粉丝往往拥有相似的消费习惯、生活方式和价值观,他们之间容易产生情感共鸣。

(二)网红平台高速发展

网红平台组成了网红产业的主干,在网红产业中发挥着举足轻重的作用。如表 2 所示,依据与网红的关系可以将网红平台分为两类,一类是社交平台,一类是电商平台。社交平台在网红产业链中处于上游,负责聚集流量;电商平台在网红产业链中居于下游,负责变现流量。

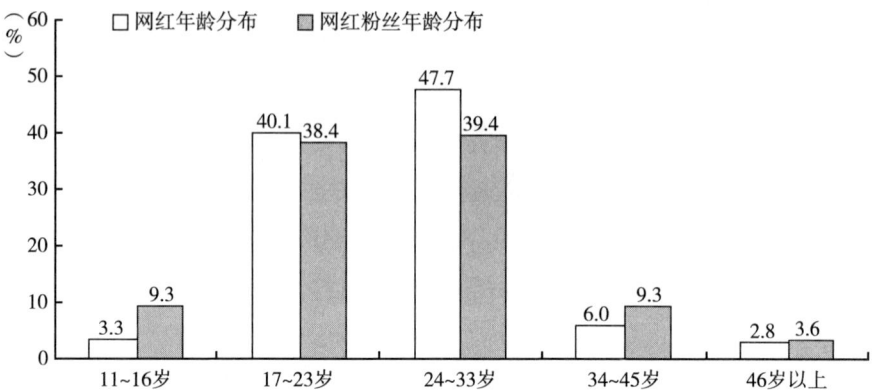

图 3　网红与粉丝年龄分布对比

资料来源：《2016 网红生态白皮书》，新浪微博数据中心/艾瑞咨询，2016 年 7 月。

表 2　网红平台概况

社交平台	综合社交平台	微博、微信、QQ、陌陌
	社区科普平台	贴吧、天涯社区、豆瓣、猫扑社区、知乎
	音频内容平台	喜马拉雅 FM、蜻蜓 FM、荔枝 FM
	视频录播平台	优酷土豆、爱奇艺、腾讯视频、乐视、秒拍、小咖秀、PPTV、酷 6
	视频直播平台	PC：斗鱼、虎牙、熊猫、六间房、9158　移动：映客、花椒、美拍、易直播
	垂直兴趣平台	穷游、有妖气、榕树下、人大经济论坛、虎扑论坛、百合网
	女性时尚社区	PC：Onlylady 社区、YOKA 社区、太平洋女性论坛　移动：小红唇、闺蜜美妆、快美妆、美啦
电商平台	综合性电商平台	淘宝天猫、京东商城、唯品会、亚马逊、苏宁易购、1 号店、当当网
	跨境电商平台	小红书、洋码头
	社交电商平台	蘑菇街、美丽说、微卖
	垂直电商平台	聚美优品

资料来源：吕明，《网红经济产业地图（一）：上游社交平台》，国泰君安证券，2016 年 5 月 10 日。

网红经济兴起带动了社交平台的发展。微博作为社交平台的典型，其信息的传播以"开放式、去中心化"为主要特征[①]，逐渐成为我国各类网红的

---

① 易观智库：《网红经济专题研究报告》，点拾投资，2016 年 6 月 16 日。

主要聚集地。网红经济的兴起推动了微博活跃用户的快速增长,2015~2016年新浪微博的月活跃人数(MAU)和日活跃人数(DAU)分别增长了58.1%和56.2%,截至2016年第四季度,微博的MAU已达3.13亿人,DAU人数达到1.39亿人。网红经济的快速发展推动了社交平台用户规模的扩大,为社交平台的不断发展增添了新的动力。

电商平台利用网红拓宽了营销渠道。相关数据显示,2015年"双十一"淘宝女装TOP 10中网红店铺占据了6席,而2016年网红店铺更是占据8席之多,其中有3家网红店铺单日销售额突破亿元①。相比传统电商,笔者认为网红电商具备三点优势,第一,网红电商具备流量优势,依托社交平台,网红聚集了大量流量,有效地缓解了流量成本高给电商带来的压力;第二,网红电商可以实现更为精准的营销,网红通过与粉丝互动可以更加准确地了解粉丝需求,因此网红电商往往具备更高的流量转化率;第三,网红电商拥有更高的复购率,网红与粉丝之间的社交关系加强了买卖双方之间的联系,极大地提高了消费者的忠诚度②。

(三)网红孵化/经纪公司日趋成熟

随着网红产业日益复杂,网红单凭个人能力与精力已不足以应对日益激烈的市场竞争,网红亟须专业化的团队为其提供全方位的服务。如表3所示,网红孵化/经纪公司在网红孵化、内容创作、流量变现以及供应链管理等方面为网红提供专业化的服务。笔者认为,目前网红孵化/经纪公司一般具备以下几种能力。

网红孵化/经纪公司逐渐形成了一整套成熟的网红孵化体系,它们擅长发掘潜力网红,并能够对网红进行专业化的培训。

网红孵化/经纪公司能够为网红提供数据支持,通过大数据分析,能

---

① 徐露:《3家双11过亿店铺的亮点详剖,各有各的绝招!》,淘宝大学,2016年11月28日。
② 《中国网红经济下的女性社会化电商发展专题研究报告2016》,蘑菇街/易观,2016年12月1日。

够精准把握粉丝的偏好,为网红制定适合的营销战略,选择恰当的变现方式。

网红孵化/经纪公司拥有较为成熟的供应链管理体系,它们往往具有自己的生产工厂,通过专业分工和模块化组建了柔性的供应体系,能够快速适应市场的需要。

网红孵化/经纪公司能够代理网红运营社交平台,为网红提供专业的内容策划服务,协助网红进行社交平台的运作[1]。

表3 部分网红孵化/经纪公司业务特征介绍

名称	业务特征
VS MEDIA	协助网红进行内容策划,推动网红的IP化发展
网红来了	平台采用台长负责制并独立运营,为网红提供全方位的专业服务
如涵电商	服务电商网红为主,主要是进行供应链管理
中樱桃	为网红提供内容策划和商业变现服务,推动网红的"明星化"发展
美空	为网红提供经纪服务,架起企业与网红之间的桥梁
热度传媒	提供网红孵化到商业变现的全流程服务
繁星优选	与网红合资建企,分工合作,实现效益最大化

资料来源:知乎@贾红粉,《2017网红研究报告》,"乐读精选",2017年1月17日。

(四)资本市场青睐网红经济

2016年网红经济的高速发展引来了资本市场的青睐,网红产业融资活跃,千万级融资比比皆是(见表4),网红经济进入资本化时代。

从融资主体来看,2016年网红经济的融资活动涵盖了网红产业的各个层面,从知名网红到网红平台再到网红孵化/经纪公司都不同程度地进行了融资。但是从融资主体的数量与融资规模可以看出,资本更加倾向于网红平台和网红孵化/经纪公司。这主要是由于网红个体具有先天脆弱性[2],直接

---

[1] 《看清网红经济是什么鬼!》,《零售商业内参》2016年1月14日。
[2] 梁立明:《网红经济行业研究报告》,投中研究院,2016年6月。

投资网络红人风险较大；相比之下网红孵化/经纪公司和平台则拥有较强的风险规避能力，因而更能获得资本的青睐。

从投资机构来看，网红产业的资本主要来源于三类主体，其一是专业的投资机构，投资目的是升值套利，诸如红杉资本、IDG等；其二是一些大型上市企业，投资目的是完善自身生态，实现协同发展，像腾讯、阿里巴巴等；其三是天使投资人，他们热衷于风险投资，例如赵宝刚、张泉灵等[1]。

表4 网红产业融资概况（部分）

类型	名称	投资时间	投资机构/人	投资金额
知名网红	星座不求人	2016/5/13	英诺天使	960万元
	papi酱	2016/3/19	真格基金、罗辑思维、光源资本和星图资本	1200万元
	ERA 徐可	2016/3	紫牛基金、张泉灵领投	数千万元
	同道大叔	2016/3	未透露	数百万美元
网红平台	Bang直播	2016/5/21	未透露	数千万元
	中视科技	2016/5/11	明星资本、欢乐时光、游戏多、迅游科技	5000万元
	17直播	2016/5/5	乐视体投、未名资本	1500万元
	呱呱视频	2016/5/3	光线传媒	13100万元
	触手TV	2016/4/28	国内A股某上市公司	2000万美元
	易直播	2016/3/24	未透露	6000万元
	果酱直播	2016/3/16	安芙兰创投、梅花天使创投、创新谷	数百万元
	约定	2016/2/25	友田资本、青松基金	1000万元
	章鱼TV	2016/1/28	乐视网	30000万元
	映客	2016/1/7	昆仑万维	6800万元
网红孵化/经纪公司	如涵电商	2015/10/26	赛富基金、君联资本、远镜创投	1200万元
	缇苏电商	2016/5/3	光线传媒	3000万元
	狂战贸易	2016/2/24	动域资本	4000万元
	网红来了	2016/4	谢丽明	不明
	美空	2016/7	万吨资产	近1亿元
	中樱桃	2016/7	游久游戏	5000万元

资料来源：梁立明，《网红经济行业研究报告》，投中研究院，2016年6月。

---

[1] 梁立明：《网红经济行业研究报告》，投中研究院，2016年6月。

（五）网红经济形成闭环

2016年网红经济呈现高速增长的态势，2016年中国网红经济整体规模达到528亿元，较2015年翻了一番。易观估计从2015~2018年网红经济年复合增长率有望保持59.4%①，到2018年网红经济规模将突破1000亿元大关。

目前，我国网红经济已经形成较为完备的产业链结构，网红是整个产业链的基础，网红经济的各个环节都围绕网红来进行；上游社交平台负责汇聚流量，下游电商平台负责变现流量；同时各种相关服务公司相继成立，网红经济形成闭环②。

上游社交平台是网红流量的入口，网红凭借优质的内容和个人魅力，依托社交平台来吸引粉丝的关注，形成高质量的社交资产，进而集聚流量，为商业变现做准备③。

下游电商平台是网红完成商业变现的重要渠道之一，网红通过将流量导流到电商平台来实现商业变现。除了电商变现模式外，如表5所示，网红变现还存在多种模式，并且随着网红经济的继续发展，变现模式还会进一步丰富。

表5 网红变现模式分析

变现模式	变现特点	代表网红
电商	一种模式是自己开淘宝店铺，即C2B，另一种模式是做其他店铺的导购，即B2C2C	张大奕、雪梨、ANNA
广告	人+广告（所谓的代言模式内容）+广告（即或软或硬地在所创作的内容中植入广告）	papi酱、天才小熊猫
付费阅读或会员制	提供高质量的内容吸引粉丝付费阅读	罗辑思维
粉丝打赏	通过提供高质量的内容赢得粉丝的共鸣，从而赢得粉丝的打赏	Miss、小苍
形象代言	代言品牌，将其产品植入内容	MC天佑
影视演艺	参演网生综艺，网剧	黄灿灿、陈都灵

资料来源：根据互联网资料整理。

---

① 《中国网红产业专题研究报告2016》，易观，2016年8月22日。
② 《网红经济专题报告》，网红新传媒，2016年8月13日。
③ 《阿里巴巴曾鸣：网红或是电子商务发展的一块界石》，阿里研究院，2017年2月3日。

网红经济在主干上下游部门的基础上，还衍生出了许多相关服务部门，例如为发掘培育网红而形成的网红孵化公司，为网红提供经纪服务而形成的网红经纪公司，以及为行业发展提供数据支持的大数据服务公司，等等。相关服务公司的建立和发展进一步拓展了网红经济的产业链条，有利于网红经济的生态化发展。

总之，在多个互联网风口产业的相互作用下，2016年网红经济高速增长，网络红人层出不穷，"网红"媒体关注度显著上升，大量资本涌入网红产业，网红经济形成闭环。

二 网红经济发展中存在的问题

目前，网红产业刚刚起步，商业模式尚不够成熟，2016年网红经济在高速发展的同时也暴露出一些问题。这些问题的存在严重扰乱了网红市场的正常运转，妨碍了网红经济的规范发展。

（一）网红生命周期短暂，过度依赖单一平台

网络红人具有先天脆弱性，在已知生命周期的网红中大多数只能存在3年以下，能够长时间存活的寥寥无几（见图4）。笔者认为网红的脆弱性主要源自三个方面，第一，互联网技术发展迅猛，内容载体的变化会引起网红的更新迭代，而网红的影响力很难实现跨时代存活；第二，大多数网红缺乏自身特色，差异小、可复制性强，很容易被新晋网红所取代；第三，粉丝容易形成审美疲劳，一旦网红内容丧失创新性，粉丝就取消对网红的关注。[1]

现阶段大部分网红存在对单一平台的过度依赖，即便是号称"2016年第一网红"的papi酱也不例外。papi酱的视频播放主要集中在秒拍平台，相比之下其他平台的播放量要小很多。对单一平台的过度依赖一方面会使网

---

[1] 李光斗：《网红经济——社群经济的进阶》，李光斗品牌观察，2016年8月23日。

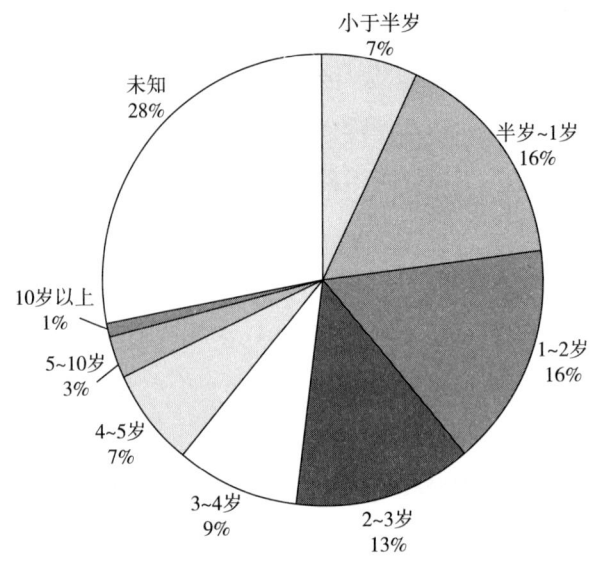

图 4　网红生命周期分布

资料来源:《2016 年最新网红报告出炉!》,"中财蹦豆",2016 年 4 月 22 日。

红变得更加脆弱,一旦遭到平台封杀或者平台倒闭,网红就可能面临灭顶之灾;另一方面,对平台的过度依赖也会使网红在与平台谈判中处于不利的地位,从而受到平台牵制。[①]

(二)网红内容质量不高,转化率难以保证

内容是网红聚集流量的工具,优质的内容是网红的核心竞争力,但是目前网红经济存在着内容质量不高的问题。大多数网红内容缺乏创新性,有的甚至存在低俗化倾向。笔者认为低俗化的内容有两点危害,第一,低俗化的内容容易引起粉丝的审美疲劳,不能形成持续稳定的影响力和注意力;第二,低俗化的内容不符合社会主义核心价值观的要求,不利于网红经济的健康发展。[②]

[①] 知乎君:《网红与网红经济,你真的都懂吗?》,知乎,2016 年 11 月 4 日。
[②] 付怡:《浮华背后的隐忧——中国网红经济舆情风险报告》,影视风控,2016 年 4 月 29 日。

网红一旦发展到一定阶段就会遭遇流量瓶颈。一方面，随着互联网普及率的逐步提高，易转化人群正在日益减少，社交平台用户增长开始放缓，网红粉丝规模也会相应地出现增长放缓的趋势；另一方面，在"快文化"日渐兴盛的互联网时代，网红粉丝的流动率极高，这使得粉丝黏性和忠诚度较低，网红流量转化率也难以保证。[①]

（三）网红流量变现较难，网红电商供应链脆弱

商业化是网红成长的必然选择，但如果商业化的模式不恰当就可能引起网红风格与商业化运作之间的冲突。广告作为最便捷的网红变现手法，往往会极大地影响网红内容的质量，如果不能合理把握广告的方式与频率就会引起粉丝的反感与厌恶，出现"掉粉"现象。因此有必要根据网红特点和粉丝特征选择合适的商业化模式，进行专业的商业化运作，妥善处理好商业变现与风格维系之间的关系。

供应链脆弱严重制约了网红电商的持续发展，2016年"双十一"时张大奕正是因为供货问题最终跌出了全平台女装TOP10。[②] 由于网红电商大多采取预售方式进行销售，后续订单压力大，供应链往往要面对粉丝的爆发式需求，传统的生产方式无法满足市场的需要。网红电商必须改变传统的生产模式，[③] 增强供应链的快速反应能力和柔性生产能力，逐步建立起供应链的相对优势。

（四）网红经济数据造假，行业面临重新洗牌

为了营造"繁荣"的假象，一些网红、平台以及经纪公司不惜出卖职业道德，雇佣网络水军进行虚假评论、刷单炒信等数据造假活动，严重妨碍了网红经济的健康运行。这些不诚信行为一方面误导了粉丝和投资人，造成粉丝的不理性消费和投资人的不理性投资；另一方面，这些行为也会损害造假者自身形象，不利于其持续发展。

---

① 《红商盛宴：网红分析报告，网红经济的灿烂》，亚洲网红在线，2016年11月4日。
② 《揭秘张大奕等3家网红店双十一销售如何过亿》，电商卖家圈子，2016年11月18日。
③ 马莉等：《网红产业链深度解析》，银河证券，2016年3月23日。

（五）大量风险资本涌入，网红经济虚火旺盛

目前为止，网红经济的运营模式还有待完善，大量资本的涌入，在推动网红经济快速发展的同时，也容易引起网红经济过热，产生经济泡沫。以往经济发展经验告诉我们，当一个风口产业出现时通常会受到资本的竞相追逐，而一旦资本突然大规模从这个产业中撤离，就会给该产业带来毁灭性的冲击，因此，我们必须警惕网红经济泡沫，加强市场监管，鼓励理性投资，严格把控网红经济泡沫。

三 网红经济发展趋势分析

2016年网红经济在高速发展的同时内部结构不断优化，逐步显现出新的发展趋势，更高版本的网红经济正在酝酿。走过了网红经济1.0版，更加注重内容、规范运营，以及与电商紧密结合的商业化运作的网红经济2.0版即将面世。

（一）网红内容质量不断提高，网红价值得到深耕

从本质上讲，网红之间是内容的竞争，持续优质的内容输出是网红面对激烈市场竞争的不二法门。网红应当积极提高内容质量，增强内容调性[①]，满足粉丝的个性化需要，努力实现从普通用户生产内容（UGC）到专业用户生产内容（PGC）再到知识产权（IP）的转变；同时，网红也应当深度挖掘自身商业价值，增强品牌意识，推动自身IP化发展，实现多领域变现，使本身市场价值得到充分发挥。

网络红人跨平台发展，网红内容全渠道分发。网红过度依赖单一平台会带来较大的发展风险，不利于网红的持续发展。因此网红内容全渠道分发、网红本身跨平台发展将成为主要趋势。网红的跨平台发展一方面有利于增强

---

① 《2016内容电商行业研究报告》，亿邦动力研究院，2016年12月。

网红的风险抵御能力，延长网红的生命周期；① 另一方面，有利于网红充分利用各种内容载体，丰富自身的创作形式，扩大自身流量入口。

（二）网红领域进一步垂直细分，粉丝群体社群化发展

生活水平的提高和社会结构的变化使得人们的消费观念发生转变。为了满足消费者对个性化、专业化的需要，网红内容的专业性会不断增强，网红领域会进一步地垂直细分，网红会成为垂直领域的意见领袖，粉丝同质化程度会进一步提高。而粉丝的同质化又会推动粉丝群体朝着社群化的方向发展，这一方面有利于强化网红与粉丝之间的关系，增强网红的影响力和传播力；另一方面，社群化还会产生"雪球效应"，吸引更多同类型的粉丝，从而增大了网红流量。②

（三）网红经纪人市场竞争激烈，团队化、专业化运作成趋势

2016年网红经济高速发展的同时网红之间竞争也日渐激烈，如何提高自身竞争力、汇聚更多的流量已经成为网红面临的首要问题。网红仅靠自身已经不能应对市场的激烈竞争，网红必须进行团队化合作，可以自建专业团队，也可以与网红经纪公司或者网红平台合作，在内容策划、形象包装以及流量变现等方面进行专业化的运作，增强自身的市场竞争力。

（四）网红产业和传统娱乐协同发展，生态化全流程运营成新风口

网红与明星在一定程度上具备相似性，都属于粉丝经济的一种形式，都是通过个人魅力吸引粉丝，并依托粉丝带来的流量完成商业变现，因此，网红和明星之间并不存在不可逾越的鸿沟。未来网红与明星将出现相互融合的趋势，一方面，网红凭借较高的颜值、专业的水准和超高的人气会更多地参与影视演艺事业，从而明星化；另一方面，一些明星出

---

① 《网红平台化：被"保养"还是多平台？》，IT互联网圈内事，2016年10月8日。
② 李光斗：《网红经济——社群经济的进阶》，李光斗品牌观察，2016年8月23日。

于自身发展的需要，也会借助直播、微博等网红平台来提高自身的注意力和影响力，从而网红化。未来网红圈和娱乐圈将相互渗透，传统娱乐与网红经济将协同发展。[①]

由于商业模式的不成熟和市场监管的缺失，网红市场竞争存在着不理性倾向，混乱无序的市场竞争不利于行业的健康发展。随着网红经济结构的优化、市场监管的完善以及互联网龙头企业的加入，网红行业必然会呈现整合的趋势，[②] 预计未来几年网红市场兼并并购将异常活跃，大量中小企业将销声匿迹，而留下的企业为了提高自身的风险抵御能力，必然会实行生态化运营，向全流程网红公司发展。

（五）新技术助推富媒体，网红经济步入虚拟现实阶段[③]

随着网红内容载体从文字到图片，再到视频直播的演进，网红经济也经历由1.0到2.0再到3.0的时代。随着互联网新技术的迅猛发展，VR/AR等技术的不断成熟，未来网红的内容载体必然会出现新的变化，网红经济会逐渐步入虚拟现实阶段。在这一阶段，网红与粉丝之间的交流和互动会更加直观，内容形式和变现模式也会进一步多样，新技术的发展将催生一批具有新技术特点的网络红人。

（六）社交电商快速发展，网红电商成为主要变现模式

社交电商前景广阔，预计未来数年将继续保持较快增长，网红电商作为社交电商的一种形式将成为网红变现的主要模式。相较于其他变现模式，电商变现的可持续性更强，可以有效增强网红的风险抵御能力。但是电商变现的门槛较高，需要较强的供应链管理能力，因此必须有专业化的团队进行运作。

---

① 《"网红"、明星相互渗透已成定局》，纤原网络，2016年9月29日。
② 《腾讯投资斗鱼的信号直播平台到了整合阶段》，皮丘电竞，2016年3月16日。
③ 《腾讯投资斗鱼的信号直播平台到了整合阶段》，皮丘电竞，2016年3月16日。

四 规范发展网红经济的政策建议

2016年网红经济在高速发展的同时也暴露出一些问题,为了解决网红经济发展中的问题,引领网红经济规范发展,必须加强网红经济监管。但同时应当坚持适度原则,不能抹杀网红经济发展的活力和创造力,笔者认为"适度监管,不失活力"应当成为制定网红经济政策的总原则。

(一)建立健全制度体系,加强监测体系建设

近几年网红经济保持高速发展,但相关法律规章没能与网红经济的发展保持同步,一些不法分子利用法律漏洞来谋取不正当利益,严重扰乱了网红市场的正常秩序,阻碍网红经济的健康发展。因此,必须加强网红领域法律规章建设,早日形成完备的法律体系;同时,应当规范行政执法行为,协调相关部门统一市场监管,提高政府监管的效率。

网红经济产业结构纷繁复杂,各部门之间存在较大差异,因此应当根据各部门的具体特征,实行恰当的监管模式,逐步形成职能分明的市场监管体系;[1] 其中特别要注重对网红内容的监管,逐步建立内容事前报备审查和事后留存备查制度,严格规范网红内容,做到早预防、早治理,保证网红内容的规范。

由于网红经济具有极强的灵活性和隐蔽性,监管者和被监管者之间存在着严重的信息不对称问题,因此有必要加强信用体系和数据监测体系建设,利用大数据技术加强行业信息的收集,建立包括信用信息在内的完备的行业信息数据库;同时要推进信息共享体系建设,加强监管主体的信息交流,建立必要的联动机制。

---

[1]《网红经济下关于网络直播监管的思考——基于南京典型案例的引入》,网红经济联盟,2016年12月13日。

（二）充分发挥平台监管作用，推动跨平台监管合作

网红平台掌握着行业的大量数据，在市场监管方面具备天然优势，因此应当充分调动平台监管的积极性，建立相关激励机制，一旦出现违法违规行为，依法追究平台的连带责任，倒逼平台加强对网红及网红内容的认证审查；同时各平台之间应当加强监管合作，推进信息共享体系建设，逐步形成跨平台联动机制，对违法违规行为进行跨平台打击。

（三）加强行业协会建设，建立行业黑名单制度

为了维护市场公平竞争，推进网红产业规范发展，有必要加强行业协会建设，增强行业自律精神，自觉抵制违法乱纪行为；同时应当建立行业黑名单制度，对严重妨碍网红市场健康发展的行为进行严厉整治，逐步形成"行业自律＋政府监管"的双重监管体系。

（四）落实网红实名登记制度，提高网红道德修养

网红是整个产业链的基础，规范网红行为对于加强网红经济监管具有重要意义，因此应当落实网红实名登记制度，制定明确的网红准入规则，网红个人信息变更要报备核查，逐步形成完备的网红信息数据库；同时要加强对网红群体的素质培训，提高网红的道德修养，引领网红树立正确的价值观念。

B.3
2016年中国网络直播业发展报告

阳美燕 周晓瑜 刘 厚*

摘 要： 2016年，中国网络直播迎来爆发式增长，资本看好，平台拥抱，用户产生消费升级需求，网络直播迅速进入产业布局期。携社交基因而来的网络直播业，在"小入口大布局"中凸显其场景式社交的扩张属性与激活潜能；在内容生产上开始突破传统秀场UGC的局限性，走向原创PGC和PUGC，并走向内容创业的纵深；在直播移动化的环境下，直播平台形成了多点线性的营收模式。在这一爆发式增长布局期，网络直播业同时也面临内容瓶颈待突破、产业链待形成等粗耕有余、沉淀深耕不足的种种问题。未来直播业将在竞争加剧与规范加强的双重压力下，在持续增长中进入洗牌期，同时迎来"直播+"的大涨势，也将翻开与短视频应用等横向合作的新的业务篇章。

关键词： 主播 移动直播 "直播+"

2016年我国互联网的最大风口无疑是网络直播，资本看好、技术发力、平台拥抱、用户消费升级，直播，尤其是移动直播市场全面爆发成一片红

---

* 阳美燕，湖南大学新闻传播与影视艺术学院教授，舆情研究所所长，博士，研究方向为新媒体与网络舆情、新闻史；周晓瑜，湖南大学新闻传播与影视艺术学院研究生，研究方向为新媒体与网络舆情；刘厚，湖南大学新闻传播与影视艺术学院兼职教授，研究方向为新媒体与网络舆情。

海，业界称之为"移动直播元年"。在这一态势下，短时间内，网络直播本身开始成为撬动互联网媒体、应用与内容等多重变量融合的现象级"网红"，呈现出一片蓬勃发展的景象。

一 2016年网络直播发展概况

（一）网络直播迎来爆发式增长

2016年，网络直播迅速风行、"千播大战"出现，全民直播蓄势待发，网络直播迎来爆发式增长。

在用户规模上，CNNIC数据显示，截至2016年12月，网络直播用户规模达3.44亿人，占网民总体的47.1%，月活跃用户高达1亿人，用户总数较2016年6月增长1932万人，[1] 明显呈加速增长之势。其中，游戏直播的用户使用率增幅最高，使用率半年增长了3.5个百分点，演唱会直播、体育直播和真人秀直播的使用率则保持稳定。同时，从图1对泛娱乐直播的用户活跃度统计数据可以看到，无论是PC端还是移动端的用户活跃规模在2016年度都总体呈上升势头，其中移动端的涨势更大，并于第四季度明显反超PC端。

在市场规模方面，网络直播的市场规模从2015年的约90亿元涨至2016年的约150亿元，[2] 增幅高达67%，显示直线上升特征。虽然近期网络直播政策有所收紧，监管加强，但其作为朝阳产业的喷发性仍被普遍看好，预计2020年将成千亿级大产业，[3] 生长空间巨大。这些数据包含PC端和移动端两部分，其中，在这两个板块中，移动网络直播于2016年找到爆发口，市场规模迅速达到26亿元，形成格局端，业界常称2016年为"移动直播元年"。从市场的内容板块构成来看，泛娱乐直播、秀场直播和游戏直播占据

---

[1] 中国互联网络信息中心：第39次《中国互联网络发展状况统计报告》，2016年1月。
[2] 艾媒咨询：《2016上半年中国在线直播市场研究报告》，2016年9月。
[3] 智研咨询：《2016~2020年中国网络直播行业市场分析及投资前景预测报告》，2016年8月。

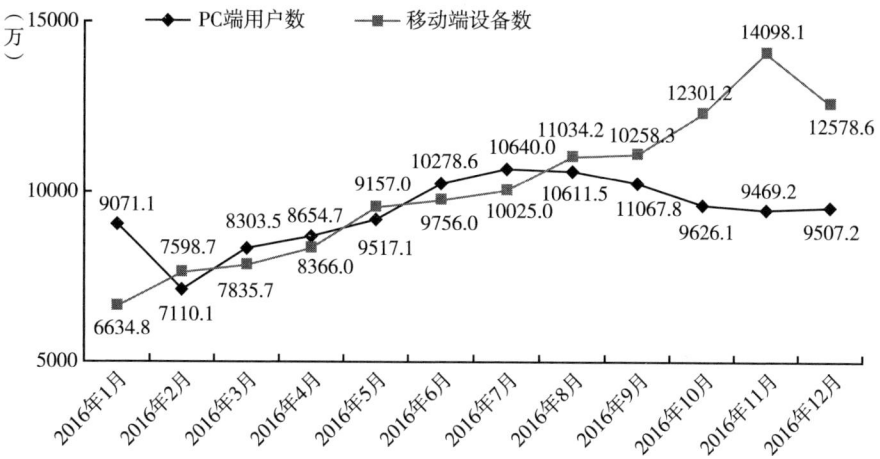

图1 2016年1~12月泛娱乐直播用户月度活跃规模变化

资料来源：艾瑞咨询，《中国泛娱乐直播平台发展盘点报告》，2016年3月。

网络直播市场的绝对主体地位，三者之和占比高达96%。①

在平台规模上，早在2015年，全国在线直播平台数量就接近200家，大型直播平台每日高峰时段同时在线人数接近400万人，同时直播的房间数量超过3000个。② 据媒体不完全统计，截至2016年5月，平均每隔3小时就有一款新的直播APP诞生，其市场热情可见一斑。当然，实际上，直播APP的淘汰率也很高，不然，就不是目前大约200个的存活量了。

从上述诸多数据可见网络直播在2016年的爆发式生长态势。

（二）直播领域热钱涌动，网络直播成资本新宠

网络直播运营成本高，它的迅猛发展离不开背后巨资的推动。近两年，该领域热钱涌动，互联网巨头纷纷投资、布局直播行业，网络直播俨然成为资本的新宠。

表1为BAT直播行业布局。

---

① 中国产业信息网：《2016年我国在线直播行业市场规模分析》，2016年11月。
② 艾媒咨询：《2016上半年中国在线直播市场研究报告》，2016年9月。

表1　BAT直播行业布局

百度	阿里巴巴	腾讯	
Ala直播(泛娱乐)	陌陌(泛娱乐)	Now直播(泛娱乐)	哔哩哔哩(二次元)
百秀直播(泛娱乐)	来疯直播(泛娱乐)	腾讯直播(泛娱乐)	呱呱社区(泛娱乐)
奇秀直播(泛娱乐)	淘宝直播(电商)	QQ空间(泛娱乐)	腾讯新闻(新闻)
百度地图(路况)	天猫直播(电商)	花样直播(泛娱乐)	斗鱼直播(游戏)
百度视频(版权)	优酷(版权)	企鹅直播(体育)	龙珠直播(游戏)
爱奇艺(版权)	火猫直播(游戏)	腾讯视频(版权)	红点直播(教育)

资料来源：艾瑞咨询，《2016年中国移动视频直播市场研究报告》，2016年11月。

从表1可以看出，这三大互联网巨头各自形成了它们在直播领域的版图，或投资收购，或在自家平台开发内嵌式直播产品。百度推出百秀直播、奇秀直播等；阿里基本垄断了天猫、淘宝这些电商相结合的直播，还同时投资了一直播、陌陌，被阿里收购的优酷土豆又推出了来疯直播，其成为阿里的"孙代"产品。而腾讯则反应最快，决心最大，布局最大，2012年开始布局，近两年更是加快进程，至今其所投直播平台数量达到百度和阿里两家之和，除自建渠道腾讯新闻、腾讯视频、Now直播外，这两年腾讯先后以大手笔投资并收购斗鱼、龙珠（腾讯于2016年11月又退出龙珠）和快手等直播公司，其中对快手直播更是领投高达3.5亿元之多，有一家独大之势。

除了BAT以自建、收购、投资、搭伙建平台等各种方式进入直播领域引领布局外，其他投资方主要包括如下四类：一是以IDG为代表的投资机构，网络秀场"鼻祖"9158就由IDG投资，它们资本雄厚，商业嗅觉敏锐，投资早，属于率先布局者；二是以网易、奇虎360、凤凰、乐视、上海广播电视台等为代表的媒体类互联网公司，它们纷纷涉足游戏和泛娱乐直播领域，属于跟进布局者；三是以汪峰、黄晓明等为代表的明星投资人，依托粉丝经济，主要入驻娱乐型直播公司；四是媒体国家队，如2017年2月19日，《人民日报》与微博、一直播共同推出的全国移动直播平台上线，同日，央视新闻移动网也正式上线，还专门为记者打造了移动直播系统"正直播"，媒体国家队正式宣告加入直播大军。

从投资规模看，根据云投汇数据，截至 2016 年 11 月 30 日，全国共有 31 家网络直播公司完成 36 起融资，涉及总金额达 108.32 亿元，多集中于早期（B 轮以前），呈现出新兴市场的典型特征。2016 年年内，视频直播平台的融资规模屡创新高：映客 1 月获得了 A+轮 8000 万元，仅半年之后，估值就达到 70 亿元；8 月斗鱼完成 C 轮 15 亿元融资，由腾讯领投；花椒直播 9 月底宣布完成 A 轮的 3 亿元融资；新浪微博旗下的一直播 11 月获得 5 亿美元 E 轮融资，包括熊猫直播、触手 TV 直播等在内的其他视频直播平台也陆续宣布融资过亿元，估值相继飙升至数十亿元。① 网络直播不再限于秀场、游戏等娱乐领域，而是逐渐向社交、影视、体育、电商、教育等"直播+"领域延伸拓展，但目前最为资本看好的依然是以斗鱼为代表的游戏直播和以映客为代表的泛娱乐直播。

（三）直播平台的阶梯性和层次性在形成

从发生学的视角看，网络直播平台可分为三个层次：主播（网红）孵化器平台—内容直播平台—直播入驻平台，分别可被看作潜台、前台和后台。2016 年，网络直播平台的层次性和阶梯性在形成。

潜台——主播（网红）孵化器平台，即以主播（网红）培训、业务接洽等为内容的网红工厂、网红工作室、网红经纪公司等机构，是潜在草根主播的一个形成机制。网络段子手 Papi 酱走红网络，融资 1200 万元，使"网红"成为 2016 年的热词，主播（网红）培训也跟着热起来。据估计，2016 年全国各地的类似培训机构多达上万家，主要教授化妆、拍摄技巧和唱歌、跳舞、主持脱口秀等技能。这些机构目前基本上都是单打独斗。而 2016 年 9 月，浙江义乌工商职业技术学院开设的"电商网络模特"专业，可被看作中国第一个"网红专业"，这折射出直播市场对草根主播的专业化生产需求。

前台——内容直播平台，主要表现为斗鱼、虎牙、映客、花椒等这些一线直播场景及其机构。2016 年，直播平台的四大阵营基本形成，即已经形

---

① 来自云投汇大数据。

成了四类内容平台（见表2）。一是最早成型的秀场直播平台，指唱歌、跳舞、才艺表演等直播，它在PC端已形成完整的产业链条，内容与规模相对稳定，在移动化大潮中，逐步转向移动端。2016年直播收入"冠军"即为YY母公司欢聚时代，其第三季度直播服务营收达17.904亿元。① 二是游戏直播平台，主要是观看主播玩游戏的平台，这是随着移动直播技术的成熟而迅速发展起来的内容平台，比较倚重主播的专业性，斗鱼、熊猫、虎牙、战旗是这类平台中的明星。三是泛娱乐直播平台，包括演唱会、户外、赛场直播等，以2015年成立的映客和花椒为代表，聚集了各种不同的主播和用户，2016年全民直播之势的形成，与这类泛娱乐直播平台的兴起分不开。四是垂直类直播平台，比如阿里推出淘宝直播和天猫直播两大直播平台，用户可"边看边买"，让用户在不退出直播的情况下就能够直接下单主播推荐的商品，属于直播的深耕平台，专业性较强，其市场空间被业界看好。

表2 网络直播平台类型

类型	具体含义	代表性平台
秀场直播	传统直播，主播以秀颜值、才艺为主，拥有着好身材、好舞姿的女主播们在镜头下摇曳起舞，是大量男性用户买单的目标，互动性强	YY、9158、六间房、百家百秀、网易BoBo等
游戏直播	伴随着游戏产业的兴起而发展，通过评论、弹幕等与用户实时交互，以游戏直播、电竞解说为主的直播平台	斗鱼、虎牙、熊猫、战旗、龙珠等
泛娱乐直播	直播的主要内容在于观众和主播的交流互动，带有较强的情感色彩和社交属性	映客、花椒、易直播等
垂直类直播	直播作为一个传播载体，可以与其他行业良好地结合并获得1+1>2的效果。目前主要有电商直播、旅游直播、财经直播等	直播吧、知牛财经、微吼、三好网等

资料来源：综合相关资料整理。

---

① 《关于2017直播平台的四大猜想》。

后台——直播入驻平台，是指内容直播平台所入驻的网络入口资源，这主要是针对纯直播APP（独立直播APP）之外的内嵌式直播而言。换句话说，也即门户网站客户端或其他知名APP，在自身平台上内嵌、增加直播功能，打造新的流量入口，给新增直播平台"安家落户"。这种入驻资源现在已形成四种类型：以传统门户网站客户端和个性化新闻推荐客户端（今日头条、天天快报等）为代表的用新闻做入口的后台；以爱奇艺、腾讯视频、芒果TV等为代表的用视频网站做入口的后台；以淘宝、天猫等为代表的用电商做入口的后台；以QQ空间、陌陌等为代表的用社交做入口的后台。这些直播入驻平台相较于纯直播APP，具有用户资源的前期沉淀优势。

（四）主播成为直播平台流量和内容的重要来源

2016年直播平台最令人瞩目的是网络主播。主播作为流量和内容的重要来源，成为目前直播平台最重要的资产和竞争力，甚至成为平台独大的因素。素人、网红和明星构成网络直播的主力军。知名直播平台往往靠网红和明星的直播互动与造势促销进行流量变现。由于移动直播带来门槛的降低，"人人可当主播"，素人与网红齐飞，生活场景再现与才艺表演共存，成为2016年网络主播的图景。直播平台捧红了一大批草根网红，知名游戏电竞主播成为抢手资源，而名人、明星由于自带流量，更是成为大平台拉高人气的利器。如从2015年8月开始，周杰伦掀起了明星参与直播的热潮，他与王思聪的对战吸引了1700万名观众的观看。2016年，明星纷纷通过不同平台参与到网络直播中，如被花椒青睐的"直播首席体验官"范冰冰参加获奖影片《我不是潘金莲》的庆功发布会直播，引爆流量。

二 2016年网络直播的发展特点

（一）直播业在"小入口大布局"中凸显其场景式社交的扩张属性与激活潜能

如上文所述，2016年直播火爆，热钱涌动。而梳理这一年的投资动态

可以发现,相较于纯直播APP,新生的内嵌式直播涌现更多;相较于一般的内嵌,社交平台的内嵌及其激活效应更明显,可以说,直播业在"小入口大布局"中同时凸显其强社交扩张属性。

"小入口"即已有的流量入口,"大布局"即通过在已有流量入口内嵌直播功能,布局直播版图。对直播业势在必得的腾讯,在自己旗下的多个流量入口增设直播功能,包括在腾讯新闻APP和腾讯视频APP上都设置了直播按钮、在天天快报APP上设置了直播频道、在QQ空间内嵌直播按钮,上升最快的是其Now直播,后者从最开始以内嵌式切入腾讯QQ空间,到现在做成独立APP(Now直播),开通QQ和微信两个登录口,一举获得腾讯两大社交杀器,一旦做大,理论上可随时移取上亿名用户。这种布局思路,在其他投资商那里也是如此,比如百度在其老牌视频网站爱奇艺开设直播中心,在其强社交口百度贴吧嵌入直播频道,并将百度贴吧与主打陌生人社交的Ala直播打通,盛传强化社交功能的新版支付宝也将加入直播大战。这显示携社交基因而来的网络直播业在社交平台所具有的天然扩张属性。

这种扩张属性,也初现于网络直播对社交媒体不同寻常的激活潜力上。2016年8月,马东团队与斗鱼直播携手出品的直播综艺节目《饭局的诱惑》,不仅获得平均每期几百万人的观看人数,更为瞩目的是,相关微博话题#斗鱼做东马东攒局#的阅读量超过3000万次,占据黄金时段综艺话题第一的榜位。2016年5月入驻新浪微博、以微博大V资源作后盾的一直播,与前《超级访问》主持人李静推出的《静距离》综艺直播栏目,也一度热乎了微博。网红、直播的爆发式发展,使微博的平台活性不断凸显,至2016年第四季度,微博一度成为全球市值最高的社交媒体,① 网络直播的激活潜能可见一斑。

(二)内容生产从秀场UGC走向原创PGC和PUGC,直播"内容头部"产生

"直播起于秀场,正名于内容。"从靠单一主播show到开始探索内容

---

① 微博数据中心:《2016微博用户发展报告》,2016年9月。

创业之路，是 2016 年网络直播平台内容生产的一个重要特征。

网络直播起步于网红，最初主要靠直播间的原生态场景和网红主播的才艺 show、聊天卖萌，甚至不乏低俗内容看点与互动来吸引观众，迅速走进人们的生活，直播平台呈现出大量的 UGC（用户原创内容）。而直播平台在快速增加，用户规模在扩大，无形中促进了用户消费需求的升级，用户产生审美疲劳，内容短板显现。一些知名平台开始意识到这个问题，积极探索内容创业新路，克服内容短板，做成了"内容头部"。

2016 年，花椒直播推出上百个自制节目，其中《玛雅说》由中国教育电视台主持人德格玛雅直播朗读优美诗文，分享人生哲理，位居直播热门排行榜前列；SMG 互联网节目中心和优酷联合推出多档原创网综直播节目，其中《小哥喂喂喂》让台湾歌手费玉清连线网友解答情感问题，直播平均在线人数高达 400 万人，总播放量突破 1.5 亿次；斗鱼直播与马东的米未传媒团队联手出品《饭局的诱惑》，以比智慧、拼演技的有趣内容捕获千万级的观众量；腾讯视频携手京东，连续五天推出以春运为主题的大型直播节目《回家的礼物》，首日在线观看人数 150 万人，互动点赞量过百万次……这些直播平台，靠着强大的原创 PGC（专业内容生产）和 PUGC（专业用户内容生产）能力，做成了 2016 年的网络直播的"内容头部"，引领网络直播行业走向内容创业的纵深。

（三）移动直播的环境化成为网络直播爆发式增长的重要助推力

传播技术是网络直播发展的"第一生产力"。2016 年网络直播的爆发式增长，主要得益于移动直播的环境化和视频直播技术的提升。

移动直播的环境化表现为：WIFI 和 4G 网络的运行越来越畅通，网络环境在优化，带有高清摄像头的智能手机已经普及，形式多样的户外直播也应运而生，直播的移动化技术环境形成。来自 CNNIC 的数据显示，截至 2016 年 12 月，我国手机网民规模达 6.95 亿人，较 2015 年底增加 7550 万人，网民中使用手机上网人群的占比由 2015 年的 90.1%，提升 5 个百分点，网民手机上网比例在高基数基础上进一步攀升。网络直播借智能手机与移动互联网的增长浪潮，在2016年取得迅猛增长。

在视频直播技术方面的最大亮点和高配是VR（虚拟现实）。"花椒直播"APP于2016年推出全球首家VR直播平台，总投资超1亿元，为前沿视频直播技术应用上的大手笔。VR直播目前主要用于体育赛事、音乐会、大型会议、热点事件等。VR直播与传统直播的不同点在于其具备三个特点：全景、3D以及交互。佩戴VR头盔，通过直播视频产生身临其境之感。2015年10月28日，NBA常规赛揭幕，在卫冕冠军金州勇士和新奥尔良鹈鹕的比赛上，NBA第一次为观众提供VR直播，就是一例。

从图2可以看到，移动直播技术和环境的发展，大大促进了直播APP的快速增长。2016年营收占据第一的映客直播仅花了不到1年的时间，就积累了千万名用户，并且从2015年7月到2016年1月，半年时间已经完成了三个轮次的融资，可见其强大的市场号召力。

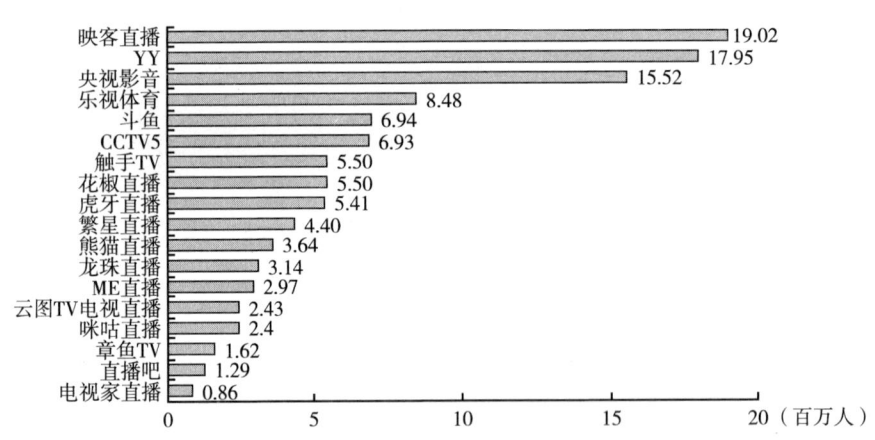

图2　2016年8月直播APP的用户数量排名

资料来源：云顶分析（tracker.oa.com）安卓设备样本，2016年8月。

移动直播降低了直播的门槛、拓展了传播渠道，也激发了直播的社交属性，激活了直播的潜在用户和市场影响力。

（四）直播平台的多点线性营收模式形成

目前网络直播平台的盈利模式如图3所示。

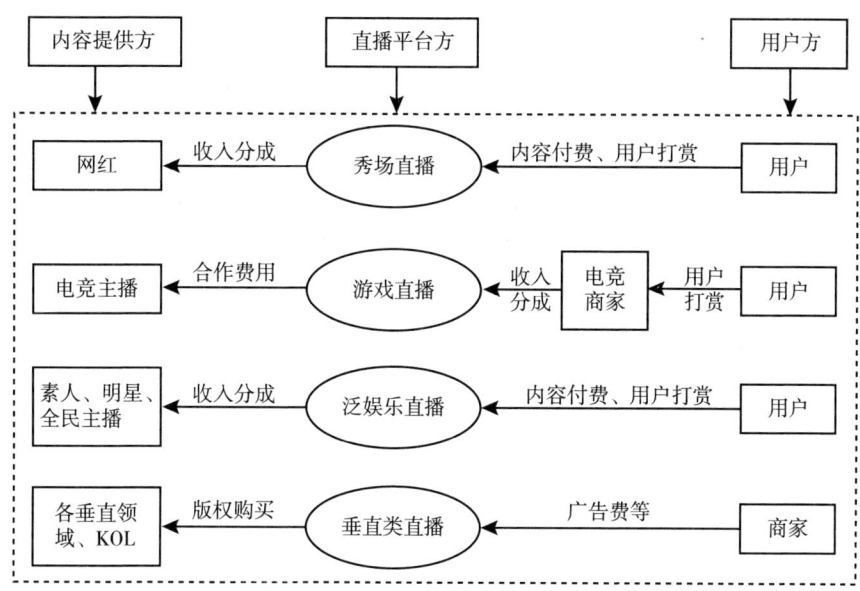

图3　直播平台盈利模式示意

资料来源：参照艾瑞咨询《2016年中国移动视频直播市场研究报告》及其他相关资料整理而成。

直播平台的内容供应方分为两类：一类是来自主播，主要是在传统秀场直播、游戏直播和方兴未艾的泛娱乐直播中，网红、电竞主播、素人主播、明星主播、全民主播通过其直播活动向平台提供内容，以积累人气，获取粉丝；一类是指在各种垂直类直播中，演唱会、赛事等的活动主办单位向直播平台提供活动版权。直播平台需要向这些内容供应方付费：向主播以签约费和工资等形式支付收入分成、合作费用，向内容机构方支付版权购买费。

直播平台的营收来源高度依赖流量，通过流量，获得两方面的收入：其一是向观众用户收取会员服务费，主要是来自用户的版权内容付费，

另外,观众还可以购买"鲜花""游轮"等虚拟礼品进行"打赏",打赏的收入也进入平台;其二是来自商家用户,商家与主播、平台合作在视频中插入广告,或向观众推销商品,直播平台可以从中抽成。此外,传统秀场直播还通过代理票务发行、运营艺人活动、开展艺人培训与包装以及拓展人气艺人线下演出会等形式盈利,游戏直播平台也会通过赛事竞猜获得利润。

三 网络直播发展中的问题与对策

(一)直播业历经粗耕的喧嚣,亟须整合沉淀

2016年直播产业虽然迎来爆发性增长,呈现"千播大战"的局面,各大平台开展内容和流量的激烈争夺,但大多依靠的是烧钱补贴、颜值主播的吸睛模式。经过这轮颜值经济和补贴大战的淘汰赛,现在在AppStore上还能搜到上百个直播平台,但许多直播App只留下一个没有直播内核的空平台。由于直播产业的巨大市场潜力和容量,接下来还会不断有玩家继续加入这场直播版图争夺战。

粗耕的喧嚣还在继续,整合沉淀的难题已经凸显。这既包括行业秩序的整合难题,也包括成本虚高的内容难题和造血功能难以持续的变现难题。

(二)内容瓶颈待突破,内容规范待建立

场景化和社交化是网络直播区别于传统直播之处,素人、草根,人人皆可成为主播,吃饭、睡觉,事事都能进行直播。然而,在直播门槛大大降低的同时,直播内容出现了同质化、低俗化和空心化的问题。

这尤其体现在泛娱乐直播中,直播平台上充斥着大量简单、低质量、无价值的内容,很容易让观众产生审美疲劳。特别是中小直播平台的竞争压力大,一些人气旺的秀场主播往往会选择打色情的"擦边球"来争

抢用户。吃灯泡，在身上点鞭炮，假吸毒，直播殡仪馆下葬等内容更是让人大跌眼镜。2015年下半年以来，以"直播造人"为代表的淫秽色情事件频发，违反社会公德甚至涉赌、涉毒问题屡有发生，一些企业甚至故意以此为手段，为融资、上市制造噱头。对此，政府有关部门已开始重视，并采取整顿措施，2016年斗鱼、熊猫等直播平台就被文化部列入查处名单，2017年2月17日，北京市文化市场行政执法总队首次关停某涉黄直播平台。

解决直播内容瓶颈的问题，需要直播行业克服短视性，尤其需要"头部平台"在这方面发挥引领作用，在战略上高度重视内容投入。具体来说，一是与电视台等专业的内容版权机构合作，引入优质内容，提升内容质量；二是平台自身加强内容策划能力，着力于打造优质内容，摆脱UGC依赖，加大PGC和PUGC（由受过专业训练的素人主导的内容）比重，打造精品化、差异化的直播内容。解决直播内容失范问题，除了突击式的检查整顿外，更要尽早建立行业规范，加强有关政策法规的制定与实施，从主播到平台到商家，都要有相应约束机制。

（三）直播平台盈利模式单一化，可持续变现能力的产业链形成尚需时日

直播平台的成本与支出主要有四个方面：主播签约成本、带宽成本、运营推广开销和技术支持费用。最大支出是带宽成本和主播签约成本。音频流媒体从业者李安嶙算了一笔账，一个同时在线百万户的视频直播平台，每月带宽成本高达3000万元以上。带宽成本高出人力成本。人气主播（比如游戏电竞主播）在各大平台的争抢下成为抢手资源，主播的身价也跟着水涨船高。根据媒体报道，2016年2月，电竞女神Miss签约虎牙，达成了年薪3000万元的天价。另外，随着直播竞争的愈演愈烈，各大直播平台又纷纷采取明星战略，2016年可谓明星直播的爆发之年，越来越多的明星通过不同平台参与直播，这也加重了平台的推广成本。App的推广成本也是一项不小的支出，请明星，直播活动，在视频网站、地铁等线上线下投放广告，无

不需要大量资金支撑。总体而言，网络直播在商业上仍处于烧钱阶段，变现能力有限，更多的是在抢占市场份额。

而目前直播平台盈利主要靠广告收入、用户打赏、与游戏公司及其他公司合作这些单一化途径。现有的收入模式不能完全覆盖成本支出。当下的直播商业模式已令很多平台陷入盈利困局，造成了"主播吃肉、平台喝汤"的局面，很多平台长期处于"赔本赚吆喝"的阶段。

解决这一问题的关键，是直播业投资者要有战略深耕的眼光，在开疆拓土、抢占版图的同时，要认识并深耕网络直播产业链的核心环节，纵向深化产业链。直播归根到底是一种内容的消费模式，又高度依赖流量，深具社交基因，故内容与社交是其核心。那么，锻造优质的内容产能和进行社交运营这两方面非常关键。也就是说，既要重视优质、丰富、差异化内容的打造，还要高度重视对主播、内容、流量和粉丝的关联运营，搭建多元业务体系。这是一种地基式的工作，是"筑巢引凤"的工程。这个工程搞好了，才能真正形成多元化变现模式，产生持续造血功能。

四　网络直播发展态势

（一）在竞争加剧与规范加强的双重挤压下，直播业在继续增长中迎来洗牌期

随着巨头和媒体国家队入场网络直播行业，直播业竞争趋于激烈，并产生一些有待规治的现象和问题。在这种背景下，2016年，一系列政策法规和行业规范先后出台，从行业自律和国家政策层面加大对直播平台的监管力度。2016年4月，北京互联网文化协会出台《北京网络直播行业自律公约》，同时，文化部开展了对互联网直播平台违规直播行为的专项整治行动，并要求网络主播必须实名认证；7月，文化部公布首批网络表演黑名单，依法查处23家网络文化经营单位共26个网络表演平台；9月，新闻出版广电总局下发《关于加强网络视听节目直播服务管理有关问题的通知》，

重申网络视听节目直播机构必须"持证"上岗;11月,国家网信办出台《互联网直播服务管理规定》,进一步对互联网直播服务提供者和互联网直播发布者提出服务资质要求。

在竞争加剧和规范加强的双重挤压下,直播平台之间将逐渐出现合并、收购的情况,缺乏核心竞争力的直播平台将逐渐被整合或是消失,整个行业则会在继续增长中迎来洗牌期。

(二)"直播+"迎来大涨势,以"直播+"的纵深耕耘决胜于市场是未来网络直播业的一种态势

随着传统秀场转型移动直播,BAT、微博、陌陌等互联网巨头和社交巨头入场,中小玩家被陆续淘汰出局。而直播升级于垂直领域,以"直播+"决胜于市场,通过在垂直领域深耕细作做大平台,赢得格局,这是未来趋势。

智能手机的普及、宽带成本和流量价格的下降将为"直播+"的涨势扫除障碍,这是直播与各个行业进行深度融合的机会。其融合对象,既可以是电商平台,比如映客与天猫在"双十一"的合作,以开拓营销新局面,也可以是内容服务平台,比如与政务、公益、资讯、音乐、教育、财经、体育、科技、餐饮等行业的机构合作做直播。一些全民直播、综合性直播的大平台已经看到这种"直播+"的趋势,开始寻求垂直领域的合作,如腾讯买下了NBA版权进行体育类直播。这种"直播+"所形成的内容形态便是PGC。目前,头部平台在PGC方面已经迈出了可喜的一步。现将成功案例整理如表3所示。

表3 PGC直播内容案例

节目名称	形式	出品方	播放平台	成绩
《饭局的诱惑》	直播+录播综艺	米未传媒	斗鱼、腾讯视频	十二期累计人气峰值超过6000万人
《Hello!女神》	直播选秀	芒果娱乐	熊猫TV	累计6亿次播放量
《九牛与二虎》	多场次同步电商直播	兰渡文化	淘宝、天猫直播	在线观众累计突破千万人次

续表

节目名称	形式	出品方	播放平台	成绩
《回家的礼物》	春运随机采访	腾讯新闻	腾讯新闻客户端	单日腾讯全平台互动超过百万人
《我行我素》	直播+旅游	焰火蝴蝶传媒	一直播	单次节目观看超过1000万人次
《Panda Kill》	直播+游戏	熊猫直播自制	熊猫直播	峰值观看人数超过350万人
《鱼塘星秀》	直播+游戏	斗鱼直播自制	斗鱼直播	不详

资料来源：综合有关新闻报道资料整理。

"直播+"还有更多可能，新的融合探索还在路上。"直播+"的优势在于建立与其他行业的深度关联，进而撬动相关商机。从这个角度来看，得"直播+"者得直播天下。

（三）兴起与短视频应用的横向合作，将为网络直播开启新的业务窗口和沉淀空间

原创内容爆发活力，直播和短视频逐渐走向融合，形成一个泛娱乐社区。

受制于网络流量成本的压力，直播出现了向移动端发展的趋势，而直播的移动化，催生了短视频在直播领域的应用。2016年9月，今日头条CEO张一鸣表态，"未来12个月将拿出至少10亿人民币分给头条号上的短视频创作者"。百度也宣布2017年要完成百家号（包含短视频形式）分成100亿元的"小目标"。现在，花椒、映客等直播平台已纷纷上线短视频业务，从直播跨入短视频领域。腾讯QQ力推的Now直播上线了一个新功能"日迹"，也主打短视频。2017年3月31日，阿里巴巴文娱集团宣布其旗下土豆网将正式全面转型为短视频平台，并推出20亿元补贴的"大鱼计划"，而此前，由腾讯领投的短视频平台快手宣布完成D轮3.5亿美元融资。2017年2月28日，腾讯发布芒种计划2.0，宣布给自媒体内容创作者提供12亿元的资金扶持，其中10亿元现金补贴将集中在原创作者和短视频内容创作者上,鼓励优质和原创内容、短视频和直播类内容的生产。

直播虽然有着即时性强、互动性强的先天优势,但长时间、高流量的消耗并不利于用户在碎片化时间重复观看。短视频应用可以为用户省时间、省流量、省精力。同时,短视频为冗长的直播提供了沉淀的空间,经过剪辑、优化而产出的短视频更能集中展现直播中的精髓内容,以获取更强的用户黏性。

B.4 2016年中国媒体融合发展报告

黄楚新 彭韵佳**

摘　要： 技术的更新迭代不断塑造着新的信息传播体系，媒体融合已经成为当今时代的发展主流。2016年，视频直播技术成为热门，国内传统媒体与社交媒体纷纷加入直播浪潮，更丰富的新闻产品形式不断涌现。面对纷繁复杂的传播形态，中国政府出台相应政策法规为媒体融合提供更加明朗的发展环境。在持续的政策利好下，国内媒体积极探索资本引入机制与经营链条，探索多元化发展模式。与此同时，体制、行业规制、人才引进等方面的不完善也对媒体融合发展进程产生了一定阻碍。创新理念，形成独具特色的定位与产品优势，继续完善多元产业经营链条，培养差异化竞争力是媒体融合工作顺利开展的路径选择。

关键词： 媒体融合　移动直播　行业规制　评价体系

一　国内外总体态势与发展现状

科学技术的更新迭代不断推动着移动互联网与新媒体的快速发展，其对

---

* 本文系国家社科基金项目"移动传播的现状、前景及其影响和对策研究"（批准号：16BXW091）阶段性成果。
** 黄楚新，中国社会科学院新闻与传播研究所新闻学研究室主任，中国社会科学院新媒体研究中心副主任兼秘书长，博士，研究员，研究方向为新媒体；彭韵佳，中国社会科学院研究生院新闻学与传播学系研究生。

世界范围内的传统媒体产生了强力冲击，深刻影响着新闻生产流程、分发渠道、运行机制与产品形态等，传播业态与产业格局正发生着前所未有的变化。面对新媒体的强势来袭，变革转型已经成为传统媒体发展的必然举措。2016年，探索多元化融合模式依旧是全世界范围内媒体融合的主流趋势。

随着智能设备与互联网技术的快速发展，移动端已经成为当前世界范围内用户接收新闻信息的主要选择。路透社的研究结果显示，在其调查的26个国家中通过移动端口获取新闻的用户急速增长，达到了53%。[①]

用户资源向移动端集聚的趋势直接影响着国外传统媒体变革融合的决策，"小屏化"已经成为不少传统媒体拓展新媒体业务的主要方向，个体化、泛在化、片段化、交互化成为当前媒体融合呈现出的新特点。

为了满足用户日趋个性化与细分化的内容需求与接收习惯，将数据分析运用于新闻生产与分发流程是当前媒体融合中颇为常见的做法。《赫芬顿邮报》通过"Omniture"（可视化界面）及时获取并分析包括流量接入点、推荐新闻渠道等在内的基础或复杂的数据，为其新闻编辑与媒体长期发展提供参考。此外，《赫芬顿邮报》还引进一款叫作Gravity的个性化推荐监测工具对用户重复阅读率、兴趣图标等进行收集，以实现新闻分发与商业运作。《卫报》与《金融时报》均自主研发专属的数据分析工具，并在原有新闻编辑室基础上建设用户参与团队，实现数据参与新闻编辑决策。

在数据支撑的精准传播环境中，投入并试用更多的新技术也成为不少国外传统媒体融合转型的选择之一，不断丰富新闻产品形式。2016年，VR以及视频直播等技术的推广与发展在世界范围内掀起了一场视觉新闻的改革。在2016年里约奥运会上，包括奥林匹克广播服务公司（OBS）、美国全美广播公司（NBC）、英国广播公司（BBC）等在内的各大全球媒体首次将VR技术应用于开幕式及各项赛事的直播与转播中。《今日美国》推出虚拟现实新闻网站"VRtually There"，为用户提供浸入式新闻体验。除了VR技术在2016年得到更为广泛的使用外，生产移动视频产品同样是传统媒体适应潮

---

① Reuters Institute, "Reuters Institute Digital News Report 2016", p. 8.

流的举措之一。为适应年轻用户的接受习惯，CNN推出聚焦于青年一代的视频故事应用Great Big Story（GBS），每日向用户推送2～3个短小精悍的视频或1个视频专题。同时，CNN借助收购视频分享工具Beme以实现在视频新媒体业务上发力。此外，继机器人写稿后，人工智能再次成为新闻报道的重要辅助。《华盛顿邮报》开发了名为"Feels"的聊天机器人，帮助其在美国大选期间向用户收集关于选举的数据来捕捉美国选民的倾向。为了强化与用户的社交互动，不少媒体尝试借助科技公司开发的聊天机器人推出聊天式新闻，以提高用户黏度。作为Facebook Messenger聊天机器人的首批体验者之一，CNN的聊天机器人囊括了推送新闻、读故事、了解梗概以及向机器人提问的功能。

在传统媒体积极转型融合的同时，不少社交媒体日渐青睐传统媒体在内容生产方面的优势，积极探索在更多领域实现共享资源的对接模式，互联网"倒融合"渐成趋势。2016年4月，Facebook推出视频直播服务"Facebook Live"后便邀请众多媒体入驻，"直播+媒体"的模式在保证源源不断产出优秀内容的同时，也实现了对视频直播领域内容的补充与完善。

随着融合进程的不断深化，国外传统媒体在人员队伍、管理体制、产业资源等方面均进行了大刀阔斧的改革。如《纽约时报》一直积极拓展新闻业务外的数字产业发展，其在2016年为旗下移动APP "New York Times Cooking"推出相关配送业务，同年11月，《纽约时报》收购了The Wirecutter与The Sweethome以实现在数字媒体服务领域更多的探索。

2016年2月19日，习近平总书记在对人民日报社、新华社以及中央电视台进行实地调研后，在新闻舆论座谈会上指出："要适应分众化、差异化传播趋势，加快构建舆论引导新格局；要推动融合发展，主动借助新媒体传播优势。"伴随着全球媒体融合的浪潮，中国政府始终强调媒体融合的重要战略部署位置，并搭建顶层设计，着手融合战略布局，推动传统媒体与新兴媒体的融合。国内各级媒体在党中央指导意见的引领下，不断创新传统媒体与新兴媒体的优势互补路径，把握在传播生态格局中融合发展的主动权。

第39次《中国互联网络发展状况统计报告》数据显示，截至2016年12月，中国网民规模达到7.31亿人，互联网普及率为53.2%，其中网民使用手机上网人群占比稳健提升，达到95.1%（见图1）。①

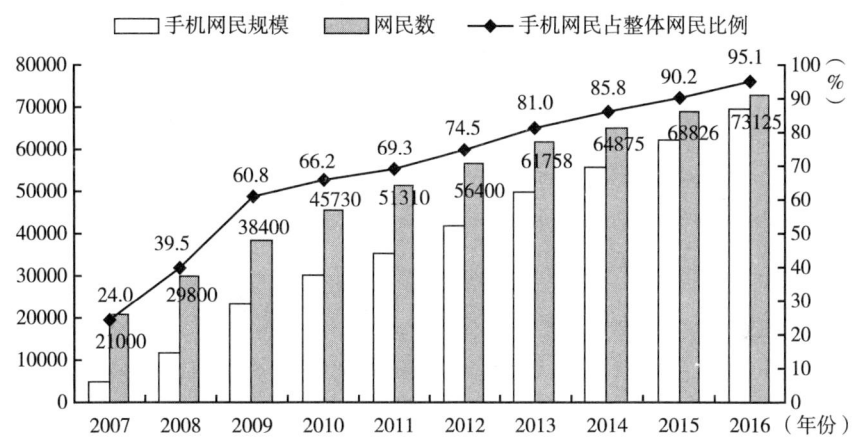

图1　2007～2016年中国手机网民规模及其占整体网民比例

为适应网络用户规模上涨的趋势，国内多数媒体已经形成微博、微信、客户端等多态发展的全媒体传播矩阵群。在此基础上，可视化、云计算等新技术被不断运用于新闻生产传播中，新闻生产模式的重新建构进一步实现新闻资源的高效聚合与共享。2016年度，相较于创新力度明显减小的传播渠道，传播内容的影响力出现明显提升，内容创业更是成为国内新闻领域的主力军，不断涌现更为丰富的新闻产品形式与报道内容。同时，不少传统媒体内部的体制改革也出现了一定进展，实现更加多元的资本融入与经营模式，为其发展带来新契机。

2016年，政策与技术发展为媒体融合提供双重助力，国内传统媒体在创新的基础上开始尝试更多的探索模式，并在内容、渠道、平台、经营、体制等方面均有所突破，尤其对移动传播的探索更为显著。

---

① 中国互联网络信息中心：第39次《中国互联网络发展状况统计报告》，2017年1月，http://www.cnnic.net.cn/hlwfzyj/hlwxzbg/hlwtjbg/201701/P020170123364672657408.pdf。

二 国内媒体融合焦点解读

（一）技术迭代，应用创新促进形态衍变

受益于高新技术以及智能设备的不断更新与完善，新闻信息采集与生产、新闻产品形态与传播呈现出了更为多元化与创新性的发展趋势。2016年，新技术开始被广泛应用于新闻媒体领域，推动媒体融合过程中的应用创新，提升信息增量，完善用户体验。

无人机、人工智能、虚拟现实技术、GPS定位技术等技术被广泛运用于国内媒体信息生产机制中，通过技术革新营造的场景再现在呈现事实与增强传播效果方面起到了推动作用。在多种题材的新闻报道中，无人机航拍为新闻摄影提供了全新的视角。2016年1月4日，《深圳晚报》成立无人机采访队以完善一线采访部门配备，并与深圳ZAKER以及深圳官方微博与微信公众号加强实时互动，开辟全视野的新闻采访模式。虚拟现实的广泛使用更是在视觉、听觉等方面延伸用户感官体验，为用户创造浸入式新闻场景，增强新闻报道的真实性与现场感。利用虚拟现实技术实现全景式报道成为2016年"两会"媒体创新的一项新举措。《人民日报》采用VR全景拍摄技术，改变了以往的固定拍摄视角，其推出的《VR带你进会场·政协大会这样开幕》作品，为用户呈现立体影像，呈现720度沉浸式体验，形成实时移动的全新报道形态。在里约奥运会期间，央视财经推出了名为"娇娇"的Alpha2机器人与主持人同台解说，一起打造奥运特别节目《巴西的秘密》。

数据作为潜力资源，对其开发与运用一直都是媒体实现自身快速转型、增强用户黏性的重要手段。云计算、大数据的技术推广使媒体得以充分利用巨大体量的用户价值，为定制化、精准化传播提供保障。2016年9月，浙江传媒通过非公开股票增发项目获国家主管部门批准，拟募集19.5亿人民币用于建设"互联网数据中心和大数据交易中心"项目。① 传统媒体积极开展与互联网科技公司关于云平台的搭建，推动媒体融合从简单相加走向深度融合，助力新型主流媒体的建设。在 2016 年媒体融合发展论坛上，人民日报媒体技术股份有限公司联合腾讯云共同发布我国首个媒体融合云服务平台——中国媒体融合云，为合作媒体提供更多新闻内容生产、大数据运营等方面的技术应用，帮助消除融合过程中的技术难点与痛点。2017 年 2 月，新华社启动"现场云"全国服务平台，与国内媒体共享成熟的"现场新闻"直播形态产品。大数据在 2016 年同样成为各大媒体集团青睐的技术之一。2016 年 11 月，南方报业集团成立南都光原娱乐有限公司，通过大数据分析以获取在传媒领域有价值的 IP，推进纸媒与资本的融合发展。

（二）视频井喷，直播产品开辟传播蓝海

作为 2016 年非常流行的传播形态，移动直播与短视频开始成为用户更为青睐的接收方式，满足了用户对碎片化与精简化信息的需求，同时其视觉冲击与体验能够帮助媒体在短时间内获取用户注意力，新闻视频化日渐成为主流趋势。新闻资讯节目是网络视频用户的主要内容偏好之一，占网络用户使用的 61.8%（见图 2）。②

智能设备与网络技术的普及赋予传统媒体尤其是传统纸媒新的传播方式与传播产品形式。在这个过程中，不少传统纸媒纷纷开展与新平台合作，糅合双方优势，如《新京报》与腾讯强强联手推出的新闻直播节目"我们视频"正是典型案例，"我们视频"结合《新京报》的优质内容与腾讯的平台技术，强化新闻资讯的传播效果。2016 年 9 月，北京新媒体集团"北京时间"与《中国青年报》联手打造报道团队，对杭州 G20 峰会进行全景直播。此后，以深度内容著称的《南方周末》也涉足视频领域，与上海灿星文化传媒股份有限公司、小强填字传媒共同推出

---

① 郭全中、胡洁：《2016 年传媒经营管理分析》，《青年记者》2016 年第 36 期。
② 新华网：《2016 年中国网络视听发展研究报告出炉 4.88 亿人用手机看视频》，2016 年 12 月 8 日，http://www.sc.xinhuanet.com/content/2016-12/08/c_1120078887.htm。

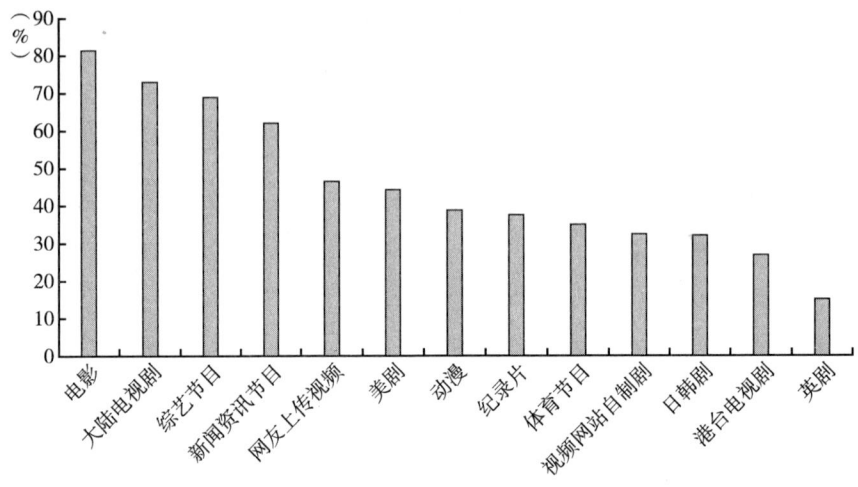

图 2　网络视频用户的内容偏好

资料来源：中国网络视听节目服务协会网络视频用户调研。

"南瓜视业"。传媒国家队同样是移动直播领域的主力军，2017 年年初，人民日报社新媒体中心联合新浪微博、一直播打造了全国移动直播平台"人民直播"；新华社推出了"现场云"全国服务平台，为国内媒体提供资讯直播服务与平台支持。

国内微博、微信等社交媒体对短视频领域同样展开了激烈竞争。从 2013 年 8 月至 2016 年，新浪微博连续四轮领投一下科技，累计投资 1.9 亿美元，将一下科技旗下的秒拍、小咖秀、一直播等内嵌在新浪微博中。借助短视频与直播，新浪微博实现了收入与用户双增量。2016 年 8 月，微博公布的二季度财报显示，直播开播场次超过 1000 万次，比一季度高 116 倍；净利润同比增长 516% 至 2590 万美元；活跃用户同比增长 38.8% 至 7.62 亿人。① 而微信则在 2016 年对其内嵌功能小视频进行更新，在增加可发送时长的基础上，支持保存视频与本地视频上传分享，并增添了剪辑、合成、增

---

① 财新网：《新浪微博领投一下科技 5 亿美元融资》，2016 年 11 月 21 日，http://companies.caixin.com/2016-11-21/101009783.html。

加特效等功能,增强小视频在微信生态圈中的传播。此外,不少内容创业者也倾向于移动视频与直播,如澎湃前CEO邱冰创办了新闻资讯短视频平台"梨视频"。

在多元化主体纷纷入局后,国内新闻视频市场开始呈现出融合生产、立体分发的特点与趋势。

(三)政策引领,完善法规提供坚实保障

在国内新兴媒体迅猛发展以及全面推进媒体融合进程的大背景下,2016年度政府密集出台相关引领性政策,在为融合转型指明方向的同时,也为媒体发展创造更为宽松的环境。

2016年1月,国务院三网融合工作协调小组办公室下发《关于在全国范围全面推进三网融合工作深入开展的通知》(以下简称《通知》),要求广电主管部门应督促广播电视播出机构不断丰富IPTV、手机电视节目内容,指导网络电视播出机构与IPTV、手机电视传输分发企业规范对接等。《通知》为推进传统广播电视与IPTV的融合发展提供了政策保障与支持,同时也对推动三网融合具有重要意义。2016年3月,《中华人民共和国国民经济和社会发展第十三个五年规划纲要》提出建设现代传媒体系,以先进技术为支撑、内容建设为根本,推动传统媒体和新兴媒体在内容、渠道、平台、经营、管理等方面深度融合。同年7月,国家新闻出版广电总局公布了《关于进一步加快广播电视媒体与新兴媒体融合发展的意见》(以下简称《意见》),《意见》提出要力争在两年内,广播电视媒体与新兴媒体融合发展在局部区域取得突破性进展,形成几种基本形式,并在"十三五"后期,形成中国广播电视媒体融合新格局。[①]

2016年4月19日,习近平总书记在网络安全与信息化工作座谈会上指出:"要加快网络立法进程,完善依法监管措施,化解网络风险。"随着互联

---

① 国家新闻出版广电网:《新闻出版广电总局关于进一步加快广播电视媒体与新兴媒体融合发展的意见》,2016年7月18日,http://www.sarft.gov.cn/art/2016/7/18/art_113_31297.html。

网日渐全面渗透社会生产与生活领域,依法治网已经成为依法治国的重要组成部分。在充分平衡管理与保护创新关系的前提下,2016年度政府积极应对并及时开展相关政策与法规的制定推广,为媒体融合转型发展保驾护航。

互联网领域中,新闻侵权事件屡屡发生,版权问题已经成为媒体融合进程中亟待解决的问题之一。2016年1月,《互联网新闻信息服务管理规定》发布,其中指出互联网新闻信息服务提供者转载新闻信息,应当完整、准确,不得歪曲、篡改标题原意和新闻信息内容,在显著位置注明来源、原作者、原标题、编辑真实姓名,并保证新闻信息来源可追溯。[①] 同年6月28日,国家互联网信息办公室发布《移动互联网应用程序信息服务管理规定》,对移动互联网应用程序进行规范管理。

面对新兴传播形式,政府同样在第一时间制定政策与规定加强监管。如2016年下半年,网络直播行业三大监管机构相继颁布《关于加强网络表演管理工作的通知》《关于加强网络视听节目直播服务管理有关问题的通知》《互联网直播服务管理规定》,积极开展治理与净化网络直播平台的行动。

(四)跨界合作,多元服务开拓经营发展

跨界合作已经成为全媒体时代背景下媒体融合的路径之一。2016年,一系列跨行业的合作协议签订,帮助媒体涉足更多领域,为其自身开展多元化经营发展提供了新触角。

依托自有资源与优势,传统媒体集团开始涉足教育、会展、旅游等多种行业,营造产业链条。如枣庄日报社成功接管枣庄会展中心,为涉足车展、房展、年货会等展会提供了活动平台与场地,积极发展会展产业。同时,在所搭建的移动传播平台上,传统报业集团打通线上与线下资源,积极推动线上社区购物,完善线下物流服务。2016年8月,包括江西日报社、青海日

---

① 人民网:《互联网新闻信息服务管理规定(修订征求意见稿)》,2016年1月13日,http://media.people.com.cn/n1/2016/0113/c14677-28048168.html。

报社在内的全国29个省、自治区、市的37家媒体共同结成全国党报电商物流联盟，打造联通全国，跨城乡、跨省界、跨行业的电商物流一体化品牌。

2016年度，在媒体融合过程中，无论是传统媒体还是新兴媒体，它们在关注自身发展的同时，也开始承担起更多的社会责任。通过联通线下线上合作，不少媒体开始提供更多便民服务。2016年1月12日，云南广播电视台与当地旅游发展委员会、途牛旅游网达成协议，将整合各自优势资源打造"互联网+旅游+传媒"的新型旅游发展模式。同年2月，山西广电网络传媒集团与省卫计委宣布联手开发的健康服务类栏目"百姓健康"在高清互动"e+TV"平台上线，用户在家里便可以通过高清互动机顶盒享受免费预约挂号、健康咨询等服务。《北京青年报》在北京大型社区开设百余个社区驿站，以"OK家"APP为聚合平台，打造北京社区O2O的综合服务平台，为居民提供便利服务。而《廊坊日报》则通过"策划+活动"推动经营转型，如报社借助信息资源，打造智慧社区与"淘廊坊"，为市民提供各项生活服务。

（五）资源共享，搭建平台推进集团融合

不同平台之间实现资源重组与整合，推动媒体领域内部资源共享已经成为当前媒体融合的重要内容。一方面，传统媒体调配内部资源，打造"两微一端"。另一方面，传统媒体之间、传统媒体与新媒体以及媒体与公司之间建立起了合作关系，扩大既有平台或共同搭建新平台，推进集团式融合。

为适应扁平化、一体化的新闻内容生产机制与新闻采编发布流程，不少传统媒体纷纷整合自有资源、改革原有架构，构建起各具特色的"中央厨房"。2016年"两会"期间，中央电视台首次设立"融媒体编辑部"，统筹报道资源，打通前方采访与后方编辑、分发与推广，对原有报道流程进行数字化、集约化改造。其推出的"V观"系列在时政微视频内容与表达方式上均有所创新，打造了"V观习主席出访""V观两会"等多个子品牌。同样打造全媒体传播矩阵群的还有广州日报报业集团，其上线开通包括广州参考APP、"南风窗"智库等在内的7个重点项目，形成"1+N"大格局。

在传统媒体实现内部调整的基础上，对外合作实现资源共享与强强联手

是媒体集团实现转型发展的另一举措。2016年3月6日,陕西广电网络与甘肃、青海、宁夏、新疆四省区的广播电视网络股份有限公司展开全面合作,实现在网络互通、内容共享共建等业务上的拓展。广电公司之间的联手在互通资源的基础上,在有效扩大传播力与影响力的同时,也将进一步增加融合规模与力度。同年11月,国内第一家全媒体集团——南方财经全媒体集团诞生,其拥有分属南方报业传媒集团、广东广播电视台的财经类媒体业务资源和经营性资产,以媒体、数据、交易为三大重点业务,打造拥有强大传播力、公信力与影响力的专业财经全媒体和综合金融信息服务集团,努力为媒体融合发展提供新样本。

(六)体制改革,拓宽渠道促进资本引入

目前,国内不少传统媒体基本已经实现与新兴媒体内容共建与经营合作,并开始转向更深层次的联合运作,实现组织结构融合。但尚未改革的固有体制往往成为媒体融合的主要障碍,真正要消融传统媒体与新兴媒体之间的界限,关键在于推动体制创新与改革。

媒体融合发展体制创新的首要任务是推动媒体集团实行现代企业制度。2016年9月,东方明珠新媒体正式发布股权激励计划,成为率先在上市公司主体层面实施股权激励计划的文化传媒类国企。股权激励制多是媒体集团进行内部体制改革的首选,有条件地给予奖励机制能够帮助其充分调动内部工作人员的积极性,从而增强活力,适应市场经济发展的需要。

资本是媒体实现转型发展的必要因素与保障。2016年,更多的媒体集团通过多元化战略,纷纷打出资本引入的组合拳,借助投资收购、融资上市,拓宽资金来源渠道,完善集团资金链条。2016年10月,新华网正式挂牌上交所,募集14.37亿元,完成全媒体信息及应用服务云平台、政务类大数据智能分析系统等五个项目。① 同年12月,上海国资战略入股澎湃新闻,

---

① 新华网:《新华网正式挂牌上交所》,2016年10月28日,http://news.xinhuanet.com/photo/2016 - 10/28/c_ 129341411. htm。

共六家上海国有独资或全资企业对上海东方报业有限公司战略入股,总投资额达到 6.1 亿元。①

三 媒体融合问题分析与传播影响

(一)组织思维固化,媒体内部机制改革迫在眉睫

媒体机构是推进媒体融合的直接执行者与实践主体。媒体组织内部机制的完善与创新与否,直接关系到媒体融合进程能否顺利并取得好的效果。面对移动互联网快速变化的传播模式与要求,与时俱进的创新型内部机制亟待建立。目前,不少传统媒体机构的运行机制仍是遵循原有媒体发展模式与规律,存在组织思维较为固化、新增融合部门职能较弱、原有部门关系不畅等问题。

在与新媒体融合的过程中,不少传统媒体机构通过添设融合部门或新媒体部门进行增量组织改革。这些新增部门多是主管新媒体新闻生产与传播,并协调与其他部门共同推进媒体融合进程。但在融合实践中,此类部门的人员从其他部门借调,流动较大,往往承担着原有部门的任务安排,难以持续推进融合工作,同时新增部门人员通常缺少统一的融合业务培训,较少能够在融合发展问题上拥有权威话语权,导致这些传统媒体多是参照其他媒体转型进路,难以形成自己的融合特色。

随着融合进程的深化,新闻信息生产流程与成果将被原有生产部门与新媒体部门共同承担与分享,部门之间将实现通力合作,共同参与新闻产品的打造,并实现在不同渠道分发。为提高生产效率,在空间上打通不同部门之间的隔阂能够有效推动资源共享机制的构建。但在现实中,媒体机构中仍存在组织思维固化、延续传统运作模式的问题,部门之间

---

① 人民网:《〈东方早报〉变身澎湃新闻 国有资产 6.1 亿战略入股》,2016 年 12 月 29 日,http://media.people.com.cn/n1/2016/1229/c192370 - 28986811.html。

界限分明,条块化运行模式突出,横向沟通存在障碍。与此同时,相对应新媒体扁平化的运作机制,当前传统媒体机构内部多是层级化管理,新闻产品从生产到传播要经过不同层级或部门,难以在争夺用户注意力资源的激烈竞争中抢占先机。

(二)行业自律缺乏,现有规制与监管落后于行业现状

随着网络信息技术的快速发展,媒体生产者往往无须亲临新闻现场便能够从网络上获取新闻信息。在日渐形成的海量信息环境中,网络把关人缺失,网络净化开始对新闻媒体人的自律以及行业规制提出更高要求。目前,媒体融合日益呈现出范围广、速度快、层次深的特点,相应的传播乱象也层出不穷,而所适用的规制体系相对落后,难以适应当前行业现状。

在以往的传统传播环境中,不同媒体往往具有自己的平台规范与技术特点,这就使其所生产的新闻产品产生了排他性。纸媒、广播、电视等不同体系便相应产生了独立的行业规制,互不制约,如《报纸出版管理规定》《广播电视管理条例》等。而传统媒体与新媒体的融合使得同一传播平台可以生产兼具文字、图片、视频等多种形式的信息,这种兼容性打破了以往传统媒体的纵向独立。但目前的行业规制仍局限于纵向管理,没有实现横向兼容,往往既存在盲区也存在交叉管理的状况。媒体融合开始产生倒逼规制发展的力量,如2016年2月,国家新闻出版广电总局、工业和信息化部发布《网络出版服务管理规定》;2016年12月12日,文化部印发《网络表演经营活动管理办法》等。总体来说,目前的规制多是针对某个行业或新闻传播形式的管理,仍属于纵向规制,而缺少对媒体行业方面的横向规制。

媒体融合需要政府管理部门充分发挥监管作用。但在现实监管过程中,往往出现多个政府部门对媒体机构的信息传播拥有监管权力。在同一新媒体平台中,不同内容类型的传播需要获取不同组织机构的许可,同时,开辟不同业务也需要办理不同的手续。交叉管理权限与领域往往形成了对媒体融合转型的阻碍。

（三）人才流失严重，新媒体人才不足掣肘媒体融合

2016年2月19日，在党的新闻舆论工作座谈会上，习近平总书记指出："媒体竞争关键是人才竞争，媒体优势核心是人才优势。"新闻业态发展的巨大改变使得对新闻人才的需求也出现了变化。拥有一支政治素质高、业务水平硬并且富有互联网思维与基因的人才队伍，是传统媒体与新兴媒体实现融合发展的关键所在。但目前国内媒体融合过程中呈现出较为明显的人才困境。

2016年度，媒体行业首次出现人才净流出现象[1]，传统媒体人才流失的情况仍未缓解。2016年1月，王平辞去湖南电视台副台长一职，担任优酷土豆高级副总裁；同月，曾任《东方时空》编导与《新闻调查》制片人的张洁宣布从中央电视台离职……在传统媒体人纷纷离职的同时，不少新媒体人才也掀起了离职热潮，投身于内容创业。2016年6月，记者雷建平从腾讯科技辞职，创办"雷帝触网"；8月，壹读传媒CEO、总编辑马昌博离职，创立"视知"，其成为知识类视频生产商；10月，小米公司原副总裁陈彤担任一点资讯总裁一职，同时兼任凤凰网联席总裁。

相对应媒体人才的流失，新型人才供给不足也成为限制媒体转型发展的因素之一。随着传统采编体系与传播模式的革新，媒体开始涉足信息传播、通信技术、产品设计等多个领域，这种变化对人才结构产生了深远的影响。单纯的业务型人才已经不能够满足融合需求，诸如数据分析师、用户体验师、程序开发师等新类型的人才成为媒体转型发展过程中的需要。而既有媒体融合技术又懂得新闻传播规律、能胜任新闻采编又懂得新媒体发展规律的复合型人才更是成为不少媒体寻觅的对象。

人才流失以及新型人才难引进的原因在于不少传统媒体内部体制禁锢并受新媒体巨大的冲击压力，有效的人才激励体制尚未建立以及人才享受待遇相对较低，都对优秀人才流失产生了较为明显的影响。

---

[1] 中青在线：《"价值焦虑"的媒体人：多数月薪不过万 新媒体薪酬领先传统媒体15.8%》，2017年1月13日，http://theory.cyol.com/content/2017-01/13/content_15287955.htm。

（四）过度重视技术，缺少评价体系提供统一标准参照

国内媒体融合多是聚焦对高新技术的应用以及新产品的推出，相互参考与模仿已成为传统媒体在转型过程中的选择。然而在融合发展过程中，单纯依靠技术换代难以维系媒体长远发展，同时容易模糊以往的差异化定位，呈现出同质化竞争的趋势。因此，一套具有统一标准的融合评价体系有利于明确地反映各媒体的融合进度，并帮助媒体依据现状制定更为精准有效的改革措施。

目前，国内的融合评价标准基本上是根据传统媒体两微一端的搭建情况，将其平台下载量、粉丝量、浏览量等作为主要评估标准，对其进行算法推演，得出相应的融合传播力排名等。但是在此过程中可能存在数据真实性、评估标准权重分配以及算法科学性等问题，同时，不少评价标准过度倾向于对经济效益的考量，而未能充分考虑到媒体在转型过程中应承担的社会责任，导致评价标准单一片面。因此，建立全国媒体数据库并通过大数据、云计算等方式制定科学的评价体系成为媒体融合发展过程中的必要一环。

四 媒体融合对策建议与趋势展望

（一）创新理念，深化媒体内部机制改革

媒体机构实现转型发展的前提是转变传统思维模式，适应互联网所形成的开放、包容、平等和分享的价值理念。在此基础上，将互联网思维细化到媒体内部体制、传播技术、信息产品、渠道搭建等诸多领域，同时及时根据市场、用户以及国家需求更新并完善媒体整体运行机制，实现更深层次的转型发展。

在内部机制层面上，媒体机构应当积极转变传统思维，以融合思想与理念引领机构管理结构革新，并借助互联网思维助推体制改革，探索新方法、新思路、新模式，加快转型升级。如廊坊日报社将"平面媒体必须与新兴

媒体融合发展"作为转型升级的第一理念，同时狠抓"媒体融合发展"与"经营转型升级"两条主线，搭建了"全媒体传播平台、大数据平台、舆情监测平台、活动营销平台与便民服务平台"五大平台，推动廊坊日报社内部资源重组，形成融合化发展体制与内部结构。浙江报业集团集合300多家新媒体，形成核心圈、紧密圈、协同圈三大传播体系，并以"三圈环流"为媒体融合体制基础，以《浙江日报》、浙江在线、浙江新闻客户端"三点"为牵引，将原浙江在线新闻中心、集团数字采编中心与《浙江日报》采编部门合并，形成"大编辑部＋垂直采编团队"模式，打造全媒体采编队伍。①

在人才激励机制层面上，传统媒体可以借鉴互联网公司的考核模式，根据集团定位以及人员进行相应调整，通过建设科学合理的激励机制实现在短时间内对员工成果进行质量评估，激发员工的工作动力，有效推进媒体融合进程。如杭州日报报业集团加大新媒体考核力度，将新媒体考核与纸媒考核并重。其设立编委会嘉奖，每两个月评选一次纸媒与新媒体好稿件，分别进行奖励，同时其制定并实施《新媒体数据监测统计办法（试行）》，将其所属26家重点新闻网站、微博、微信公众号以及移动客户端纳入监测范围，以此作为集团内部新媒体参评各级各类新闻奖项的重要依据。② 针对互联网人才引进，浙报集团专门建立了与互联网企业相匹配的"P系列"技术专业人才岗位管理制度，并在2016年新三年规划中将"人才支撑战略"作为六大战略之一。

（二）差异竞争，建设多元产业经营链条

依托技术搭建新媒体平台是当前传统媒体融合转型的必要手段，而随着

---

① 中国经济报刊协会：《鲍洪俊——浙报集团媒体融合改革的三三制实践》，2017年3月19日，http://www.acep.org.cn/home/2409.html?WebShieldDRSessionVerify＝BOpicStnrcOfXaGet69M。
② 人民网：《杭州日报报业集团四举措系统化推进媒体深度融合》，2016年12月7日，http://media.people.com.cn/n1/2016/1207/c40606－28929927.html。

"两微一端"市场红海的形成,同质化竞争已经成为不少传统媒体转型过程中面临的新障碍。根据自身业务特色、制定差异化发展战略能够有效帮助媒体集团实现新闻产品创新,提升辨识度,延续并扩大媒体公信力与影响力,从而借助媒体品牌拓宽产业经营链条,获取商业价值。

光明日报社的媒体融合发展始终紧扣其传统定位,并将"知识分子精神家园"的品牌特色延伸至互联网,形成独具特色的差异化战略定位。2016年8月,光明日报社开启"思想理论融媒体传播建设工程"项目,融通《光明日报》、子报刊、光明网以及"两微一端"形成统一策划、一次采集、多种生成与传播的机制,为打造"知识分子网上精神家园"提供现实支点。其在客户端开设"聊话题""学理论""赏作品"等特色内容板块,其中"理论号"板块在"光明日报"客户端上线后得到了知识界的广泛认可,目前已有近500名专家学者通过"理论号"持续推出理论文章。[1] 同年11月,通过整合人工智能、大数据分析以及语音识别等高新技术,光明网研发"光明小明"并通过客户端提供服务,建设国内首个人工智能新闻信息服务平台。

在先机不再的市场环境中,推出独具特色的产品也成为传统媒体保持竞争力的武器之一。央广视讯在2016年推出了"央广云电台"产品体系,打通移动客户端与外部社交媒体,向合作的广播电台及内容机构提供多样化服务。其集纳了300多家国内外优秀的音视频节目供应商、超过2000档网络电台栏目,并进行垂直化细分,为每一档栏目打造专属社区,同时提供弹幕、抢红包、付费问答等深度互动板块,实现有效运营,使平台品牌与用户实现增值,从而借助内容传播产生长尾效应。[2] 2016年年底,南方报业传媒集团以《南方都市报》为平台,推出数据衍生产品——南都指数,搭建数据传媒,致力于描摹数字生活状态、预测商业形态规律、提供政经决策参考

---

[1] 《一张思想文化大报的情怀——光明日报贯彻落实习近平总书记"2·19"重要讲话精神一周年情况综述》,《光明日报》2017年2月19日,第3版。

[2] 央广网:《央广云电台融媒体创新案例》,2017年3月16日,http://news.cnr.cn/hxw/hxw2016/2016hxwal/20170316/t20170316_523661813.shtml。

等，推动《南方都市报》从传统业态向新形态转型。

在融合发展过程中，传统媒体集团可以借助电商、产业合作、增值服务等多元产业模式拓宽资本链条，获取商业盈利。2016年7月，《北京晚报》搭建"北晚优品"报商平台，与中粮集团"我买网"开展在食品等领域的合作，开展线上购物、线下展销，形成"报纸+电商"的经营模式。同年9月，扬州报业传媒集团对"大运扬州"演艺、印刷物资供应链金融等六大合作项目进行签约，推动跨界融合发展。

（三）加强自律，完善行业规制与评估体系

在互联网带来海量信息的同时，不少网络乱象也频频发生。明确合理的行业规制是媒体融合发展到一定阶段的必然要求与产物，其将对媒体融合具有保障和促进作用。当前的行业规制既需要媒体通过自律加强新媒体素养，同时也需要外部监管为媒体融合提供强有力的保证与制约。

媒体自律是媒体行业规制的基础与先行条件。廊坊日报社建立了《全媒体采编流程》《全媒体记者、编辑职责》等，对新媒体产品制作与加工、传播提供了参照标准与规定。而杭州日报报业集团则遵循"一个标准、一把尺子、一条底线"的原则，成立了新媒体审读小组，率先在全国范围内开展新媒体的审读工作。通过《杭报集团新媒体审读通报》，主动查找在新媒体发布中存在的各类差错问题，并通报各类差错，提出整改意见。2016年5月，杭报集团公布并实施《关于新媒体差错扣罚的办法（试行）》，明确了新媒体差错的责任追究和扣罚标准。[①]

媒体融合不断消融不同媒体形态的差异，而按照不同媒体形态进行的纵向行业规制已经落后。横向行业规制应当被建立，以适应媒体融合趋势。政府可以根据当前媒体的业务流程，对包括内容生产、产品制作与传播、经营管理等在内的不同环节进行规制。横向行业规制既能够有效避免

---

① 人民网：《杭州日报报业集团四举措系统化推进媒体深度融合》，2016年12月7日，http://media.people.com.cn/n1/2016/1207/c40606-28929927.html。

纵向规制存在的管理交叉或盲区的问题，同时也能够规范媒体融合环节，科学推进融合进程。在此过程中，政府也应当积极开展监管体制建设，不断提高监管水平。

与此同时，应当建立科学的媒体融合评估体系，通过搭建媒体数据库实现对当前不同媒体的融合进展进行有效评估，既能够提供成功经验，同时也能够改进融合不足之处。

B.5
2016年中国互联网国际舆论发展报告

刘鹏飞 曲晓程 齐思慧*

摘　要： 2016年，国际风云变幻，地区热点频发，互联网国际舆论场热点频出，国际涉华和国家涉外两类热点对我国国际传播能力提出新的考验。从"一带一路"、杭州G20峰会、南海仲裁、第三届世界互联网大会、里约奥运会等热点可以看出，我国在塑造国际形象方面正从以往的"他塑"转为"自塑"。未来，应通过创新国际传播理念、方式和机制，提升互联网传播力和国际舆论引导力，努力提升我国在国际舆论场中的影响力。

关键词： 互联网　国际传播　舆论场　媒介融合

2016年，世界经济下行压力持续，"黑天鹅事件"频发，中东局势与难民问题交替升温，民粹主义浮出水面，逆全球化和贸易保护主义暗流涌动。在世界不稳定、不确定性增加的大环境下，全球的目光开始聚焦中国，话语主题开始转向，不仅引领全球治理体系变革，也提示我们要同时抓住机遇、维护周边稳定合作大局。当前，中美关系面临新一轮调试与磨合，应主动运筹，保持主要国家关系稳定，拓展中国的"朋友圈"，带动合作伙伴共同发展，积极构建人类命运共同体。

2016年也被称为"智媒元年"，新媒体飞速发展与互联网国际舆论热潮

---

* 刘鹏飞，人民网舆情监测室副秘书长，人民网新媒体智库高级研究员；曲晓程，人民网新媒体智库助理研究员，学术秘书；齐思慧，人民网新媒体智库研究员。

并存。微博、微信、客户端、短视频等移动媒体技术得到进一步发展,"AI思维"逐渐成为引领舆论场、扩大传播影响力的思维常态。在"人人都是麦克风"的时代,信息解读不只局限于专家、学者,各界人士、网络大V,普通网民等个体也开始加入到信息解读过程中,同时"爱国青年一代"作为一个群体开始被社会认同,线上线下无缝衔接逐步成为现实,这不仅促进了国内外信息互联互通,形成议程设置、升级和转移的现象,同时也促进了我国舆论场在主流价值观的引导下朝着成熟、稳定的方向茁壮成长。

一 互联网国际舆论场的形成

随着国家综合国力以及国际地位的大幅提升,中国对外话语体系的建设呈现上升态势。习近平总书记强调:"要精心做好对外宣传工作,创新对外宣传方式,着力打造融通中外的新概念、新范畴、新表述,讲好中国故事,传播好中国声音。""向世界传播中国""向中国报道世界"已经不仅是传统媒体承担的任务,新媒体在扩展国际舆论信息流通的同时,也肩负起了"传播中国、报道世界"的责任。回顾2016年我国互联网国际舆论场的发展,国内网民在关注国际新闻的同时,不仅更加关注世界如何看待中国,同时也更加关注国际社会的变化即将给中国带来的诸多影响。

(一)国际舆论场从传统媒体转向社交媒体

2016年以来,移动传播对信息的生产与传播以及信息消费模式产生了深远的影响,媒介融合即将进入以国际移动互联为中心的阶段。

2016年7月12日,"海牙国际仲裁法庭"对南海仲裁案做出"最终裁决",判菲律宾"胜诉"。截至13日9时,相关微博帖文达120余万篇,微信公众号文章78万余篇;由《人民日报》主持的微博话题#中国一点都不能少#阅读量达26亿次,发表评论448万条。

2016年9月4~5日,以"构建创新、活力、联动、包容的世界经济"为主题的G20峰会在杭州召开。峰会召开期间,政务新媒体和主流媒体丰富的报道打破以往高层会议的神秘感，并且充分利用"三微一端"① 进行联合报道，G20文艺晚会更是在多个平台直播，引导网络舆论良性互动。

美国大选期间，特朗普"推特治国"不仅在境外舆论场反响巨大，我国互联网舆论场对此也出现较高关注度。2015年习近平访美前夕，开通了Facebook专题@Xi's US Visit，10天内粉丝量就突破了100万个。2016年习近平访问孟加拉国、柬埔寨等国家时，又专门开设账号Xi's visit@xivisit，使用英文推送信息，并配有图片、视频，为我国领导人外交活动开启了新的传播方式。

除了我国领导人在境外社交媒体开设账号，许多国外领导人也在我国社交网站开设自媒体账号，重视在中国社交媒体上发声，向华人展示其个人魅力。加拿大总理杜鲁多早在2013年2月就开通了新浪微博@杜鲁多_Justin Trudeau。访问我国期间，杜鲁多在微信、微博上对访华过程进行直播，更是推送了一篇微信文章《北京，谢谢你》，并公布了自己抱着女儿会见李克强总理的照片。截至2017年2月22日，@杜鲁多_Justin Trudeau已发布微博1539条，拥有106511个粉丝，微博持续保持更新状态。除了加拿大总理，欧盟理事会原主席范龙佩、英国前首相卡梅伦、IMF总裁拉加德、澳大利亚前总理陆克文、印度总理莫迪、委内瑞拉总统尼古拉斯马杜罗等均开通微博，与中国民众和网友深入互动交流。

（二）透过"一带一路"看国际媒体合作

2016年7月，2016"一带一路"媒体合作论坛在北京召开，国家主席习近平发来贺信并特别指出，媒体在信息传播、增进互信、凝聚共识等方面发挥着不可替代的重要作用。"国之交在于民相亲"，搭建不同国家、地区、民族、宗教之间人民内心的桥梁，树立良好的中国形象，媒体发挥着至关重要的纽带作用。

回顾2016年，媒体之间的合作趋于常态，2016"一带一路"媒体合作论坛、亚欧互联互通媒体对话会、首届"南方丝绸之路发展论坛"等都为进一步务实合作搭建了平台框架。过去，媒体一直致力于"走出去"，向世界报道中国，而在2016年，国际互联网舆论场迈向了新篇章，更多的外国

---

① "三微一端"即包括微博、微信、微视频、新闻客户端等在内的主要新媒体传播形式。

媒体开始走进中国，主动报道中国。

2016年全年举办11次国际高峰论坛，其中全球性媒体合作论坛举办6次。2016年7月，人民网、南非时代传媒集团、韩国《中央日报》、巴西红网、俄罗斯自由媒体网站等全球16家媒体集团成立"一带一路"国际新媒体联盟，8月中国丝绸之路经济带报业联盟成立，9月中哈四方媒体签署了国际协作体合作协议，媒体间的合作形式开始走向多层次、多形态。

（三）国际秩序变化趋势影响国际舆论走向

国际秩序的变化一定程度上影响我国互联网国际舆论的走向。2016年，各国政坛动荡，美国大选特朗普与希拉里新闻不断，选情似"过山车"，韩国总统朴槿惠陷入"亲信干政"危机，德国、法国、意大利等欧洲主要国家政党、政要或政府轮替，也都成为国际舆论热点。英国脱欧、日美重申美日安保条约、美韩部署"萨德"遭遇中韩民众抗议、朝鲜核试验、特朗普宣布退出TPP（跨太平洋贸易和投资伙伴关系协定）等，也反映出国际秩序的多重挑战和变数。

2016年，从习近平总书记访问中东地区三国，到中国与孟加拉国、柬埔寨、印度共同商讨推进命运共同体建设；从上海合作组织成员国首脑理事会第十五次会议，到中国-中东欧国家领导人会晤、中俄总理定期会晤，再到中国举办杭州G20峰会，均可以看出中国作为世界第二大经济体、第一大贸易国，正在成为推动全球经济持续增长的重要引擎、促进世界和平与发展的关键力量。

2016年，全球各地爆发的恐怖主义袭击、军事冲突以及难民问题都暴露了深层次的问题。法国尼斯遇袭案、布鲁塞尔爆炸袭击、奥兰多枪击案、伊斯坦布尔机场袭击、大马士革连环爆炸、IS屠杀300个平民、德国跨年夜性侵案件、法国拆除加莱难民营、中国驻吉尔吉斯斯坦大使馆遇袭等，都是亟待解决的难题，我国互联网国际舆论场对此类事件呈持续关注态势。

（四）中国互联网国际舆论场热点

通过梳理2016~2017年中国互联网国际舆论场热点（见表1），可以发现：目前舆论场内讨论的新闻话题主要包括由中国主导发生的国际事件与话

2016年中国互联网国际舆论发展报告

表1 2016~2017年中国互联网国际舆论场热点事件排行

单位：次

序号	事件	时间	网络新闻	论坛	博客	报刊	微博	微信	APP采集	热度
1	"一带一路"建设	2016年	3602747	363916	266328	218628	257538	1074515	174976	1168093.4
2	杭州G20峰会	2016/9/4~9/5	857052	88351	64425	46945	149199	437254	34137	319022.0123
3	南海仲裁案	2016/7/12	486205	192621	73779	20125	335053	256449	39467	225925.5303
4	2016年美国大选	2016/11/18	468653	111612	70009	8557	125410	79225	14157	152824.898
5	习近平出席世界经济论坛	2016/1/20	464792	53846	30465	18857	19243	155165	14540	148495.2857
6	美国退出TPP	2017/1/23	268958	110385	31838	7408	28995	103211	11488	94433.7643
7	里约奥运会	2016/8/5~8/21	289059	9533	6031	5640	99032	22119	7531	88247.5435
8	英国脱欧	2016/6/23	220643	37275	21617	3200	27540	41762	5894	66915.7941
9	2016年世界移动通信大会	2016/2/22	186646	15504	16474	7111	5158	83979	5877	62818.8753
10	AlphaGo大战李世石	2016/3/15	144491	15050	11692	4203	16156	40332	7030	46183.8037
11	法国尼斯遇袭案	2016/7/14	117722	21190	7123	5672	31015	50684	5076	43846.2832
12	三星Galaxy Note 7手机爆炸	2016/10/5	126660	17498	7352	2197	25858	37505	16885	43627.6005
13	金砖国家会议	2016/10/15~10/16	125328	11541	8929	6785	1068	54291	4827	42030.4264
14	第三届世界互联网大会	2016/11/16~11/18	128285	9196	6237	4424	30520	26655	2794	40966.1211
15	意大利地震	2016/8/24	95304	17255	7111	4443	29163	69357	3545	40866.5739
16	韩国"亲信干政"	2016/10/24	127612	8007	7701	11806	19462	15562	4054	39282.1001
17	希拉里"邮件门"	2016/7/27	116309	21177	12551	5753	18444	24905	3995	37487.967
18	朝鲜核试与韩美称部署萨德	2016/10/21	101978	18010	9644	4904	7559	37377	7178	34737.5211
19	中巴共建经济走廊	2016/8/29	90744	9884	4358	4367	6157	27804	4162	29131.1584
20	土耳其军事政变	2016/7/15	82394	13052	7361	3809	30724	19524	3042	29108.341

注：统计起止日期为2016年1月1日至2017年2月16日。

人民网舆情监测室制定了由报刊、网络新闻、论坛、博客、微博、微信六大类媒介形态组成的舆情热度指标体系，并运用德尔菲法（也即"专家意见法"），通过统计处理，得出舆情事件各渠道的权重如下，报刊，0.3200；网络新闻，0.2038；论坛，0.0752；博客，0.0954；微博，0.1409；微信，0.1647。热度公式为：报刊×0.3200+网络新闻×0.2038+论坛×0.0752+博客×0.0954+微博×0.1409+微信×0.1647。

题,以及涉及中国或者华人群体的新闻热点。在本研究中,我们将前者称为"国家涉外事件/话题",将后者称为"国际涉华事件/话题"。表1为2016~2017年中国互联网国际舆论场关注的排行前20的热点事件,例如"一带一路"建设、杭州G20峰会、习近平出席世界经济论坛、中巴共建经济走廊等都属于国家涉外事件,南海仲裁案、2016年美国大选、美国退出TPP等都在不同程度上涉及或波及中国。

二 互联网国际舆论场舆情结构与特征

通过对2016年1月1日至2017年2月16日期间中国互联网国际舆论场中184个热点事件及话题的梳理,从时间、空间、领域等方面进行分析。

(一)时间分布

2016~2017年国际舆情地图显示,2016年前三季度我国互联网国际舆论热度处于中位水平,但随着"三星Note7电池爆炸""韩国'亲信干政'""萨德问题""美国大选"等重大国际议题出现,2016年第四季度国际舆论场热度显著提升。2017年年初,我国互联网国际舆论场热度出现猛增趋势,特朗普当选美国总统后,对华政策与中美关系受到高度关注,农历新年期间"日本APA酒店摆放右翼书籍"事件引发了舆论热潮,元宵节特朗普致信习近平、"中国研修生在日本受欺压"、金正男遇刺等重大事件引爆了2017年开年舆论高峰(见图1)。

(二)空间分布

从国际舆论话题的地区分布来看,亚洲周边局势以及大国关系对我国互联网上的国际舆论热点的影响很大。亚洲地区除了社会运动、难民问题以及医疗卫生事件,其他事件类型均有涉及。其中,政治选举、恐怖主义、突发事故等类型出现增长。韩国"亲信干政"事件中民众烛火示威集会、叙利亚首都大马士革连环爆炸事件、中国驻吉尔吉斯斯坦使馆遭袭击事件、中国

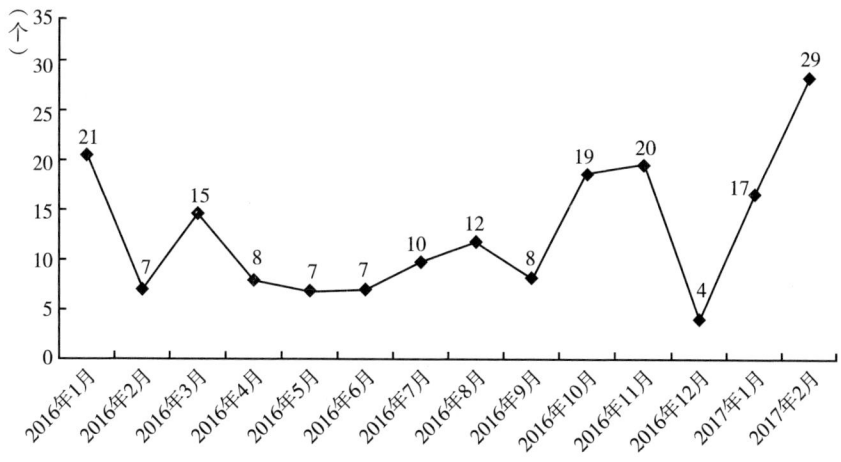

图 1　2016~2017 年国际舆情热点时间分布

台湾公交起火事故、日本 APA 酒店摆放右翼书籍事件等成为持续性话题。

北美洲地区有美国总统大选，特朗普当选后签署一系列行政命令，欧洲地区英国脱欧、法国尼斯袭击事件以及土耳其军事政变引发的一系列冲突都成为持续性热点（见图2）。

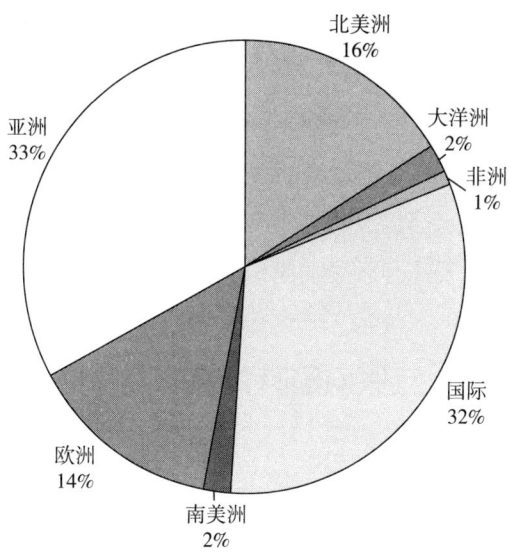

图 2　2016~2017 年国际热点地区占比

（三）领域分布

在对2016~2017年国际舆论场的热点事件与话题归类统计后发现，受"大选年"影响，国际关系、政治选举、社会运动等都属于舆论热门领域。2016年同时也是"奥运年"，里约奥运会、里约残奥会相继成为全球性的热门话题。此外，受"一带一路"战略影响，多边关系、高层动态也引起舆论的关注（见图3）。

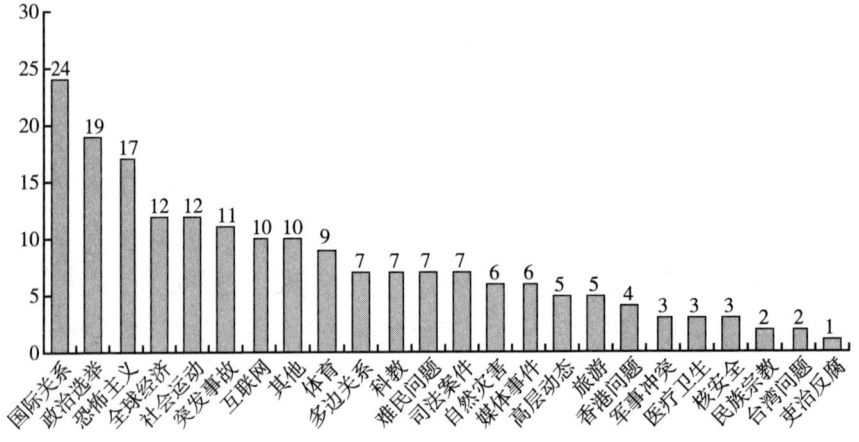

图3　2016~2017年国际舆情热点领域分布

在对2016~2017年抽样数据分析后，国际涉华热点占比要高于我国国家涉外热点（见图4）。在国际涉华热点方面，新闻类型丰富，全球经济方面诸如美国退出TPP，时事政治方面诸如美国大选，国际性问题诸如难民问题、互联网安全、奥运会以及恐怖主义等。国家涉外方面，主要有我国主办的各种国际性论坛以及高层领导的出访活动等。

三　互联网国际舆论场发展特点

（一）传播手段

1. 新媒体信息交互作用显著

2016年初，一场声势浩大的"社交网络战役"席卷了整个舆论场。"李

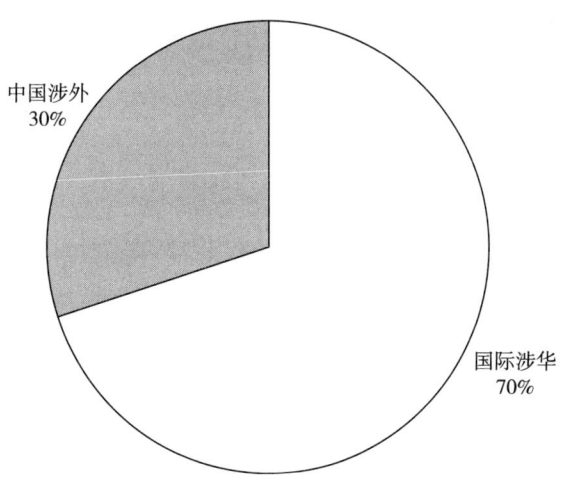

图 4　涉外热点与国际涉华热点占比

毅贴吧"的网友自发组织在社交媒体 Facebook 上与台湾网民进行友好的交流，一方面介绍大陆的真实面貌以及"台湾缘何是中国不可分割的一部分"，另一方面有力地打击"台独"势力。"帝吧"（李毅吧）在此之前也有过数次爆吧的经历，但此次行为"有组织、有纪律"，强调文明用语，不发黄图，反"台独"不反台湾人民，并且运用统一的头像，表情包加盖印章，将反"台独"声明运用英、日、韩、德、法等多国语言版本翻译出来。1月20日晚上7点左右，多个平台被中国大陆网友刷屏，由于在国内无法直接登录 Facebook，有网友运用直播平台直播"帝吧出征"过程。最先开通直播的是斗鱼，随后 B 站、虎牙、熊猫等多个平台也跟进直播。

台湾地区的三立电视台、《苹果日报》以及《自由时报》成为"主战场"。2016年1月20日晚间，@三立电视台发文宣称"北欧国家对台湾很友好，挪威承认台湾是一个国家"的新闻。而30分钟后，@环球时报就发文："挪威坚持一个中国的立场不会改变。"@挪威驻华大使馆也发文称坚持一个中国，获得了无数网友的点赞。之后@瑞典驻华大使馆也发文强调："瑞典不承认台湾是一个独立主权的国家，并且瑞典与台湾没有建立外交关系。"

在这起事件中,我国官方媒体并没有参与事件过程,在外交部没有出面的情况下,挪威和瑞典的外交部却主动表态"支持一个中国",可见网络舆论场在维护我国主权方面的重大作用。1月22日《人民日报》微信公众号发文《帝吧出征FB,友邦有话要说》,为年轻网民富有热情、理性和创意的爱国行动点赞。

2. 智能"黑科技"成为全球新媒体热点

2016年被称为"智媒元年",伴随着人工智能技术的愈加成熟,各大互联网平台和媒体开始植入"AI思维"。2016年3月15日,谷歌人工智能围棋软件AlphaGo与韩国著名围棋棋手李世石的比赛受到全球瞩目,后来AlphaGo又在围棋平台以神秘身份和绝对优势战胜多位顶尖围棋高手。既然人工智能可以在围棋领域战胜人类,那么在其他领域也存在机会。"大战"之后,人工智能AI开始频频被媒体报道。目前人工智能主要集中在机器学习、自然语言处理、计算机视觉、虚拟个人助理、语音识别、智能机器人、推荐引擎、手势控制、情境感知计算、语音翻译以及视频内容识别等领域。

2016年HBO的《西部世界》也顺应人工智能潮流引爆了收视热潮。人工智能技术的发展速度非常之快,不到两年的时间人工智能就完成了机器心智技能的bAbI测试,下一步将挑战儿童图书测试,直到最终通过图灵测试,想必21世纪内足以实现。

2016年11月16日,第三届世界互联网大会召开,"无人车""刷眼识别支付""智能泊车机器人"等均亮相。2016年3月,国家"十三五"规划纲要明确提出"大力支持虚拟现实等新兴前沿领域创新和产业化",从产业政策上支持了媒介融合。里约夏季奥运会第一次采用了VR技术,利用360度全景视频技术,向观众提供超过7000个小时的VR视频服务。对于"9·3"中国人民抗日战争胜利纪念日阅兵式,人民日报全媒体平台"中央厨房"首次引进全景VR设备全程记录阅兵盛况。2016年全国"两会"报道,VR也成为"法宝",网民在手机上打开H5链接,就可以瞬间置身人民大会堂内。不少媒体的云直播平台也很引人关注。

除了VR之外，AR技术也在2016年成功登陆世界舞台。2016年7月7日，任天堂、口袋妖怪公司以及谷歌Niantic Labs公司联合制作开发的现实增强（AR）宠物养成对战类RPG手游在澳大利亚、新西兰区域首发，引起全球Pokemon热潮。农历新年来临前夕，支付宝在10.0版本中加入"AR实景红包"功能，将AR技术的应用进一步亲民化。

3. 媒介融合进入国际移动互联新阶段

媒介融合的概念早在20世纪80年代就被提出，其最简单的定义是将原先属于不同类型的媒介融合在一起。2016年2月19日，习近平到人民日报社、新华社、中央电视台3家中央新闻单位进行实地调研，并召开党的新闻舆论工作座谈会，发表重要讲话。[①] 座谈会上，习近平专门就推动融合发展、借助新媒体传播优势提出要求，强调要从"相加"到"相融"，着力打造新型主流媒体。

随着智能手机的进一步普及，4G网络的全面覆盖，中国也参与到国际5G标准制定与研发中，移动互联网使用频率不断提高，在大数据、云计算、智能化等技术推动下，移动APP、融媒体平台、社交应用、短视频、网络直播等新型信息传播方式呈百花齐放姿态。

2016年全国"两会"期间，由人民日报"中央厨房"制作的《你有一份来自总理的神秘快递》《傅莹邀您加入群聊啦》等文章在朋友圈圈粉无数，仅"两会"期间，人民日报"中央厨房"利用大数据从不同角度产出220多条原创报道，引发网友关注，受到总书记点赞。截至2016年底，已有麻辣财经、学习大国、新地平线、半亩方塘、2050等十几个工作室开始运行，来自15个部门的近60名编辑、记者参与其中。2016年10月，人民日报"中央厨房"启动了"融媒体工作室"计划，旨在盘活人民日报社和社属子报刊的资源，进一步提升报纸和新媒体的报道质量。主流媒体在国内、国际舆论场的开疆拓土，有助于构建新的对外传播话语体系。

---

① 新华网：《习近平：坚持正确方向　创新方法手段提高新闻舆论传播力引导力》，2016年2月19日，http://news.xinhuanet.com/2016-02/19/c_1118102868.htm。

（二）受众特点

1. 爱国主义情绪高涨

2016年网络兴起了一个特殊的群体——"小粉红"群体。在微博平台中，"小粉红"的新生力量在帝吧出征FB、赵薇电影《没有别的爱》争议事件、南海仲裁、日本APA酒店事件等涉及爱国的热点中均体现出了强大的自我组织能力。

帝吧出征FB的一切活动没有官方参与，全凭"90后""00后"自行制定规则，规模之庞大、组织性纪律性之高、对战礼仪之严谨、攻击手段之奇葩，引来媒体点赞，颠覆了人们以往对"90后""00后"的印象。农历春节期间，日本APA酒店摆放歪曲历史图书的事件被曝出，刷爆了微博、微信。事件从微博上一位美国游客发布的视频开始，酒店内摆放许多充满各种右翼言语的书籍，并且书中内容否认韩国慰安妇和南京大屠杀的史实，并称这些日本侵略者犯下的罪行是"美国为了投下原子弹而编造出来的东西"。但由于书籍内容多是日文和英文，很多游客没有注意到，也没有人对此提出任何疑问。微博话题#日本APA酒店否认南京大屠杀#阅读量达1576.9万次。#日本APA酒店有极右翼背景#阅读量达9126万次，评论量达4.7万次。#抵制日本APA酒店#阅读量也高达1395.8万次，评论量达1.2万次。相关话题#日本华人抵制APA酒店#阅读量达8733.4万次，评论量达5.4万次。

在日本华人抵制APA游行活动中，参加抗议的中国女生@妖污王彤彤就游行遭到日本右翼干扰一事发表微博，感谢日本警察以及一些友好日本人的参与和帮助。但此条微博遭到一批"精神日本人"账号的组团攻击，不过有网友迅速反应过来，声援博主并积极举报攻击博主的人。在匿名化的网络虚拟环境下，情绪化评论只能占一时的风头，大多数网民还是保持理性的态度表达爱国情怀。

2. 信息同温层下网民观点分裂

新媒体时代，社交网络带来信息爆炸，接触信息的渠道、方式、内容、数量等方面都越来越丰富。但通过大数据时代的信息过滤以及一些社交媒体的数据算法，网民只能看到与自己观点相近的信息以及想看到的信息，我们称为"回音室效应"。互联网兴趣网站、圈层化发展的群组等，都可能加剧国际舆论场的这种态势。

2016年10月18日，微博的市值首次超越Twitter，可以说新浪微博作为一个社交媒体在一定程度上推动了社会的发展。相比熟人圈子化的传播，微博、Twitter相对开放，公共媒体属性相比社交属性更强，在国际热点讨论中有利于意见公开交换，加快公共舆论的形成。

3. 网络围观现象的升级和娱乐化参与

"吃瓜群众"入选2016年度中国媒体十大新词语。"吃瓜群众"自古有之，过去围观在于"看热闹"，互联网的兴起，为"看热闹"提供了一个便利的平台，可以"足不出户观尽天下事"。不过，"吃瓜群众"和过去的"围观"不同，"围观"是中性词，无褒贬含义，微博刚兴起时就打着"关注就是力量，围观改变中国"的口号，而"吃瓜"则是将"围观"娱乐化，在"无责任、无判断、无担当"的心态下，纵观事件发展过程而依然不了解事件真相，却勇于发表自己的观点看法，颇有"不嫌事大"之意。

在对境外热点与国内热点的围观上，网民的态度不尽相同。2016年国际形势变动，从英国脱欧、欧洲难民潮、恐怖袭击频发、土耳其军事政变、巴西里约奥运会、日本核辐射，到韩国"亲信干政"、美国大选，有网友戏称，在国际舆论方面，2016年我国网友真是达到了全员参与。

里约奥运会期间，奥运筹备工作组被称为"最差、最糟、最坑爹"，在开幕式前几日，各场馆还是工地一片、吉祥物被击毙、恶性治安案件、自行车道发生坍塌、运动员住宿环境差等问题均遭到了我国网民的调侃，甚至我国奥运健儿自己安灯管的"多能"成为话题。2016年欧洲杯期间，英俄球迷打架事件又引来了一群"吃瓜群众"，普京在圣彼得堡参加经济论坛时称"不懂为什么200个俄罗斯人可以打败1000个英国人"，引来网友们对"战

斗民族"的感叹。之后的韩国"亲信干政"、美国大选更是被网友调侃成"韩剧""美剧"。

不过，网络围观背后的责任缺失愈加凸显，甚至形成"网络暴力"，国际"键盘侠"在互联网上大行其道，网络民粹主义、网络民族主义、文明冲突和道德绑架不断上演，也引起一些反思。

（三）传播效果

1. "一带一路"建设蓬勃发展

在对外报道方面，中国媒体涉及"一带一路"的英文报道总量为4535篇，境外媒体相关报道为7300篇。与中国媒体以通讯类新闻为主不同，境外媒体报道中国"一带一路"建设时更为全面，关注角度多样，且报道时以观察、分析、评论性文章为主，内容可读性强。境外媒体对我国"一带一路"建设的报道居多，文化、社会观察更多，一定程度上与西方媒体关注"一带一路"红利和国际竞争意识有关。

2. 中国主场传播有助于提升国际形象

G20峰会全媒体报道，将文字、图片、视频、音频、H5页面等多种形式进行整合，从外交、经贸、金融、文化等领域扩展到旅游、惠民成果，同时会内会外联通报道，打破高层会议神秘感，多平台直播G20文艺晚会，点燃中国人的爱国热情，将民族自豪感推到新高度。

同时，在G20峰会开幕式上，习近平主席的会议致辞引发海内外舆论广泛热议，赢得了多方赞誉，给世界递交"中国方案"，传递"中国力量"，树立"国家信心"。韩联社就习近平主席开幕式致辞报道称："在美欧日等西方发达国家多数首脑在场的情况下，习近平主席提出改善全球经济治理结构，实际上就是要强调反映国际现实的国际秩序重塑。"

除开G20，2016年末的珠海航展，是我国唯一由中央政府批准举办，以实物展示、贸易洽谈、学术交流和飞行表演为主要特征的国际性专业航空航天展览，也是世界五大最具国际影响力的航展之一。中国自主研制的新一代隐形战斗机歼-20的首次亮相，无疑点燃了全国乃至全球军事迷的热情。

与历届航展相比，本次航展有50%的机型首次公开亮相。路透社报道表示："中国航展给中国提供了一个展示其民用航天雄心和强调其国防雄心的机会。"

3.中国游客境外形象提升

2017年2月22日，国家旅游局在福建厦门正式发布《2016中国出境游游客文明形象年度调查报告》（以下简称《报告》）。《报告》显示，超8成的中国受访者对本人在境外旅游文明素质表示满意，中国游客本人评价得分平均9.5分。同时《报告》指出，境外受访者普遍认可中国出境游游客文明素质较5年前有所提升，其中46.2%的受访者表示中国游客的文明素质普遍有了提高，印度尼西亚、法国、新加坡、英国、美国五国受访者对此感知尤为明显。①《报告》还指出，在媒体负面报道为主的国家或地区中，民众对中国出境游游客的素质评价也相对较低。

2016年我国互联网国际舆论场上有两条热点新闻：中国游客拿走日本马桶盖以及泰国铲虾事件，虽然最后都被证实与事实不符，甚至是虚假新闻，但可以看出不仅是媒体，我国人民对出境游客的素质认知普遍不高。这一方面是由于民族自信心不强，另一方面是媒体负面报道居多造成的内省式、代入式的群体感知。

不过，整体上2016年外媒对中国游客的报道多以赞扬为主，例如，法国《欧洲时报》报道《十一归来，中国游客海外华丽转身》，西班牙《华新报》报道称，"中国身影"频繁出现在这条集地理、文化、美食、运动于一体的旅游线路上。日本《日本新华侨报》报道称，赴日中国游客的旅行目的正向自然和文化转移。美国《华盛顿邮报》表示，中国出境游市场日渐火爆，也有一些中国游客不够文明，但在一亿多名中国出境游客中，绝大多数人并非如此。

---

① 中国经济网：《〈2016中国出境游游客文明形象年度调查报告〉在厦门发布》，2017年2月23日，http://www.ce.cn/culture/gd/201702/23/t20170223_20442181.shtml。

四 互联网国际舆论场发展趋势

（一）政治："不确定性"下的大国关系和地缘政治

2016年"黑天鹅事件"频现，全球和周边地区的形势出现诸多不稳定因素。2017年，特朗普政府的政策走向、德法等欧洲国家选举、东亚和东南亚的诸多变数以及中东局势的动乱，在民粹主义、贸易保护以及逆全球化浪潮下，进一步在全球引发连锁反应的可能性仍存在。

在"南海争端""香港占中""钓鱼岛问题"等国际热点上，中国对外传播主动设置议题、引导国际舆论，外交部新闻发言人发声引发了网民的一系列点赞。2017年，中国特色的外交政策面临周边"不确定性"的挑战，国际舆论场对相关议题的讨论又会形成新的热点。

（二）多边："一带一路"朋友圈逐步扩大

2013年"一带一路"建设设想被提出，2014年成为国家倡议之一，2015年顶层规划设计完成，2016年"一带一路"建设进入全面落实阶段。2017年1月，国家发改委同外交部、环境保护部、交通运输部等13个部门和单位共同设立"一带一路"PPP工作机制，旨在与沿线国家基础设施等领域加强合作，积极推广PPP模式，鼓励和帮助中国企业走出去，推动相关基础设施项目尽快落地。

2017年2月份，中联部、社科院、国务院发展研究中心和复旦大学等发起的"一带一路"智库合作联盟召开第三届会议，提出建立沿线国家智库合作联盟的年度规划，重视"民心相通"和文化交流，获得广泛关注。同时，联合国与马来西亚、新加坡等多国均设立"一带一路"专门机构，联合国设立联合国海陆丝绸之路城市联盟（UNMCSR），马来西亚华人工会对华事务委员会设立"一带一路"中心，新加坡《联合早报》与新加坡工商联合总会设立"一带一路"专网。2017年5月，中国发起并主办第一届

"一带一路"国际合作高峰论坛,这是继APEC峰会、G20峰会之后又一次重要的国际会议,将成为"一带一路"国际合作的关键节点和重要沟通平台。

(三)科技:人工智能技术或将成为主流

2016年,科技发展迅猛,人工智能逐渐登上历史舞台,人工智能技术的应用也成为诸多开发商关注的焦点。目前,全球四大AI巨头——谷歌、百度、Facebook以及微软在人工智能、语音识别等技术上的研究都已经取得了突破性的成果。目前,我国也已经拥有世界领先的语音和视觉识别技术。2016年11月17日,华为公司的PolarCode(极化码)方案,最终成为国际无线标准化机构会议上确定的5G控制信道eMBB场景编码方案,这是中国通信核心技术第一次占领制高点。此外,在VR、网络直播、无人机、可穿戴智能设备等新技术领域,我国涌现出一大批新创企业、平台和智能产品成果,或将为移动互联时代的国际传播带来更多便利。

五 国际舆论传播挑战与对策

(一)目前我国对外传播处弱势地位

未来一段时期,在"西强我弱"的国际舆论格局下,我国国际话语权的构建面临巨大压力。据统计,全球最大的300家传媒企业中,144家是美国企业,80家是欧洲企业,49家是日本企业,美国及其他西方发达国家控制了全球90%的媒体。

1. 加强多语种对外传播团队建设

目前我国对外传播以英语为主,这与现今英语的国际强势地位有关,但据《华盛顿邮报》统计,目前全世界以英语为官方语言的国家仅有35个,而全世界学习英语的人有15亿人,这15亿人平均分布在101个国家,英语居于强势地位。

从我国机构对外传播语言使用情况来看，中国国际广播电台官网——国际在线是目前中国使用语种最多的网站，提供65种外语。上海外国语大学官网是使用语种最多的大学网站，提供22个语种。而政府和机构网站较少提供多语种，企业对外传播发展迅速，在境外开展多语言传播方面，仍有很大的提升空间。

在全球社交媒体传播方面，截至2016年上半年，"微信"（WeChat）已经支持100多个国家的22种语言，Facebook已经可以提供140余种语言。CNNIC报告显示，我国社交媒体的主要使用人群为青年。皮尤研究报告显示，国外社交媒体如Facebook、Instagram、Twitter的使用人群也相对年轻，海外华人华侨、留学生等使用境外应用的频率高于国内人士，且趋于本土化，接近目标地区的使用习惯。

我国在推进海外传播的过程中，应重视青年团体的力量，采用熟识海外社交软件运营规则的年轻人参与对外传播，借鉴国内外的成功运营经验，组建一支专业化、多语种的团队进行对外传播建设。此外，随着中国综合国力的不断提升，学习汉语的人越来越多。因此，各类外语人才的培养，将成为下一阶段对外传播能力建设的重点。

2. 传播方式与境外网民需求亟待平衡

目前，我国的对外网络传播内容主要包括国计民生、时事要闻、领导人外交活动等。从内容上看，应针对不同国家和地区，把握本土化和贴近性内容，加强新闻信息服务的"供给侧改革"，与普通网民生活非常贴近的体育、娱乐和文化类的信息提供须持续加强。海外传播"欲速则不达"，不求"大水漫灌"，而应追求"润物细无声"。同时，根据所在国当地语言、价值观、文化历史传统特点，吸引当地机构和人才，积极进行本土化、多层次和多媒体的传播。

（二）讲好中国故事，因地制宜开展对外传播

1. 进一步扩大海外社交账号布局

目前，境外媒体中具有一定影响力的社交账号大多为政府开设或者主流媒体开设。除了官方社交账号外,也可以适当开设相关子账号,如央视在Twitter上的账号除@CCTV外,还有@CCTV_America、@cctvnewsafrica、@CCTVNEWS、@CCTV_Travelogue等。同时,应积极鼓励和扶持非官方媒体、机构、组织以及有一定影响力的个人开设海外媒体社交账号,全方位、多层次"讲好中国故事"。

另外,除了Facebook、Twitter之外,还应在Instagram、Snapchat、Periscope、Medium等不同社交媒体中积极开拓,更好地展现中国多元化的美好形象,使世界更全面准确地认识中国,引导国际舆论走向。

2.海外新媒体运营也应注重立体式传播

海外媒体账号运营方面,相应技术融合滞后,传播方式较为传统。但从国内舆论场的反馈来看,创新式传播手段得到了一致好评。理论上来说,直播、短视频、高清动图、表情包、H5页面等一系列新媒体方式有利于增强传播效果。但由于语言文化、表达方式的差异,善于戳中国内网民"笑点"的表情包或许并不能引起国外网民的共鸣。同时,每种社交软件主打的主题不同、所覆盖地区不同、适用人群不同、技术支持不同等都会影响传播方式的运用。因此,国际网络传播新方式的运用要灵活恰当。

此外,提高新媒体对外传播能力,离不开传播策划与效果评估。我国已有不少专业机构投入研究力量,及时把握海外舆论场的动态变化,针对不同事件、不同舆情提供相符的应对策略。在技术层面,未来应依托互联网数据平台,借助短文本聚类技术、多语种分析技术、情感识别技术等,迎合人工智能发展趋势,为海外传播评估建立智能化分析体系。

B.6
2016年中国新媒体版权保护报告

朱鸿军　刘向华*

摘　要： 2016年在中国新媒体领域版权保护初见成效的同时，新媒体的进一步发展催生了新的问题。本文从版权保护的成果和侵权问题两方面梳理了版权保护的现状。同时，针对新媒体版权保护在立法司法、版权利益机制和用户习惯等方面存在的问题，从国家和行业两个层面提出加强版权保护的优化建议。

关键词： 新媒体　版权保护　版权利益　侵权

经过前几年版权保护的不断深化和版权交易的发展，新媒体版权保护在2016年初见成效，国内数字音乐、网络视频及网络文学等领域盗版问题明显改善。在此基础上，新媒体版权保护在过去一年取得长足进展。但我们可以看到，版权侵犯行为依旧活跃于新媒体的某些领域，同时伴随着新媒体行业的进一步发展，版权的发展与管理也面临着新的挑战，这些都需要引起我们的关注。

一　新媒体版权现状

（一）2016年新媒体版权保护的亮点

1. 网络文学：版权保护发展迅速

随着国内将网络文学作品改编为影视或游戏作品的泛娱乐IP产业链的

---

* 朱鸿军，中国社会科学院新闻与传播研究所副研究员，博士；刘向华，中国社会科学院研究生院新闻与传播学系研究生。

逐步形成,作为产业链最前端的网络文学行业规模也不断扩大。第38次中国互联网络发展状况统计调查显示（2015年12月至2016年6月）,截至2016年6月,网络文学用户达到3.08亿人,规模增长稳定;手机网络文学用户规模为2.81亿人,增长率达到8.5%。① 同时,行业的迅速发展催生了对版权保护的迫切需求,推动版权保护的不断发展。

（1）国家版权局重点打击网络文学盗版侵权

网络文学行业的繁荣发展使得盗版侵权问题愈发突出,为了解决愈演愈烈的网络文学版权侵犯问题,保护原创动力,推进行业进入良性发展,国家版权局2016年重点打击网络文学的盗版侵权问题。2016年4月,国家版权局首次举办中国网络版权保护大会,开设网络文学版权保护分论坛,引发社会和媒体对网络文学版权问题的广泛关注。7月,国家版权局、国家网信办、工信部、公安部联合开展的"剑网2016"专项治理行动正式启动,网络文学的版权保护问题被列为专项行动的工作重点和首要任务。"剑网行动"开展过程中,国家版权局等四部门先后通报了重庆"269小说网"、北京"顶点小说网"侵权等多起网络文学著作权侵权案件,有力打击了网络文学盗版侵权问题。②

为了进一步加强网络文学版权保护,推动网络文学版权正规化,国家版权局在2016年11月发布了《关于加强网络文学作品版权管理的通知》（以下简称《通知》）,进一步细化了著作权法律法规的相关规定。《通知》完全针对网络文学,明确了提供文学作品和传播网络文学作品的网络服务商在版权保护方面的相关规范和侵权责任划定,推动互联网企业履行主体责任,改善网络文学的版权环境。《通知》强调网络文学作品的提供者或使用者要建立相应的版权投诉机制,积极受理权利人投诉,为包括原创作者在内的版权所有人打通了更为便捷的维权通道,这在一定程度上改善了

---

① 人民网:《网络文学用户稳定增长,产业生态化已逐渐形成》,2016年8月3日,http://it.people.com.cn/n1/2016/0803/c1009 - 28606960.html。
② 国家版权局:《国家版权局等四部门通报21起"剑网2016"专项行动典型网络侵权盗版案件》,2016年12月23日,http://www.ncac.gov.cn/chinacopyright/contents/518/311461.html。

包括原创作者在内的版权所有人"投诉无门"的尴尬处境,降低了维权难度,缩短了维权周期,从而提升了权利人的维权积极性,推进全行业树立版权意识。①

此外,《通知》还提出要建立网络文学作品版权监管"黑白名单制度",一方面适时公布文学作品侵权盗版网络服务商"黑名单",提醒相关权利人关注作品的版权状况,及时发现盗版侵权现象;另一方面公布网络文学重点监管"白名单",打破先发现后处理的传统版权管理路径,建立版权保护预警机制,降低盗版发生的概率。②"黑白名单制度"是网络版权管理的制度创新,国家版权局希望以此为突破口,在严厉打击网络文学盗版侵权的同时,建立健全网络文学版权使用传播的长效机制。③除了网络文学领域外,国家版权局进一步将"黑白名单制度"扩大到网络视频、网络游戏等领域,2016年一共公布了七批重点作品版权保护预警名单,起到了良好效果。

(2) 百度公司封停盗版文学类贴吧

2016年网络文学版权领域另一件格外引人注目的事情就是百度公司清理文学类贴吧的举措。《南方都市报》在世界知识产权日推出报道,曝光了百度文学类贴吧的盗版侵权乱象。这篇题为《贴吧疯狂盗版网络文学作家当不上作品的吧主》的报道揭露了贴吧里各类盗版侵权方式,大量原本需要付费阅读的原创网络文学作品被免费提供给用户,作者维权举步维艰。相较于早几年颇受诟病的百度文库盗版侵权问题,百度贴吧的侵权行为更趋于隐蔽,形式更加多样。百度贴吧文学类目下有超过3000个贴吧,以"分享"的名义免费传播网络原创作品的规模十分巨大,严重损害了原创作者的权益。

5月初,国家版权局就百度贴吧问题约谈百度。5月23日凌晨,百度发

---

① 国家版权局:《关于加强网络文学作品版权管理的通知》,2016年11月4日,http://www.gapp.gov.cn/sapprft/contents/6588/308186.shtml。
② 国家版权局:《关于加强网络文学作品版权管理的通知》,2016年11月4日,http://www.gapp.gov.cn/sapprft/contents/6588/308186.shtml。
③ 中新网:《〈通知〉规范网络文学作品版权业内人士:关键在处罚》,2016年11月16日,http://www.chinanews.com/cul/2016/11-16/8064154.shtml。

布公告展开对文学类贴吧盗版侵权问题的治理行动。随后,百度分批次暂时关闭了文学类目下的所有贴吧,全面排查整顿其中的侵权内容。作为国内最大的互联网服务提供商(ISP),百度封停盗版文学类贴吧,对于网络文学的版权保护具有长远意义。同时百度还为互联网企业如何在网络文学版权保护中落实主体责任、推动版权保护提供了经验。

(3)中国网络文学版权联盟成立

长久以来,层出不穷的盗版问题造成了网络文学产业收益的大量流失,严重损害了市场的健康发展,而正版内容版权保护的缺位,无疑使原创环境雪上加霜。在网络文学版权保护的发展过程中,直接与原创作者对接的网络文学发布平台也扮演着不可或缺的角色。

2016年9月,阅文集团、掌阅科技等33家公司在国家版权局的指导下成立中国网络文学版权联盟[①],利用行业力量联合打击盗版。联盟成员共同构建一个更加全面、更为灵敏的盗版监察机制,为原创作者提供更有效的版权保护,改变网络文学侵权容易维权难的现实环境。通过最大化维护原创作者的权益,来保护网络文学的原创力,促进行业的长远发展。

2."剑网2016"专项行动效果显著

"剑网行动"是国家版权局、国家网信办、工信部、公安部四部门联合开展的打击网络盗版侵权专项治理行动,是治理互联网盗版乱象、促进版权产业健康发展的重要举措。2016年7月12日,国家版权局举办新闻发布会宣布"剑网2016"专项治理行动正式启动。

"剑网2016"专项行动历时五个月,治理成果显著,全国共查处网络侵权盗版行政案件514件,罚款294万元,关闭侵权网站391家,涉案金额2亿元。[②]"剑网行动"有力打击了新媒体环境下的各类盗版侵权行为,加快新媒体版权秩序建构,推进新媒体版权管理正规化。

---

① 中国新闻出版广电网:《网络文学与盗版战争曙光初现》,2017年3月9日,http://data.chinaxwcb.com/epaper2017/epaper/d6461/d7b/201703/75783.html。
② 国家版权局:《2016年中国版权十件大事发布》,2017年3月9日,http://www.ncac.gov.cn/chinacopyright/contents/483/317320.html。

3. 互联网企业积极履行版权保护主体责任

在国家版权局2017年3月份公布的2016年中国版权的十大事件中，互联网企业在版权保护方面的作为也被列入其中。在新媒体版权保护过程中，网络服务提供商（ISP）扮演着一个非常重要的角色。从早几年百度文库盗版泛滥到近几年贴吧、各类网盘、微盘沦为盗版内容的传播渠道和储存空间，提供这些互联网应用的百度、新浪及360等互联网企业在版权管理方面的缺位是造成这种现象的重要原因之一。

在百度封停文学类贴吧之后，奇虎360于2016年10月20日宣布停止个人云盘服务①，并于次年2月份开始逐步关闭云盘账号并清空数据。360此举意在强化版权保护，优化互联网版权生态。互联网企业积极落实版权保护的主体责任，可以从技术源头上消除侵权行为的发生和盗版内容的传播，为互联网原创内容提供更健康的版权环境，对于新媒体的长远发展具有重要意义。

（二）2016年新媒体版权侵犯问题

1. IPTV侵权频发

IPTV（Internet Protocol Television）就是交互式网络电视，通常是指以宽带网为传播中枢，以家用电视或电脑作为主要终端电器，通过互联网协议（IP协议）来传送电视信号，为用户提供交互式多媒体服务的一种新的传播方式。② 相较于因为版权问题已经被相关管理部门叫停的网络机顶盒电视节目直播业务，IPTV在直播的流畅度和清晰度方面具有非常明显的优势，也是我国推行三网融合的重要切入口。IPTV作为新媒体发展的重要方向之一，在发展过程中也深受侵权问题的困扰。2016年4月22日，由于涉嫌侵犯央视付费收看的加密电视节目版权，辽宁IPTV运营方紧急下架了央视3、5、6、8频道节目。早在该案例之前，全国各地已发生多起地方IPTV频道未经

---

① 国家版权局：《2016年中国版权十件大事发布》，2017年3月9日，http://www.ncac.gov.cn/chinacopyright/contents/483/317320.html。
② 吴斌：《试析IPTV在中国的发展现状和前景》，《贵州大学学报》2005年第5期。

授权转播央视付费收看的加密电视节目的侵权事件。

除了和传统电视媒体的版权纠纷，IPTV 同行之间也存在着盗版侵权的问题。爱上电视传媒（北京）有限公司（以下简称爱上传媒）是央视国际网络有限公司控股的子公司，独家负责央视电视频道和电视节目的 IPTV 业务。爱上传媒在经营 IPTV 过程中，发现天津"北新传媒"运营的 IPTV 业务涉嫌盗播 32 套央视的上星频道和数字电视频道以及包括《朝闻天下》《今日说法》《星光大道》等在内的超过 50 个央视品牌电视栏目。长期沟通维权无效后，爱上传媒于 2016 年 3 月将天津"北新传媒"告上法庭，天津广播电视台作为"北新传媒"的实际控股人、天津联通作为 IPTV 业务合作运营商也被列为被告，爱上传媒起诉对方涉嫌盗版侵权和不正当竞争，索赔金额高达 2000 万元。

2. 视频聚合类 APP 侵权乱象

除了将网络文学盗版侵权作为首要治理目标之外，"剑网 2016"专项行动还将目标瞄向了移动应用商店的版权秩序，排查整顿移动 APP 侵权现象。在互联网视频行业，视频聚合类 APP 的侵权问题由来已久，严重损害网络视频的行业生态。视频聚合类 APP 通过技术手段非法盗取搜狐、腾讯、爱奇艺、土豆、优酷、乐视等主流正版视频网站的资源内容，向用户提供盗版视频内容的观看和下载。根据中国 APP 移动应用版权保护监测平台提供的数据，盗版视频聚合类 APP 已形成相当规模，很多视频聚合类 APP 的下载量和装机量都在百万级别，部分甚至达到千万级别。视频聚合类 APP 的盗播盗链行为，造成互联网视频的严重经济损失。面对规模化的侵权行为，正版视频网站不得不投入巨大的精力进行版权维护。

乐视体育文化产业发展（北京）有限公司（以下简称乐视体育）经合法授权拥有中超联赛 2016 赛季的网络独播权。在经营过程中，乐视体育发现名为"VTS 全聚台""VTS 直播"的两个网络机顶盒软件向用户提供中超联赛第一轮"江苏苏宁 VS 山东鲁能"在线直播收看。乐视体育还发现在手机直播软件"云图 TV"和网站"全民 TV"上也可以找到中超联赛 2016 季第一轮的比赛视频。乐视体育起诉这几个软件的运营方涉嫌盗版侵权、不正

当竞争，索赔金额共计1500万元。

3. 自媒体版权问题亟待解决

2016年世界知识产权日，百名自媒体人发出《联合维权公开信》，控诉新闻资讯类应用"一点资讯"利用技术手段批量盗取自媒体人原创内容并公开发布的盗版侵权行为，要求对方停止侵权行为、道歉并赔偿损失、消除影响，并保留采用法律手段进一步追究责任的权利。

自媒体集体维权的举动立刻引起广泛关注。技术的发展降低了盗版侵权的难度和成本，自媒体原创保护举步维艰。自媒体行业不仅面临着行业内部的侵权问题，与传统媒体之间也时常存在版权纠纷。《中国微信500强月度报告》显示，在排名前500的微信公众号中，对热门文章抄袭的群体已近3成。跨平台"搬运"和内容汇编也是常见的侵权方式。国内问答社区"知乎"网站上的几乎每一个热门回答都伴随着几十次甚至上百次的版权侵犯。这些热门答案被"搬运"到微博、微信等新媒体平台，原创作者甚至对自己著作权受到侵犯的事实毫不知情。

即使发现著作权遭到侵犯，维权也往往并不顺利。2016年5月，新浪读书原签约作家"满城烟火"的工作室发现，《今日文摘》和《37°女人》两本刊物在原作者不知情的情况下，刊登了"满城烟火"于2014年创作的短篇小说《安全感》。工作室随即就版权问题和两本刊物进行沟通，要求对方公开道歉并支付稿费。但对方认为自己的行为并不涉嫌侵权，拒绝做出回应。

二 中国新媒体版权保护存在的问题

（一）现行版权法规在新媒体领域的不适用性

1. 一些基本的法律规定存在争议

（1）"新闻无版权"误读

与传统媒体之间的版权纠纷，是新媒体版权保护领域一个重要的议题之一。而"时事新闻"到底有没有版权，就成了新媒体与传统媒体版权之争的核心之一。我国《著作权法》第五条将"时事新闻"排除在我国著作权保护范围之外。许多新媒体以此为根据，得出"新闻无版权"的说法，未经授权便大量复制传统媒体的新闻作品，严重损害了传统媒体的合法利益。所谓的"新闻无版权"，实际上是实践过程中对《著作权法》的误读。《著作权法》第五条提到的"时事新闻"，指的是客观事实，并非媒体从业者根据其创作的新闻作品[①]。新闻作品包含了作者的劳动，是受到现行法律保护的，未经授权的随意转载已经形成了侵权事实。并且，随着自身发展，新媒体也逐渐转变为时事新闻作品的创造者，"新闻无版权"这一误读，从长远来看，也必然会损害新媒体的发展。

（2）"公共利益"界定模糊

在我国版权法中，公共利益涉及的含义有两种，一是科学文化传播的公共利益，二是市场经济秩序的公共利益。[②] 但是关于提到公共利益的条款的具体指向，法律上没有给出明确的规定。概念使用的情景模糊不清使许多新媒体打法律的"擦边球"，打着公共利益的旗号，侵犯他人的著作权。从维权角度来看，"公共利益"概念难以界定，也加大了保护自身权益、维护版权的难度。

（3）技术中立——避风港原则的滥用

我国的《信息网络传播权保护条例》（2013修订）（以下简称《条例》）第20条至第23条依次规定了网络自动接入和自动传输、自动存储、提供信息存储空间以及搜索和链接四种互联网信息服务行为的不承担赔偿责任的条件。这也是我们所说的技术中立原则，又称避风港原则。但是在新媒体环境中，所谓的技术中立只是将网络服务商的行为理想化。为了获得更多的流量与收入，许多网络服务商对盗版行为采取默认甚至纵容的态度，比如早年百度文库、百度网盘泛滥的盗版侵权问题。而在避风港原则下，判断网络服务

[①] 刘海贵、虞继光：《生存危机中的纸媒著作权维护路径探析》，《新闻传播与研究》2015年第2期。

[②] 彭桂兵：《试析新媒体版权体系存在问题与完善路径》，《中国出版》2015年第5期。

商是否侵权需要从"明知""应知"的角度进行判断，但是这种判定方式很容易让网络服务商钻空子，滥用技术中立原则，加大权利人的维权难度。版权纠纷通常属于民事诉讼，采取谁主张谁举证的方式，"明知"与"应知"由于主观性较强，往往存在取证困难的问题。维权难使网络服务商更容易滥用避风港原则，损害版权生态。

2. 存在一定的法律真空与滞后

(1) 网上授权许可机制的缺失

我国目前的司法解释已经排除了"法定许可制"在网络环境下的使用，这意味着想使用网络平台上的内容作品，必须首先获得授权，否则就涉嫌侵犯他人著作权。① 但是新媒体发展特别是用户生产内容（UGC）的出现，使网络平台上出现了不断更新的海量内容。面对这种内容体量，一一授权是不现实的，不合理的授权许可机制也会大幅度拉高版权成本，损害新媒体市场的版权秩序。获得授权的高成本与复制、传播作品的便捷性②必然会导致行为向侵权倾斜。我们目前还没有一个合适的授权许可机制来适应新媒体的发展，这显然不利于新媒体健全版权管理机制的建构和版权事业的长远发展。

(2) 侵权处罚的不适用性

我国现行《著作权法》对侵权行为后果没有明确的规定，针对侵犯行为的惩罚措施，我们只能依据《民法通则》第一百三十四条第 1 款。根据该条款，承担侵权责任的具体方式有：停止侵害，排除妨碍，消除危险，返还财产，恢复原状，赔偿损失，消除影响、恢复名誉，赔礼道歉八种方式。得益于过去几年的发展，自媒体传播能力进一步提升，人们的阅读习惯也由定时阅读转向不定时甚至随时进行的碎片化阅读，这也使得侵权行为一旦发生，往往能在较短时间内形成大范围、难以估计的影响。随着微博、微信等新媒体平台的用户数量不断增加，一条信息在短短几分钟内就

---

① 彭桂兵：《试析新媒体版权体系存在问题与完善路径》，《中国出版》2015 年第 5 期。
② 吴伟光：《版权制度与新媒体技术之间的裂痕与弥补》，《现代法学》2011 年第 3 期。

可能被几十万甚至几百万名受众看到,这种影响某种意义上具有不可逆性。新媒体高度的开放性和流动性致使一些大规模的抄袭式转载无法被阻止,其造成的侵权后果更是难以估计和无法逆转。"赔偿损失"在新媒体环境中也往往存在损失无法估计而难以认定的情形。我国侵权赔偿金额普遍较低,对部分抄袭者难以构成威胁。赔偿惯例的额度过低,无疑让惩罚措施失去了实质性的影响,获利远高于罚款额度,侧面加剧了侵权行为的泛滥。

(3) UGC 内容的版权归属不确定

用户生产内容毫无疑问是新媒体发展的亮点之一,在用户自己创作的海量内容中,不乏一些高质量、非常受欢迎的作品。但是对于 UGC 内容的版权归属认定,还存在很大的争议与不确定性,而很多 UGC 内容往往是在其他内容的基础之上创作出来的,其版权归属更加难以认定。如果不对相关法律进行更加明确的规定,UGC 的版权问题始终处于法律的模糊地带,会损害整个新媒体传播市场的原创活力。

(二)新媒体市场的版权利益失衡

P2P 技术、云技术、IPTV 及电子书等数字技术的发展,打破了传统内容生产行业的版权格局,网络内容提供商(ICP)、网络服务商(NP)作为新的主体加入到内容产业的价值链条当中,使得版权格局趋于复杂,版权人、传播者和使用者三者之间存在版权利益的协调问题与利益冲突[1]。由于技术强势,我们可以观察到版权利益向 ICP、NP 及 IPTV 等传播方倾斜的现象,这一倾斜的过程当然也不乏传播者利用技术优势野蛮占有他人著作权、侵犯版权的行为。一些正规的网站会利用用户协议等方式侵占用户的作品所有权,包括豆瓣、知乎等在内的多家运营平台,均在用户协议中规定平台对于用户在该平台上发布的内容拥有永久的、全球范围内的使用权。根据我国现行的《著作权法》对著作权人相关权利的表述,运营平台

---

[1] 胡涛、李本乾、刘强:《新媒体版权利益平衡机制研究》,《软科学》2011 年第 8 期。

的此类协议明显损害了用户的版权权益。版权利益的失衡对处在天平另一端的权利主体的影响无疑是消极的，长此以往将透支内容生产的原创力，让原创内容越来越稀缺。并且，版权利益失衡还会造成整体收益的损失，对行业发展产生消极作用。

（三）新媒体维权"两高一低"

由于受到种种情形的限制，我国新媒体维权领域面临"两高一低"的尴尬处境。所谓"两高一低"，指的是维权成本高、维权难度高和维权积极性低。

1. 维权成本高

想要打赢一场版权受到侵犯的官司，权利人往往需要付出巨大的精力、财力。权利人如果想进入司法程序解决问题，必须去公证处对证据进行固定，这样的证据才有效，而公证不仅耗费时间和精力，费用更是高达数万元，更麻烦的是，依据我国现有的法律规定，作者需要到侵权人所在地提起诉讼。时间和经济成本的叠加使权利人往往有心无力。而面对大规模的盗版侵权，一个权利人往往对应几十个甚至上百个侵权人，根本无法一一主张自己的权利。

2. 维权难度高

在我国的司法实践中，民事诉讼通常遵循"谁主张、谁举证"的原则。但是侵权者可以对侵权内容执行删除操作，再加上网络的流动性，权利人往往很难获得固定的证据。取证难大幅度提高了维权的难度。另一个难点在于，作品经过大量转载，其侵权源头已不可考，难以认定侵权主体，作者自然无从主张自己的权利。

3. 维权积极性低

上文也提到，我国对侵权行为的惩罚力度偏低，权利人付出巨大时间和精力后取得的赔偿金额甚至难以覆盖诉讼成本。而在其他方面，即使胜诉，也效果甚微。投入与回报严重不成比例降低了权利人维权的积极性，同时从反面降低了盗版侵权的成本。

（四）版权保护意识缺位

1. 用户"免费"习惯难以改变

我国互联网用户长期以来形成的网络信息免费的价值观念难以改变。一方面，受众对于自己接收的新媒体信息，无法做出"正版"或"盗版"的判断。另一方面，用户只希望获得"免费"的内容，对于盗版与否并不在意，更不会主动拒绝免费的盗版侵权内容。如何培养用户为版权买单的习惯，是新媒体版权保护面临的基本难题之一。

2. 权利人版权意识淡薄

有关知识产权的法律，长久以来一直带有专家法律的色彩。很多权利人往往也对《著作权法》一知半解，对自己的作品没有保护意识，也对侵权行为无法做出准确的认定。权利人版权意识淡薄，版权保护意识缺位，让盗版侵权行为有了可乘之机。

三 中国新媒体版权保护优化建议

新媒体技术使作为内容载体的媒体从稀缺走向充裕，在这种市场环境下，要想维护市场的原创力与创造力，版权制度就成为最为重要的手段。为了新媒体市场的长远发展，必须从各个方面加强版权保护的制度设计，构建健全的版权运行机制。

（一）强化国家层面的支持，促进市场规范的形成

1. 司法支持

（1）细化相关法律法规

我国应加强对《著作权法》等法律的完善，细化司法解释，加快现行法律法规与新媒体传播环境相适应的进程。对于存在误解的时事新闻版权问题，应该对其构成要素进一步细化，明确范围，消除误读。在新媒体对时事新闻的使用上，进行更为详细的规定，明确侵权行为的界定，使其有法可

依。对于如"公共利益"等模糊的概念，进一步做出明确的规定，不给盗版侵权行为进行解释的空间，防止各类"擦边球"行为。对于"合理使用""避风港原则"等存在滥用问题的法律原则，总结司法实践过程中存在的各类问题，明确原则的适用标准。版权法的完善也并非一蹴而就的过程，应观察版权环境，总结司法实践中存在的问题，逐步优化版权相关的法律法规。

（2）构建网上授权许可机制

合理的网上授权许可机制对于更大程度地发挥版权价值，降低版权成本，推动版权事业发展具有重要意义。构建网上授权许可机制，首先可以考虑引入默示许可制度。在默示许可制度下，权利人可以对作品做出"不得转载"的版权说明，也可以有意地不做出相应说明，即默许他人可以引用、转载。默示许可制度可以有效降低获取授权的成本。可以把默示许可制度当作开端，进一步探索构建网上授权许可机制的道路，促进版权事业发展。

（3）加大侵权惩罚力度

长久以来，我国版权法对侵权行为的惩罚力度偏小，赔偿标准较低，从侧面助长了盗版侵权的气焰。现行法律应当依据媒体的发展状况，重新评估版权价值，根据市场情况适当提高赔偿标准。同时要注意不能为了打击盗版，不合理地拉高赔偿数额，把新媒体版权置于不公平的环境当中。要加大对侵权的惩罚力度，采用"恶意侵权"的行为认定，适当将情节特别严重的侵权行为入刑，以起到对盗版侵权行为的震慑作用。

2. 行政支持

（1）继续加大对盗版侵权的打击力度

"剑网"专项治理行动启动以来，可以看到网络版权环境明显改善，盗版侵权现象大幅度减少，这体现了国家层面的支持对于治理新媒体版权环境的重要作用。国家应继续重视新媒体版权的价值，对盗版侵权行为保持高压态势，把打击盗版侵权作为常态机制固定下来，扫除盗版痼疾。国家层面的整治行动，往往还具有良好的普法效果，"剑网行动"中媒体的解读、网络版权的规范曾引发人们的热议，帮助网民了解知识产权的相关法律、树立版权意识。从国家层面打击盗版侵权的同时，配合《著作权法》等各种法规的解读，帮助用户厘清版权并明确侵权行为和法律后果。

（2）加强对新媒体企业的监督

国家可以进一步构建新媒体传播环境的监督管理机制，推动各类互联网企业特别是一些行业"领头羊"自觉规范自身版权行为，配合国家打击治理盗版侵权。通过运行常态化监管机制，推进行业自律规范形成，使市场进入有序状态。

（3）建立常态化的维权通道与申诉机制

通过建立常态化的维权通道和申诉机制，改变新媒体维权"两高一低"现象。高效率、常态化的版权问题处理机制，让版权问题不必进入司法程序就可以得到快速处理，对于权利人个人时间、精力和国家公共资源都是一种节约，可以构建一个运行效率更高的版权机制。

（二）新媒体行业加强版权合作，共同打击盗版

1. 加强版权方面的合作

一方面，行业合作可以形成更为强大的反盗版网络，更快速地发现侵权行为，从而及时止损，避免更大的版权收益流失。另一方面则可以通过企业间的合作，探索更为高效的版权交易模式，促进版权内容的合理流通，推动版权市场的健康发展。

2. 形成行业自律规范

在合作中制定行业自律的具体措施，促进其走上版权正规化道路。推动行业形成自律规范，可以减少相互之间的侵权行为，同时改变版权利益失衡的行业环境，实现版权利益的最大化。

B.7
2016年移动APP新媒体
创新发展报告

钟 瑛 李秋华*

摘 要： 本报告以熊彼特创新理论、罗杰斯创新扩散理论、集成创新理论等为理论来源，构建移动APP的新媒体创新指数，该指数包含媒体品质、科技属性、用户价值3个一级指标，其下又设定6个二级指标、16个三级指标。依据新媒体创新指标体系，对选中的7类106个移动APP进行新媒体创新层面的量化考察，评估结果显示，即时通信、社交类移动APP表现抢眼，移动直播类异军突起，支付类、资讯类有待提升；"媒体品质"和"用户价值"两项指标得分整体较高，且相对均衡，"科技属性"指标得分整体偏低，且两极分化。结合考察结果所呈示的新媒体创新现状，研究认为，移动APP应以内容建设为核心，以技术驱动为引擎，以用户需求为主导，提升其整体新媒体创新水平。

关键词： 新媒体创新 移动APP 媒体品质 科技属性 用户价值

创新，作为一个恒久未变的时代话题，因循时代流变而呈现不同的内涵所指；新媒体创新，正是创新在全球互联时代被赋予的全新意旨。新媒体创

---

* 钟瑛，华中科技大学新闻与信息传播学院教授，博士生导师，华科新媒实验室主任；李秋华，华中科技大学新闻与信息传播学院博士研究生，曲阜师范大学传媒学院讲师。

新，因应新兴技术的迅猛发展和新型媒体的快速更迭，在多个领域、多维层面不断涌现，表现活跃。科学评价和准确考量新媒体的创新表现，特别是新媒体产品的创新水平和创新价值，既是当代社会的现实需要，也是时代发展的理性诉求。

一 创新与新媒体创新

创新是当今时代最重要的元素，而新媒体行业，尤其是移动新媒体，更是当之无愧的创新前沿阵地。新媒体创新，是新媒体持续发展的原动力与驱动引擎，有利于新媒体竞争优势的形成与建立；新媒体创新的成败，不仅事关新媒体组织的现实运营，也关乎整个行业和社会整体经济能否健康运行与良性发展。

新媒体领域，创新是最频仍的景象。产品、技术、市场、用户等瞬息万变，新媒体必须时时借助创新，以新技术、新工具、新手段，提供新服务、满足新需求，在创新中求生存、求发展，当下的生存规则已变成"创新则活，不创新则死"。纵观引领前沿的新媒体企业，都特别注重创新，反映在技术、模式、形态等方面不断推陈出新，在更新换代异常迅捷的新媒体浪潮中，创新的步伐稍加停顿便会面临淘汰的险境。

移动新媒体，是新媒体行业的前沿。2014年7月，CNNIC第34次《中国互联网络发展状况统计报告》显示，中国的手机网民规模首次超越传统PC，之后的统计数据持续上升，截至2016年6月，手机网民规模达6.56亿人，上网比例提升至92.5%，手机在上网设备中占据主导地位。[①] 但与移动互联网的高速发展相比，移动新媒体产品的用户使用状况不容乐观，研究发现，在中国的移动应用市场，高达35%的应用仅被打开一次，被打开11次以上（含11次）的比例也仅为17.6%，"一次即抛"成为移动用户的使用

---

① 中国互联网络信息中心：第38次《中国互联网络发展状况统计报告》，2016，第12页。

特点;① 基本上,移动应用的生命周期平均只有 10 个月,85% 的用户会在 1 个月内将其下载的应用程序从手机中删掉。② 移动新媒体贴近用户、提升创新力,刻不容缓。

在创新日渐成为时代主题、国家战略和全球共识的时代情境下,关于创新的理论研究被进一步细化和深入,新媒体创新成为崭新的研究课题。本文聚焦于新媒体创新指数的构建,力图以严谨、科学、标准化的新媒体创新指标体系,全面、客观、准确地评估新媒体产品的创新特征、创新水平和创新价值,致力于为新媒体的创新发展提供方向指引和价值导向。

参照企业创新力的排名比较和考察标准,我们发现既有的创新指数存在不少缺陷,如对企业创新力的评价指标和考察维度过于单一,标准化和科学性不足;评价对象针对所有的商业型公司,与新媒体创新特质不符;等等。新媒体创新指数针对性地克服其不足之处,以科学、坚实的理论支撑,依托新媒体创新的突出特性,设计标准化、可操作、通用性的评价指标体系,着重对新媒体的不同产品类型,如移动新媒体、VR/AR 产品、智能家居、智能可穿戴设备、物联网等,进行创新度、新颖性和创新价值的综合考量。新媒体创新指数的评测对象将实现逐步覆盖:从产品到企业,从典型到一般,如从新媒体产品创新,到新媒体企业创新;从移动 APP 产品创新,到各类新媒体产品创新;等等。

二 移动 APP 新媒体创新指数构建

依据关于创新的多学科研究和新媒体创新的实践研究,依照科学原则和理论支撑,构建系统、全面、可操作的新媒体创新指数,针对科学选取的评

---

① 艾媒咨询:《2015 年中国手机客户端市场研究》,2015 年 10 月 27 日,http://www.iimedia.cn/39672.html。
② 艾媒咨询:《2015 年中国手机客户端市场研究》,2015 年 10 月 27 日,http://www.iimedia.cn/39672.html。

测样本，对移动APP各主要类型的创新现状进行量化考察，实证评测各移动APP在创新水平、创新特征和创新价值等层面的新媒体创新现状。

综合熊彼特的创新理论、罗杰斯的创新扩散理论以及集成创新理论关于创新的相关研究，总结发现，创新不仅是生产要素或生产条件的"新组合"，更是一种不停运转的机制；创新不仅是某项单纯的技术或工艺发明，也是多种不同类型创新资源和能力的协同与整合，表现为技术集成、服务集成、资源集成等不同的集成创新模式；创新的新颖度由三方面来表达——所含知识，本身的说服力，人们采用它的决定，可以被归结为媒体、技术和用户三者的有机合成。同时，结合传媒领域的信息创新研究、市场领域的产品创新研究和新媒体创新的相关研究，概括为信息创新是内容与形式相结合的全面创新，产品创新是技术和用户综合作用的结果，而新媒体创新则是信息创新与产品创新的整合协同作用。以创新的新颖特征为逻辑起点，结合新媒体创新的特有属性，我们构建了由3个一级指标、6个二级指标和16个三级指标组成的新媒体创新评价指标体系，对移动APP的新媒体创新特征、创新水平和创新价值进行量化评估。新媒体创新指数的3个一级指标分别是：媒体品质、科技属性和用户价值。

移动APP，即移动应用服务或移动客户端，是针对手机、笔记本电脑、平板电脑等移动终端设备，提供无线上网服务而开发的应用程序和软件；移动APP是当今时代最为典型的新媒体类型，业已成为人们日常生活与工作交往最为常用的新媒体产品。移动APP借助不断改进的内容建设和信息传播服务而实现"媒体品质"创新，"媒体品质"指标重点评测新媒体所负载的信息内容的质量水准，以及新媒体产品结构的素质状态，主要考察新媒体产品及应用本身的创新特征，包含两个二级指标，即信息承载和形态设计。新媒体创新必然由技术驱动，与技术创新息息相关，与之相关的"科技属性"指标，主要指新媒体创新过程中吸纳的科学、知识和先进技术的水平和程度，重点考察新媒体产品对新技术的采纳程度和新功能的开发能力，包含技术采纳和功能推新两个二级指标。用户是新媒体创新的来源，更成为创新价值的积极贡献者，移动 APP 的新媒体创新离不开用户的参与、创造与价值贡献，"用户价值"正是从用户的维度，评测在新媒体产品的使用过程中，用户参与的便利程度和深度，以及用户需求的满足程度，本指标下设用户参与和用户满意两个二级指标。移动 APP 的新媒体创新指标体系的每个二级指标之下又分别设置了若干三级指标和具体的实现路径，用于全面考察新媒体创新表现的各个不同层面。

移动 APP 的新媒体创新指数构建及指标设定，遵循科学的理论依据和严谨的计算标准，同时参照操作性、导向性、全面性、层次性与系统化原则。在对各指标进行权重计算时，邀请了 20 多位新媒体业界高级产品经理、学界新媒体研究专家以德尔菲法对指标体系中不同指标的重要性进行评分，同时运用层次分析法（Analytic Hierarchy Process，简称 AHP）和普通最小二乘法（Ordinary Least Square，简称 OLS）检验判断矩阵的一致性，评估得出每个指标的权重。移动 APP 的新媒体创新指标体系如表 1 所示。

表 1　移动 APP 的新媒体创新指标体系

一级指标	权重	二级指标	权重	三级指标	权重
媒体品质 A1	0.3788	信息承载 B1	0.7917	原创水平 C1	0.5730
				信息更新 C2	0.2362
				信息丰富度 C3	0.1908
		形态设计 B2	0.2083	交互性 C4	0.5577
				扩展性 C5	0.2940
				开放度 C6	0.1483
科技属性 A2	0.3820	技术采纳 B3	0.6711	新技术升级 C7	0.6444
				新知识运用 C8	0.3556
		功能推新 B4	0.3289	新功能开发 C9	0.7126
				产品迭代 C10	0.2874
用户价值 A3	0.2392	用户参与 B5	0.5727	参与便捷度 C11	0.6252
				参与深度 C12	0.2341
				个性化参与 C13	0.1407
		用户满意 B6	0.4273	用户美誉度 C14	0.5456
				用户活跃度 C15	0.2482
				用户黏度 C16	0.2062

三 移动 APP 新媒体创新现状分析

（一）样本获取

在样本获取中，为了保证评测样本的代表性和样本获取的可操作性，主要参考易观智库、艾媒咨询和苹果公司 App Store 三家最新的移动 APP 排行及相关研究报告，同时结合研究对象的影响力以及移动 APP 的不同性质、类别，最终选取 7 大类共 106 个最热门的移动 APP 产品，对其创新水平进行考察和评析。7 类移动 APP 分别是资讯类、视频类、即时通信类、社交类、旅游类、综合电商类、移动支付类。同时，为了更详细评析不同移动 APP 的创新性表现，在进行指标分析和榜单解读时，又将资讯类移动 APP 细分为传统媒体资讯类、商业网站资讯类和聚合型资讯类三类，将视频类移动 APP 细分为视频网站类、移动直播类和短视频类三类。

本研究报告针对选取的 7 类移动 APP 新媒体产品，主要采集 2016 年 1 月 1 日至 9 月 30 日时间内的详细数据，主要包括各移动 APP 的版本更新详细数据、首屏信息及功能设计数据、信息原创及更新状况的定时观测数据，同时参照第三方报告的活跃用户数及使用状况的统计数据。对各统计数据按照统一的计算标准进行综合计算后，获得各移动 APP 的新媒体创新各指标的最终得分。

（二）移动 APP 新媒体创新现状考察

结合 7 类 106 家移动 APP 新媒体创新的量化考察结果，对其所呈示的新媒体创新现状进行综合解析，评估结果满分为 5 分，以 3 分为基准，划分为四个象限。新媒体创新总分层面，移动 APP 的新媒体创新总分整体偏低，总分高于 3 分的只有 4 家，54% 得分集中于 2~3 分，42% 得分集中于 1~2 分；新媒体创新指标层面，"媒体品质"和"用户价值"两项指标得分整体稍高（"媒体品质"得分 52% 高于 3 分，"用户价值"得分 37% 高于 3 分），

且分布相对均衡,"科技属性"指标得分整体偏低(不足5%高于2分,仅1家高于3分),且呈现两极分化态势;新媒体创新总分和"媒体品质"得分皆高于3分的有4家,新媒体创新总分和"科技属性"得分皆高于3分的有1家,新媒体创新总分和"用户价值"得分皆高于3分的有3家。

移动APP类型分布层面,即时通信类和社交类移动APP表现较为抢眼,整体得分较高;视频直播类异军突起;支付类、资讯类则有待提升。以移动APP新媒体创新总分排位前10名分布情况来看,即时通信类和视频直播类各占3席,社交类和旅游类各占2席,其得分情况如表2所示。

表2 移动APP新媒体创新总分TOP10得分情况

排序	移动客户端名称	移动客户端类别	新媒体创新总分(分)	媒体品质(分)	科技属性(分)	用户价值(分)
1	知乎	社交	3.6723	3.3462	4.5466	2.7923
2	花椒直播	视频直播	3.3308	3.4929	2.9330	3.7095
3	同程旅游	旅游	3.0718	3.1955	2.7735	3.3521
4	微信	即时通信	2.9764	3.9629	0.8368	4.8311
5	易信	即时通信	2.9037	3.7539	1.5191	3.7688
6	豆瓣	社交	2.8445	3.5924	2.1352	2.7927
7	阿里旅行	旅游	2.8332	3.4176	1.8505	3.4766
8	QQ	即时通信	2.7927	3.9437	0.9481	3.9158
9	龙珠直播	视频直播	2.6924	3.6085	1.3453	3.3927
10	YY	视频直播	2.6905	3.3685	1.6580	3.2657

移动APP新媒体创新总分TOP10得分情况显示:知乎、花椒直播和同程旅游分居前三位,其总分分值皆超过3分,创新表现相对具有优势;微信在媒体品质和用户价值两项一级指标中皆得分最高,分别为3.9629分和4.8311分,反映其在自身内容建设和用户价值呈现方面皆表现出较高的创新水准;知乎在科技属性一级指标中一枝独秀,遥遥领先于其他移动APP产品,反映其持续运用科技创新带动整体新媒体创新水准,并取得不错的创新绩效。

新媒体创新总分前10名中,无论是微信、易信、QQ等即时通信类移动APP,还是知乎、豆瓣等社区类社交产品,抑或是花椒、龙珠、YY等移动社交直播平台,都具有鲜明的信息沟通色彩与社会交往特性,较大程度地契合人类生活的社交需求,满足人们对畅通、明晰和便捷信息的需求,而这些APP产品以创新者的姿态,或创造高价值信息,或依托先进技术和新颖工具,或紧贴用户需求,在新媒体创新的探索路途中,充当着先行者与引领者的角色。

值得关注的是,以同程旅游和阿里旅行为代表的旅游类移动APP产品,也在全球化时代人们旅游出行欲望不断释放的社会情境下,适时地以高品质的信息内容和先进的技术转化,贴合用户需求,不断以创新的产品形态,赢得了用户认可与支持,体现出较强的创新追求和态度,并展露出较高的创新水准。

(三)移动APP新媒体创新现状解析

106家移动APP新媒体创新指数一级指标"媒体品质"得分前10名分布情况如表3所示。

表3 移动APP媒体品质总分TOP10得分情况

排序	移动客户端名称	移动客户端类别	媒体品质(分)	新媒体创新总分(分)	总分排序
1	微信	即时通信	3.9629	2.9764	4
2	QQ	即时通信	3.9437	2.7927	8
3	央视新闻	传统媒体资讯	3.8111	2.3107	37
4	飞信	即时通信	3.8008	2.1455	52
5	易信	即时通信	3.7539	2.9037	5
6	蚂蜂窝自由行	旅游	3.7112	2.5550	21
7	虎牙直播	视频直播	3.6889	2.5171	24
8	米聊	即时通信	3.6828	2.3935	33
9	钛媒体	商业网站资讯	3.6768	1.9178	62
10	斗鱼直播	视频直播	3.6673	2.6447	15

媒体品质一级指标得分排名前三的分别是微信、QQ和央视新闻,分属即时通信类和传统媒体资讯类;媒体品质得分和新媒体创新总分皆排位前10的移动APP有3家,分别是微信、QQ和易信,两者重合度为30%,相关性较弱。前10名移动APP分布情况为:即时通信类5家,资讯类和视频直播类各2家,旅游类1家,反映出即时通信类移动APP在自身内容建设方面的强势地位。微信、QQ等即时通信工具不仅提供了可以即时更新的

"UGC+PGC"内容原创平台,而且为用户提供了即时交流的便捷渠道,用户可以在上面畅所欲言、互通信息、传递文件、共享照片,甚至可以互享音视频、表情、动画文件等,高质量的信息内容配上形式多变的功能设计,真正实现了丰富媒体的高信息含量和清晰、准确的信息表达,因而在"媒体品质"创新性方面表现突出。

106家移动APP新媒体创新指数一级指标"科技属性"得分前10名分布情况如表4所示。

表4 移动APP科技属性总分TOP10得分情况

排序	移动客户端名称	移动客户端类别	科技属性(分)	新媒体创新总分(分)	总分排序
1	知乎	社交	4.5466	3.6723	1
2	花椒直播	视频直播	2.9330	3.3308	2
3	同程旅游	旅游	2.7735	3.0718	3
4	钉钉	即时通信	2.2964	2.6643	12
5	豆瓣	社交	2.1352	2.8445	6
6	途牛旅游	旅游	1.9373	2.6512	13
7	阿里旅行	旅游	1.8508	2.8332	7
8	line	即时通信	1.8188	2.4757	29
9	哔哩哔哩动画	视频网站	1.7567	2.2964	39
10	艺龙旅行	旅游	1.7349	2.6768	11

科技属性一级指标得分排名前三的分别是知乎、花椒直播和同程旅游,分属社交类、视频直播类和旅游类,其中知乎领先优势比较明显,高达4.5466分;科技属性得分和新媒体创新总分皆排名前10的移动APP有5家,分别是知乎、花椒直播、同程旅游、豆瓣和阿里旅行,另有3家分列总分第11、12和13位,两者相关性较高。前10名移动APP分布情况为:旅游类4家,即时通信类、社交类、视频类各2家,反映出旅游类移动APP在运用新技术、新知识推动技术创新方面整体较有优势。有研究发现,"希望体验新功能"是中国手机网民更新手机应用的首要原因,占比40.4%,[1]

---

[1] 艾媒咨询:《2015年中国手机APP市场研究报告》,2015年10月27日,http://www.iimedia.cn/39672.html。

同程旅游、途牛旅游等旅游类移动 APP 不仅以丰富的旅游信息方便了人们出行，而且借助科技手段创新其功能设计，并依靠频繁的产品迭代、功能更新和技术优化，不断给用户带来体验的新鲜感和使用的流畅度，因而在"科技属性"创新方面独树一帜，值得借鉴。

106 家移动 APP 新媒体创新指数一级指标"用户价值"得分前 10 名分布情况如表 5 所示。

表 5　移动 APP 用户价值总分 TOP10 得分情况

排序	移动客户端名称	移动客户端类别	用户价值（分）	新媒体创新总分（分）	总分排序
1	微信	即时通信	4.8311	2.9764	4
2	陌陌	即时通信	3.9505	2.6480	14
3	QQ	即时通信	3.9158	2.7927	8
4	爱奇艺	视频网站	3.9149	2.2857	40
5	土豆	视频网站	3.8304	1.9171	64
6	易信	即时通信	3.7688	2.9037	5
7	淘宝	综合电商	3.7680	2.0652	54
8	花椒直播	视频直播	3.7095	3.3308	2
9	去哪儿旅行	旅游	3.6601	2.5817	19
10	钉钉	即时通信	3.6269	2.6643	12

用户价值一级指标得分排名前三的分别是微信、陌陌和 QQ，皆为即时通信类；用户价值得分和新媒体创新总分皆排名前 10 的移动 APP 有 4 家，分别是微信、QQ、易信和花椒直播，两者重合度一般。前 10 名移动 APP 分布情况为：即时通信类 5 家，视频类 3 家，综合电商类和旅游类各 1 家，反映出即时通信类和视频类移动 APP 皆能在创新方面较好地创造用户价值。分析认为，即时通信类移动 APP 较好地贴合了人们社会交往的现实需求，并不断探索更利于便捷和深层参与的创新设计，以持续给用户创造新鲜感受；依托视频技术革新而发展起来的视频类移动 APP，特别是带有直播技术的移动视频直播产品，则更加拓宽了人们获取信息的渠道，并以视听兼备的直观形态带给用户深度感官享受，让用户不断产生新颖体验。但以微信和爱奇艺为代表的 8 家即时通信类和视频类移动 APP，具体表现各有差异，8 家

移动APP在"用户参与"层面皆有突出表现,"用户满意"层面则分化较大,其中,微信在6项三级指标上皆得分较高,QQ也相对均衡,其余6家则反差较大,特别是在用户活跃度和用户黏度两项指标上得分偏低,反映出相比微信和QQ,其他移动APP尚难以找到让用户频繁使用和持续长时间使用的创新突破点,腾讯旗下的这两款即时通信移动产品,在"用户价值"创新层面仍将在近期内保持强大竞争优势。

四 移动APP新媒体创新发展建议

结合移动APP新媒体创新的量化考察结果,提供总体分析结论,并依据其创新现状所反映的问题及不足,提供针对性创新力提升建议。

(一)移动APP新媒体创新考察结论

通过对7类106家移动APP的新媒体创新得分状况的分类解析,总结发现,在新媒体创新总体表现层面,即时通信类、移动直播类、社交类和旅游类四类移动APP的新媒体创新水平整体表现相对较好,在新媒体创新总分TOP 10中分布情况如表6所示。

表6 移动APP新媒体创新总分TOP10分布情况

APP类别	数量	APP名称	新媒体创新总分(分)	总分排序
即时通信类	3	微信	2.9764	4
		易信	2.9037	5
		QQ	2.7927	8
移动直播类	3	花椒直播	3.3308	2
		龙珠直播	2.6924	9
		YY	2.6905	10
社交类	2	知乎	3.6723	1
		豆瓣	2.8445	6
旅游类	2	同程旅游	3.0718	3
		阿里旅行	2.8332	7

信息沟通与交流是人类社会的基本需求，在人类长久的历史发展进程中，一直伴随着对畅通、明晰和便捷信息的追求，在当今科技日新月异的时代，利用先进技术和新颖工具不断探索信息沟通的新方法、新形态、新途径，既满足了人们日常生活中对社会交往的渴求，也带动了经济与社会层面的创新变革。新媒体创新总分TOP10中无论是即时通信类、社交类移动APP，还是花椒直播等具有明星属性的移动社交直播平台、龙珠直播等以游戏直播促发联络交友的直播产品，都具有鲜明的信息沟通与社会交往特性，这类移动APP较大程度契合人们的生活所需，也有多款产品展现出较强的创新精神和态度，并在产品设计中体现出更强的创新特质，因而，其创新分值也多排名居前。

随着交通工具的进化发展和全球化进程的不断加快，人们的旅游出行欲望不断得以释放，各式各类旅游APP不断涌现，并以创新的产品形态、营销模式和独特体验，吸引着诸多爱好旅游、向往旅游的个人爱好者和家庭出游。新媒体创新总分TOP10中有同程旅游和阿里旅行两个移动APP出现在榜单之中，正体现了当下的社会需求变化，更和旅游类移动APP自身的产品建设和技术创新有着紧密关联，反映出旅游类APP贴合用户需求，以高品质的信息内容和先进的技术转化，赢得了用户认可与支持，体现出较强的创新追求和态度，并展露出较高的创新水准。

（二）移动APP新媒体创新建议

综合106家移动APP新媒体创新考察所反映的问题与不足，依托新媒体创新指标体系，分别从三个方面提供新媒体创新未来发展的指导性建议。

首先，以内容建设为核心，新媒体创新首先要注重媒体品质。新媒体是传统媒体的延伸和发展，新媒体具有媒体的基本属性，进行信息生产与传播是新媒体承载的主要功能之一。内容建设包含两个层面，即高品质的内容和合宜的信息呈现形式，两方面恰切结合、互为依托，才能助推移动APP的整体媒体品质创新获得更多实效。就内容层面而言，新媒体时代依然是"内容为王"，原创内容仍是稀缺资源，也是吸引用户的关键，所以注重原创或为原创提供平台，是新媒体创新必须关注的重点项目。信息呈现形式方面，以互动为典型特征的新媒体在进行信息传播时更有许多独特优势，其丰富的信息类型为内容的高质量呈现提供了更多选择，以内容为基准，匹配恰切的呈现方式，方能提升整体信息品质，更进一步提高新媒体创新水准。

其次，以技术驱动为引擎，新媒体创新应以科学技术为依托。迅猛发展的各领域先进技术，如3D、大数据、云计算、量子力学、增强现实、全息技术等，被整合进新媒体创新发展的各个进程之中，不仅有利于加速新媒体的创新发展之路，而且能为其提供更多样化创新类型、创新模式的选择。未来的媒体一定是技术媒体，移动APP的新媒体创新应不断依托技术提升创新力，探索更多样化的创新实践之路。

再次，以用户需求为主导，新媒体创新应坚持用户价值导向。用户是新媒体的终极服务对象，新媒体的创新发展由市场和用户驱动，其创新效果也应由用户检验。新媒体的最大特点是强化了互动性，借助新媒体，用户不仅可以与产品进行交互，而且可以和其他更多的在线用户进行互动；用户的参与和互动，不仅帮助新媒体实现了自身的产品价值，而且可以为新媒体的持续创新提供新的动力和来源；用户满意不仅验证了新媒体创新产品对用户需求的满足程度，更进一步展示了其创新水平和创新价值。因而，移动APP的新媒体创新应时刻坚持用户思维，以用户价值为行动标准和实施准则，才能在创新之路上无往而不胜。

B.8
2016年中国政务微博矩阵发展报告

侯锷*

摘　要： 2016年，随着"网络强国"国家战略的纵深推进，新媒体在推动国家创新和国家治理体系与治理能力现代化中的意义和作用越来越凸显，"治网理政"已经成为"中国道路""治国理政"在新媒体领域的现实延伸，以习近平同志为核心的党中央对互联网治理与社会治理的顶层设计和宏观指导思想已完成连贯性和系统性阐述。面对新形势、新要求、新策略，政务微博亟待变革理念，联动协同，激活组织动力，突破当前创新乏力、民意认同度低等巨大瓶颈，积极践行习近平"以人民为中心"的发展思想，以政务微博矩阵管理模式，持续创新"互联网+社会治理"的新格局。

关键词： 新媒体　政务微博　政务微博矩阵　互联网治理　社会治理

在互联网空间，微博作为全球最大的中文社交媒体，已成为中国新媒体族群中"不可替代的典型公共社交应用"[1]，既是中国社会重大新闻的"首发平台"[2]，也是"中国网民重要且首选的舆论参与平台、网民可信任的公开舆论场"[3]和"中国第一大社会公共舆论场"[4]。据新浪微博最新统计数

---

* 侯锷，中国传媒大学媒介与公共事务研究院高级研究员，博士，政务新媒体实验室主任。
[1] 《中国公共关系发展报告（2016）》，社会科学文献出版社，2016。
[2] 《中国社会心态研究报告（2015）》，社会科学文献出版社，2015。
[3] 中国互联网络信息中心（CNNIC）：《2015中国社交应用用户行为研究报告》，2015。
[4] 《中国新媒体发展报告No.5（2014）》，社会科学文献出版社，2015。

据（见图1），截至2016年第三季度，微博日活跃用户1.32亿人、月活跃用户2.97亿人，其中移动端微博用户占比93%①。自诞生之日起，微博即与中国的社会、政治、经济、文化等宏大叙事与公共事务发展议程紧密地结合在了一起，摧枯拉朽式的传播力、人人皆可参与表达的开放型媒介机制，不仅革命性地颠覆了媒体的传播秩序，更将一个又一个由网下现实社会治理的盲区投射于微博，进而由网络"围观"演绎为舆论狂潮。因此，一方面，网络社会舆论的民意表达映射着我国社会的现实政治文明，而另一方面，网络社会舆论也深刻影响并改变着我们的现实社会，网络社会与现实社会互相独立又相互影响，构成了一个二者高度结合的社会舆论"共生态"②。

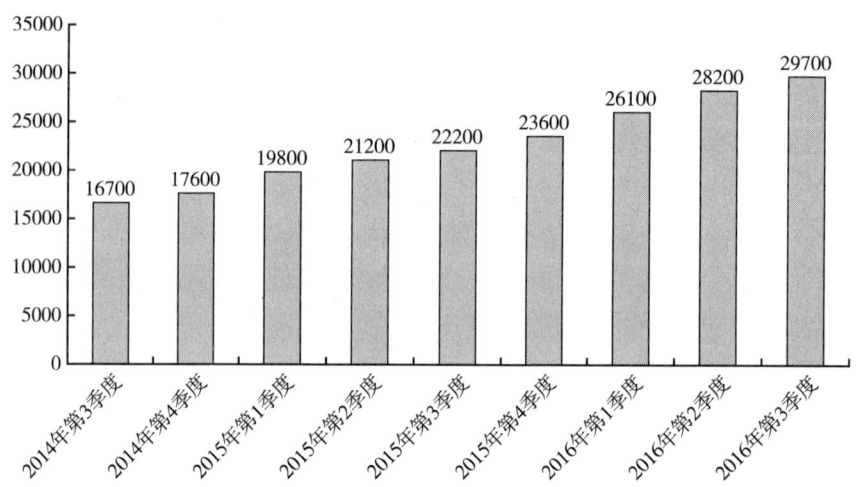

图1　微博月活跃用户

资料来源：微博2016年第三季度财报，2016年11月22日发布。

---

① 新浪科技：《微博活跃用户连续10季度增长超30%》，2016年11月22日，http://tech.sina.com.cn/i/2016-11-22/doc-ifxxwrwh4894696.shtml。
② 侯锷：《中国公共关系舆论环境研究报告》，载《中国公共关系发展报告（2016）》，社会科学文献出版社，2016。

一 政务微博发展的宏观气候分析

（一）互联网空间治理与社会治理实现"并轨"，中央顶层设计与宏观指导思想完成系统阐述

通过开放、平等、协作、分享的互联网的"技术赋权""关系赋权"，公民的知情权、参与权、表达权和监督权得到了前所未有的扩大和满足，社会话语力量不断碾压政治话语权力的藩篱，而基于开放式表达和社会化传播的微博更进一步地强化了这种"社会公民"转身成为"网络网民"后所形成的网络社群政治参与意识（见图2）。互联网改变了变革与转型期中国社会的舆论格局，乃至于党和国家在网络社会舆论中处于弱势地位，政府面临控制网络群体性事件舆论的考验，网络舆论生态治理也越来越成为治国理政的重要内容、领域与影响变量。[1]

2016年2月19日，习近平在党的新闻舆论工作座谈会上强调，要"及时把人民群众创造的经验和面临的实际情况反映出来"。2016年4月19日，习近平进一步强调，"网民来自老百姓，老百姓上了网，民意也就上了网。群众在哪儿，我们的领导干部就要到哪儿去。各级党政机关和领导干部要学会通过网络走群众路线，经常上网看看，了解群众所思所愿，收集好想法好建议，积极回应网民关切、解疑释惑"。2016年10月9日下午，习近平在主持中共中央政治局实施网络强国战略第36次集体学习时更进一步地强调，"随着互联网特别是移动互联网发展，社会治理模式正在从单向管理转向双向互动，从线下转向线上线下融合，从单纯的政府监管向更加注重社会协同治理转变。要强化互联网思维，利用互联网扁平化、交互式、快捷性优势，推进政府决策科学化、社会治理精准化、公共服务高效化，用信息化手段更好感知社会态势、畅通沟通渠道、辅助决策施政"。

---

[1] 侯锷：《中国公共关系舆论环境研究报告》，载《中国公共关系发展报告（2016）》，社会科学文献出版社，2016。

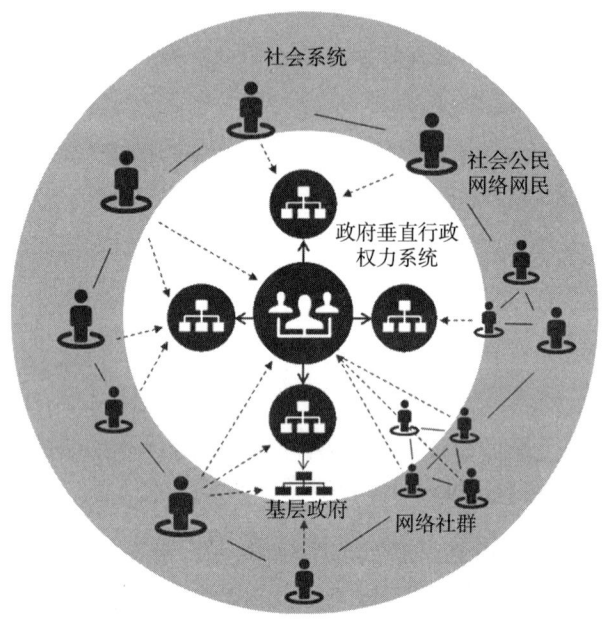

图 2　网络技术赋权、关系赋权下的新媒体政治参与

2016年8月12日,国务院办公厅发布了《关于在政务公开工作中进一步做好政务舆情回应的通知》(国办发〔2016〕61号,以下简称"61号文件"),强调并重申"各地区各部门要适应传播对象化、分众化趋势,进一步提高政务微博、微信和客户端的开通率,充分利用新兴媒体平等交流、互动传播的特点和政府网站的互动功能,提升回应信息的到达率"。

本报告认为,在与"舆情"相关的"网络舆情""社会舆情"被提出之后,"61号文件"首次创新命名并使用"政务舆情"一词,透视出国家治理对来自网络空间"舆情观"的重大理念升级。即赋予了"舆情"在社会治理层面的紧密关联性:网络中有民意,舆情中有政务;民意是舆情的依据和始源,舆情是民意的表达与映象;"网民"的现实主体是"公民、市民","舆情"的背后有现实民生;民心向背和民意褒贬映射着党风政风,而网络舆情关联着现实的政务服务和社会治理,从而贯通了从"舆情"到"政务"的政府主导责任和主动担当意识。

（二）近年来政务微博的创新发展及凸显出的新问题

新浪微博最新统计数据显示（见图3），截至2016年12月31日，新浪微博平台认证的政务微博已达到164522个，较2015年底增加12132个，其中政务机构官方微博125098个，公务人员微博39424个。

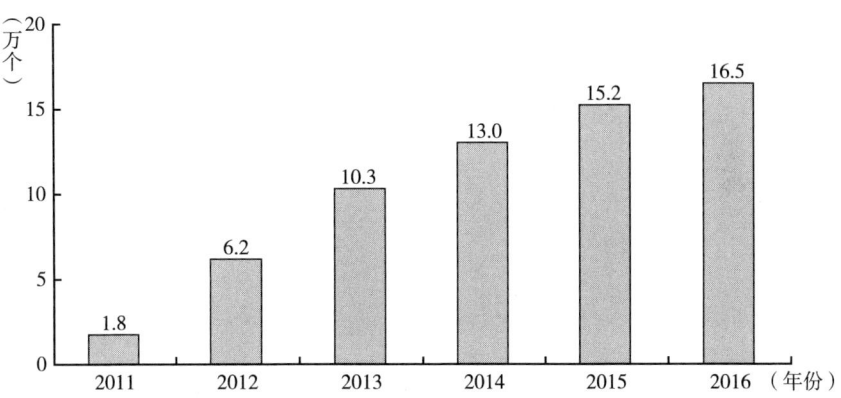

图3　中国政务微博发展数据（2011～2016年）

人民群众在哪里，政务微博便发展和延伸到了哪里。面对微博空间日益增多的民意诉求表达，全国党政机关越来越多地借力政务微博从"红墙大院"的后端，"零距离""屏对屏""键对键"地走到了直接触摸民情、面对民意的"服务前台"，政务微博已经成为治国理政重要的"听诊器"和政民互动最直接的"接诊台"。近年来，政务微博已经成为互联网治理与社会治理两大时代命题"同频共振"的重要载体[①]，借此特征，微博也由初始的社交功能和媒介属性，演绎并拓展为"互联网+社会治理"的政务平台和工具属性，政民联动构建起了线上线下"一体化"的新型社会治理格局，政府施政环境发生深刻变化。

在全国政务微博取得大发展的显性过程中，政务微博普遍性的管理运行

---

① 人民网：《中央网信办姜军再谈"网上舆论压舱石"》，2016年1月21日，http://media.people.com.cn/n1/2016/0121/c40606-28074174.html。

表现和水准,又日益凸显出与互联网对政府治理的要求相比、与人民群众的期待相比,所反映出的一些新情况、新问题和新趋势。主要表现在以下四个方面。

1. 依然存在"门难找"

——网友通过微博依然找不到身边的政府。

2013年10月1日,国务院办公厅发布了《关于进一步加强政府信息公开回应社会关切提升政府公信力的意见》(国办发〔2013〕100号,以下简称"100号文件")。全文多达7处明确提及"微博",强调各级政府要"积极探索利用政务微博等新媒体的互动功能,以及时、便捷的方式与公众进行互动交流"。然而距"100号文件"颁布实施已经有3年多时间,但是在全国不少基层党委和政府机构中依然存在由"惧怕"到"拒绝"的现象,许多地方的基层政务微博至今依然未开通,以致产生社会公众在突发性公共事件及社会热点事件面前,在"我想听""我要问"的时候,而"你(政府)不在"的尴尬局面,从而导致权威、准确、公信的党政部门严重缺位和失语,也由此致使涉事区域的党政部门因为无法通过开放交互的社交媒体,预先感知、及时收集和准确掌握民意诉求和舆论态势,从而屡屡在社会矛盾激化升级为舆论危机状态时处于"后知后觉"的被动状态,甚至深陷"沉默的螺旋"和"塔西佗陷阱"。

2. 依然存在"事难办"

——政务微博缺乏内部协同联动的运行机制保障,民意诉求无人受理。

如果说互联网推倒了阻隔党委政府与人民群众在传统距离意义上的那堵"墙",那么微博则更进一步地推开了党务政务机构沟通社会、服务人民的那扇"窗"。在当前已经开通的政务微博中,总体较多的依然是党委宣传系统的政务微博,而距离百姓民生更近的基层政府职能微博、公共服务窗口业务类的政务微博依然较少。与此同时,某些政务机构在互联网新媒体传播环境下,惯以传统媒体时代"你听我说"的"宣灌式"思维方式,将政务微博仅仅视作单向宣传的"大喇叭",不愿甚或不屑与民意互动。当面对网民所反映的问题和诉求时,一些政务微博或漠视不理,或在互动中直接公开回应网民称"政务微博不受理民意诉求",甚至出现政务微博以"我们党委管不了政府的事务"的荒诞理由来搪塞推诿。这种缺乏政务微博内部协同联动机制的表现，或是一种无奈和乏力，但是逃避与推诿，愈发让政务微博自我"边缘化"地脱离群众，最终挫伤的是党委、政府在人民群众心中的公信力。

因此，政务微博在当前亟须完善内部顶层设计、优化基于微博平台的业务流程、升级整体的服务理念，从而打通体制内部党政各部门之间职能协同的"最后一公里"，也打通党委、政府在政务微博与民意之间的"最后一公里"。

3. 互联网时代，继续在让群众"多跑路"

不少政务微博依然是"政府本位中心"而不是践行"以人民为中心"的发展思想，在互联网空间偏安一隅，让人民群众在继续"多跑路"。

近年来，国务院不断加快推进"互联网+政务服务"工作，力求"让数据多跑路、群众少跑腿"，以最大限度地方便人民群众。然而，虽然互联网打破了地域时空的"信息壁垒"，但当前一些基层政府在受理网民诉求的媒介渠道方面，依然固守于早期在政府网站平台开辟的网络问政平台，没有将信息触角和服务渠道延伸到社会化渠道，致使网民反映问题不仅需要搜索"网络割据"的空间地址，更需要专门注册相关专用账号来表达诉求，造成发现不易、查找困难、操作不便、程序烦冗的新困惑。特别是对于旅游观光、外来务工人口等短期或临时驻留的网民表达诉求、寻求帮助而言，其知晓率、使用率和便民性就更低，由此而形成新的治理"盲区"和"死角"。究其本质，这种"互联网+政务服务"依然是"刻舟求剑"和"守株待兔"，让网民"多跑路"。

4. 政务微博的"马太效应"持续加剧，创新乏力，民意认同存在差异，已成为政务微博可持续发展的最大瓶颈

自2010年"微博元年"始，我国多地党委、政府积极顺应互联网新媒体发展的潮流，应势而为，主动迎合民意期待并大胆"试水"开通第一批政务微博，从学会"卖萌"亲民，转变话语方式，到现今前沿领域的移动视频直播应用等等，政务微博在发展中一路创新。截至当前，已经涌现出诸如"@北京发布""@公安部打四黑除四害""@共青团中央""@江宁公安在线""@南京发布""@深圳交警""@郑州市城市管理局"等广大网

民耳熟能详且认同称道的一批优秀政务微博。然而，将这些优秀政务微博置于全国16万政务微博发展的基数和微博网民日活跃用户过亿的需求体量中来看，其依然可谓"沧海一粟"，屈指可数。优秀但是极少量（以下简称为"优而少"），甚至于绝大多数的优秀政务微博在本区域、本领域"一枝独秀"，然而在以数亿计的微博网民面前，民意所期盼的绝不是"物以稀为贵"的"明星政务微博"，而是可以随时随地移动便携、亲民互动、真诚沟通，并可以便捷高效服务又能解决具体实际问题的"民心政务微博"。因此，"优而少"式的政务微博激励发展模式，已难以纵深满足更广大人民群众上网后对"好又多"式政务微博的期待。

从另一个角度来综合分析，这种"优而少"式的政务微博的"优秀"，更反衬并充分暴露出当前中国政务微博发展中众多的局限性和"怪现象"。

（1）客观上由于领导不同、观念不同，"闻道有先后，起步有早晚"，但是当前"优秀政务微博"在全国的行业分布、区域分布、职能分布、层级分布等方面严重失衡，甚至于在全国多个省、自治区、市，"优秀政务微博""明星政务微博"一直保留空白。

（2）自2010年以来，从国家有关部门到全国各职能、各层级政务微博所对应的政府部门，始终没有出台相应统一的政务微博运营体系标准和考核规范，导致"优秀政务微博"的成功更多倚重于本单位领导的重视程度，政务微博编辑和管理者的责任心、热情，甚至基于个别政务微博编辑"天赋异秉"的"独杀技"，由此亦出现了"我的优秀你无法复制""不在这座城市，我的优秀与你无关"的奇趣表现。

（3）不同行业、不同垂直政务职能体系的"优秀政务微博"，实际表现能力和水准参差不齐。

（4）"一枝独秀"式的政务微博因缺失了党政内部的在线协商机制，只能在本辖区、本职能权责范围内尚可与网民互动、答疑解惑、解决民意诉求，一旦超越行政区域、行政级别和党务政务职能的"权力边界"后，再无权力协调和流转民意诉求，无法及时回应社会关切和网民诉求。

（5）不少区域和系统内的政务微博"个体优秀"而"组织不优秀"、

"下级优秀"而"上级不优秀"（反之亦然），有"优秀政务微博"但城市整体的品牌形象不优秀。

（6）对于相似甚至雷同的网络民意诉求，具有同类政务微博职能的不同行政区域呈现出迥然不同的运行质量，也由此在网民心目中形成"比较型政府""差异型政府"。

随着我国"宽带中国"战略的不断推进和国内市场智能手机性价比的不断提高，中国的移动互联网网民正处于高速增长期，政务微博也必将并正在迎接持续增长后更为海量的网民诉求的到来，而整体上中国政务微博在上述"综合准备度"方面表现不足，或将面对未来更大的社会风险挑战。

二 突破困境的政务微博发展模式：政务微博矩阵

（一）关于矩阵式组织管理模式

"矩阵"最早源自19世纪英国数学家凯利所提出的一个数学理论名词，是指方程组的系数及常数所交叉构成的组合"方阵"。此后，日裔美国学者威廉·大内将"矩阵"的概念发展到管理学领域，主要研究人与组织、人与工作的最佳关系和最高效匹配模式，即"Z型组织"，后续演化为"矩阵式组织"。政务微博的矩阵式组织管理模式概念[1]，亦由此沿袭对应提出。

简单而言，矩阵式组织是"职能型组织与项目型组织的混合体"。即，在矩阵式组织管理架构中，既有垂直行政层级的领导指挥，又同时存在因同级不同职能合作需求而由多部门跨职能组合成立的专项团队，类似于专项治理体系中由党政多部门联席组建的"委员会"组织。因此，政务微博矩阵组合的目的，简而言之，就是高效沟通、通力协调，共同参与、各司其职，又好又快地开展团队合作。

---

[1] 侯锷：《问政银川："互联网+社会治理"方法论》，国家行政学院出版社，2015。

以全国最早探索实践并日趋成熟的政务微博矩阵——银川政务微博矩阵为例。2011年至今，银川市由市委督查室牵头负责，先后出台并完善了一系列政务微博管理办法，不断升级政务微博从集群化向矩阵式发展的运营管理机制，并将政务微博工作视为社会工作、群众工作和信访工作，打造成为银川各级党委政府加强党的建设、转变政府职能、创新社会治理、维护群众利益的重要"抓手"。银川通过不断扩容及优化政务微博矩阵组织架构和服务体系，业已形成了政务微博内部以及政务微博与网民、媒体的高效联动机制。并按照"统一受理、分级负责、归口办理、及时回复"的原则，构建了受理一体化、处理快速化、服务优质化的网民意见反馈机制、转办督办机制、限时受理答复反馈机制、考核奖惩机制和效能问责机制等等。

截至当前，银川市以"@问政银川"为政务微博矩阵核心，开通了由各县（市）区、市直各单位整体联动协调，乡镇、街道（辖区及下属部门）全面参与，以及水、电、暖、燃气、公交等关系民生的公共服务单位所集成的共513个政务微博，基本形成了规模化、系统化、机制化、专业化运行的三级政务微博矩阵。基于政务微博组织变革发展路径和顶层设计，银川政务微博矩阵在快速受理和反馈民意诉求，积极回应社会关切，协调复杂社会关系，系统化解社会矛盾等方面，初步实现了对社会舆论的从容引导和驾驭，不仅取得了良好的社会综合治理效益，也赢得了网民和社会各界的高度评价（见表1）。

表1　银川市政务微博矩阵服务绩效数据（2012~2016年）

年度	受理事项	办结量	办结率	信访总量下降（较上一年度）
2012	15781件	14046件	89.01%	12%
2013	24769件	23324件	94.17%	14%
2014	21805件	20644件	94.68%	15%
2015	30281件	29373件	97.00%	13%
2016	25196件	23936件	94.99%	总批次下降16.5% 总人数下降25%

资料来源：中共宁夏回族自治区银川市委督查室提供，2017年2月。

（二）政务微博矩阵组织管理模式的优势

习近平总书记在2016年"4·19"重要讲话中指出，"要适应人民期待和需求，加快信息化服务普及，降低应用成本，为老百姓提供用得上、用得起、用得好的信息服务，让亿万人民在共享互联网发展成果上有更多获得感"。此一重要指示，对当下党政机关利用好、发挥好微博这一网民日常使用的社交媒体，来倾听民意、沟通社会和服务社会具有最为质朴的解读意义，有助于我们重新审视网络泛化社会政治参与的微博网民、微博应用与政府社会治理之间的关联逻辑。

一方面，在移动互联网新媒体传播环境下，互联互通、共享参与的互联网理念和网络核心技术，彻底打破了传统人际传播方式下公众意见"圈层化"的零散布局，尤其是微博所带来的社会话语权力格局的颠覆式革命，使得安装微博应用的每一部移动终端和微博空间的每一个网民，在其本质上都成为整个社会公共信息系统的释放点、采集点、延伸点和链接点；另一方面，当前，微博已不仅仅是网民表达自我、分享生活和交流情感思想的典型社交媒介应用，网民更在日常社交过程中通过微博碎片化的即时传播，参与并完成了对政府社会治理、公共事务和公共服务的评议。从这个意义解读，微博更是一个功能综合、用户众多、信息海量、诉求多元的"融合讯息通道"和社会公共服务应用平台的"超级政务APP"。

结合以上两点分析，在新媒体时代，党委、政府应当敏锐洞察政务微博这种社会化传播与社会公共治理空间的优势，以"政府公共社交传播"的新思维和"创新、协同、共治"的治理理念，主动介入、积极导入并吸纳民意诉求，并将其高效对接到现实行政服务和社会治理系统中，访民情、顺民意、聚民力、解民忧、惠民生、暖民心。

当前，绝大多数政务微博的运营方式是基于传统直线职能型的组织管理结构，这必然导致在"一枝独秀"式的政务微博激励发展方式下，呈现出"一盘散沙"、各自为政甚至"不务政业"的失序发展状态。因此，政务微

博亟待变革创新,激发组织活力,提高政务服务效能,避免既低效运转而浪费资源,又在开放的网络舆论空间、在网民身边,显而易见地以敷衍的姿态甚至不作为的"新网络官僚主义"作风来销蚀政府的公众形象和公信力。

政务微博矩阵模式可以解决以下发展中的困顿现状。

(1) 垂直沟通,督导督查,及时回应政务舆情,提高舆论引导水平,政务微博不再"装死装睡"。

网民"@"政务微博反映问题,职责归属明确,但是该政务微博就是不搭理、不回应?——通过上级政务微博的及时督导催促、策略指导,能够推进问题得到快速回应解决,并随时掌握基层民意和政务微博线上线下政风效能的综合表现。

(2) 政务微博内部快速响应协同,准确定位,落实舆情回应责任主体,及时疏导化解民意,不扯皮,不推诿。

网民有困难但不清楚"@"哪一个政务微博反映诉求,而被"@"的政务微博回应了却说"此诉求不属于本职能范围",或不理不睬?——通过矩阵联动,可以快速分流指派具体职能对应的政务微博,被"@"的政务微博立即在本职责内互动回应,线上线下协调处置。

(3) 上下联动,横向协同,多层级、多职能协同参与,不积压政务舆情。

网民"@"本政务微博的诉求与本政务微博业务虽有关联,但是需要跨职能、跨区域的其他政务微博配合参与、共同处理?——被"@"的政务微博再次"@"共同上级职能的政务微博,上级政务微博在线"@"指派并提醒相关业务政务微博立即参与,共同参与,积极应对。

(4) 应急协调,指导督导,积极担当,高效稳健。

网民在诉求中"@"了多个级别的政务微博,上级政务微博直接出面回应,但是出现失当表现,一下子被网络舆论逼至"墙角"而无路可退?——按照政务微博矩阵架构的属地管理、分级负责、谁主管谁负责的原则,自上而下批转督办,将问题迅速锁定并落实到相关基层政务微博;再自下而上反馈,如果出现回应不当的责任事故问题,则为上级政务微博及时监督矫正、补救舆论留下缓冲空间，从而避免基层政务微博无所事事而上级政务微博越俎代庖的角色错位与越位的尴尬。

（三）当前中国政务微博矩阵在实践中表现出的三种矩阵形态

"政务微博"是一个互联网新媒体领域的组织概念，而不仅仅是一个简单的依据主体划分出来的新媒体业态。线下的党委、政府主导着线上的政务微博运营，而线上的政务微博表现又反映出现实党委、政府的媒介执政能力和社会治理水平。自2011年以来，中国政务微博在实践中积极探索矩阵式管理模式，并客观存在着3种政务微博矩阵运行形态。

1. 正能量传播矩阵形态

共青团、国资委、中国铁路总公司等的政务微博表现突出，多账号在垂直职能范围内或行业内部主动策划传播、上下联动形成矩阵式的响应和呼应，产生正能量传播的巨大声量。

2. 突发公共事件新闻舆论引导矩阵形态

这是指在突发公共事件及社会热点事件中，政务微博多职能、多层级、跨区域和纵横交错式的积极应对形态。譬如全国多地政务微博在夏季城市暴雨或洪涝灾害面前，集群参与、主动发声，告知事实、澄清谣言、还原真相，及时安抚了民众情绪，有力地维护了理性的公共舆论秩序，过程中更彰示出一种主动服务的精神。

3. 以人民为中心和以问题为导向的社会治理矩阵形态

譬如近年来以银川、固原、德阳等地为代表的政务微博矩阵模式，它们收集倾听民意，服务领导决策，正视民意诉求，积极解决问题，以求从源头上来协调社会关系、化解社会矛盾。

政务微博已经成为互联网治理与社会治理两大时代命题"同频共振"的重要载体。社会治理型的政务微博矩阵所体现出的核心路径就是：政务微博既要以矩阵式组织管理模式加强内部的垂直沟通联动，同时又更加注重与横向合作职能单位的业务协同。在此基础上，更要扎实践行习近平关于网上群众路线的重要论述，利用政务微博直接联系群众，积极与民意诉求互动,严格依法行政,以协调和保护人民群众的根本合法权益,来从根本上化解社会矛盾并赢得民心、巩固公信。同时,社会治理型的政务微博矩阵最终所产生的良好的社会效应,又"釜底抽薪"式地依靠群众、团结群众并发动群众,创造中国好故事,传播网络正能量,最终打赢一场意识形态领域的"人民战争"。

概而言之,社会治理型政务微博矩阵以民意认同促进政治认同,以社会认同实现舆论认同,并最终高度体现"党性与人民性的统一"的执政理念和服务宗旨,积极捍卫了意识形态安全和社会主义核心价值观。

基于上述三类政务微博矩阵形态的综合表现和比较分析,本报告认为:意识形态是上层建筑的核心并决定上层建筑,而经济基础和民意基础决定上层建筑。社会治理型政务微博矩阵管理模式,系统性地兼容吸纳了其他两类矩阵的表现形式,也是各级党委、政府能够真正通过政务微博组织化、机制化、常态化地纵深参与社会治理的最高境界,更值得鼓励并确立为当前及未来中国政务微博矩阵发展的主流趋势和基准模式。

三 政务微博矩阵标准体系[①]

(一)政务微博矩阵管理模式对当前舆论治理和政务舆情回应的现实意义

1. 回归人民群众,破解"最大变量"

当网络空间不断清朗,网络参与秩序不断回归,民意表达不断理性,在"水落石现"之后,事关人民群众利益和社会公共利益的相关舆论引导和政务舆情回应就显得愈发迫切和重要。群众在网络公共社交空间所接触、感知和评判的"服务型政府",首先也必须有一个"服务型的政务微博"。

---

① 本节依据2017年1月19日中国传媒大学媒介与公共事务研究院在"2017政务V影响力峰会"(广州)发布的政务微博矩阵标准体系架构阐述。

2. 从传播向治理升级，回应社会关切，加强媒介执政

借力政务微博矩阵发展，开展社会化的网络政务响应协同，不断提高社会舆论治理能力体系的现代化，推动网上网下协同治理，建立健全有效化解分歧、缓释矛盾、整合意见的常态化、程序化制度机制，已成为各级党委、政府在新媒体环境下媒介执政的重要策略之一。

3. 从严治党，党要管党，首先要从公众视野的政务微博管起

党的十八届六中全会上，习近平围绕全面"从严治党"进一步强调，"全党必须贯彻党的群众路线，为群众办实事、解难事，当好人民公仆。坚持问政于民、问需于民、问计于民"，把坚持全心全意为人民服务的根本宗旨、保持党同人民群众的血肉联系作为加强和规范党内政治生活的根本要求。如果说政府官方网站是党委、政府的"内阁门户"，那么现如今一个个政务微博就是在社会公众身边随时可以进出参观和互动交流的公共窗口。"依法治国，从严治党"，更应当在"政府公共社交传播"的空间，最直接地联系群众、传承党的优秀传统，展示并维护良好的政府公众形象。

（二）政务微博矩阵评价体系及维度

本报告以习近平总书记在2016年"4·19"重要讲话中所提出的"6个及时"为宏观指导原则，参照2016年"61号文件"对政务舆情回应工作所做出的五点明确要求，即"明确回应责任"、"把握回应标准"、"提高回应实效"、"加强督查培训"和"建立激励约束机制"，并基于作者六年多来对全国政务微博矩阵先行者的成功实证研究，规划出以下政务微博矩阵式效能化发展运营的顶层设计与评估体系。

1. 政务微博矩阵组织管理体系

"矩阵组织管理"表征政务微博内部管理运维的组织化发展的水准和程度。政务微博开的账号多但是呈"散兵游勇"、各行其是的状态，组织并不掌握情况，或者在政务微博操作中"有组织无纪律"，都不是标准意义上的政务微博矩阵。该体系的考量指标包括以下方面。

（1）矩阵层级与职能规划机制。譬如，已建设开通的政务微博存在的

依据是什么？开通哪些职能、开通到哪一职级？建设开通的客观评估标准是什么？政务舆情的回应机制、回应效果和标准是什么？等等。

（2）政务舆情回应主体的责任界定机制。譬如，是否建立健全了政务舆情的监测、研判、回应机制，落实回应责任？涉及不同领域、不同区域、不同级别和不同性质的政务舆情，谁是回应的第一责任主体？多部门参与的组织协调工作如何分工实施？

（3）团队管理与业务培训机制。譬如，对矩阵成员单位、岗位和人员的日常沟通机制、巡查督查和业务培训机制是如何制度化安排的？

（4）矩阵成员备案机制。

2. 政务微博矩阵协同联动体系

"矩阵协同联动"表征在政务微博面对突发公共事件、涉政热点舆论事件和民众利益诉求时，对矩阵内部成员之间垂直、横向、内外的沟通机制和协作能力方面的考量。

3. 政务微博矩阵督导服务体系

"矩阵督导服务"表征在政务微博矩阵内部，从组织层面所设置的业务分流指派、监测督导指导和效能督办督查等组织服务驱动方面的考量。

4. 政务微博矩阵激励约束体系

"矩阵激励约束"表征在政务微博矩阵内部，领导牵头部门和主导单位对矩阵成员账号回应政务舆情的情况不定期随机巡视和定期纳入绩效考核，在考核后实施发现问题—总结经验—服务决策—明确培训需求—实施业务培训—整顿提升业务能力等一系列系统性的操作流程和管理规范；以及对先进典型以适当方式进行推广交流，发挥好示范引导作用，对工作落实好的单位和个人，按照有关规定进行表彰，建立政务舆情回应通报批评和约谈制度，对情节较重的责任单位负责人，会同监察机关依法依规严肃追究责任。

5. 政务微博矩阵管理相关文件

"矩阵管理相关文件"侧重表征在政务微博矩阵管理运营过程中，对应前述四大体系在后台可供过程追溯和交叉验证的文件资料、规章制度、档案记录等的文献记录。

中国政务微博经历了6年多的发展，从大胆试水、积极参与和主动作为，到基于政务微博的"发布－解读－回应－服务"衔接配套的政务公开工作格局基本形成。政务微博矩阵不仅创新了"政府公共社交传播"的新模式，促进了公共治理和公共服务的社会化，更构建起了多元、对话、协商的开明政治格局。

以人民为中心，不忘初心，基于政务微博矩阵的一种广泛的、有序的、富有组织活力的"互联网＋社会治理"创新发展格局已经到来。

B.9 2016年中国虚拟现实新媒体发展报告[*]

李卫东 刘亚婷[**]

摘 要： 虚拟现实新媒体是指基于虚拟现实技术的新型媒介体系，能将感知、交互、视觉、听觉等多种感官融入其中，使信息变得更加生动、丰富、全面。本报告从虚拟现实新媒体发展的宏观环境出发，分析了虚拟现实新媒体终端和应用的发展现状，重点探讨了虚拟现实新闻、虚拟现实搜索引擎、虚拟现实购物、虚拟现实社交、虚拟现实影视、虚拟现实直播、虚拟现实游戏等新型应用模式的基本原理和发展状况。在分析虚拟现实新媒体发展现状和问题的基础上提出，虚拟现实技术将催生眼镜互联网的诞生，其将对网络与新媒体的发展产生革命性影响。

关键词： 虚拟现实 新媒体应用 眼镜互联网

一 虚拟现实新媒体发展环境

2016年之所以被称为虚拟现实新媒体元年，与发展环境有着密切的关

---

[*] 本报告系教育部人文社会科学规划基金项目"大数据环境下移动社交网络治理体制研究"（编号：14YJA860007）的研究成果。
[**] 李卫东，华中科技大学新闻与信息传播学院副教授，博士生导师，国家认证系统分析师；刘亚婷，华中科技大学新闻与信息传播学院硕士研究生。

系，宏观政策、经济、社会、技术发展环境是虚拟现实新媒体快速发展的四大主要推动力。

（一）宏观政策环境

在2015年"互联网+"国家战略计划的助推之下，互联网行业正在与传统行业不断融合。2016年国家先后颁发《"十三五"国家科技创新规划》《"十三五"国家信息化规划》《"互联网+"人工智能三年行动实施方案》《智能硬件产业创新发展专项行动（2016～2018年）》《"十三五"国家战略性新兴产业发展规划》等重要政策文件，为虚拟现实、人工智能等核心数字技术的发展提供政策引导与支持。

（二）经济环境

2016年全年国内生产总值74.41万亿元，比上年增长6.7%，其中第三产业增加值384221亿元，增长7.8%，远超第一、二产业成为拉动GDP的主要力量；全年全国居民人均可支配收入23821元，比上年名义增长8.4%。[①] 全年第三产业增加值占国内生产总值的比重为51.6%，说明我国已经处于重要的产业转型期，互联网及媒体行业所在的第三产业发展向好；计算机、通信和其他电子制造业比上年增长15.8%；教育文化和娱乐业比上年度平均增长1.6%。[②] 随着中产阶级的壮大，中国居民消费结构由生产型逐渐向发展型和享受型转变，体验式消费和娱乐消费观念已逐步形成。

（三）社会环境

中国互联网络信息中心于2017年1月发布数据显示，中国网民规模达7.31亿人，相当于欧洲人口总量，其中手机网民规模达6.95亿人，互联网普

[①] 中国国家统计局：《2016年中国国民经济主要数据统计公报》，2017。
[②] 中国国家统计局：《2016年中国国民经济主要数据统计公报》，2017。

及率达到53.2%。① 中国互联网行业整体向规范化、价值化发展，同时，移动互联网推动消费模式共享化、设备智能化和场景多元化。② "80后""90后"成长为互联网消费的主流群体，已经逐渐培养起对优质互联网资源的付费意愿。《年轻洞察白皮书》的调查显示，在13~24岁的年轻群体中，排在他们兴趣指数前四位的依次是电影电视、动画漫画、音乐综艺、游戏电竞等，③ 而这些是虚拟现实大有可为的重要阵地，也是刺激市场活力的重要文娱领域。

（四）技术发展环境

大屏幕智能手机、智能电视、高清电视等逐步普及，使高清视频资源日益增多。计算机图形技术、人机互动技术等虚拟现实核心技术已经成熟和具备，手势追踪、眼球追踪、触觉反馈、动作捕捉、语音交互等多种交互技术成为现实，④ 人体可穿戴设备将推动移动互联网的消费模式共享化、设备智能化和场景多元化。当前，智能可穿戴设备、智能工业等行业快速发展，推动智能硬件通过移动互联网互联互通的方式发展，"万物互联"时代到来。⑤

二 虚拟现实新媒体应用模式的发展情况

虚拟现实新媒体应用端面向行业市场（B2B），为企业提供沉浸式虚拟现实交互系统设备或解决方案，提高行业效率；面对消费市场（B2C），可以为消费者提供沉浸式虚拟现实设备、内容、系统及服务，从而大大提高认知体验。

虚拟现实新媒体以互联网为基础，其丰富多彩的应用同样符合互联网应用的逻辑。本文从用户消费端需求层次结构出发，按照信息需求、交易需

---

① 中国互联网络信息中心（CNNIC）：第39次《中国互联网络发展状况统计报告》，2017。
② 中国互联网络信息中心（CNNIC）：第39次《中国互联网络发展状况统计报告》，2017。
③ 精硕学院＆腾讯：《年轻洞察白皮书》，2017。
④ 搜狐公众平台：《九种VR交互方式解读》，2016年1月，http://mt.sohu.com/20160127/n436032904.shtml。
⑤ 中国互联网络信息中心（CNNIC）：第39次《中国互联网络发展状况统计报告》，2017。

求、交流需求、娱乐需求将虚拟现实新媒体应用模式分为虚拟现实信息获取类应用、虚拟现实电商类应用、虚拟现实互动交流类应用、虚拟现实视频娱乐类应用四大类展开描述，如表1所示。①

表1 虚拟现实应用分类

一级应用	主要二级应用模式
信息需求 网络信息获取应用模式	虚拟现实新闻 虚拟现实搜索引擎
交易需求 电子商务应用模式	虚拟现实购物
交流需求 互动交流应用模式	虚拟现实社交
娱乐需求 视频娱乐应用模式	虚拟现实影视　虚拟现实直播　虚拟现实游戏

（一）虚拟现实信息获取类应用

随着网络应用的不断发展，各种形态的新媒体层出不穷，人们被海量信息包围。能为用户提供速度更快、价值更大的信息服务是新媒体应用提供商制胜的关键。虚拟现实信息获取类应用在满足以上两点的同时为用户提供更加丰富、立体的体验，使用户全方位感受信息。虚拟现实信息获取类应用模式目前包括虚拟现实新闻、虚拟现实搜索引擎等。

1. 虚拟现实新闻

虚拟现实新闻又叫沉浸式新闻（immersive journalism），是一种组织新闻事件或讲述新闻故事的新方法，能够让新闻接收者以第一人称"经历"新闻现场。② 它具有沉浸式、参与性和构想性等特点，超越了平面新闻等传统新闻的表达效果。

---

① 李卫东：《网络与新媒体应用模式》，高等教育出版社，2015，第50~53页。
② La Peoa N. D., Weil P., Llobera J., et al., "Immersive Journalism: Immersive Virtual Reality for the First-person Experience of News", Teleoperators & Virtual Environments, 2010, 19 (4): 291–301.

（1）目标定位：虚拟现实新闻作为一种新的新闻叙事模式，目标在于向受众本真地再现和传播新闻事件，最大程度缩小受众与新闻之间的距离，① 能实现沉浸式的、立体的、全方位的丰富体验。如《纽约时报》虚拟现实新闻应用NYT VR将自己的服务定位为"每天都把全球正在发生的热点事件带到读者眼前，将读者带到热点新闻事件的现场"。

（2）服务模式：虚拟现实新闻为用户提供虚拟现实内容的新闻，用户通过虚拟现实头显即可"走进"新闻场景，体验新闻事件。表2以《纽约时报》NYT VR和《今日美国》的VR Stories与中国两家虚拟现实新闻为例，呈现虚拟现实新闻的发展概况。

表2　虚拟现实新闻应用发展状况一览

应用产品	开发商	推出时间	iOS分类排名（位）	1月12日至3月12日下载量（次）	Android上架情况
NYT VR	《纽约时报》	2015.11.4	1064	1922	应用宝/小米/豌豆荚/华为/魅族/vivo/Google Play
VR Stories	《今日美国》	2015.3.21	—	213	仅iOS版
汇通财经VR	汇通	2016.12.22	1358	1138	仅iOS版
法制与新闻	ZeMa	2016.10.11	731	2071	仅iOS版

注：（1）"iOS分类排名""1月12日至3月12日下载量""Android上架情况"数据均来源于https：//aso100.com。
（2）所有数据统计日期为2017年3月12日。
（3）"iOS分类排名"为中国排名。
（4）法制与新闻是含有赛事直播的部分虚拟现实新闻。

总体来看，虚拟现实新媒体的新闻应用还处于初级发展阶段，已有的应用还没找到可靠的盈利模式。在缺乏普及前景和大众化消费市场形成之前，成本高昂的虚拟现实新闻如何形成健康的盈利模式是个亟待解决的难题，②

---

① 邓建国：《时空征服和感知重组——虚拟现实新闻的技术源起及伦理风险》，《新闻记者》2016年第5期。
② 罗锋、王莉婷：《VR，下一个媒介"风口"？——当新闻传播"遭遇"虚拟现实》，《传媒评论》2016年第4期。

目前中国虚拟现实新闻应用方面还有很大的空白，不少媒体只是初步尝试，虽然已取得较大关注，但尚未形成规模的生产和规律的应用。

2. 虚拟现实搜索引擎

虚拟现实搜索引擎并不是新概念，早在2000年初就有学者和科学家开始研究3D搜索引擎，以关键字搜索，匹配结果为3D内容，但仍存在语言方面的诸多不足。2002年有学者经过研究后提出基于形状和功能来分类的3D搜索，将文本与形状融合起来。[1] 近年来，虚拟现实搜索引擎在早期3D搜索的基础上有了新的突破，基于虚拟现实输入设备和手势数据库的建立，可实现手势的识别和搜索。[2]

虚拟现实搜索引擎搜索模式分为两种：第一种为用户提供含有所查询信息的动态网页，与普通搜索引擎不同的是返回结果为虚拟现实内容，用户可以进入沉浸式的信息浏览状态；第二种摆脱键盘和鼠标，以手柄手势、语音等交互输入，查询结果所聚合的内容不再只是文字和图片，而是真实、立体、可感的形象。

总的来说，虚拟现实搜索引擎还在研发阶段，随着人工智能和虚拟现实技术的成熟，搜索引擎颠覆式的改变将是未来的趋势，值得期待。

（二）虚拟现实电子商务类应用

虚拟现实电子商务由来已久，早在2009年，基于3D技术的虚拟现实购物中心已经出现，只是囿于技术和硬件设备未曾大众化。近十年来，虚拟现实技术更加成熟，能为市场接受的设备越来越多，电商领域也获得了前所未有的发展，虚拟现实电子商务迎来新的发展机遇。

当前，虚拟现实电子商务的应用模式主要为虚拟现实购物。对于电商平台来说虚拟现实购物是一种更加生动和具体的新型商品展示模式，

---

[1] Min P., Chen J., Funkhouser T., et al., "A 2D Sketch Interface for a 3D Model Search Engine", International Conference on Computer Graphics and Interactive Techniques, 2002: 138.

[2] Li S. Y., "3D Hand Gesture Analysis Through a Real-time Gesture Search Engine", International Journal of Advanced Robotic Systems, 2015, 12 (6).

而对于购物者来说是从未有过的购物体验。虚拟现实购物可分为线下和线上两种模式。第一种指消费者通过卖家提供虚拟现实设备获得沉浸式和交互式体验,从而产生购买欲望;第二种指线上电子商务,电商巨头阿里巴巴是领先者,另外将旅游与虚拟现实及电商巧妙结合的赞那度也具有特色。

虚拟现实设备在零售领域的表现逐渐走进大众视野,从电商到百货,从美妆、服装到汽车、房产等,形成逐渐浸润更多行业的趋势①,随着头显设备的逐渐普及,虚拟现实购物会迎来春天。本报告以"淘宝buy+"为例分析虚拟现实购物应用模式的特点。

(1)战略定位:2016年3月17日,阿里巴巴宣布成立虚拟现实实验室GM Lab,围绕硬件、内容、购物场景三个层面来展开自己的虚拟现实战略布局。在硬件上支持多个虚拟现实设备商成功完成淘宝众筹;在内容上与众多商家合作制作商品的3D模型,打造虚拟现实商场。2016年"双十一","淘宝buy+"虚拟现实购物的试用是其战略成功的第一步。

(2)服务模式:德勤咨询2017年初发布的《全球零售力量》报告中指出,未来全球零售五大趋势之一便是虚拟现实购物。虚拟现实成为满足消费者全渠道购物体验的重要担当。以"淘宝buy+"为首的电商为消费者打造经过虚拟现实技术处理的商场和商品,消费者借助虚拟现实设备可以走上街,走进世界各地的商店,可以看到、摸到眼前的商品,获得更加情景化、沉浸式的购物享受,弥补不能亲自试穿、选择等带来的遗憾,同时减少退换过程中产生的极大的资金和物流浪费。

(3)盈利模式:虚拟现实电子商务的盈利模式与传统B2B/B2C电子商务的盈利模式类似,其收入来源包括交易费、服务费、广告费等。

当前虚拟现实购物仅仅是一个开端,处在市场培育期,需耐心向消费者

---

① Booth J., "How Virtual Reality Will Change the Way You Shop", Time. Com [serial online], March 28, 2016; Academic Search Premier, Ipswich, MA. Accessed March 22, 2017.

传达一种未来购物理念。从市场来看，虚拟现实购物最大的局限在于头显设备用户数量太少，在短期内难以形成潮流。

（三）虚拟现实互动交流类应用

扎克伯格在2014年Facebook收购Oculus时说，"虚拟现实是个新型的交流平台，通过真正的存在感，你将与生活中的朋友分享无限的空间和体验"。与传统社交媒体相比，虚拟现实社交克服了时间上的延迟性，近乎"面对面"；同时，虚拟现实社交能够让用户灵活地定义自我形象；另外，虚拟现实社交实现了三维空间的互动。①

虚拟现实社交应用模式主要有：虚拟现实游戏类社交、虚拟现实短视频类（如Facebook的360度视频）社交以及虚拟现实社区类社交（如"第二人生"，也即Second Life）。接下来以"第二人生"为例来说明虚拟现实社交类应用概况。②

"第二人生"由林登实验室（Linden Labs）在2003年开发和推出，是世界领先的3D虚拟世界社交网络应用（也是社交网络应用与网络游戏应用的结合）；"第二人生"能使居民创造内容、与他人互动、开展业务合作等。

（1）目标定位：对于"第二人生"，官方对其定位的表述是"你的世界，你想象"。林登实验室首席执行官马克说，我们将打破"第二人生"与传统社交网络之间的距离，继续把传统社交网络带入"第二人生"，把"第二人生"带入传统社交网络，使三维的社会经验成为更多人日常在线生活的一部分。

（2）服务模式："第二人生"是领先的3D虚拟世界，这是一个空间，你可以做任何你想做的，建造并出售任何你能想象的东西，在这个独特的虚拟环境中你能碰到来自世界各地有趣的人，一起来听现场音乐表演、玩游

---

① Kaplan, A. M. & Haenlein, M., "The Fairyland of Second Life: Virtual Social Worlds and How to Use Them", *Business Horizons*, 2009, 52 (6), 563 - 572.
② 李卫东：《网络与新媒体应用模式》，高等教育出版社，2015，第250~251页。

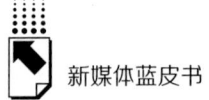

戏,在世界上最大的虚拟商品库中购物等等。① 当前,林登实验室运用虚拟现实技术开发适配头戴显示器(Oculus Rift)的"第二人生"版本,其使用情境为:"居民"戴上头显,进入"第二人生"的一个摆满手工艺品的房间里,就会发现视角变成第一人称,能够以非常近的距离观察这些手工艺品,以及完成许多其他社交活动。②

(3)盈利模式:"第二人生"的盈利模式是主要依靠收取虚拟土地和虚拟物品的交易佣金,从每一笔交易中提取5%的佣金。③ 其中虚拟土地包括私人岛屿和商业土地;虚拟物品主要包括虚拟头像、虚拟服饰、虚拟家具、虚拟宠物和虚拟汽车等。

研究已经证明,虚拟现实社交能够提升参与者的社交技能和自我认知,同时对年轻人的自闭心理有积极的改善功能。④ 基于虚拟现实技术的社交媒体可以较好地克服人们的社交恐惧、害羞等心理问题,帮助人们更自在、自信地表达自我,从而获得社交成功。近几年国内社交平台遍地开花,但都大同小异,均不能使人们"看到网络背后真实的人",但是虚拟现实技术将扫清这一障碍,使人们体验面对面更深入的了解。美国学者 Hammick J. K. 和 Lee M. J. 两位以"第二人生"为例,通过实验研究发现虚拟现实社交相对于面对面社交能够有效克服害羞、恐惧等带来的不自在和不舒服,使参与者更舒适、自如地建立社交关系。⑤

---

① "Linden Lab Upgrades Second Life User Experience", 2010 – 03 – 10, http://www.lindenlab.com/releases/linden-lab-upgrades-second-life-user-experience.
② 爱范网:《戴上虚拟现实头盔进入虚拟世界》,2014年6月30日,http://miit.ccidnet.com/art/32661/20140630/5517679_1.html。
③ 《美虚拟社区 Second Life 年收入达1亿美元》,2011年8月10日,http://www.ebrun.com/20110810/31182.shtml。
④ Kandalaft M. R., Didehbani N., Krawczyk D. C., et al., "Virtual Reality Social Cognition Training for Young Adults with High-Functioning Autism", $Journal\ of\ Autism\ and\ Developmental\ Disorders$, 2013, 43(1): 34 – 44.
⑤ Hammick, J. K. & Lee, M. J., "Do Shy People Feel Less Communication Apprehension Online? The Effects of Virtual Reality on the Relationship between Personality Characteristics and Communication Outcomes", $Computers\ in\ Human\ Behavior$, 2014, 302 – 310.

（四）虚拟现实视频娱乐类应用

娱乐是刺激虚拟现实新媒体市场爆发的突破口之一，一直是市场主体和投资者重点关注的领域，虚拟现实在娱乐方面的发展相比其他应用领域更加活跃且内容丰富，几乎涵盖了一切传统视频内容，包括电影、电视剧、动画片、综艺节目、纪录片、展览等。

虚拟现实新媒体视频娱乐类应用模式主要有虚拟现实影视、虚拟现实直播、虚拟现实游戏等。

1. 虚拟现实影视

虚拟现实影视能打破传统电影观看中观众的无身份凝视的"旁观"机制，通过全景化和大视野的拍摄制作手法带给观者充分的沉浸感、临场感，从而实现观众的身份化，使其参与到影片中来，表现出一种介入故事进程的交互性，[1] 为用户提供第一人称的观影感受。

（1）战略定位：虚拟现实影视发展的一大背景表现在乐于付费观看的用户心态已经开始养成。艾瑞咨询数据显示，2016年在线视频609亿元的市场规模中用户付费比例达到了19.3%，预计到2019年市场规模将破千亿元，用户付费占比将达38%。[2] 2016年，用户规模达到7500万人，较上一年增长241%，是同期美国的9倍；2016年一年中，付费网剧达到239部，付费电影达2500部，增强率分别是560%和260%。[3] 用户愿意为喜欢的内容付费，且付费趋势从电影向其他方面拓展。

（2）服务模式：虚拟现实影视的主要服务模式有虚拟现实影院和虚拟现实频道，服务提供商多为有一定用户基础的视频娱乐平台，如乐视、爱奇艺、优酷等。国内几款虚拟现实影视应用发展概况如表3所示。

---

[1] 刘书亮、刘昕宇：《虚拟现实语境下电影与数字游戏的美学变革》，《当代电影》2016年第12期。
[2] 艾瑞咨询：《2016年度数据发布集合报告》，2017。
[3] 艺恩：《2016视频行业付费市场研究报告》，2017。

表3 虚拟现实影视应用概况一览

应用名称	上线日期	日下载量(次)	总下载量(万次)	iOS 分类排名(位)	iOS 总排名(位)
3D 播播	2015.10.16	40000	1685.6	120	1301
爱奇艺 VR 影院	2016.9.16	57000	73.9	57	564
优酷 VR	2016.5.17	36000	96.4	94	1024

注：（1）"上线日期""日下载量""总下载量"及排名情况数据均来源于 https://aso100.com。
（2）所有数据统计日期为 2017 年 3 月 13 日。
（3）优酷 VR 入驻优酷网站主页，故此处 PV 流量为优酷网站流量。
（4）服务模式：虚拟现实影视的服务模式主要表现为为用户提供超好的 3D/VR/全景在线内容，这些内容往往支持多款虚拟现实眼镜、头盔或一体机观看。

（3）盈利模式：视频平台应用的盈利模式大体上有两种：将视频内容以收费方式向用户提供，在当前视频付费意愿提升的趋势下逐渐成形；在初始阶段重在积累用户和流量，当用户量和流量达到一定规模后转化为广告收入。

2016 年上半年，乐视、暴风、爱奇艺、优酷等几大国内知名视频网站先后推出虚拟现实战略。随着网络优质内容（IP）大热，虚拟现实影视应用得到用户追捧。这一趋势必将刺激虚拟现实设备的市场活跃度提升，让虚拟现实设备飞入寻常百姓家。

2. 虚拟现实直播

虚拟现实直播的概念早在 21 世纪之前就成为相关领域学者研究的论题。[1]将协同的虚拟环境与电视直播相结合，形成一种娱乐与社交的新媒介，通过增强观众的参与性与互动性，创造临场感，这一互动性新媒介的特点是在线观众可以社会化地参与到共享的虚拟世界中来。[2] 彼时虚拟现实头显已经成为

---

[1] Greenhalgh C., Bowers J., Walker G., et al.,"Creating a Live Broadcast from a Virtual Environment", International Conference on Computer Graphics and Interactive Techniques, 1999: 375 – 384.

[2] Benford S., Greenhalgh C., Craven M. P., et al., "Inhabited Television: Broadcasting Interaction from within Collaborative Virtual environments", ACM Transactions on Computer-Human Interaction, 2000, 7 (4): 510 – 547.

实现这一目标的设备为学者所关注。①

（1）战略定位：第 39 次《中国互联网络发展状况统计报告》显示，2016 年网络直播发展迅猛，截至 12 月，用户规模达到 3.44 亿人，占网民总体的 47.1%。其中游戏直播的用户使用率增幅最高，半年增长 3.5 个百分点。直播已渗透到社交、影视、电商、美妆、旅游、教育、医疗等领域，大大拓展了娱乐直播的形态外延。② VR 在直播领域的应用能大大提升用户的参与感，对于众多行业都具有颠覆意义。本报告以乐视 VR 直播为例介绍虚拟现实直播应用模式概况。

（2）服务模式：直播是乐视虚拟现实布局的重要部分，也是一大特色。它通过直播大型体育赛事、大型音乐活动等积累了广泛的人气。具体服务内容包括：提供基于虚拟现实的视频上传、云端编码和传输、云存储、媒体处理、内容分发、多终端全景播放，并提供完美适配多个主流虚拟现实终端的 SDK、APP 定制生成服务，为用户接收完整的端到端虚拟现实直播服务，并为不同网络条件、不同终端的用户提供稳定流畅的全景和虚拟现实观看体验。③

（3）盈利模式：乐视 VR 直播通过把一些即时性很强的体育赛事或国内外电视内容实时传递，获得用户的付费点播和收看，可以短时间聚集人气。规律性的直播能够培养用户使用惯性，提高用户黏性，打造广告盈利模式。

随着硬件设备的迭代升级和虚拟现实用户的增多，虚拟现实直播的蓬勃发展在预期之中。但是由于技术的瓶颈和内容的欠缺，虚拟现实直播发展也要经过一段等待期。

3. 虚拟现实游戏

虚拟现实的三大特性（沉浸感、互动性和想象力）表现最直接的应用领域就是游戏，虚拟现实视觉交互刷新了传统数字游戏中"看"的作用，

---

① Greenhalgh C., Benford S., Craven M. P., et al., "Patterns of Network and User Activity in an Inhabited Television Event", *Teleoperators & Virtual Environments*, 2001, 10（1）：35 – 50.
② 易观：《2016 中国娱乐直播行业白皮书》，2016。
③ 乐视云，http：//www.lecloud.com/zh-cn/product/vr.html。

确认了游戏玩家第一人称的身份,体现出更强的参与性。与此同时,由于虚拟现实游戏以手柄、手势为输入渠道,一改传统游戏玩家"黏在椅子上"的坏习惯。不少学者研究表明,虚拟现实游戏对于青少年沉迷网络游戏有明显的改善,对大量"宅族"而言,边游戏边运动是个不错的选择。① 目前美国、日本等国家的虚拟现实游戏发展较快,中国游戏巨头腾讯、网易、巨人网络等纷纷研发和推出虚拟现实游戏,发展势头较猛。②

(1)服务模式:虚拟现实游戏主要分为场景体验、冒险益智、设计竞赛、社交娱乐四种,借助相应的虚拟现实设备如眼镜、头盔及手柄等可以体验到充分的参与性与沉浸感。

(2)盈利模式:暴风所提供的虚拟现实游戏均可免费下载使用,玩家无须对游戏付费,开发商主要通过游戏提供的增值服务进行盈利,主要表现在销售装备上。随着游戏下载量的增加,各大电商平台售出的魔镜手柄等设备急剧增多。

虚拟现实游戏的开发大多依托虚拟现实终端的特性开展,APP Annie 联合 IDC 发布的游戏调查数据显示,2016 年美国虚拟现实游戏玩家主要是三星 Gear VR 游戏玩家,但也有玩家使用其他虚拟现实设备;移动虚拟现实游戏尚处在初级阶段,但玩家群体都是铁杆玩家(在游戏时间和支出上远超平均值,56% 为男性),且增长趋势明显。国内虚拟现实游戏发展更是后劲十足,实力雄厚的大公司腾讯、网易、巨人网络、触控科技等纷纷在 2016 年上半年研发和推出虚拟现实游戏。③ 虚拟现实游戏是中国游戏发展的重要方向。

综上,虚拟现实在消费端已经成为一种新的媒介方式,越来越打开一扇通向广袤世界的大门。随着媒体、网络以及交互技术的不断迭代升

---

① Heutinck L. F., Jansen M., Den Elzen Y. V., et al., "Virtual Reality Computer Gaming with Dynamic Arm Support is Safe and Feasible in Boys with Duchenne Muscular Dystrophy", *Neuromuscular Disorders*, 2016.
② 艾媒咨询:《2016(上半年)虚拟现实(游戏内容篇)研究报告》,2016。
③ 艾媒咨询:《2016(上半年)虚拟现实(游戏内容篇)研究报告》,2016。

级和用户基数的不断扩大，虚拟现实将成为下一代通信互动平台。同时在虚拟现实领域已经开始形成如同"互联网+"一样的"虚拟现实+"效应，在医疗、教育、旅游等其他方面，虚拟现实技术有着巨大的发挥空间。

四 虚拟现实新媒体发展存在的问题及对策建议

如前文所述，中国虚拟现实新媒体的发展与世界其他国家一样，虽然小有成就，但硬件、内容及应用等方面还存在许多不足。

（一）存在的主要不足

1. 虚拟现实新媒体应用领域缺乏引爆流行的应用模式和经典产品

虚拟现实新媒体的发展主要还是靠广泛流行的应用产品来拉动和引领。目前，虚拟现实新媒体应用产品种类繁多，但能够让用户尖叫的经典产品寥寥无几，暂时还未诞生引爆级的应用模式。同时，虚拟现实新媒体内容生产的成本较高、技术要求较高，优质的内容十分缺乏，也在一定程度上影响虚拟现实新媒体的发展。

2. 虚拟现实新媒体终端普及性不够

虚拟现实终端从头盔到一体机再到眼镜，虽然各有千秋，但是，从价格到体验都是致命的弱点，因而在短期内均难以引领潮流。具体而言，虚拟现实头盔和一体机价格昂贵，普通消费者难以接受，而眼镜设备体验欠佳。同时，虚拟现实新媒体对流量的超高要求，以及设备续航能力的局限，使得虚拟现实新媒体终端难以像智能手机一样流行。

3. 技术瓶颈亟待突破

终端设备价格高昂、体验欠佳，引爆级应用产品缺失，以及优质内容匮乏等问题的根源在于虚拟现实技术发展不成熟。虚拟现实新媒体的全面发展，需要突破动态环境建模技术、立体显示和传感器技术、系统开发工具应用技术、实时三维图形生成技术、系统集成技术等关键技术；还需要解决如

何降低眩晕感，如何兼顾"沉浸体验"和"真实感"，以及如何提高屏幕刷新率等技术瓶颈。①

（二）对策建议

1. 大力推进虚拟现实新媒体应用模式的创新，引领世界虚拟现实新媒体应用发展的潮流

应用模式创新是具有战略性的关键一步，能直接决定一个网络与新媒体应用的发展潜力和发展前景。构建独具特色的原创应用模式是一家新媒体应用提供商创新能力和发展潜力的集中体现，也是决定其生死存亡的核心竞争力之一。中国若能积极探索虚拟现实新媒体应用模式创新，倾力打造世界级的应用产品，就有机会在下一个互联网的十年，引领全球发展的方向和趋势。

2. 建立虚拟现实新媒体应用创新开发的云平台，降低应用开发门槛

虚拟现实新媒体应用创新开发的云平台，主要为开发者提供"平台即服务"（PaaS）。该平台能为开发者提供虚拟现实应用开发或计算的平台环境，以及各类技术支持服务。开发者运用此平台，无须关注虚拟现实应用系统开发的底层技术，就可以开发各类虚拟现实新媒体应用系统，能有效降低应用开发门槛，促进虚拟现实新媒体应用创新发展。

五 虚拟现实新媒体的发展趋势

1997~2006年的十年是PC互联网的发展期，2007年苹果手机横空出世，终结了桌面互联网的时代，开启了移动互联新时代；移动互联网崛起的同时伴生着深刻的社会变迁，从微观到宏观社会交往、社会表达、社会分化等多个维度形塑出一个别样的社会。② 下一代互联网至少需要具备安全可

---

① 网易数目：《4大瓶颈难逾越 虚拟现实核心技术大揭秘》，2015年6月4日，http://digi.163.com/15/0604/05/AR893OVL00162DSR.html。
② 王迪、王汉生：《移动互联网的崛起与社会变迁》，《中国社会科学》2016年第7期。

信、良好的移动性、完备的虚拟化能力、可管可控、能够提供服务质量保证、良好的可扩展性、能够保证可持续发展等特点。①

网络与新媒体基础设施的发展历程，就是网络终端不断扩展和延伸的过程：计算机互联形成固定互联网，移动终端互联形成移动互联网，万事万物互联形成物联网。当前，虚拟现实技术正在催生新一代网络平台——眼镜互联网，其成为互联网发展的新革命。

正如阿里研究院发布的《物联网报告》显示，虚拟现实将成为继电脑和手机后的下一个主流计算平台；脸书（Facebook）、高盛等互联网公司都把虚拟现实、增强现实（AR）视作下一代计算平台。在此意义上，眼镜互联网是物联网中的一个新部分或新网络，将引发一系列革命性影响：从二维的文字、视音频到三维的立体场景，新媒体内容将发生颠覆式的改变；在海量大数据的基础上，调动全身感官的虚拟现实能带给体验者的信息量将超越以往任何媒介，人们通过虚拟现实可以更加直接地体验一切事物。

---

① 蒋林涛：《下一代互联网与IPV6》，《电信科学》2013年S1期。

调查篇

Investigation Reports

B.10
2016年中国网络直播传播特征与用户需求分析报告

殷乐 刘政阳*

摘　要： 网络直播作为一种新兴的传播形式，拥有不同于传统直播的低准入、高互动、强关联的特征。本文对中国网络直播的发展脉络、主要类型进行了梳理，着重分析网络直播所具有的不同于以往媒介形式的传播特征。同时，综合借鉴不同研究机构的统计数据，对我国网络直播用户特征进行了刻画。在以上分析的基础上，本文对网络直播发展过程中存在的问题予以提示，并对网络直播发展的趋势做出了预测。

---

* 殷乐，中国社会科学院新闻与传播研究所研究员，博士生导师，媒介研究室主任；刘政阳，中国社会科学院研究生院新闻学与传播学系硕士研究生。

关键词： 网络直播 传播特征 直播间

2016年堪称中国网络直播发展的标志性一年。诸多评论者甚至将其称为网络直播元年。元年与否尚可商榷，但网络直播在这一年确实获得了一些突破性的发展，主要体现在几个方面。一是直播从PC端转向移动端。网络直播行业在移动端口快速发展，移动网络直播正成为发展热点所在。有数据显示，通过移动设备参与网络直播的端口数量由2016年年初的4700余万台增长到了年底的8700余万台，[①] 增长了将近一倍。二是用户出现大幅增长。截至2016年12月，网络直播用户规模达到3.44亿人，占网民总体的47.1%。[②] 三是网络直播覆盖全生活。新闻、娱乐、生活服务等各领域均可见直播的渗透。四是网络直播行业快速膨胀。从2015～2016年，各投资方持续向在线直播行业投资，争夺直播平台、版权、主播与用户，形成了"宁可错投，不可错过"的激烈竞争态势。[③] 可以说，多年累积之下，诸多变量在2016年达到了一个临界点，由此也让网络直播在这一年有万象更新之势。

一 网络直播类别及传播特征

（一）网络直播的主要类别

直播一词源自广播电视，指的既是一种播出方式，又是一种报道方式。现场直播具有现场感强、参与性强、时效性强等优势，集中地体现了电视传播特性。后经延伸使用，多以直播强调沟通展示中的实时现场感，这也是网络直播概念的指向所在，强调基于网络的一种实时播出方式和传播形式。整

[①] 艾瑞咨询：《中国泛娱乐直播用户白皮书》，2017，第9页。
[②] 中国互联网络信息中心（CNNIC）：第39次《中国互联网络发展状况统计报告》，2017，第69页。
[③] 艾媒咨询：《2016年中国在线直播/网红行业专题研究报告》，2016，第4页。

体从内容来看，当前主要形成了六类直播。

1. 秀场类直播

秀场类直播是当前网络直播的主体类型，也是直播这一形式从电视走向网络之后的标志性转型。主要形式为主播在一个相对固定的空间中进行才艺、语言或者其他类型的表演，并伴随与用户的互动。秀场类直播不以内容称道，吸引受众的是直播形式因素，如主播的房间布置、颜值、装束、动作等。目前，一方面秀场直播在强化自身表现形式多样的优势，以提升直播的新鲜度；另一方面秀场主播越来越重视自身素质和内涵的培养，以增加节目的内容含量，用优质的内容吸引更多的用户。

2. 游戏类直播

游戏类直播是以内容作为直播间卖点的典型形式，与秀场直播几近同期出现，亦是网络直播的重要构成类型，用户规模大。又可以分成电子竞技赛事直播和日常游戏直播两类。游戏直播以游戏画面为主体，有声直播成为最主要的互动交流方式，主播形象较少出现，即使出现也往往镶嵌于角落。但是游戏直播问题也就在于此，因为过于依赖直播的游戏内容，游戏本身形式对直播有较大限制，直播间的传播优势并未得到充分展现。

3. 泛生活类直播

泛生活类直播是一个囊括性较强的类别，既包括主播在直播间内直播其日常生活琐事，如起床、吃饭、睡觉、健身和化妆等；亦包括一切与其日常生活相关的内容，如家政、旅游、美妆等。覆盖面广，参与人群多，这也导致该类直播优劣掺杂。大部分社交直播也是以生活类内容为主。

4. 商务类直播

此类直播是企业通过利用直播平台，宣传、推广企业形象，推销自身产品所进行的营销过程。主要包括两类，一是利用网络直播展示品牌及商品。如把发布会变成网民互动直播间、将明星代言变成明星直播产品体验、将商业广告变成可供直播的过程性事件。由于企业自身或是企业代言人的社会关注度较高，直播平台和企业往往会在直播过程中实现双赢。二是电商类直播，将购物与直播相结合，利用产品的介绍、推荐以及试用来提高用户的品牌认知度和信任度，吸引用户购买。具有代表性的如淘宝直播、聚美优品直播等。

5. 新闻类直播

这一类型的直播与上述直播实则有较大差异，主要指的是对新闻事件的现场呈现。电视直播时代的新闻直播指的是以新闻现场的多机位拍摄、现场编辑和与卫星传播直接相连的现场新闻即时传送为主体，集背景资料、相关知识介绍、演播室的串联、述评、现场记者采访，及多个现场之间的交流为一体的综合报道形式。而网络新闻直播则以报道者的多元化、覆盖事件的广泛、随机为特征，囿于多方面因素，当前新闻类直播并未获得长足发展。

6. 专业类直播

目前较成气候的细分类直播有体育直播、财经直播、教育直播等，集中于某一特定领域进行垂直拓展，如微吼定位商务、知牛定位财经等。这也是未来发展的重要类别。

（二）网络直播的传播特征

从电视到PC再到移动端，网络直播以人为核心进行实时交往，以兼具封闭与开放双重性的直播间建构了一个新型人际交流场，具有不同于传统直播的低准入、高互动、强关联的特征。

1. 传播主体多元，传播内容以用户需求为导向

低准入在于网络直播的主体既有普通人，亦有名人。技术和终端的演进带来日趋简单的设备需求、便捷的操作方式，使得网络直播成为人人尽可参与的领域，网络直播也成为网红的最佳孵化器。而传播内容则以个体需求为导向，覆盖面广，碎片化传播特征显著。

2. 直播间建构了新型人际交流场

高互动的典型体现是直播间的发展。直播间是网络直播平台建构的一个虚拟交流空间，是公共空间与私人空间的融合。以直播间的设计来看，在直播平台首页的顶端一般设置有6~10个网络直播间的头条推荐和试播，推荐直播间一般分属不同类型。再将直播间以直播内容的不同为标准进行分类，形成不同板块。每个板块会推荐4~8个该内容类型的优质直播间。用户每进入一个直播间即进入了一个私人空间，而每个私人空间又混合展示在公共平台之上。

3. 以伴随式直播拓展交往维度，视觉化与社交化深度融合

伴随式直播以移动终端为载体实现随走随看随播，同时与社交媒体的结合又带来了视觉化与社交化的深度融合。主要体现在两个层面，一是直播流的存在，大体量、全时段的直播间接续形成不间断的直播流，直播间采取上下滑动屏幕代替不同直播间的更换，更加强了这一直播流的体验。二是交往流的存在，网络直播属于强关联的直播，主播和用户进行交流的方式多元。主播的语言、神态、动作等信息表达方式可以通过直播屏幕传达给用户，用户则选择为主播购买虚拟礼物和发送弹幕等多种方式与主播实时互动。

二 当前网络直播用户结构及需求分析

（一）用户结构分布

1. 不同类型直播的用户特征差异显著，24岁及以下用户占比居首

对于秀场类直播，数据统计显示[①]，2016年6月，24岁及以下的用户数量占用户总数量的六成以上，25~30岁的用户占据26.0%。而用户中男性用户数量占比达到76.6%，成为秀场类直播的主要使用者。游戏直播男性用户数量也处于绝对优势，占总用户数的77.7%，30岁以下用户达到80%。而移动、泛生活类直播的男女用户比例相对较为均衡。具体见图1。

2. 网络基础设施、消费水平等影响明显，沿海及二、三线城市用户占据主体

我国网络直播用户主要集中于二、三线城市地区，一线城市用户数量占有率一般[②]，二、三线城市用户数量占网络直播用户数量的半数甚至更多。

---

① 易观千帆：《视频直播用户定位与价值发掘专题研究报告》，2016。
② 艾瑞咨询：《中国泛娱乐直播用户白皮书》，2017，第42页。

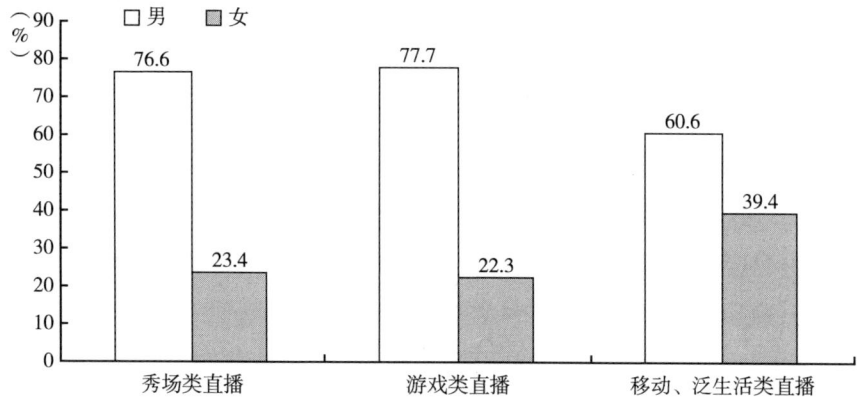

图1　2016年6月网络直播行业用户性别占比

广东、山东和江苏三个省份的用户数量名列全国前三，分别占12.0%、7.1%和6.0%。目前我国直播用户的分布格局受到人口、网络基础设施、产业发展结构、消费水平等诸多因素的影响。

不同直播类型的地域分布依然各有差异。游戏类直播和移动、泛生活类直播的地域分布与全行业地域分布情况相似，而秀场类直播的二、三线城市用户数量所占比例未过半数，仅为48.4%。秀场类直播在县或县级市以及乡镇、农村的用户所占比重格外明显，达到34.2%。

3. 直播用户受教育程度呈橄榄状分布，中等学历的人群更加倾向于颜值消费

数据显示①，我国在线直播行业用户的教育水平分布不均。大学本科学历的用户数量占直播行业总用户数的近半数，大学专科学历的用户数占总用户数量的26.8%，高中和中专学历占比14.2%。而高学历用户（硕士及以上）和低学历用户（初中及以下）则处于少数。

用户学历状况呈两端小、中部大的橄榄型分布，主要受到用户群体基数和用户的自主程度因素的影响。初中及以下的低学历者的自主程度较低，减

---

① 艾瑞咨询：《中国泛娱乐直播用户白皮书》，2017，第43页。

少了此类人群成为网络直播用户的可能,而硕士及以上的高学历者,因为用户所属群体数量原本较少,所以很难在直播总用户中占有一席之地。不仅如此,群体的知识水平、欣赏水平及闲暇时间等因素也影响着用户学历分布方式。

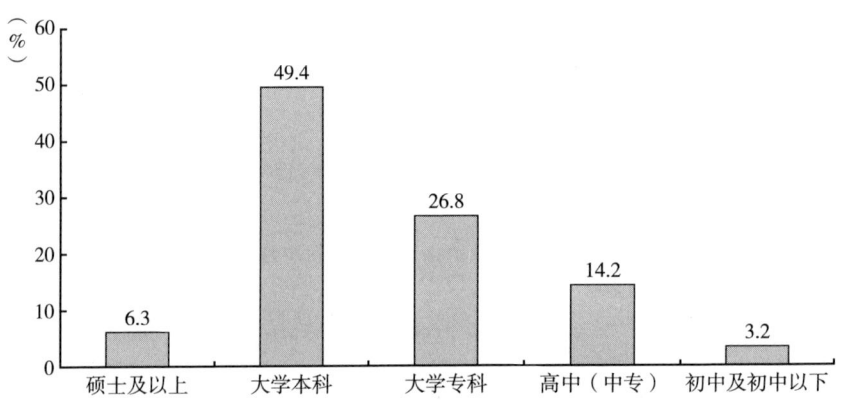

图2 2016年6月网络直播用户学历占比

4. 学生和自由职业者为网络直播用户的主要群体

数据显示①,以学生、自由职业者为代表的闲暇用户群体是网络直播的主要使用人群。学生更加关注游戏直播,而自由职业者因为年龄段比较分散、职业组成比较复杂、生活阅历也大不一样,更加关注秀场类直播以及移动、泛生活类直播,其用户数量占两种直播用户总数的四分之一。以工人和服务业人员为代表的人群工作压力最大,在学历和收入水平上处于中下游。秀场类直播娱乐模式较为简单、直播内容易于接受和理解,得到了他们的青睐。

(二)用户需求分析

多个网络直播研究报告均对用户使用网络直播的需求进行了分类和列

---

① 易观千帆:《视频直播用户定位与价值发掘专题研究报告》,2016。

举。综合用户需求分类方法，可大致将用户需求分为以下几类。

1. 好奇跟风

此类用户一般以接触网络直播本身为动机。2016年网络直播行业发展如火如荼，各种广告、宣传、推荐随处可见，参与到网络直播中的主播和用户人数增长迅猛，网络直播俨然成为当年的潮流。在好奇心以及跟风追逐的心理作用下，他们成为网络直播平台的用户。这批用户对某一个主播、某一平台的忠诚度较差，基本上同时使用市面上比较热门的多种直播平台。如果直播平台不能够推陈出新，用户停留和使用时间将迅速减少。

2. 社会交往

此类用户使用网络直播的主要目的是与主播和直播间内其他的"熟人"进行互动，寻求情感上的陪伴和安慰，用户以单身中青年男性为主体。他们倾向于选择定时直播、高互动频次的主播，一旦选定，会呈现出较高的用户忠诚度，表现为对主播和直播间的高度认同感和归属感，并愿意为了与主播进行互动而对主播进行付费和打赏。他们使用的直播平台数量、关注的主播人数很少，并且比较固定，对与自己关注主播同类的直播间会产生排他特征。

3. 自我提升

此类用户主要集中于游戏直播、泛生活类直播领域，观看网络直播的主要目的是模仿和学习所需的相关技能和知识。如竞技类游戏直播用户会在观看游戏直播时学习主播游戏策略和技巧，提升他们在游戏时的水平。泛生活类直播的一部分用户会倾向于在直播间学习有关生活、饮食、旅行等日常生活方面的攻略或窍门。他们在选择直播平台的时候会更加注重直播平台的专业水准，但对所关注主播的忠诚度不高，对同类高质量直播间或直播平台并不排斥。用户使用时间较长，通常为每次使用两个小时左右[①]，以满足其基

[①] 艾瑞咨询：《中国泛娱乐直播用户白皮书》，2017，第15页。

本的学习需要。

4. 娱乐休闲

此类用户以中青年人群为主体，通常拥有较为稳定的事业和家庭，观看网络直播的基本需求是享受直播所带来的轻松和愉悦。他们集中于以简单方式带来娱乐效果的秀场类直播，但在选择主播时并不简单满足于主播的颜值，更需要主播拥有较为突出的才艺。他们使用网络直播的时间通常为完成工作和家庭任务后的闲暇时间，多数处于晚间、临睡觉之前，使用时长较短，每次使用时间多在一个小时以内。他们由于是通过简单的旁观来获得娱乐感，很少涉及情感的参与和投入。

5. 陪伴伴随

此类用户属于网络直播行业所培养的深度用户。他们之前可能是因为上述几种需求中的一种开始使用网络直播，随着使用时间的增加，开始形成了使用某一直播的习惯。如某些深度游戏直播用户会在游玩某个游戏的同时打开直播此游戏的直播间，在游戏等待时间观看游戏直播。网络直播成为他们生活的习惯和组成部分。此类用户使用网络直播频率高，使用持续时间较长。

除了上述五种用户需求类型，还有一种特殊的使用需求——追星。该类用户将网络直播作为追星的手段。此类用户占总用户数量的5.3%[1]。明星的直播内容虽然并无新意，但是能引发粉丝关注，为平台创造高涨的人气和巨大的网络流量。代表性事件是2016年4月，映客直播邀请刘涛入驻其直播平台，直播间在线活跃人数达17万人，最终总收看人数高达71万人。网络直播作为一种与明星互动的新手段，满足了这一类型用户期待与明星近距离接触、互动的愿望，从而受到青睐。出于对明星的支持和喜爱，用户的付费意愿较高，并且一般不反感主播讨要礼物的行为[2]。

---

[1] 艾瑞咨询：《2016年Q3中国在线直播市场研究报告》，2016，第24页。
[2] 艾瑞咨询：《中国泛娱乐直播用户白皮书》，2017，第17页。

三 网络直播发展的问题与态势

(一) 当前网络直播业发展中的主要问题

伴随着网络直播平台的扩张、资源的争夺、新技术的引进和模仿及对眼球经济极端化的追求，网络直播行业目前呈现出一种在大步跨越后的调整状态。此时应该冷静回顾和思考网络直播发展过程中所出现的种种问题，以促进形成网络直播行业运行的健康常态。

1. 内容的同质化和平庸化倾向

从空间上来看，当前网络直播平台的内容组成都颇为相似，如以游戏直播起家的斗鱼直播平台，虽仍以游戏直播作为业务重点，但也设置了"全民星秀"的秀场类直播板块和"元气领域"的移动、泛生活类直播板块，同时在线的直播间数量占总直播间数量的15%左右[1]。同时直播与直播之间在主题选择、表现形式、互动方式以及节目元素上都呈现出高度同质化的特点，没有个性化、专业化和精细化的特征区分。从时间上来看，主要的网络直播模式、内容长时间一成不变，用户在新鲜感消失之后往往会大量流失，出现热潮式的不可持续发展问题。此外，同质化内容导致的直接后果是各大直播平台、各类直播间的盈利模式趋同。

内容的平庸化一方面是指直播平台、直播间单纯追求吸引人气和眼球，放松对内容的监管和控制，导致涉黄、涉毒、暴力等内容屡禁不绝；另一方面则是指由于网络直播的用户生产内容（UGC）趋势的逐渐发展以及全民直播时代的到来，网络直播内容的体量迅速增加，质量较好的直播内容逐渐埋没于大量的平庸内容中，出现"市场劣币驱逐良币"的现象[2]。

---

[1] 2017年3月17日晚7、8、9时斗鱼平台直播间数量统计。
[2] 清博大数据：《网络直播引发的传播革命》，2016，第53页。

2. 网络直播行业的用户数量在2016年迎来了爆炸性的增长，但这种用户数量的增长速度并不可继

据艾媒咨询估计，未来用户增长幅度将由2016年的61.7%下降为2017年的26.28%和2018年的15.74%①。市场的蛋糕虽然很大，但是新增部分越来越少。再加上目前国内市场的基本格局已经形成，无论是对于传统的大型平台，还是对于想进入网络直播市场的新兴平台而言，市场的有限性都一目了然。

由于网络企业发展遵循着"赢者通吃"的基本逻辑，而国内并没有出现能够一统江湖的网络直播平台，所以目前占有一定市场份额的大型网络直播平台及其投资方都在想方设法争夺有限的市场资源，导致了激烈的资本竞争。如2016年8月斗鱼直播获得了腾讯公司领投的15亿元C轮融资，龙珠的直播业务在11月15日已被聚力传媒（PPTV）收购，等等。②资本的支持和推动使得网络直播行业被快速催熟，在产业链、用户培育及监管体系都尚未成熟的情况下，出现了行业的恶性竞争和资本泡沫③。

3. 违法成本低，"擦边球"乃至违法违规现象严重

政府相关部门在意识到了网络直播行业近几年来单纯追求效益而引发的种种问题后，已经通过制定相关法规和加强监管开始对网络直播行业进行治理。

网络直播间运行的个人化和私密性使得政府监管难以达到预想的效果，往往只能依靠用户的自律和自觉，也增加了网络主播违法违规行为发生的可能。另外，目前网络主播的违法违规成本比较低廉，没有形成有效的处罚措施。如2017年2月13日《南方都市报》所描述的，"许多地下涉黄直播平台为了躲避监管，每隔一两周就会更换一次平台名称。而女主播和用户通过一些第三方平台的联系，可以及时转入新直播平台"④。

---

① 艾媒咨询：《2016 Q3中国在线直播市场研究报告》，2016，第5页。
② 艾媒咨询：《2016 Q3中国在线直播市场研究报告》，2016，第12页。
③ 清博大数据：《网络直播引发的传播革命》，2016，第58页。
④ 《南方都市报》：《揭地下"色播"江湖：尺度惊人 00后凌晨看直播刷跑车》，2017年2月13日，http：//mp.weixin.qq.com/s/VCdhUC5reOLWPs8VDLIsgQ。

4. 盈利模式的缺陷

网络直播平台的主要盈利方式同质化问题严重。各大网络直播平台的盈利模式主要有三种。首先是通过消费者购买会员资格或虚拟礼物等增值服务的行为盈利，平台会与主播将此项收入按比例分成。其次是广告收入，直播平台可以将网站的流量通过出售广告的方式进行变现。广告推广方式多样，既可以在页面植入广告和推荐，也可以利用签约主播的直播间和直播过程插入软性广告。再次就是与其他商业主体进行合作，按比例分享收益。此外，还有游戏联营、电商导流以及媒体渠道推广等手段[1]。

在此现状下，各大直播平台只能不断争夺IP、主播和明星，以期能够为平台带来足够的流量，导致投入成本不断上升。网络直播行业亟须转变发展思路，通过创新原有的盈利模式和探索泛生活类直播的盈利新渠道促进盈利模式多元化发展，做大市场蛋糕。

5. 直播间的舆情风险

相对于较为开放的微博和论坛社区，网络直播间是一个私密化的网络空间。大型的直播间往往拥有从几千人甚至到几万人数量的观看规模，小型直播间则能吸引到几十人到几百人同时在线，而发挥主导作用的主播有可能成为观众的"意见领袖"。目前网络直播扩大舆情风险的可能途径共有两个，首先是在主播直播过程中，主播可能以直接或间接的方式向用户传递关于某一事件的观点、态度和情绪，影响观看者的思维和观念。其次是主播在网络直播间内外所表达的意见、言论被以录制等方式进行复制、制作，在公共网络空间和私密网络空间进行传播，有可能造成更加广泛的社会影响。

针对上述的问题，既需要政府监管部门制定明确的规章制度，也需要网络直播行业整合各个平台直播资源，确立行业模式和规范，更需要广大的主播、用户群体能够拥有自主管理的意识和方法。多方共同努力以求构建一个合理健康发展的行业生态。

---

[1] 清博大数据：《网络直播引发的传播革命》，2016，第9页。

（二）网络直播发展态势分析

1. 颜值直播与价值直播并存

以秀场直播等为主体的颜值直播是网络直播的主体，其中既有用户构成的因素，亦有整体传播视觉化发展态势的因素。所谓颜值的张扬与追求是新生代用户的基本需求。可以预见，未来颜值直播的范围将有所拓展，并将不止于特定直播类型，更会渗透到各类型直播中继续成为网络直播的基础构成。

而从价值直播来看，细分领域的各类直播均有极大的发展空间，新闻直播是其中最值得注意的层面，2016年网易的360个小时春运直播就吸引了2200万个用户参与其中。网络直播作为信息传播的新平台，可以为国家的舆论引导和社会治理提供新的、更有效的选择。将一些社会关心的重大事件通过网络直播平台进行展现和公开，可以增加社会问题的公开度和透明度，在更大程度上消除神秘感，增进民众和政府之间的理解。未来各部门更可以开设专门的公共性直播间，进行科普、辟谣、教育、公益等内容的直播，辅助现实的社会治理。

2. 沉浸式直播有待逐步推进

虚拟现实技术（VR）作为一种互动式模拟环境，使用户能沉浸在真实感较强的虚拟世界之中，为未来沉浸式直播的发展提供了技术基础。2016年网络直播行业已经对VR技术有所尝试，并受到了用户的正向反馈。如花椒直播平台的VR专线于2016年6月2日正式上线，6月3日，邀请明星柳岩开设VR直播间，直播开始30分钟，关注粉丝已经超过400万人，总共两小时的直播中共有600万人同时在线互动[①]。VR直播的优势在于能够突破屏幕的界限，给予用户更加真实的观感和体验，实现从旁观到参与的改变。但是VR直播从技术处理到内容呈现都存在着诸多问题。首先，在

---

① 《柳岩花椒寻"男神"首尝明星VR直播真人秀》，中国新闻网，http://it.chinanews.com/it/2016/06-03/7893853.shtml，2016年6月3日。

VR直播类应用的用户反馈之中可以发现,在直播过程中画面的模糊、卡顿、延迟等问题比较普遍。其次,网络直播终究还是内容为王,当VR设备作为新鲜事物的热度下降之后,其呈现的内容是否还能够留住用户值得考量。

3. 直播的普及化与专业化并进

直播的普及化和专业化并进体现在三个层面。其一是应用层面。网络直播平台的发展与网络直播在各类互联网站及移动应用中的嵌入性、辅助性应用,将呈现出同步发展之势。网络直播平台有其集成化的优势,这也使得专门直播平台有其发展空间,而网络直播的小型化、伴随性特色都将使其未来成为互联网的基础性应用之一,亟待用"直播+"思维联动相关行业,汇聚社会资源。其二是内容层面。一方面移动端的泛生活类直播将成为网络直播发展的一个重要的方向。技术的发展使得设备对网络直播内容的限制大幅降低。移动端的网络直播势将向生活的每一个角落扩张,直播将成为民众日常生活的习惯和组成部分。另一方面,体育、娱乐、新闻等垂直领域的专业性直播有着极大的市场需求,这将是差异化发展的方向所在。其三是从业机构和人员层面。目前直播行业以互联网企业为主,未来媒体以何种方式参与其中有待进一步探索,在主播构成上亦值得探索专业化与普及化的并进之路。

总体而言,作为一种新兴的传播形式,网络直播的发展在掀起产业热潮的同时,也与个人生活、社会交往、经济发展和国家治理等诸多方面产生越来越深刻的交互影响。颜值与价值之论还只是开始,伴随移动互联网、人工智能等技术的深入发展以及用户心理的演变,未来实践和研究关注点也亟待继续拓展。

B.11
2016年政府网络传播发展报告*

谭 天 夏 厦 张子俊**

摘　要： 2016年，"互联网+政务服务"被首次写入政府工作报告，政府网络传播在渠道布局和政务服务方面竞相发力。本文从政务网络传播的基础设施、服务水平、矩阵建设以及大数据传播四个方面进行总结和分析，一套科学完善的政府网络传播力评估体系亟待建立。

关键词： 政府网络传播　政务新媒体　社会化传播

2016年，我国政府信息传播继续向网络化发展，政务新媒体成为其中最具代表性的传播形态。一方面，习近平主席、李克强总理多次强调深入推进信息公开、政务回应以及"互联网+政务服务"；另一方面，政府也通过加强网络基础设施建设、促进制度立法、提升服务等加强与社会各界的沟通，但还存在各种问题。

一　国家政策强力推动基础设施趋于完备

政府网络传播即基于互联网的政府信息传播，它属于电子政务范畴。截至2016年12月，我国手机网民占比达95.1%，且增速连续三年超过10%。

---

* 本文为国家社科基金项目"基于大数据的政府网络传播力评估与研究"（项目编号：16BXW014）阶段性研究成果。
** 谭天，暨南大学新闻与传播学院教授，新媒体研究所所长；夏厦、张子俊，暨南大学新闻与传播学院硕士研究生。

在用户与政策的双重推动下,各级政府机关争相布局移动端,"两微一端"几乎成为当下政府信息传播的标配;而在政府信息传播渠道日趋多元化的基础上,如何提升政府网络传播能力,打造互联网时代的政府网络传播"矩阵"是目前摆在政府面前的一大课题。

(一)抢占移动终端,"自传播"不断拓展

随着移动互联网的深入发展,移动社交已经渗透到人们的日常生活中。CNNIC 数据显示,我国手机即时通信的用户规模为 63797 万人,使用率达 91.8%;而网民最常用的手机 APP 也是即时通信类 APP,其中微信以 79.6% 的使用率位居第一,QQ 以 60.0% 紧随其后。与此同时,中办、国办印发的《关于全面推进政务公开工作的意见》中强调,要充分利用政务微博、政务微信、政务客户端等新平台,扩大信息传播,开展在线服务,增强用户体验。因此,通过移动社交媒体与用户开展连接成为提升政府网络传播能力的首选。

当下,政府布局微博、微信等社交媒体平台均取得一定进展。CNNIC 数据显示,截至 2016 年 12 月,我国共有政务微博账号 164522 个;截至 2015 年 8 月底,全国开设的政务民生微信公众号已达 8.3 万个。随着线上政务平台的不断发展和完善,越来越多的用户开始通过在线政务接受政府服务,基于社交媒体的政务服务平台正在成为当下政府行政的主要渠道以及公众与政府之间开展交流沟通的首选平台。CNNIC 数据显示,截至 2016 年 12 月,我国在线政务用户规模达到 2.39 亿人,占总体网民的 32.7%。其中,政府微信公众号因其政务信息传递与线上业务办理的双重功能,加之腾讯的社交影响力成为政府移动端之最,使用率 15.7%;受其影响,政务微博的使用率不足其一半(6.0%),然而凭借平台的开放性与传播的裂变性,政务微博依然是政务信息公开与突发事件回应的重要平台。2016 年,政务社交平台的布局继续向各个行业和部门延展,政府网络传播的渠道不断完善,在线政务与线下业务融合进一步深化。1 月,"广州公安"政务微信再推出交管、出入境业务"微支付",新增路况快拍图片等 10 项新业务。据统计,

从 2013 年发布至今，其累计注册用户超过 180 万人，目前涵盖监管、交管、户政等部门多达 92 项业务查询、预约和办理。

社交平台的强交互性特征也促使政务新媒体探索出多种创新性传播方式，如公职人员开设微博、政务直播等等。CNNIC 数据显示，2016 年共有公职人员微博 39424 个，占政务微博总数的 24%。尽管还是代表政府发声，但其确切的身份与用户对"一对一"的服务需求和情感贴近更加契合。如河南省郑州市的杨华民是全国最早开通微博的交警之一，先后推出"微路况"、"微停车"以及"微寻人"、"微助人"等众多话题，并于 2016 年组建"@义务交通疏导队"，使义务交通疏导人员遍布郑州的大街小巷，目前已成为河南警界历久弥新的"网红"。2016 年兴起的网络直播，正在成为推进"互联网＋政务"的新手段。可以看出，随着社交互动技术的发展与用户聚集，未来社交媒体将是政务服务的重要平台。

除此之外，政务 APP 和政府网站也是政务新媒体不可或缺的一部分。虽然目前政务 APP 只有不到 5% 的使用率，但是随着在线政务用户规模的不断扩大以及政府信息服务水平的提升，未来政务 APP 仍然拥有相当大的发展空间。政府网站虽然是 PC 互联网时代的产物，但是其因成熟完善的系统软件、庞大的装载量以及稳定高效的运行速度在今天仍然具有存在的价值。如重庆市网信办于 2016 年 9 月推出全国首个面向公众的互联网数据取证平台，用户可以通过平台中的取证功能对目标网页进行页面拍照、路由抓取、底层数据采集等，从而获取合法可信的电子证据，这些功能的实现都是需要通过电脑显示的完整网页完成的。可以看出，政务"两微一端"加上政府网站形成了政府"自传播"体系，很大程度上扩大了政府信息的传播范围，提升了政务办理的便捷性。国办在 2016 年 8 月的《关于在政务公开工作中进一步做好政务舆情回应的通知》中指出，要进一步提高"两微一端"的开通率，充分利用新兴媒体平等交流、互动传播的特点和政府网站的互动功能，提升回应信息的到达率。政府网络传播必须从互联网的特点出发，转变传播理念，建立全面、系统、反应灵敏的传播体系，全面提升政府传播能力。

（二）发力渠道布局，"矩阵"仍待整合

不仅是政府自办的"两微一端"，移动互联网平台和传统主流媒体也成为政府在推进"互联网+政务"过程中开展连接与合作的对象。这种渠道布局的多元化更推动了用户参与和社会关注。

在内容发布与推送方面，由今日头条推出的"政务头条号"正在成为政府部门推进政务信息公开的全新举措。CNNIC 数据显示，2016 年我国各级党政机关政务头条号总量从 4021 个剧增至 34083 个，其中检察、食药监、公安、信访等系统实现了全国覆盖。相比微博和微信需要兼顾内容与平台运营两方面，政务头条号只需要政府提供信息内容，通过平台自带的智能分发、精准推荐等方式就能帮助其提升信息传播的到达率和关注度。而在功能服务方面，以支付宝、微信等为代表的第三方平台迅速成为在线政务功能的主力军。CNNIC 的数据显示，支付宝或微信城市服务平台的使用率为 17.2%，为网民使用最多的在线政务服务方式；而由中山大学中国公共管理研究中心等与支付宝联合推出的《"互联网+政务"报告（2016）：移动政务的现状与未来》显示，依托支付宝平台提供政务服务的城市已经达到 347 个，基本覆盖了所有地级市及以上城市，累计服务市民超过 1 亿人。可以看出，支付宝、微信等为用户提供了一个开放式的信息服务公众平台，将单一碎片化的功能整合为系统一站式的服务，其背后的产品意识与用户观念为政府推进"互联网+政务服务"提供了借鉴。

在业务合作的基础上，政府部门之间、政府与企业及媒体之间开始寻求更深层的合作，即开展数据资源共享以及云计算技术开发合作等等。2016 年 9 月，国务院印发《政务信息资源共享管理暂行办法》，指出要加快推动政务信息系统互联和公共数据共享，充分发挥政务信息资源共享在深化改革、转变职能、创新管理中的重要作用。在政策推动下，最高人民法院与公安部在 2016 年 3 月率先建立信息共享平台，形成快速查询执行信息及执行查控协作工作机制。目前部分地方政府已经推出基于大数据分析技术的政务服务。作为全国首个大数据综合试验区的贵州先后推出"扶贫云"、"东方

祥云"、"e围栏"以及"云上贵州"等多个云端产品,不仅实现对土地、财政等资源的精准把控,还推动数据辅政、大数据交易等更深层的数据开发与运用。在多渠道布局、业务与技术合作、数据互联互通的共同作用下,打造政务新媒体"矩阵"是"互联网+政务"的发展趋势,也是政府提升自身传播力和影响力的明确目标。《2016年中国政务微博矩阵发展报告》指出,矩阵发展模式是政务微博突破困境的途径。目前,各级政府机关都在努力探索和建立推动跨区域、跨部门的综合性信息传播与服务矩阵,纵向跨区域的行业垂直模式矩阵和横向跨部门的区域性综合型矩阵正在形成。然而,要真正形成传播"矩阵"并非数据、技术和渠道的简单相加,在基础设施建设趋于完善的基础上,提升服务意识和水平才是推动矩阵建立的关键。

二 社会化传播兴起服务水平有待提升

社会化传播使社会舆情变得更加复杂,也对政府网络传播提出了更高的要求。2016年6月,国务院在《2016年推进简政放权放管结合优化服务改革工作要点》中指出,要大力推行"互联网+政务服务",打造政务服务"一张网",简化服务流程,创新服务方式。以服务为中心、提升服务能力的背后实际是在探索有效的运行和管理模式以及传播力评估体系,也是在增强构建网络传播矩阵和基于大数据的智能化信息服务平台的驱动力。

(一)强化服务意识,推动政务回应

"在物联网、人工智能、云技术等新技术的推动下,一个万物皆媒的泛媒时代,正在到来。"[①] 社会化传播不强调传播主体,而强调传播方式,指传播方式是弥漫的,对象是多样的、广泛渗透的。由于社会化传播的主体多样性及其传播本身的复杂性,社会信息传递与舆情状况变得难以预测和控制。事实上,社交媒体在舆论场中的作用正在日渐上升。人民网发布的

---

① 彭兰:《万物皆媒——新一轮技术驱动的泛媒化趋势》,《编辑之友》2016年第3期。

《2016年全国政务舆情回应指数评估报告》显示，经由互联网传播扩散形成舆情事件的，比例约占三分之一。在无孔不入的社会化传播和"短平快"的社会舆情发展趋势中，"单向无反馈"的大众传播模式需要被积极交互的社会化传播所取代，而拥有社交媒体作为互动平台的政府下一步则需要提升政府服务水平与回应能力。

政府回应作为政务服务的重要部分，在国务院印发的多个文件中均被提及。2016年7月，国务院印发的《关于在政务公开工作中进一步做好政务舆情回应的通知》指出，各地区、各部门要适应传播对象化、分众化趋势，进一步提高政务微博、微信和客户端的开通率，充分利用新兴媒体平等交流、互动传播的特点和政府网站的互动功能，提升回应信息的到达率。在政策推动下，我国政务舆情回应在2016年取得了一定进展。《2016年全国政务舆情回应指数评估报告》显示，2016年我国政府回应率达到87%，超过57%以上的事件政府首次响应在事发24小时之内，有73%的事件政府部门在48小时之内（含24小时）做出了首次回应，政府回应速度和舆情预警能力显著提升。与此同时，政府对通过社交媒体进行回应也开展了诸多探索。许多政务微博都在努力做到面对突发事件快速回应并积极处理。

然而在取得成绩的同时也要看到，政务舆情回应工作依然面临许多问题，还有相当数量的政务新媒体因为政府重视不够、投入不足、缺乏服务意识而未能完全发挥其功能效用。有几个月都不更新一次的"僵尸网站"，如济南市中区有官方网站在9月份连发六条重复信息，直到快两个月后才发现并修正；还有随意发布未经审核言论的"应付账号"。朱颖等人通过对全国15个综合影响力排名靠前的微信公众号进行量化分析，发现政务微信存在信息发布频率较低、信息内容与用户需求错位、信息呈现方式单一、语言欠缺活泼等问题。及时有效的政府回应不仅需要依靠政府部门的充分重视和精心运营，更重要的是建立一套有效的政府回应管理模式和监督体系，推动制度建设是当下提升政府回应能力和服务意识的首要目标。

（二）管理模式初立，传播力亟待提升

随着政府网络传播渠道的不断完善，国家对政务服务各方面工作的开展都进行了愈加详细的制度规范。11月，国务院印发《〈关于全面推进政务公开工作的意见〉实施细则》，首次明确要求对涉及特别重大、重大突发事件的政务舆情，最迟要在5小时内发布权威信息，并在24小时内举行新闻发布会，有关地方和部门主要负责人要带头主动发声。以该细则为依据，各个地方都相继出台具体的政务服务管理政策。对于政务新媒体的运行现状，尹连根认为，政府官方微博"缺少反映现实社会的内容以及对公共事件和公共问题的讨论，而是通过'内容上便民、形式上亲民'，竭力营造起一个乌托邦式的次私密领域"。然而与之相对，詹骞发现基层政务微博正逐步被纳入到参与式乡村传播网络中来，不仅为普通村民呈现当地政府的公共服务内容，更为他们的政治参与提供了有效的表达与对话空间。[①] 由此可见，政务新媒体的建设并非简单的平台运营与管理，其中涉及我国的政治生态和社会制度等诸多复杂因素。

无论是公共信息发布还是舆情回应，都属于政府网络传播力的范畴。政府网络传播力是指政府网络传播的基础设施及使用效能，是客观存在并可以测量的。新媒体的运行状况与回应能力，都需要建立一个评估体系进行测评，通过测评才能判断优劣，才能确定下一步改进的方向和目标。目前已有政府机构、媒体和第三方组织通过数据分析建立了政务新媒体传播效果评估体系。如人民网舆情监测室从传播力、服务力和互动力三个大的指标出发来对政务微博的运行状况进行评价和排名，指标体系更加细化。虽然许多信息数据在理论上都是可以被监测的，但仍有一些是无法被监测到的，如微信的私密性就使用户数据无法被轻易获得。此外，政务新媒体的运行还涉及政府内部的责任分工、部门联动以及绩效考核等多方面内容，这些也包含在政府

[①] 苏涛、彭兰：《多元化、精细化与范式创新：2016年新媒体研究的特点与进路》，《国际新闻界》2017年第1期。

网络传播力测量的范围之内，内容繁多且十分复杂。同时，传播力的测量工具还有赖于政府信息化战略与电子政务系统的推进，包括部门之间的数据资源共享、政府数据公开等多项内容。

三 升级媒体矩阵大数据变革传播

目前各级政府的网络基础设施比较完备，但网络传播效果仍不理想。如何进一步整合一个信息发布、协商对话和应急管理的网络传播矩阵，同时构建一个基于大数据的智能化信息服务平台成为发展方向。

（一）单兵作战艰难，矩阵策略突围

随着政府的"互联网＋"升级，政务新媒体呈雨后春笋般的增长态势。CNNIC数据显示，截至2016年12月，我国在线政务服务用户达2.39亿人，占总体网民的32.7%。全国有".gov"的域名53546个，政务微博164522个，政务头条号34083个，政务微信数量也已有数十万个。

虽然政务新媒体的数量越来越多，但很多处于各自为政的分散状态。政务新媒体团队往往只是宣传或信息部门，而不是职能部门，体制内协调能力较弱。一方面，网民反映的问题只是"收到"，需要"转接"相关职能部门，才能加以"解决"，政务服务效率、质量较低。另一方面，一旦遇到突发事件，常规的逐级报批也使传播效率很低。因此，亟须建立一个全面、系统、反应灵敏的传播体系。

人民网舆情监测室祝华新建议，应将政务新媒体建设的重点放在市级，打造统一发布平台。把基层不同系统的政务信息汇集于主力账号发布。与此同时，基层政务微博主打民生服务的本地化、草根化。越来越多的政府部门选择媒体矩阵作为突破口，试图通过跨平台的矩阵实现"1＋1＞2"的传播增效，各个新媒体形成共振，达到最大传播力。

矩阵式组织是"职能型组织与项目型组织的混合体"。矩阵组合的目的，就是高效沟通协调，共同参与、各司其职，又好又快开展团队合作。如

2016年5月的全国政法系统新媒体建设座谈会指出，公安、检察、法院和司法行政系统各自的新媒体矩阵建设基本完成。

新浪微博CEO王高飞认为"未来的政务微博矩阵，将向着'行业垂直模式+区域综合模式'相结合的方向发展"，利用新媒体的传播优势，研发完善的矩阵式便民服务体系和信息传播体系，是重要课题。此外，政务新媒体矩阵模式的进一步发展，还应该从过去单纯的内容打造和平台布局，逐步进化为内容创新、应用研发、智能装备、制度升级的立体融合发展格局。

（二）建立大数据平台，驱动智能化传播

新媒体矩阵是政府网络传播基础设施的组合形态，海量的用户必定带来海量的数据，加之政府内部的数据，建立起基于大数据的智能信息服务平台是升级政府网络传播的发展之路。

建立政府自身的数据平台。政府是国家机器运转的枢纽，长期的运转必定产生大量与公众利益相关的重要数据，但这些数据一直处于机密状态。通过政策推动数据公开，让政务新媒体更多提供原本被深藏的信息，政府传播内容才能因其独特性、权威性成为刚需，这也是政务新媒体最大的内容优势。如2016年10月，广州市开通政府数据统一开放平台、市网络电子证照系统，首期开放的300多项数据，涉及经济、交通等众多领域，这些都是公众刚需。能传播沉睡在各种数据档案库中的大量有效信息资源为公众所用，这是提升政务新媒体传播力、影响力的核心因素。

建立新媒体的数据平台。新媒体矩阵的建立实现了各个职能部门的连接，这一连接的背后是各个政务新媒体的用户群体的连接和覆盖。大范围的用户覆盖意味着可以产生大量的用户行为数据。政府可以通过用户使用政府网络传播平台的地点、时间、习惯、频率、反馈等全方位数据，获取政府传播所需要的第一手用户信息，在这个基础上建立起用户的数据平台，再根据数据进行精准传播。

四 增强服务意识嵌入社会化传播

"互联网发展到今天,不仅是一种传播媒介、传播渠道或平台,而且是可以与物质、能量相提并论的生产要素,是重新构造世界的结构性力量。"[①] 互联网的发展,特别是移动互联网时代的到来,将社交媒体带入新的时空,互联网从网页超链接的网络,转变成人际关系的网络,基于社交媒体建构的以人为节点的关系网络越来越明显。因此,政务新媒体矩阵更需要完善服务,以嵌入社会化传播这张大网中。

(一)转变网络传播思维,直面突发状况

谈及政府传播,不少公务员小心谨慎,不敢说话,主要原因是害怕突发事件产生负面言论。社交媒体的普及使用,往往让突发事件变得更加错综复杂,此时政府网络传播是最被公众所需要的。但一些政府机构往往缺乏化解危机舆情的足够信心和有效手段,或是束手无策、消极应对;或是粗暴封堵、激化矛盾,让自己陷入困境。

2016年4月的海口秀英区拆迁事件,村民激烈反抗,随后暴力抗拆视频在朋友圈、微博大量传播,甚至引发谣言,最终引发大量围观和批评,海口秀英区区长引咎辞职,但依旧没有平息民愤。谣言流传时,网民最需要的是全面的信息,但秀英官方回应时,开始只说暴力抗法,只字未提联防打人;尽管有关部门后续及时修正,打人者被处理,领导辞职,但已经错过最佳的公关时机。

政府传播力主要体现在舆情收集能力和提供公共信息能力上,因此首先要敢于应对、善于说话。对于公众,政府信息服务及网络传播是帮助他们了解政府政务、监督政府工作的窗口;对于政府,是使其及时了解社情民意,从而选择正确的执政治理路径的"导盲犬"。

---

① 喻国明、马慧:《关系赋权:社会资本配置的新范式》,《编辑之友》2016年第9期。

在社会化传播环境下，政府应该转变以往四平八稳的传播思维，积极应对负面言论。在突发事件中，传统的信息获取途径已经不能满足民众的信息需求，民众面临"信息缺失"的困境。在这种情况下，以信息共享为特征的社会化媒体充当了填补信息沟的角色，如果政府传播不能嵌入其中，则其难以发挥作用。

此外，社会化传播环境中，任何一件事都可能通过网络中的节点实现巨量级的多次传播。负面言论具有争议性，往往更容易出现传播的裂变，政府部门需要及时介入主动引导才会化解危机。2016年12月5日，微博用户发长微博反映"春城骑警不近人情在幼儿园门口贴罚单"事件，并"@昆明发布与昆明交警"投诉，引起全民关注。"@昆明交警"立即对网民投诉的事件进行调查核实，并迅速公布调查实情、澄清事实，及时阻止网络谣言的传播与蔓延。

政府部门对突发事件的及时有效回应，不仅避免被动，还能与公众达成某种程度的协商合作。

（二）建立日常运营思维，增强社交属性

随着微博、微信的兴起，社交媒体正重构现代人的行为模式和交往方式。社交媒体为公共议题创造了良好的传播与沟通平台。"移动互联网时代，网络用户是以节点化方式在网络中存在"①，在社会化传播环境下，每个人都是社会关系网络上的一个节点，节点化的用户是传播的基础单元，他们可以根据自己的意愿来构建个人化传播中心，这样一个传播网络的基本单元也是社会网络连接的基本单元。

因此粉丝的数量很大程度上决定政府网络传播的效果和力度。相较于突发状况的公关传播，通过日常运维提供服务，从而嵌入社会化传播，更应成为政府网络传播的规定动作。无社交不传播甚至成了规律，政务新媒体需加强社会

---

① 彭兰：《移动时代的节点化用户及其数据化测量》，《暨南学报》（哲学社会科学版）2016年第1期。

化传播的运营思维，拉近与用户的距离，通过情感沟通和服务连接建立公信力。要实现这种距离的拉近，政府网络传播需要融入用户的日常社交生活中。

一方面，政务新媒体要完善日常服务。目前很多政府部门都开通基于新媒体的政务服务，CNNIC数据显示，2016年我国网民在线政府服务使用率超过线下政务大厅及政务热线使用率。互联网政务服务平台化、移动化加速，支付宝、微信开通政务服务入口并逐步完善服务内容，此外微博、今日头条分别开通政务微博及头条号服务，加快线上政务服务布局。除了布局新媒体，政务新媒体也应完善回应机制，对于用户的疑惑和需求要及时回应，通过良好的服务建立口碑，提高公信力。

另一方面，政务新媒体应更加主动激活用户，通过活动、话题等增强用户的参与度。"@四川旅游"主持"冬游四川不讲究""熊猫走世界"等话题，"带着微博去四川"从摄影、美食、攻略等方面进行传播，微博话题阅读量超2亿次，讨论14.9万次。

传播内容缺乏大众化，话语表述较为生硬，未跟上当下的传播节奏等仍是政府网络传播的短板。互联网的发展，特别是社交媒体的发展，需要政府部门运用新的手段传播。如利用短视频和直播，2016年6月20日晚，"@潍坊交警"直播交警查处酒驾，成为全国首个用微博视频直播执法现场的政务微博，吸引3万名网友在线观看。通过新的传播形式，将新媒体内容嵌入公众的日常生活中，也就嵌入了社会化传播的大网络。此外，建立起基于新媒体矩阵的政务社群，将直接与用户随时对话，但对运营的要求也更高。

但目前运营政务新媒体，存在一些客观条件的制约。内容供给不足，人力投入不够，导致政务账号同质化严重。很多地方的政务新媒体只有一个人运营甚至兼职打理，一个人身兼文稿撰写、可视化呈现、回复网民等多重职能。运营人员学历较高，职业自我认同度高，但社会认可度偏低，希望尽快建立政务新媒体的职业资质认证。

纵观2016年，在政府推动与公众呼声的共同作用下，政府网络传播在基础设施建设方面取得长足发展，但因为新媒体服务的不足，其传播力仍有待提升，一套科学完善的政府网络传播力评估体系亟待建立。

B.12 当前大学生的微信表情使用行为研究[*]

匡文波 邱水梅[**]

摘　要： 随着移动网络时代的到来，微信逐步取代了QQ、人人网等社交工具。微信表情成为时下大学生流行使用的网络交流符号。本文以高校学生为研究对象，通过问卷调查和半结构化访谈研究发现学生群体使用微信表情主要基于软化聊天语气；形象、生动地表达当下的情绪、情感；活跃聊天氛围，使对话更有意思三项心理动机。表情使用的便捷性体现在免费、自主收藏制作、表情多样化细分三个方面。表情使用的娱乐性则体现在能传达自身幽默感，斗图时共享趣味表情，及对亲密好友使用"大尺度"表情三方面。性别、互动对象、同伴压力、亚文化偏好等因素对表情使用与满足影响明显。通过对这些因素的梳理，最终形成微信表情符号使用与满足关系模型。

关键词： 微信表情　使用行为　使用与满足　技术接受模型

一　研究背景和现状

以微信表情为代表的网络表情符号亚文化现象在社交媒体平台、网页

---

[*] 本文为国家社会科学基金项目"新媒体在'茉莉花革命'中的作用机理研究"的研究成果之一。

[**] 匡文波，中国人民大学新闻学院教授，博士生导师，中国人民大学新闻与社会发展研究中心研究员；邱水梅，中国人民大学新闻学院研究生。

媒体内容中盛行，成为网络用户传情达意、娱乐消费的对象。在以微信为媒介的交流过程中，仅凭文字、语音无法表达用户复杂的情感交流过程和满足多样化的情感表达需求，丰富多样的微信表情应运而生。

微信是熟人社交平台，有稳定的用户数量和表情包供应机制，而且微信已成为国内用户首选的第一社交入口，有较为长时间、多频次的使用习惯，因而本文的研究集中于微信平台上的用户表情使用行为。截至2015年9月，微信月活跃用户达到6.5亿人次，超过55%的用户每天使用微信超过1小时，占总用户的25.3%，约1.64亿用户每天都会使用微信表情功能。[1] 可以说，对于广大的微信用户而言，以Emoji为代表的微信表情已成为其不可或缺的交流工具。

在研究群体的选择上，本文选择了高校大学生群体，因为在网民年龄结构中，20～29岁的网民所占比重最高，约为30%；而在职业结构中，学生用户所占比例是最高的，达25.1%。[2] 大学生群体乐于接受和分享新鲜事物，在微信社交圈中表现活跃，具有一定的代表性和研究价值。

二 高校学生群体的微信表情使用基本情况调查

（一）研究方法与操作流程

问卷调查法是以有效的数字实现复杂宏观世界中现象或问题的精确把握的科学方法，是为解决问题、改进现况、计划未来提供现实依据的研究方法。[3] 本研究采取闭合式问卷的形式，调查大学生群体微信表情使用的基本情况。

---

[1] 企鹅智酷与中国信息通信研究院产业与规划研究所：《微信影响力报告》，2016，第16页。
[2] 中国互联网络信息中心：第38次《中国互联网络发展状况统计报告》，2016，第15页。
[3] 郑晶晶：《问卷调查法研究综述》，《理论观察》2014年第10期，第102页。

（二）问卷的抽样方法

本研究的核心是了解高校学生对微信表情的使用与满足程度及使用行为，而非根据对部分受众的研究结论来推断某市或全国受众的看法，在以深度访谈为主要研究方法的前提下，本文采用问卷调查的主要目的是了解大学生群体使用微信表情的基本情况，如表情收藏数量、使用频率和使用意向等问题，考虑到研究者自身的研究成本、时间和能力，本文拟采用非概率抽样、偶遇抽样和立意抽样结合的办法进行。

（三）问卷的编制

在问卷的设计上，采用闭合式问卷，除用户性别、年龄、专业、学历层次等基本的人口统计学基本特征外，还设置了11个与微信表情使用情况统计相关的问题，主要包括微信表情的收藏、下载数量，题6、题7；微信表情的收藏、使用意向，题9、题10、题11、题12；微信表情的使用便利性和满足程度，题14、题15等。在正式进行问卷调查前，还以3~5位同学为试调样本，对问卷本身的合理性进行了分析。①

（四）问卷的发放和调研

本研究问卷以在线问卷星的形式发放，发放的对象主要是笔者身边微信表情使用较多的同学和朋友以及班级微信群。问卷发放时间为2017年1月25日~2月10日，为期约半月。

在地域上主要涵盖北京、天津、福建等省市的高校学生群体。最终回收的有效样本数为302份。② 借助问卷星系统的后台数据分析工具进行问卷的统计和分析。

---

① 本研究问卷题量较少，且简单易答，较少涉及复杂的态度量表类问题。在参考前人研究问卷的基础上，以3~5位同学的回答对问卷的合理性做出分析和调整，因而未做严格的问卷信度、效度检测。
② 其中男性答卷为121份、女性答卷为181份，男女答卷比例约为4∶6。

（五）问卷调研结果分析

1. 问卷样本的人口统计学特征

除上述的男女比例特征和地域来源特征以外，参加本次答卷的302位同学中，年龄主要集中于20~25岁和25~30岁，分别占68.21%和18.54%，合计占86.75%，即20~30岁高校学生占86.75%。而样本群体在学历分布上主要是本科生和硕士生，分别占58.61%和33.11%，合计占91.72%。在学科专业领域方面，样本人群主要来自人文社会科学、理工学科和经管学科，分别占43.38%、25.17%和20.53%。

2. 微信及微信表情使用的基本情况

在涉及微信及微信表情使用的基本情况时，问卷题目主要以微信日均使用时长、商店表情安装数量、自主收藏表情数量、最频繁使用的表情类型及到表情商店下载表情包的频率作为简要的评价标准。在问卷调查的样本分析结果中，关于微信的使用呈现出很高的黏性，样本年龄集中于20~30岁的青年群体，其微信使用时长明显高于微信统计报告中一般用户使用微信的时长。

企鹅智库官方发布的《微信影响力报告》显示，54%的用户日均使用微信超过1小时，使用时长超过2小时的用户为32%；而本文研究结果中微信使用时长超过1小时的达到92.39%，使用时长超过3小时的为48.35%，使用时长超过5小时的达22.52%。本研究样本群体的微信使用黏性明显高于一般的微信用户，也具备更高的微信使用活跃度（见图1）。

约90%的用户使用了微信商店的表情，超过95%的被调查者使用了微信收藏表情功能，可以初步地推断微信表情，包括自主收藏表情和微信商店表情，在当前大学生群体的微信交流中使用得非常普遍。而其中微信收藏表情数量超过40个的达到50.67%，收藏数量超过80个的重度表情使用者数量达到26.83%；微信商店表情的整体普及率很高，但略逊色于自主收藏表情，其下载使用数量超过5款的用户也达到了38.08%。初步推断当前高校学生群体还未整体形成微信表情商店使用的习惯，商店表情仍有较大的发展潜力。

问卷调查样本中用户使用最频繁的表情类型是微信、输入法自带表情和

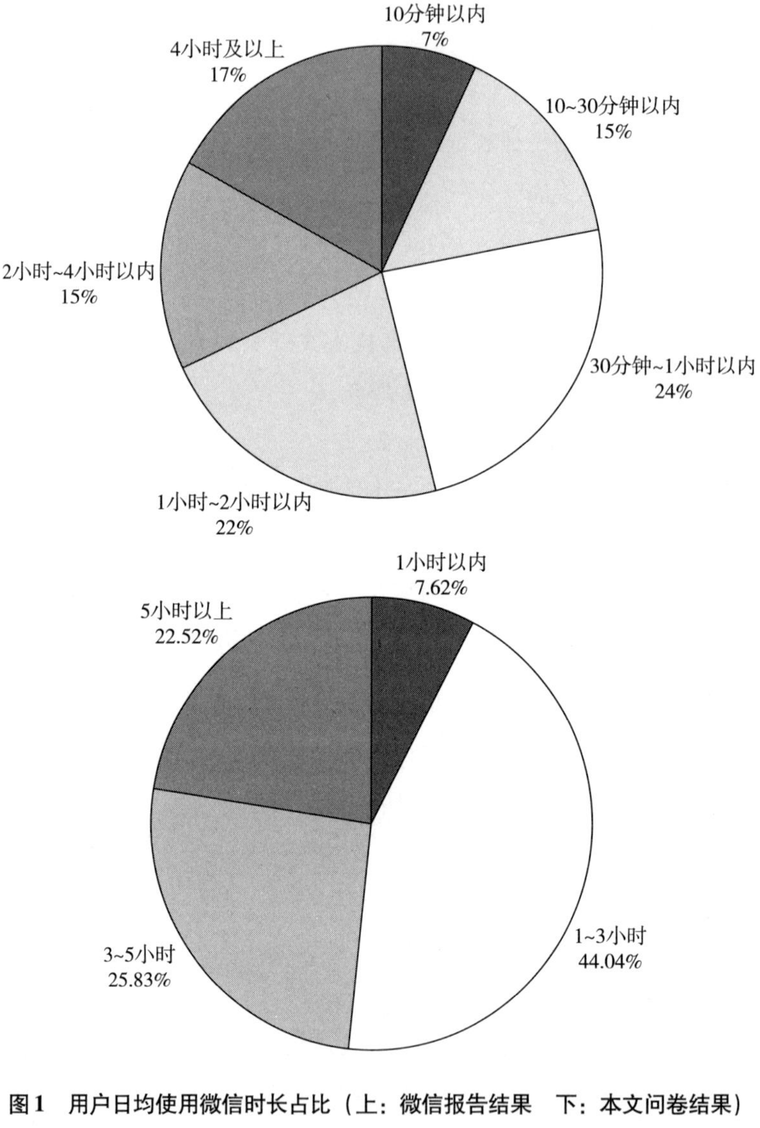

图1 用户日均使用微信时长占比（上：微信报告结果 下：本文问卷结果）

自主收藏表情，分别占43.38%、39.4%，合计占82.78%，而表情商店仅占12.91%，字符表情占4.3%（见图2）。

3. 微信表情使用意愿和使用频率基本情况

在微信表情使用的意愿方面，主要设计了表情使用意愿、主动收藏表情

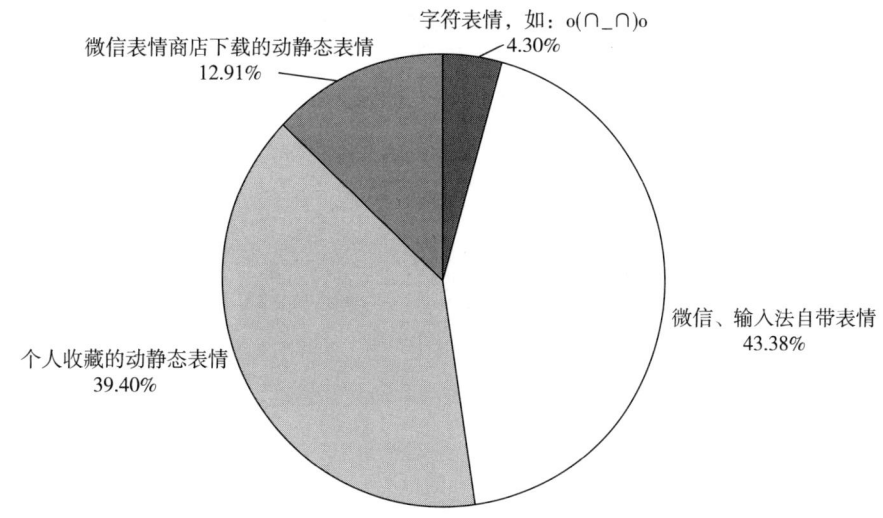

图2　各类型微信表情使用占比

的意愿及实际发送表情的频率等几个问题。

在表情使用意愿的分析中，表示很愿意、比较愿意使用微信表情的用户分别占38.41%、45.03%，合计占83.44%。问卷样本群体普遍呈现出较强的微信表情使用意愿。此外，在表情收藏意愿调查中，表示愿意、很愿意收藏表情的群体占84.11%。表情使用、收藏意愿在高校大学生群体中整体较为普遍、强烈，且在实际的表情发送中，样本群体均会使用微信表情，表示经常或总是发送微信表情的用户达到75.17%。

4. 微信表情使用的便利性和使用满足程度基本情况

在微信表情使用便利性和使用满足程度的分析中，主要的问题涉及样本群体微信表情使用的对象、对微信表情整体使用的便捷性和满意度等几个方面。

在总体的微信表情使用问卷调查中，表示微信表情使用方便的群体占总体的93.38%，其中表示便捷程度较高的[①]占67.88%。可以初步推断高校学生群体对微信表情使用的便捷程度给予了很高的认可。在微信表情使用的满意度方面，表示满意的样本群体占总体的92.72%，其中满意程度较

---

① 包括选择很方便、非常方便选项的用户。

高的①群体达到 58.28%，可以初步了解到高校学生群体对微信表情使用的满意度很高，在使用满意度方面也给予了很高的认可（见图 3）。

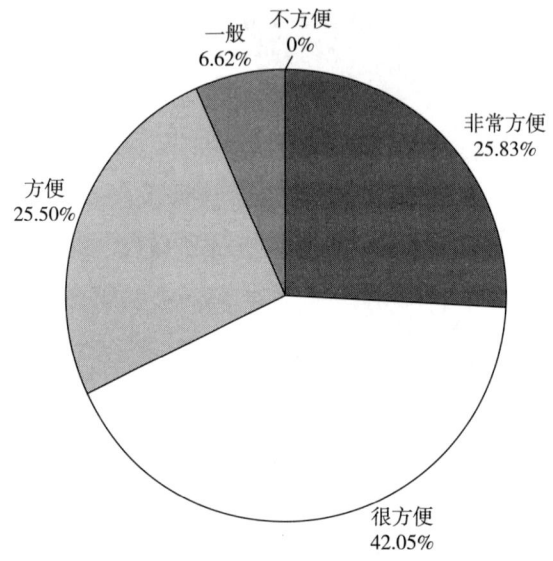

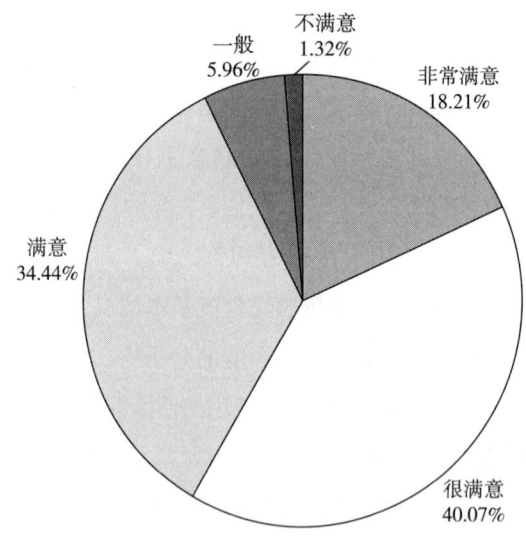

图 3　微信表情使用情况占比（上：微信表情使用的便捷性
下：微信表情使用的满意度）

---

① 包括选择很满意、非常满意选项的用户。

5. 性别差异对微信表情使用的影响明显

性别因素对微信表情使用的影响较大，女性在微信表情使用数量、类型、使用意向、发送数量、使用满意度等方面都明显高于男性。问卷统计中各类指标的男女实际占比如表1所示。

表1 性别差异对微信表情使用的影响

单位：%

问卷量化指标	男性占比	女性占比
微信使用时长超过5小时	11.57	29.83
安装5款以上商店表情包	33.05	41.43
表情收藏个数超过80个	20.66	30.94
表示比较愿意和很愿意使用微信表情	77.69	87.29
表示很愿意收藏表情	36.36	48.07
表示聊天时总是发送表情	11.57	20.99
表示微信使用非常方便	19.01	30.09
表示微信表情使用满意	33.88	44.2
未安装商店表情包	18.18	6.08
从不到微信商店下载表情	15.7	3.87

注：列表最后两项含否定词，为反向问题设置。

由表1可以明显看出女性在问卷调查中的各项量化指标（除最后两项）的百分比都高于男性，女性使用微信表情更加积极、活跃。

在微信使用时长方面，微信使用时长超过5小时的，女性样本占总体的29.83%，男性为11.57%。女性的微信平均使用时长明显高于男性，且女性下载商店表情包超过5款的占41.43%，而男性占33.05%。而在最后两组反向问题中，"未安装商店表情包、从不到微信商店下载表情"的男性占比明显高于女性。

女性用户在商店表情下载、自主收藏表情、表情使用意愿、实际发送数量上都高于男性用户。女性在使用微信表情的过程中，有着更好的感受和更高的满意度。

三 微信表情的用户使用与满足及使用行为研究

（一）研究方法与操作流程

深度访谈法是质化田野研究中最经常使用的资料收集手段之一。本文采取半结构式访谈法，因为半结构式访谈适用于分析了解抽象、复杂的问题。针对用户的表情使用行为和心理特征，对受访者进行45～60分钟的半开放式访谈①，在与受访者就研究主题进行的深度交流中，探究用户微信表情的使用心理、使用动机及满足程度。具体的访谈对象在北京、天津及福建的几所高校中选取，选定女生13名、男生12名，共计25位受访对象；在学历层次上包含硕士研究生和本科生；访谈时间为2017年1月10日～2月10日。

（二）研究假设模型的构建

本研究在参考以往使用与满足理论研究的基础上，以"需求研究—满足研究—问题研究—解决对策"为主要的研究分析思路，本文认为微信表情的用户使用行为和使用心理，符合使用与满足理论模型。在微信表情的使用态度测量上，则以国际上新媒体用户研究中常用的理论模型之一的技术接受模型为基础，提出本文的研究假设：微信表情的用户使用符合技术接受模型。此外，还引入同伴压力、互动话题、互动对象三个变量，探寻媒介接触的个人特性、社会条件、同伴压力、态度、互动对象、互动话题与网络表情符号使用与满足间的关系。

依据以上的理论和研究，本文初步构建了研究假设模型，如图4所示。

（三）本文研究假设

用户个人特征中的性别、年龄、学历、专业等因素会对用户使用微信表

---

① 由于深度访谈时间较长且受到地域限制，除面对面访谈外，约半数的访谈通过电话或视频通话进行。访谈过程中，以微信交流作为辅助，了解用户表情使用的喜好。

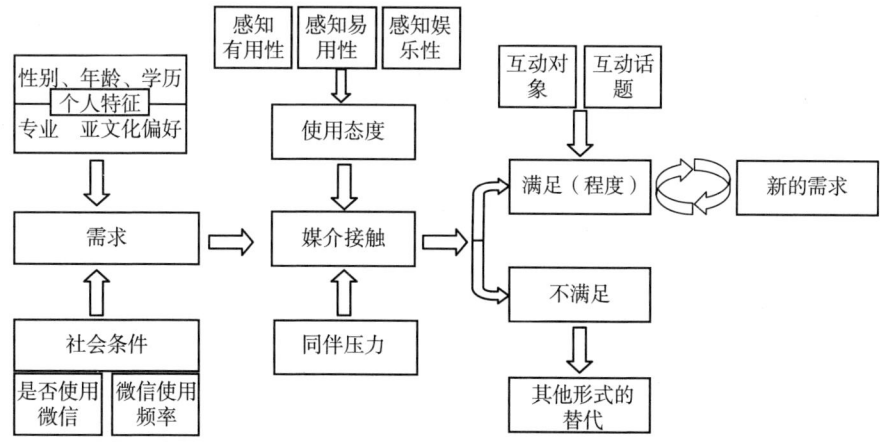

图4 微信表情的使用与满足模型

情产生基础性影响,并影响微信表情使用类型、数量。其中青年群体的亚文化偏好会影响用户微信表情类型的选择,并促使用户使用微信表情符号。在社会外部条件中,微信的使用频率越高,对社交工具的熟悉程度也越高,使用微信表情及使用频率也会呈正相关关系。同时外部条件的同伴压力也会促使用户更多地使用微信表情,尝试更多类型的表情符号。

在基于技术接受模型的假设中,感知有用性包括:情感表达、语意加强、缓和气氛、节省打字时间等。感知易用性包括:免费、下载更新方便、表情自主收藏制作等。在感知娱乐性方面做出的假设是:趣味性、自嘲讽刺、情绪宣泄等。有用性、易用性和娱乐性三者促成了用户微信表情的使用意向;互动话题与互动对象也是影响用户使用与满足的因素。在制约微信表情使用的因素中,则包括表情的歧义性、表情使用过多造成信息冗余等。

(四)微信表情的使用与满足访谈结果分析

访谈与问卷调查初步验证了本文的研究假设,在人口统计学的基本特征中,高校学生的年龄、专业领域和性别三方面的因素均会影响到表情符号的使用,性别因素对表情符号使用的影响较为明显,此处以性别差异作为分析重点。

1. 性别及社会外部条件对微信表情使用的影响

本次访谈的结果与之前的问卷调查结果基本吻合。女性普遍有自己的网络亚文化偏好，多位被访谈女性表示她们喜欢以"宋民国"为代表的儿童类表情符号。女性微信表情的使用数量、类型均比男性丰富；使用意向也比男性更强烈。女性的微信表情使用满意度明显高于男性群体。

在社会外部条件影响下，被访用户均表示，微信已成为他们首要的社交工具，而使用微信的频率越高、时间越长，则其对社交工具的熟悉程度也越高，微信表情的使用类型就更加丰富、使用次数也更加频繁。

2. 微信表情使用动机分析

（1）亚文化偏好促使用户收藏相关表情

在所访谈的高校学生群体微信用户中普遍存在亚文化偏好，包括阿狸、暴走漫画、宋民国、乖巧宝宝、Emoji 等网络亚文化形象受到不少受访者的喜爱，而且女性比男性更加明显和强烈。既有的网络亚文化形象偏好会促使用户收藏、下载并使用与其亚文化偏好相关的表情符号，但用户很少主动搜索相关表情。

在问及是否收藏特定单位、公司、学校的专属表情时，07号、08号、09号、10号、12号、17号、19号、20号、25号被访者表示，收藏过特定单位、学校的专属表情，促进了自己对公司、校园文化的认同，但此类表情的使用仅限于学校同学或实习的朋友，其使用的延续性较差，使用范围也比较窄。

（2）同伴压力促使用户使用、更新表情

同伴压力是促使用户使用微信表情的重要原因，包括影响用户主动使用表情、主动收藏表情、下载更新现有表情、拓宽表情使用类型。受访者均表示会受到聊天对象所发送的微信表情的影响，进而收藏、更新自己的表情库。在访谈过程中，多位被访者均表示，"因为大家都在用""斗图的时候主要是共享表情"等，体现出同伴压力在表情使用过程中的影响非常明显。

3. 基于技术接受模型的表情使用动机分析

（1）微信表情的有用性分析

在基于技术接受模型的用户表情使用态度访谈过程中，微信表情的有用性、易用性和娱乐性均促使用户积极地使用微信表情符号。在微信表情的有用性访谈过程中，多数用户表示，微信表情的有用性体现在：能够软化聊天的语气；形象、生动地表达当下的情绪、情感；活跃聊天氛围，使对话更有意思。这三者为表情使用的主要心理动机。在同长辈对话时使用表情主要是表示认同、示好和尊重。

（2）微信表情的易用性分析

在微信表情感知易用性访谈过程中，22位被访者均表示微信表情使用方便或很方便，主要体现在免费、自主收藏制作、表情多样化细分等三个方面。多数被访者使用最频繁的是自己收藏的表情，因而较多受访者提到表情收藏上限，收藏表情多需翻页，不好找。未根据使用频次排列或不可自主编排表情位置等，是使用不方便的主要原因。

（3）微信表情的娱乐性分析

在感知娱乐性方面，受访者均表示会收集并发送好玩、有趣的表情；多数受访者表示会使用表情传达自身的幽默感和机智；25位受访者对斗图行为持较为正面的评价，参与过斗图的受访者表示，斗图的乐趣在于共享表情、活跃群聊的氛围等。

（五）微信表情使用满足程度的影响因素分析

1. 互动话题对微信表情使用的影响

在互动对象和互动话题对表情使用的影响中，互动对象的影响明显高于互动话题。高校学生在讨论情感、生活琐事等话题时，具有较高的表情使用意向，在讨论工作、社会问题时表情使用意向较低，但实际的表情发送数量区分较小。在关于使用微信表情是否会消解用户对于社会问题本身的关注的访谈中，会消解与不会消解的答者均有4~5位同学，其他被访者意见不明显。因此，微信表情的使用是否会消解用户对于社会事件本身的关注这一问题还有待深入探究。

2. 互动对象对微信表情使用的影响

与此相对，互动对象因素对用户表情使用的影响较大。受访者表情使用的主要对象依次是在校同学和校外朋友,受访者会因为"亲疏远近"的关系区分使用表情的类型、数量、尺度等(见图5)。

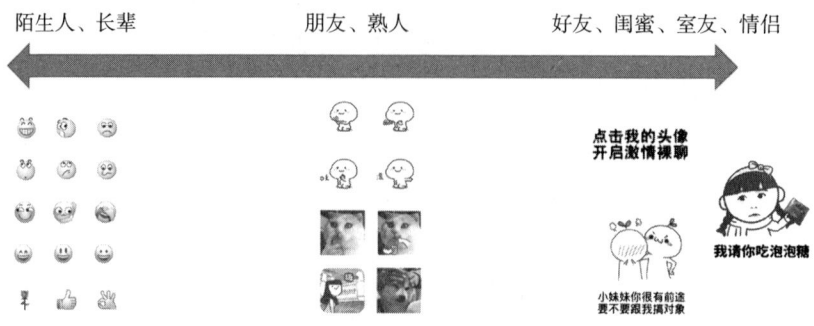

图5 互动对象对微信表情使用的总体影响

总的来说,在熟人关系中,用户倾向于更多地使用表情符号,类型也更加丰富,尺度也更大,部分受访者对亲密的人群使用带有性暗示、引诱、恶搞等较"污"的表情,以达到更高的表情使用满足感;而对陌生人及长辈则较少使用表情,表情使用类型单一,主要使用自带类型的表情,部分受访者提到对陌生人或长辈使用可爱类型的表情,以缓解尴尬的聊天氛围。互动对象之间的"亲疏远近"关系、"长幼秩序"等因素,对表情使用与满足影响较大。

3. 表情个性化制作对使用满意度的影响

在访谈过程中,有15位受访者表示,微信表情的个性化制作功能不足,个性化制作程度越高、用户的相关性越大,则用户表现出更高的使用满意度。用户参与表情制作,使得表情信息能体现自身的形象和趣味,赋予了表情更多的个性化信息,增强了其与用户之间的相关性、用户表情设计的参与感。

在25位受访者中,有24位受访者表示,对微信表情的使用感到满意或者很满意,微信表情的用户使用满足程度高,评价正面,这与问卷调查的结果吻合。女性在微信表情的使用过程中比男性获得明显更高的满意度。微信表情使用较为熟悉、收藏表情数量多、收藏表情的类型独特且尺度较大等因素会提升用户对微信表情的使用满意度。

（六）微信表情使用中存在的不足和改进建议

受访者主要使用微信表情中的自主收藏表情、微信自带表情，所以在微信表情使用的不足中，用户反映的问题也主要集中于微信自主收藏的表情使用，此外还有部分用户指出了微信表情商店中表情使用中的不足并给出了建议。

1. 自主收藏表情中存在的不足

用户对微信自主收藏表情功能中的不足反映最多，意向最为强烈。其中收藏表情最为突出的问题就是：当收藏的表情数量达到几百个时，用户需要多次单向滑动表情栏，才能找到最新添加的表情，经常出现用户需要"花时间、找表情"的情况，致使表情使用满意度下降；同时收藏的表情无法自主编辑、排序，收藏表情数量受到限制①，删除已收藏的表情也较麻烦，需要到表情管理后台删除表情。

2. 微信表情商店中存在的不足

在关于微信表情商店的访谈中，用户反映最为突出的问题就是表情商店需全套下载，但可能用户只喜欢其中的几款表情，部分表情使用率低，占手机内存；表情商店安装后，其在表情栏的索引位置无法自主排序，同样存在翻页找表情包的困难；表情商店中的表情类型多，但细分还需要加强，没有按用户使用习惯进行表情包推荐等功能。

3. 表情信息冗余、曲解，部分低俗信息传播

在访谈过程中，部分用户也表示在群聊时过多发送表情会降低信息交流的效率和准确性，使得部分严肃的话题无法进行深入的讨论。微笑表情在不同辈分中发送时，容易造成误会，在长辈眼中微笑表情表示肯定的含义；而在青年群体中微笑表情多表示"呵呵、讽刺、否定"等含义。皱眉表情则

---

① 目前，微信自主收藏表情的数量上限是300个。

可表示害羞、勉强也可表示卖萌等较为复杂多变的含义。因此容易造成交流时的误解。

4. 表情自主定制、个性化设计有待加强

表情的个性化定制是微信表情发展的一大趋势，虽然目前微信表情中可以自主添加个人表情，但比较粗劣，只是将图片转化为表情格式。文字与图片的配合设计也存在发展的空间，例如2017年春节期间用户可以在商店下载的表情中自主添加祝贺性的文字，此功能受到用户的喜爱。

（七）微信表情改进的建议和策略

针对以上受访者提到的微信表情使用中的不足，改进建议策略主要集中于自主收藏表情、微信表情商店及表情设计的个性化三个方面。

第一，用户自主收藏的表情应该根据用户使用的频率进行排序，或者允许用户自主编辑表情的顺序，减少翻页找表情的难度。在删除收藏的表情时，可以设置类似于苹果iOS系统中删除APP软件时，图标震动，轻点图标即可删除的模式，简化表情更新的步骤。此外，允许用户自主划定表情收藏的上限，微信团队可以设定一个较高的表情收藏上限。

第二，在微信表情商店的使用过程中，商店可以根据用户表情使用的喜好，在用户登录表情商店时自主推荐相关的表情系列。针对商店表情包需整套下载，而部分表情使用频率低，占用内存的情况，也可以在用户下载多套表情包时，在表情栏允许用户自主排列商店表情图标索引。根据本文的访谈及问卷调查结果，微信表情商店整体的使用意向和使用频率不足，对此，微信团队应考虑主动通过品牌表情商店的IP进行户外媒体的推广，提升用户对微信表情商店的认知和使用意向。

第三，针对微信表情中用户个人自主化定制的需求，微信团队可以开发微信自带的表情编辑工具，给予用户更大的自由度。参与感是目前用户体验很重要的一部分，若能让用户自主参与到表情包的生产过程中，则更能促使用户使用微信表情，提高表情使用的满意度。

四 本文研究结果

（一）对微信表情使用与满足模型的修正

问卷调查及访谈结果初步验证了本文的研究假设和研究模型。用户个人特征中的性别、年龄、学历、专业等因素会对表情的使用产生基础性的影响，尤其是性别对表情使用的影响明显。亚文化偏好和同伴压力也是促使用户使用微信表情的重要原因，尤其是同伴压力对用户表情符号的使用与更新有明显的影响。在社会外部条件中，微信的使用频率越高，对社交工具的熟悉程度也越高，使用微信表情及使用频率也会呈正相关关系。

结合上述分析结果，最终构建出微信表情使用与满足模型，如图6所示。

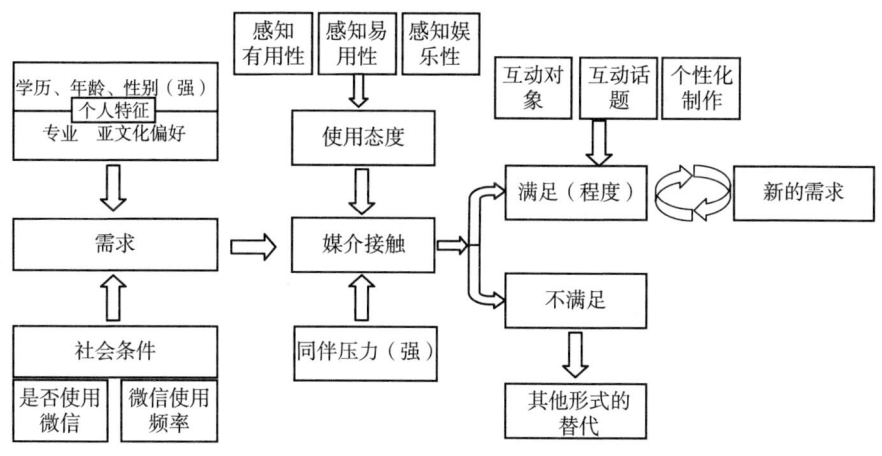

图6 微信表情的使用与满足模型（修正）

（二）研究结果概述

在使用微信表情的基本情况方面，高校学生群体的微信使用黏性明显高

于普通用户，这也促使高校学生在微信表情的使用中更加活跃。微信商店表情和自主收藏类表情在学生群体中普及率很高，但学生群体更偏爱使用自主收藏表情和微信自带表情，还未整体形成微信表情商店使用的习惯，商店表情仍有较大的发展潜力和空间。学生群体对微信表情的使用意愿和实际发送频率较高。微信表情使用的满意性和便捷性都受到高校学生群体的肯定，获得了很高的认可度。性别因素对微信表情使用影响较大，女性的微信表情使用意向、使用数量明显比男性强烈和频繁，女性也有更高的使用满意度。

学生群体使用微信表情主要是出于软化聊天的语气；形象、生动地表达当下的情绪、情感；活跃聊天氛围，使对话更有意思等三项心理动机。表情使用的便捷性主要体现在免费、自主收藏制作、表情多样化细分三个方面。表情使用的娱乐性则主要体现在表情能够传达自身幽默感，在斗图时共享趣味表情，及对亲密好友使用"大尺度"表情等几个方面。互动对象、互动话题和个性化制作三方面因素影响微信表情的使用满意度，其中互动对象，即互动对象的"亲疏远近"关系、"长幼秩序"等对使用与满足程度影响明显。访谈同样验证了学生群体对微信表情使用的满意度较高。

B.13
2016年争议性政策事件网络传播报告*

张淑华 王佳林**

摘　要： 信息技术的发展特别是新媒体的勃兴，对政策传播的路径与效能产生了不可磨灭的影响。本文基于对2016年150个争议性政策事件的研究，重点关注新媒体平台中网络争议对政策传播的影响。结论显示争议性政策主要涉及社会保障、交通、法治等话题，并多以复合型议题呈现，其中全国议题长期温和，区域议题短瞬激烈。微博、微信显示争议被关注的广度，论坛、跟帖显示争议的深度。在争议的主导力量中公众与媒体居于强势地位；争议结果体现了公众政策"介入"所具有的强干预性，政策颁布是政策争议被引发的首要原因，利益诉求、不满情绪、改变政策的意图是参与争议的主要动机。另外，政策危机的深层成因并不指向传播，而是低下的政策质量和决策水平，本文提出了应对政策传播危机的深度结构性危机的日常沟通策略，浅层程序性危机的防范策略，表层事件性危机的回应处置策略。

关键词： 争议性政策　政策传播　新媒体　政策危机

---

* 本文为国家社会科学基金项目"新媒体时代政策传播的路径和效能研究"（项目编号：13BXW026）的阶段性成果。
** 张淑华，郑州大学新闻与传播学院副院长，教授，博士生导师，研究方向为新媒体传播、公共传播；王佳林，郑州大学公共管理学院博士研究生。

2017年新年伊始，河南"全省全面禁止燃放烟花爆竹"①、贵州凯里"再婚禁止办婚宴"②等争议性政策就引起了公众的注意，成为网络舆论热点。"最严禁放令"从发布到实施只过了三天就被撤回，"再婚禁止办婚宴"的规定被公众吐槽后也形同虚设。这些"短命"政策、"奇葩"政策日渐演化为网络公共事件，损害着政府的公信力和公共政策的权威性形象。

令人扼腕的是，这样奇怪的政策在现实中并不少见。我国每年发布的政策有上千个，因为存在争议而被废止的政策不在少数。根据笔者对2016年媒体公开发布政策的手工统计，全年报道的争议性政策议题占政策报道议题总量的24%。对这些数量庞大、关注度高、影响深远的争议性政策现象进行详细描述和归因分析，不仅是为了研究政策自身存在的问题、寻根探源以化解政策危机，更是为了改善我国的公共政策制定者的形象，通过传播策略来促进政府的决策理性和提高政策质量。

一 政策传播的新媒体语境及其风险呈现

政策传播是政策执行的重要环节，政策传播有效与否直接影响政策的成败。③ 现有研究发现，通过政策传播培养公众对政策的认可、理解、信任和支持，能有效减少对抗、抵制、抵触、冷漠等情绪，使公共政策在良好的环境中顺利推行。④ 网络新媒体的兴起使政策从封闭、单向的科层制组织传播走向"后科层时代"的开放、互动传播，传播路径发生了改变。美国"第四代信息政体"的突出特征就是对网络舆论和公民意见的吸纳⑤；国内学者

---

① 付珊：《河南发"最严禁放令"3天后撤回》，《新京报》2017年1月18日。
② 夏熊飞：《复婚再婚不得办酒席实属用力过猛》，《现代金报》2017年1月18日。
③ 刘雪明、沈志军：《公共政策的传播机制》，《南通大学学报》（社会科学版）2011年第2期，第136~140页。
④ 莫寰：《政策传播如何影响政策的效果》，《理论探讨》2003年第5期，第94~97页。
⑤ 布鲁斯·宾伯：《信息与美国民主：技术在政治权力演化中的作用》，刘钢译，科学出版社，2011，第109页。

的研究也发现,政策传播框架和逻辑正由"控制和宣传"向"协商和互动"清晰转型。① 传播路径的这一改变有助于保持政策的公共性,也带来了风险。

新媒体公民参与舆论监督,不仅放大了传统社会政策传播层级过多、渠道单一、缺乏对目标受众的分析和反馈互动、政策话语缺乏亲民性等政策传播宿病②,同时造成了新的危机:一是网络争议造成的政策认同危机阻滞政策执行,并追溯为决策质疑,通过"另类媒介依存"——借助修辞策略制造媒介事件,运用新媒体动员群体力量,发起舆论浪潮抗击主流话语,借助国际舆论促使"反话语"空间生成,进而为传统媒体的再次深度介入寻找必要的舆论保护和政治安全③,形成"舆论倒逼决策"现象,如河南的"禁燃令"、公安部的"黄灯禁令"、镇海"PX项目";二是舆论监督引发政策形象危机,以政策执行中的"走样"和"权力自利"为特征④,如城市经济适用房和农村低保问题,激化了社会矛盾,影响了稳定;三是政府政策回应的风险,面对政策争议,政府的回应面临真实性、权宜性、时效性、立场性等质疑和风险,如公众对能源部新闻发言人"家奴式"回应刘铁男问题等严重滞后型回应的指责、对"你替谁说话"立场选择性话语"隐义"的追问等。⑤

---

① 李希光、杜涛:《超越宣传:变革中国的公共政策传播模式变化——以教育政策传播为例》,《新闻与传播研究》2009年第4期,第71~79页。
② 段林毅:《关涉政策传播的几个问题》,《求索》2004年第4期,第73~74页;颜海娜:《政府公共政策传播机制存在的问题及对策》,《探索》2001年第5期,第54~56页;鲁子问:《自下而上政策话语模式分析》,《当代世界与社会主义》2008年第6期,第112~115页;陈雪琼、刘建平:《惠农政策组织传播的科层困境与出路》,《农村经济》2012年第10期,第13~17页。
③ 刘涛:《环境传播的九大研究领域(1938~2007):话语、权力与政治的解读视角》,《新闻大学》2009年第4期,第102页。
④ 唐莉莉、蒋旭峰:《政策传播中的村干部角色:权威消解、重构与政策协商——基于对JD市农村的调查研究》,《湖南大众传媒职业技术学院学报》2011年第1期,第22~25页;宋健:《关于家电下乡政策传播策略的实证研究——基于对山东省青州市5个行政村的调查分析》,《中国广告》2009年第11期,第116~121页。
⑤ 张淑华:《新媒体语境下政策传播的风险及其应对》,《当代传播》2014年第5期,第72~74、110页。

本文以2016年争议性政策事件为研究切入和考察对象，重点关注新媒体平台中网络争议对政策传播的影响，以期能够较为全面和准确地描述政策风险的整体状貌和深层结构，提供提升政策效能和改善政策传播的经验依据。围绕这一中心，研究涉及的问题包括：哪些话题比较容易引起争议，谁是争议中的主导力量，政策问题通过什么方式成为公共议题，公众通过什么方式实现对公共政策的参与和介入等。在对这些变量进行分类考察的基础上总结影响政策结果的主要原因或关键变量，并尝试给出解决现存问题的建议。

二 对2016年争议性公共政策的结构性描述

本文作者运用人工记录的方式，对2016年全年经由新华网、360头条等媒体公开报道的公共政策进行不完全统计，得到议题2190个（包括同一议题的多次报道。人工统计方法：以天为单位，时段选择为每晚的21:00~22:00，来源主要是新华网、360头条——后以"北京时间"、凤凰网等网络媒体作为补充），其中争议性议题525个，占全部政策报道的24%。合并同一议题后，得到争议性议题150个。本文对这150个议题从议题类型、议题起点、传播渠道、公众参与动机、问题指向、争议主导力量、争议方式、议题数量和分布、政策辐射范围、争议周期、争议结果等11个类别展开内容分析，以期能较为详细地描述问题和阐释原因。内容分析的类目建构如下。

（一）议题类型：社会保障等民生类话题易受争议

在文化、教育、人口、社保、环保、交通等17个争议性议题中，排名前五的议题分别是社保、交通、法治、教育、环保，分别占总议题数量的18%、14%、10%、8%、8%，其余如税费、住房、物价等民生类议题也有较高的关注度和较大的争议空间（见图1）。

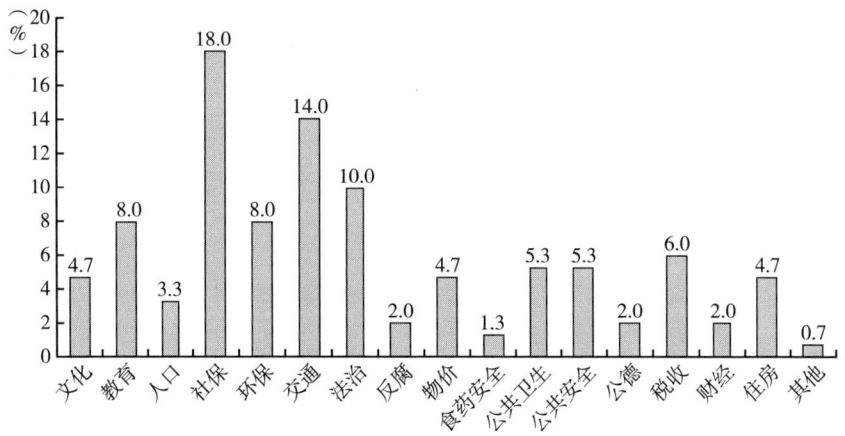

图 1　议题类型

（二）议题起点：政策颁布是政策争议被引发的首要原因

政策进入公众视野并引起争议，主要是因为某项政策颁布或某个公共事件发生引起媒体和公众关注，被动成为争议的起点。在七类诱因中，因某项政策颁布引发的争议占比最高，为53.3%，由公共事件引起的争议占12.7%，位居第三，显示出当前争议性政策传播所处的被动地位。

（三）争议平台：微博、微信显示争议被关注的广度，论坛、跟帖显示争议的深度

毫无疑问，对争议性政策的讨论具有媒体联动效应，传统媒体在设定议题和引导舆论方面具有更大的权威性，但在自由的意见表达和争论上，新媒体具有显化特征。因此，本研究重点考察的是争议性政策议题在新媒体平台的呈现。有如下特征：一是绝大多数议题会同时出现在多个新媒体平台上，出现在新闻跟帖和微信上的比例均为100%，其余依次是微博、论坛发帖和政府网站留言；二是新闻跟帖、论坛是问题更为鲜明集中、讨论更为热烈的平台，深度探讨和舆论交锋大都出现在这里，这里也理应是舆论引导的重点区域。

（四）公众参与动机：利益诉求、不满情绪、改变政策的意图是参与争议的主要动机

本部分按照情绪表达、态度表达、权利表达三个维度对公众的参与动机进行考察（见图2）。

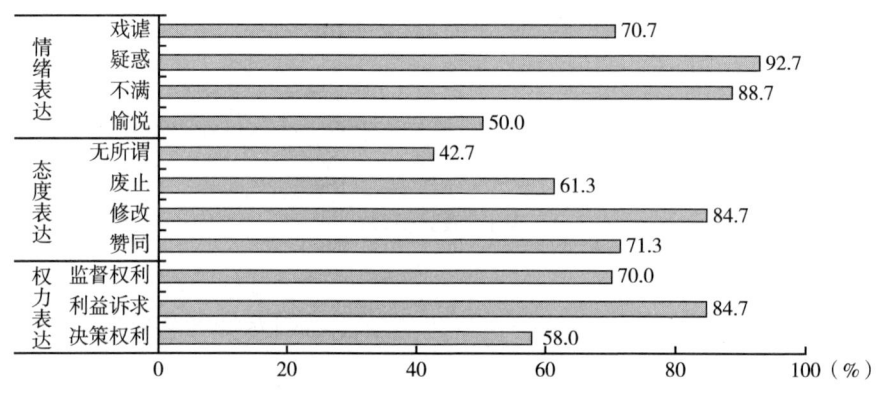

图2　公众参与动机

从公众参与动机的复杂程度可窥见争议的普遍和激烈程度。多数争议同时伴随着公众的情绪、态度和权利三种表达，只是不同问题的侧重稍有不同。其中，情绪表达最为普遍，疑惑、不满是最为常见的表达方式，戏谑是委婉的表达方式，三者是争议性政策议题网络表达的主流，也是政策态度表达的内因，它们以舆论压力的方式影响政策争议的结果。在公众的权利表达中，利益诉求是问题的核心和基本构面。在态度表达中，态度的单一样本观察意义更大：同一议题，赞同者有之，要求修改和废止的反对者有之，"冷感"的旁观者亦有之。实证了这些政策议题的"争议"特征。

（五）问题指向：对政策质量问题的诟病远超于政策传播问题

本研究将争议性政策问题归结为2个大类，5个层面，17个具体问题来展开考察（见图3）。

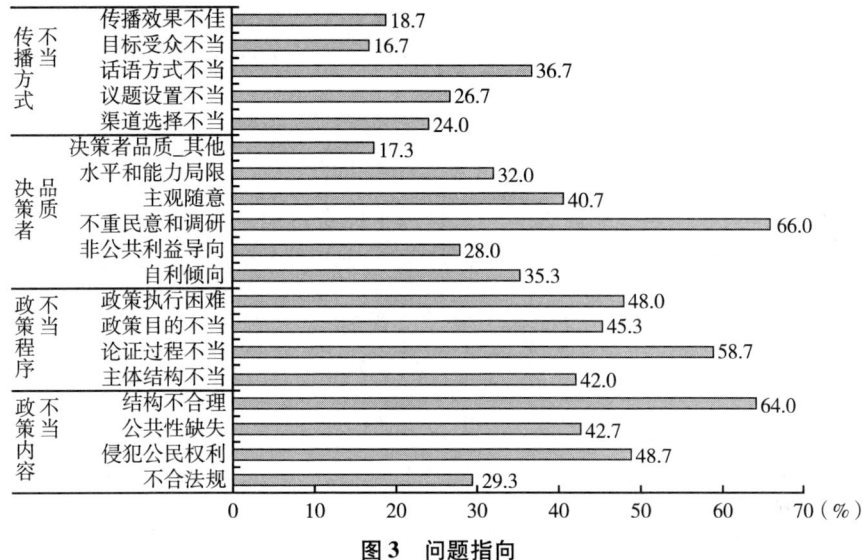

图3 问题指向

1. 大类分析

政策自身存在的问题是争议产生的主要诱因，远远超过政策传播中出现的问题；指向传播的问题首要的是对政策话语方式的不满，其余依次是议题设置不当、渠道选择不当、传播效果不佳和目标受众不当。从两个大类考察可以看出，争议性政策的问题指向主要是政策自身的品质，虽然也存在"封闭小区""营改增"等因传播不当影响政策认同和执行的问题，但此类问题在整体中占比较小，同时有其他多种原因，不构成政策争议的实质性诱因。

2. 政策自身问题分析

政策内容不当、政策程序不当、决策者品质、传播方式不当四类问题指向均有比较多的数量。在17个具体问题中，内容结构不合理、论证过程不当、决策者调研和对民意重视不够、话语方式不当在四类问题中分别占比最高，充分说明了政策问题在后期传播阶段的爆发是前期决策各个环节中问题隐性存在和累积的结果。

（六）争议方式和争议的主导力量：公众与媒体居于强势地位

第一，网上争议方式首先是舆论对抗（38.7%），不同舆论场或舆论主体以辩论、论战甚至骂战的方式显示立场或观点的差异；其次是针对同一问题不同层面、不同角度的个别讨论（38%），观点没有明显的对立特征，而表现出互补性和多元化。同时也存在线下的游行、示威、局部执行等行动抗争，比例虽不高（5.3%），但对结果有着较大的影响。

第二，在争议中能够成为主导力量的主体有政府（含企事业单位）、媒体、公众，或者公共事件。从对150件争议性政策议题传播过程网上考察的统计结果看，在新媒体平台上处于主导位置的主体从高到低的排序依次为：公众（32.7%）、媒体（32%）、政府（22.7%）、公共事件（12.7%）。公众和媒体明显处于优势地位，享有更多的话语权重，这从侧面说明了网络媒体时代公众（或网民）对公共政策的"强制性介入"。

第三，本研究对争议方式和主导力量在分类考察的基础上也做了交叉分析：交叉检验，两者呈边际显著（$X_2 = 24.761$，$p < 0.05$）。不同的争议主导力量存在不同的争议方式。在政府主导的争议中，个别讨论为主要争议方式（64.7%），争议显得相对温和；在公众、媒体主导的争议中，舆论对抗的方式分别占53.1%和35.4%，争议显得比较激烈；在事件主导的议题中，行动舆论抗争占比虽低于个别讨论和舆论对抗，但在四类主导力量中是同一变量占比最高的，这也反向解释了此类争议的公共事件属性（见图4）。

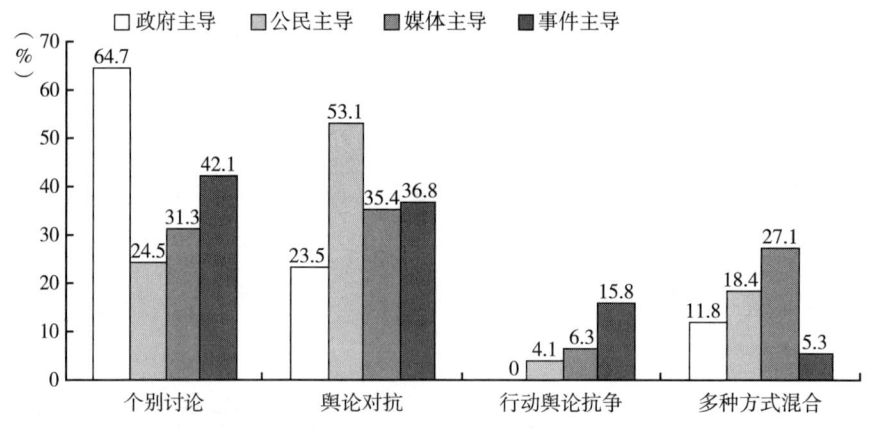

图4　争议方式与争议主导力量交叉分析

（七）争议性政策议题的数量衍生和形态分布：复合型议题居多

从对议题的子议题衍生数量、议题的空间和时间分布等结果的考察看，政策争议呈现出整体放大、时空累积、速战速决等几种类型。衍生复合型议题数量最多（43.3%），多数为民生和涉及多元利益博弈的重大议题，如"全面二孩"、医疗改革、延迟退休等；其次为多点分布的单一议题（29.3%），譬如多地实行的"禁燃令"、隔段时间就会被提起的"个税起点"，这类议题体现了网络争议"韧性战斗"的特征；再次为点状分布的单一议题，如"肉夹馍标准化""取消老人免费乘车"等，因其争议出现了意见"一边倒"或者争议空间不大等，具有"毕其功于一役"的速战速决特征。

（八）政策辐射范围和争议周期：全国议题长期温和，区域议题短瞬激烈

在争议周期上，持续时间在一年以上的长期争议比例最高，为46.7%，其次为一周之内的短期争议（28.7%）。从政策制定的主体和适用范围来看，全国性政策居于数量上的微弱多数（50.7%），但其争议相对温和，争议持续时间相对较长，时间持续在一年以上的比例达68.4%；区域性（45.3%）、局部性或行业性（4%）政策总数不及全国性政策，却是引起舆论强烈关注的问题"高发地带"，其争议具有短期而激烈的特征，一周之内争议结束的占比为50%。这"一大一小"的辐射范围和"一长一短"的周期特征，显示了网络争议对小范围议题短快而激烈、对全国性议题持续而平稳的注意力特征，被动的短期关注和主动的长期关注同时存在，并相互促进和形成争议的整体态势（卡方检验，两者呈现出显著的相关关系，$X_2 = 45.328$，$P < 0.05$）。

（九）争议结果：舆论压力下的"不得不改"

在150项政策中，事后进行"修改完善"的有66项，被迫"废止"的

为 25 项,"搁置"的有 19 项,三者相加为 110 项,占比 73.3%,而"认同通过"和"其他"中包含的"强制性通过"比例不及三分之一。政策争议的结果,显示了公众政策"介入"所具有的强干预性,也揭示了政策问题的严重性,急需引起研究者的关注。

三 影响政策争议结果的要素考察

(一)与结果显著相关的要素考察及研究发现

研究对争议结果和其他 10 个类别的变量逐个进行交叉分析(见图 5),通过卡方检验发现,与争议结果具有显著相关的要素有议题起点、参与动机、问题指向、议题数量和分布、争议方式、议题辐射范围、争议周期等。

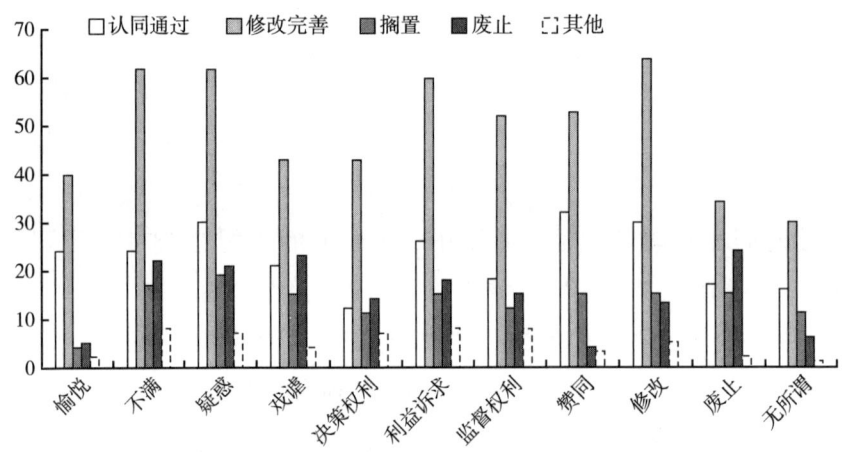

图 5 争议结果与参与动机的交叉分析

1. 政策结果与议题类型并不显著相关($P = 0.198$)

这说明政策争议的引起并无前置性问题或所谓"问题高发区",而是更多指向决策过程和决策者品质等本体性因素,因此对策建构也应从提高决策的科学性水平入手。

2. 参与中的态度表达和权利表达对争议结果影响显著

在三种参与动机中，态度表达相关性最为显著，赞同、修改、废止均显示出与争议结果的高度一致性，卡方检验P值均为0.00，可以看作影响结果最为关键的变量；其次是权利表达，其中的监督权利（$X_2 = 10.351$，$P < 0.05$）与决策权利（$X_2 = 9.805$，$P < 0.05$）对结果有很强的干预性，利益表达的影响却不明显——说明舆论监督带来的压力要大于利益协调；在情绪表达中，愉悦对争议的正向结果影响明显，而不满、疑惑、戏谑等情绪单个测量对政策结果的影响并不显著，按类别测试却显著相关，其分析结果与我们的日常观察结果相似，从侧面验证了常识所具有的现实基础和自然逻辑。

3. 争议中的问题指向和结果具有较强关联，决策者的主观随意等品质是导致政策被诟病的最重要原因

在四类问题指向中，除了政策传播——再次说明政策质量问题是争议的本源，其他三类问题都显著相关。在决策内容上，内容不当中的不合法、侵犯公民权利，政策过程中的论证过程不当、决策目的不当，决策者品质中的自利倾向、非公共利益导向、不重视民意和调研、主观随意、观念和水平有局限等选项，P值均小于0.01。其中，决策者的主观随意（$X_2 = 51.326$，$P < 0.05$）是争议的焦点，从回归分析看，也是政策走向废止的重要原因之一（见图6）。

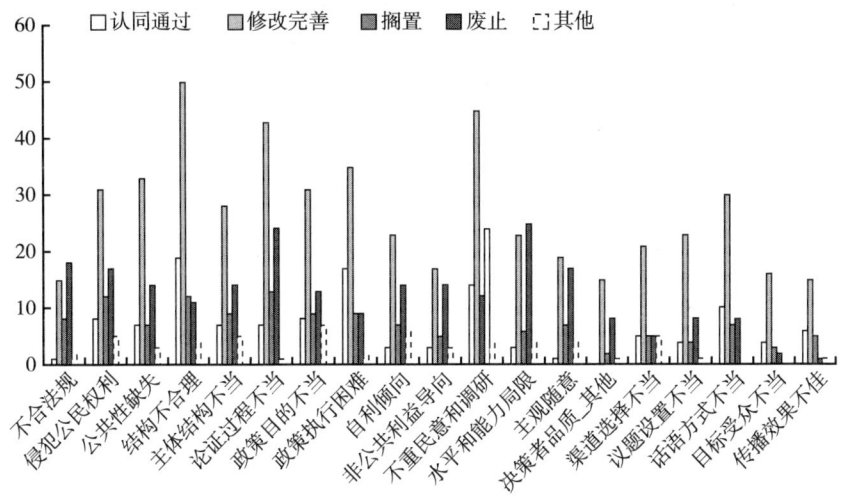

图6　争议结果与问题指向的交叉分析

4. 争议主导者对争议结果影响巨大，谁更积极主动引导，结果就对谁有利

从图7可以发现，认同通过的政策，第一主导力量是政府，而且是唯一一组认同通过比例最高的；而被废止的政策中，政府力量处于缺位状态；在修改完善、搁置、废止三种结果里，媒体和公众明显居于优势地位——这一结果提示政府，公共政策的责任主体在决策中应采取更为积极主动的策略，以赢取权威地位和获得更好的政策结果（见图7）。

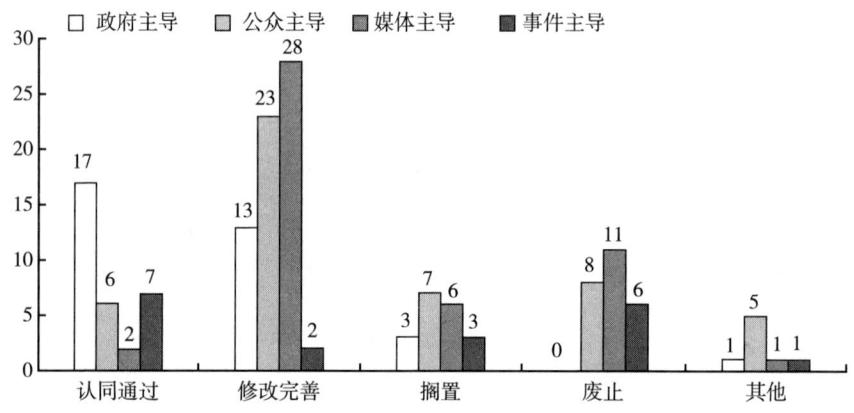

图7　争议结果与争议主导力量的交叉分析

5. 争议的激烈程度、议题的复杂性及争议范围均影响政策结果

在指向废止或搁置的争议中，舆论对抗和行动舆论占据多数位置，指向通过或修改的方式则以温和的个别讨论为主。议题的复杂主要体现为元争议的衍生功能。研究发现，议题越复杂，争议的周期越长，范围也越广，并多数以修改完善为争议结果。在争议范围上，全国性议题显然更为慎重，多以修改完善后通过为结果；单位性、区域性议题则面临更大的争议风险，被废止的比例明显高于全国性议题——其应和地方性决策的非理性相关。

（二）导致政策危机的影响因素分析

一项政策，一经颁布就遭遇灭顶之灾，被舆论指责并最终被废止或不了了之，这样的结果会对政策的权威性、严肃性和政府的公信力造成破坏。现实中，如公安部的"黄灯禁令"、郑州"禁燃令"等"朝令夕改"的政策案例屡见不鲜，广受诟病，其背后的成因值得深挖和深思。

本文对2016年25件被废止的政策议题按结果类别进行了分析，以议题起点、争议主导力量、公众参与动机、问题指向、议题数量和分布、争议方式、政策辐射范围等七个显著性相关的维度预测公共政策危机的形成，分别将是否合法规，是否重民意和调研，目标受众是否恰当等14个测量指标纳入预测变量，通过二元Logistic回归分析向后条件法（逐步向后选择，移去检验基于在条件参数估计的似然比统计量的概率），对形成政策危机的触发机制进行预测，得出如下结论。经过十步逐步输入变量，得到最优模型，即政策危机触发因素包括（按照Wald统计值的大小排列）：政策内容不合法规、争议主导力量、非公共利益导向、政策辐射范围、争议方式。模型的Hosmer和Lemeshow Sig.值为$0.571>0.05$，则接受零假设，证明该模型的拟合效果较好。同时不重民意和调研，目标受众不当，表达戏谑等变量并不是触发公共政策危机的显著因素。

此外，作为方法补充的观察研究发现，议题起点虽然在回归分析显示关联性不强，但在与废止的交叉分析里，也出现了一些问题：在25个被废止的议题中，由政策颁布引发的争议有12个，由公共事件引起的有6个，两者占据了政策起点的绝大多数，从侧面说明了这些被废止政策一开始就存在议题设置被动、决策者自主意识不强的基因。

四　结论和建议

笔者在全面考察影响2016年网络热点争议性政策议题的传播要素并对政策危机展开多维归因分析之后发现，危机出现可归结为三个层面的原因：深层原因是社会结构失衡，浅层原因是政策程序失误，表象是传播策略失当。本文有以下结论和思考。

（一）政策危机的深层成因并不指向传播，而是政策蕴含的社会结构失衡或不合理

政策争议的主要关切是政策的合法性与是否公益导向，说明了当前政策问题的本源是社会结构变迁中出现的各种利益争夺、阶层断裂、权利表达冲突等问题在政策这一"公共资源的权威再分配"[1]中的投射，网络争议是政策的深层结构问题在传播环节的"显像"，只是问题的表象。类似于医保医改、养老、扶贫、延迟退休、户籍改革等久争不下的问题，背后的深层机制是社会结构变革带来的利益结构重置[2]，因此也应该回到社会改革层面，从建立合理的利益协商机制、阶层对话机制、矛盾协调机制等入手，优化社会资源的分配机制。

（二）现有政策危机的直接诱因是低下的政策质量和决策水平

从政策过程看，前决策时期，各种问题以潜隐状态存在；只有到了政策成形期，特别是政策颁布后，潜藏的各种矛盾才被凸显和议题化，但是并不一定导致危机。如果决策主体有一定的危机意识，小心翼翼地设置议题，以积极主动的态度去提前释放"决策气球"，以更加周全的论证方案和程序去求取政策的广泛认同，政策就有了"安全阀"机制，反对意见就可以被提前感知并通过沟通策略扫除障碍，危机就会被化解。而且，相较于传统媒体时代，网络平台的高度社会化、平民化、互动性特征，有效消解了政策反馈机制匮乏、民意传播渠道堵塞、意见表达具有的"前台"表演特征等问题，网民的"强制性介入"应被看作化解政策危机的利器。如何更好地利用网络平台主动设置政策议题、收集民意是当下公共管理者应该认真思考的命题。

---

[1] David Easton, *A Framework for Political Analysis*, Prentice Hall, 1965, pp. 21 – 26.
[2] Zhao Yuezhi, "Media, Market, and Democracy in China between the Party Line and the Bottom Line," The Board of Trustees of the University of Illinois, 1998.

（三）传播策略具有部分消解政策危机的功能

虽然多数危机不是在传播环节生成，但是传播环节的努力可以作为社会结构优化、政策程序优化的补充手段，部分消解各个层面的危机。本文提出危机传播的三度策略。

1. 深度结构性危机的日常沟通策略

一方面是社会治理层面法制化、科学化水平的切实提高；另一方面要善于利用各种媒介平台进行阶层对话，增进民主协商，鼓励利益表达，通过国民教育、社会动员等手段，释放"积怨"和缓解矛盾，建构具有家国情怀的"命运共同体"，增进社会的情感认同和政治认同，这是传播的基本使命。

2. 浅层程序性危机的防范策略

（1）在议题设置阶段，一是要善于从日常问题呈现中敏锐发现议题，并自觉思考；二是要掌握设置命题型议题的主动权，以积极姿态占据主导者位置，"从谏如流"方能赢取信任和尊重。

（2）在方案论证阶段，首先参与主体结构要合理并体现民主；其次论证方案的多文本选择，避免单一文本的主观性、论证空间窄化，并以多频次、多角度讨论推动成熟方案的产生。

（3）在政策反馈阶段，首先要保证有反馈机制，让不同意见得到表达；其次要对意见及时回馈，避免负面情绪的积累和谣言、恶意批评等的滋生。

（4）对决策者实行责任制，决策过程接受媒体和公众的全程监督；决策完成后决策者不仅要担负起政策解释任务，还要承担起相应的风险责任。

3. 表层事件性危机的回应处置策略

典型政策危机近年来多以公共事件状态呈现。这类事件不仅影响公共秩序和社会稳定，而且矮化政府形象，造成公共机构的公信力危机，典型的如"乌坎事件"，厦门、昆明、番禺多地的"PX项目"危机，这是当前危机应对的"敏感区"和难点。

（1）在应对公共事件类政策危机时，公共机构特别是政府的回应面临

真实性、权宜性、时效性、立场性等质疑，需要从内容、态度、时效、关系几个维度做好传播管理，保证信息真实客观，选择诚恳和相互尊重的回应态度，掌握好信息发布的节奏并尽快回答疑问，以双赢（多赢）和尊重建立起政府、媒体、公众间良好的传播互动关系。

（2）在利益协商上，要解决像医闹、水电涨价、门票、教育划片等争执不休的矛盾，除了促进多元主体间的协商，引进"中介模式"和第三方机构仲裁，超越区域、行业等局限，还要在媒体和公众的监督下进行政策效能评估，为政策修缮提供相对客观的依据，这可以作为未来改革的一个方向。

B.14
2016年中国电视媒体融合发展报告

于 烜*

摘　要： 本文以实证资料和数据为基础，从整体态势、热点和创新、发展趋势三个方面对2016年中国电视媒体融合发展进行研究。首先，在整体态势上，部分崛起与整体滞后，面向全国的泛娱乐和立足本地做服务，构成了广电融合传播和产业转型的整体面貌。其次，2016媒体融合的热点和创新。在业务上，一是IPTV逆袭，老树开新花；二是积极探路移动视频直播。在内容上，强势广电集团开放自我，以市场化主体进入网综生产领域。在经营上，2016年广告全媒体一体化营销成为经营转型的新特征。最后，从三个层面阐述了中国电视媒体融合的发展趋势，即IPTV业务增速将带来内容的繁荣，移动端细分类产品、应用的加速推出，商业经营的多元化发展。

关键词： 媒体融合　电视媒体　互联网转型

2016年，从重塑主流媒体影响力这一核心诉求出发，中国电视的互联网转型从过去的战略布局成为集团的战略重点。2016年7月国家新闻出版广电总局发布《关于进一步加快广播电视媒体与新兴媒体融合发展的意见》，明确提出了九项重点任务和总体目标，旨在以深度融合思维推进顶层设计和媒介资源配置。一方面是党中央和国家主管部门力推广电媒体与新兴

---

* 于烜，北京电视台高级编辑，博士，研究方向为视听新媒体、媒体融合。

媒体融为一体、合二为一的指示要求，另一方面是面对传统媒体广告"断崖式"的下滑和主流媒体传播"边缘化"的威胁，终于2016年广电的媒体融合开始从集团层面进行顶层设计，由外围走向核心，成为转型和改革的战略重点。

这一年电视媒体的融合实践在媒体融合历程上留下浓墨重彩的一页。本文在实证资料、数据和深度访谈的基础上，从整体态势、热点创新、发展趋势三个部分观照2016年度电视媒体融合的发展变化。

一 整体态势

（一）部分崛起与整体滞后

部分崛起、整体滞后是2016年电视媒体在中国互联网传播格局中的整体面貌。从传统广电的融合传播能力和内部融合平台的建设两个维度看，在除央视以外的省级广电中，湖南广电位居翘楚，湖南广电和上海SMG构成融合传播的头部；尽管江苏、浙江、山东、北京融合发展各有特色，广东、湖北等出现了发力的迹象，但是行业整体仍然滞后。

首先，从中国电视的融合传播力维度上看，湖南、上海、浙江、江苏处于广电媒体前列。人民网研究院发布的"2016年中国媒体融合传播指数报告"[①]显示，在37家电视台中，基于PC互联网的传播百强节目榜上，央视、湖南、上海、浙江、江苏5家占了一半，共有50个节目上榜；在电视节目网络传播前二十强中，湖南电视台、上海电视台、江苏电视台、浙江电视台4家共占了70%的份额。从移动视频客户端节目的播放总量看，浙江

---

① 该报告中的电视台融合传播指数指标体系选取电视台、网站、微博、微信、入驻聚合新闻客户端、入驻视频客户端、媒体自有APP 7个一级指标以及30个二级指标，对拥有上星卫视的37家电视台的融合传播情况进行考察。报告数据采集由人民网舆情监测室、人民在线完成，并得到中国广视索福瑞媒介研究有限责任公司（CSM）、今日头条、一点资讯的相关数据支持。

电视台以114亿次居首位，上海电视台与湖南电视台则以44亿次、36亿次追随其后。从电视台自有移动APP在十大安卓市场上的下载总量看，湖南电视台下载总量超过5亿次，央视超过1.6亿次。但是就广电整体而言，大部分广电互联网传播能力较弱，两极分化明显。

其次，从广电机构自身融合平台建设程度看，湖南、上海领行业之先。2016年湖南广电以湖南卫视和芒果TV为双引擎，朝着"中国互联网第一娱乐平台"的目标大步迈进。在芒果TV已建成的由网络视频、互联网电视、IPTV、移动客户端共同构成的"芒果生态圈"中，2016年芒果TV全平台日均活跃用户超4700万人，日均VV突破2.2亿人，手机APP安装激活量达4.12亿次[1]，芒果TV已超过搜狐跻身网络视频行业前5强，快乐阳光B轮融资后投市场估值135亿元。

上海SMG以东方明珠新媒体的BesTV为平台，在大小文广合并以后，新组建的东方明珠新媒体股份有限公司（以下简称"东方明珠新媒体"）成为驱动SMG互联网战略转型的发动机。2015年SMG将过去各处分散的新媒体业务整合到东方明珠新媒体，开始以BesTV为品牌构建"内容+渠道与平台+服务"互联网媒体生态系统。经过艰难的蜕变，2016年6月，在原上海广播电视台电视新闻全媒体指挥中心基础上，融媒体新闻中心破茧而出。融媒体中心除了为传统电视频道制作新闻，还负责为新媒体渠道百视通OTT、IPTV、看看新闻Knews（PC+移动APP）提供新闻内容，新闻直播流"Knews 24"实现在IPTV、OTT、移动端、PC端四屏直播。SMG创生产机制融合之先，以电视新闻为试点，以组织融合和流程再造为突破口，初步实现向互联网融合转型。目前，SMG组建了中央厨房特征的融媒体中心，初步形成以BesTV为旗舰平台，以看看新闻、阿基米德（音频）、第一财经为三大产品的"1+3"新媒体平台和产品格局。

此外，浙江、广东等广电媒体融合也取得阶段成果。浙江广电从集团层

---

[1] 中广互联网：《媒体融合的"核"动力》，2016年12月8日，http://www.tvoao.com/a/184206.aspx。

面整合资源，形成新蓝网（PC）、中国蓝新闻（APP）、中国蓝TV（PC+APP）和蓝天云听（APP）产品布局，2016年中国蓝TV跻身广电新媒体综艺产品前三。曾经在传媒改革中领先但在媒体融合中沉寂的广东广电，2016年出现发力迹象，一是以"媒体+金融"思路，先后设立两只百亿量级的融合发展基金；二是发力移动端，推出了两个平台级应用"荔枝直播"和"触电新闻"APP，三是牵头整合南方报业集团和总台旗下财经媒体资源，组建南方财经全媒体集团，首开全国跨行业、跨媒体重组的先河，为传统媒体的转型提供另一种思路。

综上，2016年部分广电媒体在顶层设计推动下积极探索融合路径，格局上湖南、上海强势领先，其他几家也各有可圈可点之处，但是就整体而言，广电互联网转型尚在摸索期，距离形成全面的融合传播竞争力还有很长的路要走。

（二）面向全国的全业态泛娱乐与立足本地的垂直化服务

在产业层面的互联网转型中，广电媒体出现了两种路径选择，一方面以湖南、上海为代表的具有竞争力的省级广电正在全力构建面向全国的全业态泛娱乐产业链，另一方面区域性地方广电的选择是立足本地做垂直化服务。

在中国，湖南广电是最先定位"娱乐"做互联网转型的广电媒体。自2014年湖南率先提出做"中国互联网第一娱乐平台"以来，目前已形成了全产业链"芒果TV"互联网娱乐生态圈。在横向上娱乐视频已覆盖了传统电视、视频网站、互联网电视、IPTV、移动客户端等全媒体，在纵向上完成了"内容+渠道+终端+应用+用户"的立体构建；平台上形成以湖南卫视为核心的电视频道+芒果TV为核心的互联网视频平台+电广传媒为标志的资本运营平台；应用上有游戏、社交APP、综艺类移动直播APP；终端上积极布局互联网电视一体机和机顶盒，以内容与硬件双动力建造互联网电视生态圈。为了占领客厅娱乐入口，2016年湖南广电在互联网电视硬件上加大投入，发布自主研发的智能电视操作系统MUI，推出自有品牌智能电视机，与之前合作形成的硬件产品构成"芒果TV家族"产品系统。

2016年上海东方明珠新媒体对外公布了"娱乐+"战略，一方面基于IP内容完善泛娱乐业务布局，另一方面基于用户流量打造多维变现的商业模式。在视频领域，成立互联网中心面向各大视频网站制作网综节目，旗帜鲜明地提出做"全媒体娱乐内容供应商"。在产业生态建设上，上海SMG已拥有有线电视、IPTV、OTT、移动端、PC端、游戏主机端等几乎所有渠道，东方明珠新媒体拥有8000万用户[①]；业务上涵盖了视频、游戏、购物、影视投资、版权、旅游、广告、文化地产等泛娱乐产业板块，业务遍布线上线下，覆盖家庭文化娱乐消费的方方面面。

如果说面向全国的全业态泛娱乐是省级强势广电产业转型的方向，那么立足本地做垂直化服务则是区域性地面频道和城市电视台的理性选择。在新的媒体生态下，观众大规模流向新媒体，地面电视频道观众规模严重缩水，广告经营出现大面积雪崩。当内容为王的广告模式难以为继时，一些区域性广电便开始向垂直性一体化服务的产业链方向转型。垂直性一体化服务的产业经营聚焦垂直细分产业，如健康、家装、汽车、婚庆等，一方面构建广电+互联网的融媒体圈，另一方面构建内容+服务的生活服务圈，面向本地观众（用户）和主打本地市场的企业，贯通线上线下，打造内容与经营一体化、广告经营和产业经营一体化的生活服务产业平台。

总之，面向全国的泛娱乐和立足本地做服务构成2016年广电产业融合的两种格局，为尚在摸索中、不同层次的广电产业转型提供了经验和借鉴。

二 热点和创新

（一）业务：IPTV逆袭移动直播探路

1. IPTV逆袭

2016年媒体融合业务的最大亮点之一是IPTV的爆发式增长。根据工信

---

① 东方明珠新媒体官网：《网络视听产业论坛开幕 东方明珠总裁张炜详解行业"风口"》，2016年9月20日，http://www.oriental-pearl.cn/news/detail110.html。

部官网2013~2016年发布的统计数据，IPTV用户从2013年的2842.5万人增长到2016年的8673万人，增长率分别为18%、36%、89%，2016年的用户增速远超历年。2016年1~12月新增用户4083.5万人，相当于2010~2012年三年的用户总数。① 从区域看，2016年四川IPTV用户数突破1000万人，成为全球最大的IPTV单区域，河南IPTV用户达到315万人，较上年增长599.1%，四川、江苏、广东、河北等省的IPTV用户规模超过300万人。② 据point-topic统计，2016年全球十大IPTV运营商Q3用户数据显示，中国电信以5370万人高居榜首，中国联通以1887万人位列第二，电信+联通超过了后面8强的总和，领跑全球。此外，据中国有线电视行业发展公告数据，2016年Q3、IPTV新增用户是有线电视新增用户的5倍，在中国电视收视中IPTV占比达到17.8%。③

表1 2013~2016年中国IPTV用户数

年份	2016	2015	2014	2013
用户（万人）	8673	4589.5	3363.6	2842.5

数据来源：根据工信部网站2013~2016年通信运营业统计公报数据计算。

在政策不甚明朗及OTT大潮的挤压下，IPTV进展一度乏善可陈，但在2016年，这种情形发生了改变，业内称之为IPTV逆袭，老树开了新花。IPTV逆袭的关键在于政策红利。受到国家推进三网融合的加持，IPTV政策逐渐开放。2015年9月，国务院办公厅发布《关于印发三网融合推广方案的通知》，IPTV政策的壁垒彻底解除。该通知给予了IPTV与有线数字电视相对等的地位和更大的空间，取消了一个地方只能有一个运营商从事IPTV

---

① 根据工业和信息化部官网2013~2016年发布《通信运营业统计公报》中的年度IPTV数据计算。
② 流媒体网，《用数据解剖IPTV爆发背后的内幕》，2017年3月6日，http://iptv.lmtw.com/IPro/201703/142269.html。
③ 流媒体网：《中国广电发布2016第三季度有线电视行业发展公报》，2016年10月31日，http://data.lmtw.com/yjbg/tghbg/201610/137601.html。

的限制,全面开放运营商进入 IPTV 领域。因此通知在业界被视为"新的突破",标志着三网融合工作试点结束进入全面推广阶段。

在政策壁垒打通后,电信运营商开始重新衡量 IPTV 业务的价值。面对互联网造成的管道空心化的威胁,以及国家对于 OTT 的日益严控,电信运营商在转型中坚定了对 IPTV 的信心,很快 IPTV 业务被三大通信运营商定位为全国基础业务,如联通集团将 IPTV 从宽带捆绑业务升级为战略型基础业务。

2016 年 3 月国务院发布一号特急文《关于在全国范围全面推进三网融合工作深入开展的通知》,此通知是 IPTV 业务又一重要的推进剂,在国家政策持续利好下,IPTV 业务在 2016 年得到大发展。东方明珠新媒体 2016 年上半年在总营收同比下滑的情况下,IPTV 业务收入高达 8.50 亿元,毛利率 53.74%,而互联网电视业务收入 2.63 亿元,业务毛利率仅为 2.58%[1],IPTV 成为公司的核心主业。

2. 移动视频直播探路

2015 年后半年移动视频直播成了移动互联网新的风口,移动直播平台数量井喷,以秀场直播为代表的泛娱乐及游戏类直播成为支柱。随着直播门槛大大降低,直播进入全民化时代,2016 年多家直播平台开始与电商、旅游、体育等行业跨界合作,行业垂直细分类直播崛起。2016 年以来移动视频直播势头迅猛,根据艾瑞数据,截至 2016 年 9 月,月度使用设备数已达 1.54 亿台。[2] 从长视频到短视频,内容生产门槛逐步降低;从 PC 到移动,便捷性进一步提升,直播平台打赏、红包等功能,使得企业变现快捷,营收类型多元化。

在这样的行业背景下,拥有优质主播资源及内容的广电业开始试水移动

---

[1] 东方明珠新媒体官网:《张炜履新东方明珠总裁后的首份成绩单:"娱乐+"战略浮出水面,IPTV 跻身核心主业》,2016 年 8 月 31 日,http://www.oriental-pearl.cn/news/detail104.html。

[2] 199IT 网:《TrustData:2016 年移动视频直播分析报告》,2016 年 7 月 18 日,http://www.199it.com/archives/497274.html。

视频直播。芒果 TV 一马当先，其先于网络视频三巨头——爱奇艺、优酷土豆和腾讯推出"芒果直播"，意在抢占综艺直播垂直领域的先机。2016 年 8 月，浙江广电在"中国蓝 TV"APP 上线一周年之际推出蓝魅直播。考虑到直播资源可持续性问题，浙江广电并没有推出独立直播 APP，而是将蓝魅直播内嵌于"中国蓝 TV"APP，旨在和原有资源形成互补。

移动视频直播平台的火爆是直播新闻产生的契机。2016 年 4 月北京广电在新推出的"北京时间"（PC + APP）中，上线"24 小时直播频道"，主打资讯直播。2016 年上海 SMG 官方新闻客户端"看看新闻 Knews"升级上线，新推出的 24 小时新闻直播流"Knews24"成为最大亮点。"Knews24"依靠融媒体中心千人的新闻团队，在 SMG 新媒体 BesTV 全平台（看看新闻网 PC 端、移动客户端、IPTV、互联网电视）实现全覆盖。

目前全国共有移动视频直播平台 200 家左右，野蛮生长之后必将迎来一轮大洗牌。几家广电媒体以各自的优势进行试水，积极布局移动互联网的下一个入口。

（二）内容：开放做网综，直播成常态

1. 开放做网综

2016 年是自制网络综艺爆发的大时代，数量上从 2014 年不足十个增长到 2016 年的近百个。据乐正传媒统计，2016 年六家主要视频网站的纯网综节目共计 93 档，其中视频网站独家出品 52 档，占比 55%，与其他机构联合出品 41 档，占比 45%。从类型看除了真人秀、脱口秀外，延伸到喜剧、美食、时尚、音乐等细分类，形成了多元化的网综矩阵。作为融媒体生态建构的重要一环，2016 年传统广电集团开放自我，以市场化主体进入网综生产领域，成为 2016 年融媒体内容生产的新趋势。

2016 年芒果 TV 全面发力网综，背靠湖南广电"马栏山"制作大军，共推出网综 11 档，如《明星大侦探》《妈妈是超人》《爸爸去哪儿》等，从独家出品的数量看，芒果 TV 与腾讯视频并列第一，但从总出品数量看，少于腾讯、爱奇艺、优酷三巨头，位列第四。内容是视频媒体的核心价值，近

两年随着各路人马涌入，视频内容制作竞争加剧。长期以内容为核心竞争力的湖南广电如何才能保持内容优势？面对开放的市场，芒果TV选择从独播到独特的战略转型，加大内容自制并向全社会开放内容生产，2016年设立内容孵化基金，扶植内容企业或个人，做"有组织的UGC"。①

上海SMG是市场化网综大军中的新势力。向着"全媒体娱乐内容供应商"的目标，2016年SMG互联网节目中心与腾讯视频、爱奇艺、优酷、搜狐视频、乐视五大视频网站全面合作，制作了《放开我北鼻》《女神的选择》《国民美少女》等多档网络综艺，并联合斗鱼直播、一直播、映客等推出多档直播综艺，全面发力网综制作。此外，浙江卫视也开始对外合作网综生产，如与腾讯视频合作《拜托了衣橱》。

2. 直播成常态

移动视频直播的火爆为传统电视内容生产和传播注入新动能。借助移动直播，今年数档电视综艺采用了"直播+综艺"形式，湖南卫视《夏日甜心》将移动直播手段引入，与节目综艺主播选拔相结合；《全员加速中》第二季的录制中，湖南卫视与9大直播平台联动，网红线上直播、"线上主播+新锐综艺"的独特混搭让人耳目一新。在地面频道中，河南电视台都市频道在电视K歌节目中，借助移动直播，形成与电视屏实时互动直播，是对电视直播的一次融媒体升级。移动视频直播作为新的技术和应用，改变了过去电视直播重装备、高度组织协同的生产方式，正越来越多地运用在电视内容生产和节目营销推广中，这一轮技术引发融合内容创新正走在大路上。

（三）经营：广告一体化

中国电视广告继2014年首次出现负增长以后，已进入连续下降通道。据CTR数据，2016年中国电视广告刊例收入同比下降3.7%，广告时长减少4.4%，尽管降幅均有小幅收窄，但是广告经营仍在重围中。在向互联网

---

① 新浪科技：《芒果TV聂玫：广电媒体转型要义无反顾不要回头》，2016年3月23日，http://tech.sina.com.cn/i/2016-03-23/doc-ifxqswxn6325387.shtml。

经营的转型中，继2015年T2O电视+电商的探路之后，2016年广告全媒体一体化营销成为经营转型的新特征。

广告一体化经营，是指将传统电视频道和新媒体做渠道整合，进行一体化的资源销售。上海SMG以融媒体中心的新闻内容打通全平台，进行广告一体化营销。2016年11月，上海SMG召开"大道归一"融媒体中心资源说明会，首次向广告客户完整一体化地推介全平台资源，包括电视屏的三个频道（新闻综合频道、ICS外语频道、东方卫视）以及看看新闻KnewsPC+APP及其所覆盖的IPTV和OTT渠道。山东广电也以新成立的融媒体资讯中心为主体整合广告资源，打造融媒体营销超市。2016年9月，中央电视台推出以整合营销为特征的"国家品牌计划"，通过"固定资源+配套资源+整合传播资源"配置，广告将横跨15个频道及线上线下资源。比如在CCTV-1《晚间新闻》前传播品牌故事和经营之道，在央视全频道播出的国家品牌计划宣传片中标注入选企业元素，在央视网定制品牌传播专区。这种广告资源配置使得品牌实现全媒体曝光展示。

尽管从整体上看，融媒体一体化经营才刚刚起步，但2016年，广告一体化终于从纸上谈兵开始落地起价，随着融合转型的深入，未来融媒体经营会成为主流和常态。

三 发展趋势

对于未来媒体融合趋势可以有多种预测，不同的解释角度会得到不同的结果。本文依据基本逻辑，立足对未来电视业融合发展的实践指导，从以下三个方面阐述中国电视媒体的融合趋势。

（一）IPTV业务提速带动内容建设

如果说一个时期以来，电信运营商视IPTV业务为鸡肋，食之无味弃之可惜，那么随着国家"宽带战略"和三网融合的深入，2016年IPTV跃升为运营商的战略型业务，得到大力推广。根据国网发布的数据，2016年IPTV

在全国家庭收视市场的份额增长显著，相比2015年提升近10个百分点，达到20.5%，一跃成为继有线电视、直播星之后的中国第三大家庭收视方式。①

未来随着收视服务宽带化、高清化，凭借资费优势，IPTV用户会继续稳定增长。截至2016年12月底，全国光纤接入用户占比达到76.6%，光纤用户2.28亿户②，户均48Mbps的接入速率已经能够平滑支撑电视节目的在线传输，而且高清机顶盒已成为IPTV标配，IPTV视频服务水平大大提升。2017年IPTV用户规模将超过1.2亿人，届时IPTV将超过有线电视成为中国第一大家庭收视方式。

随着用户数量和收视份额的继续提升，距离地网覆盖的收视人口天花板也就更近，需要通过增值服务来提升盈利水平，而视频内容的增值服务对于未来发展至关重要。IPTV业务增速将带来内容的繁荣，其中垂直化内容将成为发展重点。垂直化内容将突破地网限制，寻找向全国拓展的空间，从而带来IPTV业务新的增量。

（二）移动端细分类产品、应用加速推出

近年来移动互联网在技术、资本驱动下快速发展，在经历了爆发式的增长后，2016年整体的应用渗透率已达高点，根据2016年TalkingData移动互联网行业发展报告，移动互联网应用打开款数全面下降，用户更加集中在少数应用上，社交及娱乐作为移动智能终端用户的刚性需求，用户市场基本释放完毕，头部行业集中，市场格局稳定。细分类别应用的市场潜力虽仍在释放，但新应用进入门槛越来越高，格局已经趋于固定。

作为主流媒体，传统广电在移动端的传播力已经滞后。视频类只有芒果TV追赶行业头部，具备了参与竞争的资格，而新闻类应用则是全面滞后。

---

① 中广互联网：《中国广电发布2016年第四季度有线电视行业发展公报》，2017年1月25日，http://www.tvoao.net/a/184758.aspx。
② 中国工业和信息化部官网：《2016年通信运营业统计公报》，2017年1月22日，http://www.miit.gov.cn/n1146290/n1146402/n1146455/c5471508/content.html。

2017年伊始，中宣部部长刘奇葆发表《推进媒体深度融合，打造新型主流媒体》讲话，明确提出"确立移动媒体优先这个发展战略"，指出传统媒体进入移动传播领域，需要关注新闻客户端发展，创新移动新闻产品。作为党媒，传统广电必须回应意识形态层面的要求，这无疑会加快移动端应用、产品开发，但又必须面对市场现实环境做出选择，在细分类别应用中寻找机会。未来，广电媒体会比较集中地推出移动直播和本地化资讯服务类应用、产品，参与移动互联网的市场竞争。

（三）商业经营多元化发展

自2014年以来电视广告收入连续三年负增长，迫使广电媒体在阵痛中探索经营的各种可能性。未来，全媒体广告一体化、IP化经营、区域信息服务、电视+电商等构成商业经营的多元化趋势。

全媒体广告一体化。尽管2016年强势广电媒体的广告吸金力依然强势，四大卫视广告量依然稳步上升，但一枝独秀不可能支撑一个行业的发展，传统电视广告两极化带来的将是行业的整体衰落，独守电视广告必然走向末路，而移动端、智能电视端等新媒体广告经过市场培育，已经逐渐成熟。据CTR广告主营销趋势调研的数据，广告主在移动端投放比例已经从2013年的59%提高到2016年的89%。因此，在省级广电的广告经营中，打通传统频道和新媒体渠道，整合成全媒体广告资源池进行一体化经营，将成为普遍的趋势。

IP化的产业经营将在未来变现中占有重要位置。2015年湖南广电《爸爸去哪儿》的IP开发带动了行业IP热潮，尽管规模化IP经营的案例凤毛麟角，但围绕优质IP资源进行产业链多元开发已成为行业共识。2016年在东方卫视《欢乐喜剧人》《笑傲江湖》《金星秀》等形成喜剧IP的节目矩阵后，东方明珠新媒体迅速跟进，除了在IPTV、OTT、移动端推广喜剧系列节目，还与百视通全国驻地系统联动，推出《曲苑流觞》全国相声巡演项目，试图打造地面"喜剧第一入口"。IP化经营需要以内容和经营的一体化为前提，这样才能够在产业生态中彼此呼应、联动。SMG以卫视形成的喜剧 IP，打通了电视端、新媒体端和线下演出的渠道，使之相互关联拉动，走在 IP 化经营前列。

此外，区域信息服务和 T2O 电视 + 电商模式也都不乏成功的案例，强化本地特色、服务本地用户，形成为特定地区人群服务的商业服务模式，对未来区域性广电的经营转型具有重要意义。

B.15
当前手机新媒体对城镇
残疾青年社会融入的影响研究

——以北京市西城区为例

罗自文 李鸿达*

摘　要： 本文综合采用问卷调查和深度访谈法，调查了北京市西城区残疾青年使用手机新媒体对其社会融入的影响。研究发现，残疾青年通过手机新媒体与陌生人进行交往可以遮蔽自身的生理缺陷，突破自身的心理障碍，拓宽自己的社会交往面，从而延伸他们的社会资本，获得更多的社会支持。具体来说，手机新媒体对城镇残疾青年在政治参与、经济活动、社会交往等方面具有明显的促进作用；在促进城镇残疾青年就业、教育和医疗方面的作用则不明显，其优化需要政府、社区、企业和残疾青年四方协同努力。

关键词： 手机新媒体　残疾青年　社会融入

长期以来，残疾人的社会融入一直是学界和业界关注的问题。残疾人更好地融入社会、平等地参与社会生活、共享改革发展成果，既是广大残疾朋友的迫切愿望，也是全面建成小康社会的客观要求。以互联网为基础的新媒

---

* 罗自文，中国青年政治学院新闻传播学院教授，博士，主要研究新媒体和新闻教育；李鸿达，中国青年政治学院新闻传播学院研究生，主要研究传媒和青少年。

体飞速发展，极大地改变了人们的思维方式、生活方式。城镇残疾青年也不例外，只要手里有可以上网的手机等移动终端，他们就可以在移动互联网这个虚拟的世界做以前在生活中想做却不能或不便做的事。因此，从一定意义上说，基于互联网的手机新媒体为残疾人融入社会开辟了新路径。本研究试图探究手机新媒体在城镇残疾青年融入社会的过程中产生的影响，进而分析造成这些影响的原因，尝试为增进残疾青年的社会融入提供优化的新媒体路径。

一 研究对象与理论视角

本文将"残疾青年"的年龄段界定在18~35周岁，主要出于以下几点考虑：第一，在法律上，18岁是一个人成年的年龄分界线，意味着他成为一个独立的公民，具有了相应的权利和义务。第二，这个界定包括了残疾青年从学校走向社会的阶段，这个转折历程对于每一个人来说都至关重要，残疾青年在这个年龄段中是否在教育和就业之间实现良好的对接，是本文关注的另一个方面。[1] 第三，本研究从手机新媒体切入，试图从新媒体的视角寻找到一条残疾青年融入社会的可行性路径，因此使用手机新媒体就成为选择研究对象的必要条件。基于新媒体的媒体属性需要更强的技术亲和力，年龄太大使用新媒体可能会存在障碍，因此本文将年龄的上限界定在35周岁。有鉴于此，本文结合《中华人民共和国残疾人保障法》对"残疾人"的定义，将"城镇残疾青年"定义为："生活在城镇，年龄在18到35周岁之间，在心理、生理、人体结构上，某种组织、功能丧失或者不正常，全部或者部分丧失以正常方式从事某种活动能力的人。"[2]

本研究尝试从媒介功能主义视角来探究城镇残疾青年如何使用手机新媒体，以及手机新媒体对他们的生活产生的影响。

---

[1] 赵乐：《我国城市残疾青年社会保障研究——N市D区残疾青年调查引发的思考》，北京师范大学硕士学位论文，2011，第10页。
[2] 全国人民代表大会常务委员会：《中华人民共和国残疾人保障法》，2008，第一章第二条。

二 研究设计与研究过程

为了保证研究的意义和价值，本研究综合采用问卷调查和深度访谈的实证研究方法。通过分析已有文献发现，现有有关残疾人社会融入问题的研究，以质化研究为主，量化研究相对较少，总体上呈现一种思辨有余而实证不足的状况，研究结果缺乏外部效果，不足以推论总体。本研究依托北京市西城区残联的帮助，在西城区采用问卷的形式进行概率抽样调查，以求在一定程度上弥补实证的不足，使得研究成果更能反映总体的基本情况，为决策者提供较为准确的决策依据。

西城区目前有15个街道，根据街道面积的大小（社区数量的多少）分成3层，第一层：展览路街道、月坛街道、广外街道、德胜街道、什刹海街道；第二层：新街口街道、金融街街道、西长安街街道、白纸坊街道、广内街道；第三层：牛街街道、椿树街道、大栅栏街道、陶然亭街道、天桥街道。然后将每一层的街道进行编号：1号、2号、3号、4号、5号。再随机抽取编号。根据以上原则，本次调查分别抽取了德胜街道、白纸坊街道以及陶然亭街道。借助西城区残联的帮助，本研究在以上所抽取的街道中分别寻找6名、4名、2名残疾人专职委员，通过他们找到其身边所服务的残疾青年，从而形成本研究的研究样本。本次调查共收集到问卷52份，其中有1份问卷是没有使用智能手机的残疾青年填写的，实际有效问卷为51份。

问卷研究法可以获得城镇残疾青年使用手机新媒体的总体状况，但并不能反映个体差异，更不能反映手机新媒体产生影响的原因和优化路径，特别是关于手机新媒体在残疾青年社会融入方面的具体优化建议更难以获取。为此，本文选取了5位西城区的使用手机新媒体的残疾青年进行访谈，了解他们在使用手机新媒体时的体验与感受、手机新媒体给他们日常生活带来了哪些具体变化以及在使用手机新媒体的过程中遇到了哪些具体困难，并重点探寻这些状况背后的成因。

三 手机新媒体使用对城镇残疾青年社会融入的影响

（一）对政治参与的影响

通过对西城区残疾青年使用手机新媒体前后的社会融入情况的调查数据进行分析发现，手机新媒体的使用在认知、态度、行为方面皆促进了城镇残疾青年的政治参与，使得他们的政治参与意识、积极性都有了较大幅度的提升。

认知方面。使用手机新媒体前，仅有21.2%的残疾青年表示自己非常关注政府部门关于残疾人的政策方针，有接近30%的残疾青年表示自己完全不关注这方面的信息。而使用手机新媒体后，44.2%的残疾青年表示通过政务微博、微信或政务APP等新媒体平台"经常关注"政府有关残疾人方面的方针、政策，而表示"完全不关注"的比例则下降到了11.7%。具体如表1、表2所示。

表1 在使用手机新媒体之前，是否关注政府部门关于残疾人方面的政策方针

单位：次，%

	项目	频率	百分比	有效百分比	累积百分比
有效	-2	1	1.9	1.9	1.9
	非常关注	11	21.2	21.2	23.1
	偶尔关注	25	48.1	48.1	71.2
	完全不关注	15	28.8	28.8	100
	合计	52	100	100	

注：本文表1至表17由SPSS自动生成，描述时剔除了一个样本，因此表中数据同正文并不完全一致。

表2 是否通过政务微博、微信或政务APP关注政府有关残疾人方面的政策

单位：次，%

	项目	频率	百分比	有效百分比	累积百分比
有效	-2	1	1.9	1.9	1.9
	经常关注	23	44.2	44.2	46.2
	偶尔关注	22	42.3	42.3	88.5
	完全不关注	6	11.5	11.5	100
	合计	52	100	100	

态度方面。使用手机新媒体之前,有不到一半的城镇残疾青年表示"比较愿意"或"非常愿意"就涉及自己的政府方针、政策进行意见表达或投票,比例为44.3%;在使用手机新媒体后,这一比例上升了近10个百分点,达到55.0%,表示"比较不愿意"或"完全不愿意"的比例下降了44.4%。具体如表3、表4所示。

表3 在使用智能手机之前,愿意就涉及自己的政府政策进行意见表达或投票吗

单位:次,%

	项目	频率	百分比	有效百分比	累积百分比
有效	-2	1	1.9	1.9	1.9
	非常愿意	11	21.2	21.2	23.1
	比较愿意	12	23.1	23.1	46.2
	一般	19	36.5	36.5	82.7
	比较不愿意	7	13.5	13.5	96.2
	完全不愿意	2	3.8	3.8	100
	合计	52	100	100	

表4 对涉及自身利益的政策,愿意在政务微博、微信上进行意见表达或投票吗

单位:次,%

	项目	频率	百分比	有效百分比	累积百分比
有效	-2	1	1.9	1.9	1.9
	非常愿意	17	32.7	32.7	34.6
	比较愿意	11	21.2	21.2	55.8
	一般	18	34.6	34.6	90.4
	比较不愿意	4	7.7	7.7	98.1
	完全不愿意	1	1.9	1.9	100
	合计	52	100	100	

行为方面。使用手机新媒体之前,表示"一次都没有"参加过涉及自己的政府方针、政策的意见征集或投票活动的超过了一半,占比达到了51%,有1/3的残疾青年表示只参加过一、两次这样的活动;而使用手机新

媒体后，表示"一次都没有"参加过涉及自己的政府政策、方针的意见征集或投票活动的比例下降为35.3%，同时在参加过此类活动的残疾青年中，有"三次及其以上"的人数明显上升，从使用手机新媒体之前的15.7%上升到37.3%。具体如表5、表6所示。

表5 在使用手机新媒体前，曾经参加过涉及政府政策的意见征集或投票活动吗

单位：次，%

	项目	频率	百分比	有效百分比	累积百分比
有效	-2	1	1.9	1.9	1.9
	有过六到九次	3	5.8	5.8	7.7
	有过三到五次	5	9.6	9.6	17.3
	有过一、两次	17	32.7	32.7	50.0
	一次都没有	26	50.0	50.0	100
	合计	52	100	100	

表6 曾经对涉及自身利益的政策在政务微博、微信上进行过意见表达或投票吗

单位：次，%

	项目	频率	百分比	有效百分比	累积百分比
有效	-2	1	1.9	1.9	1.9
	有十次及以上	2	3.8	3.8	5.8
	有过六到九次	2	3.8	3.8	9.6
	有过三到五次	15	28.8	28.8	38.5
	有过一、两次	14	26.9	26.9	65.4
	一次都没有	18	34.6	34.6	100
	合计	52	100	100	

（二）对经济活动的影响

手机新媒体的使用对城镇残疾青年不同经济活动的影响有所不同，在购物等商品交易活动方面具有显著的促进作用，而在就业这一重要经济活动指标中的表现却比较"疲软"。由于关于残疾青年就业问题的研

究成果比较丰富，也比较系统，因此，本研究对使用手机新媒体之前城镇残疾青年就业方面的问题就不做调查，而主要对城镇残疾青年利用手机新媒体促进就业方面的问题进行调查研究。

认知与态度方面。进入新媒体时代，传统的购物等商品交易活动发生了前所未有的变化，只要手里有一个能够上网的智能手机等智能终端，便可以在分秒之间购买到想要的商品，等待快递送货上门。调查数据显示，在使用手机新媒体之前，表示"比较愿意"或"非常愿意"自己上街购买日常生活用品的残疾青年的比例为57.6%；而使用手机新媒体之后，有92.3%的残疾青年表示自己的手机里至少有一个淘宝、京东等购物类APP。具体情况如表7、表8、表9所示。

表7 在使用手机新媒体之前，您愿意自己上街购买日常生活用品吗

单位：次，%

	项目	频率	百分比	有效百分比	累积百分比
有效	-2	1	1.9	1.9	1.9
	非常愿意	15	28.8	28.8	30.8
	比较愿意	15	28.8	28.8	59.6
	一般	13	25.0	25.0	84.6
	比较不愿意	8	15.4	15.4	100
	合计	52	100	100	

表8 您手机里是否有淘宝、京东等购物类APP

单位：次，%

	项目	频率	百分比	有效百分比	累积百分比
有效	-2	1	1.9	1.9	1.9
	一个都没有	4	7.7	7.7	9.6
	有一个	15	28.8	28.8	38.5
	有两个及以上	32	61.5	61.5	100
	合计	52	100	100	

表9　您愿意在手机淘宝、京东商城这类APP上进行购物吗

单位：次，%

	项目	频率	百分比	有效百分比	累积百分比
有效	-2	1	1.9	1.9	1.9
	非常愿意	31	59.6	59.6	61.5
	比较愿意	6	11.5	11.5	73.1
	一般	11	21.2	21.2	94.2
	比较不愿意	1	1.9	1.9	96.2
	完全不愿意	2	3.8	3.8	100
	合计	52	100	100	

行为方面。使用手机新媒体之前，仅有47.1%的残疾青年表示自己"经常"上街购买日常生活用品；而使用手机新媒体后，这一比例上升到了64.7%。具体如表10、表11所示。

表10　在使用手机新媒体之前，现实生活中您是否自己上街购买生活用品

单位：次，%

	项目	频率	百分比	有效百分比	累积百分比
有效	-2	1	1.9	1.9	1.9
	经常购买	24	46.2	46.2	48.1
	偶尔购买	27	51.9	51.9	100
	合计	52	100	100	

表11　您用手机淘宝、京东商城买过东西吗

单位：次，%

	项目	频率	百分比	有效百分比	累积百分比
有效	-2	1	1.9	1.9	1.9
	经常购买	33	63.5	63.5	65.4
	偶尔购买	15	28.8	28.8	94.2
	没有买过	3	5.8	5.8	100
	合计	52	100	100	

（三）对社会互动的影响

本部分主要研究了五个方面的内容，即教育、人际交往、文化交流、医疗以及日常出行。出于问卷题量的考虑，本研究只选取了人际交往和文化交流两个变量进行了对比调查，而对教育、医疗、日常出行这三方面只做了手机新媒体使用之后的调查。

人际交往方面。手机新媒体可以促进城镇残疾青年的人际交往。调查显示，手机中安装QQ、微信等社交软件"两个及以上"的残疾青年的比例占到了90.2%。手机新媒体使用之前，表示"比较愿意"或"非常愿意"与陌生人（特指健全人）进行交流的残疾青年仅占37.3%。在行为方面，也仅有37.3%的残疾青年表示自己经常在现实生活中与陌生人进行交流。在使用手机新媒体之后，表示"比较愿意"或"非常愿意"与陌生人进行交流的比例上升到了64.7%；同时有56.9%的残疾青年表示自己"比较愿意"或"非常愿意"将QQ、微信等社交媒体中的陌生人发展成为现实生活中的朋友并保持长期交往。行为方面，有66.7%的残疾青年表示自己在日常生活中有过将QQ、微信等社交媒体中的陌生人发展成现实生活中的朋友并保持长期交往的经历，这其中有接近一半的人的经历超过了三次。具体情况如表12、表13、表14、表15、表16、表17所示。

表12 您手机里是否有QQ、微信等社交软件

单位：次，%

	项目	频率	百分比	有效百分比	累积百分比
有效	-2	1	1.9	1.9	1.9
	一个都没有	2	3.8	3.8	5.8
	有一个	3	5.8	5.8	11.5
	有两个及以上	46	88.5	88.5	100
	合计	52	100	100	

表13 使用手机新媒体前，在现实生活中是否愿意与陌生人（特指健全人）交流

单位：次，%

	项目	频率	百分比	有效百分比	累积百分比
有效	-2	1	1.9	1.9	1.9
	非常愿意	15	28.8	28.8	30.8
	比较愿意	4	7.7	7.7	38.5
	一般	21	40.4	40.4	78.8
	比较不愿意	6	11.5	11.5	90.4
	完全不愿意	5	9.6	9.6	100
	合计	52	100	100	

表14 您愿意在QQ、微信等社交媒体中与陌生人（特指健全人）进行交往吗

单位：次，%

	项目	频率	百分比	有效百分比	累积百分比
有效	-2	1	1.9	1.9	1.9
	非常愿意	21	40.4	40.4	42.3
	比较愿意	12	23.1	23.1	65.4
	一般	10	19.2	19.2	84.6
	比较不愿意	4	7.7	7.7	92.3
	完全不愿意	4	7.7	7.7	100
	合计	52	100	100	

表15 愿意将微信等社交媒体中的陌生人发展为现实中的朋友并保持长期交往吗

单位：次，%

	项目	频率	百分比	有效百分比	累积百分比
有效	-2	1	1.9	1.9	1.9
	非常愿意	14	26.9	26.9	28.8
	比较愿意	15	28.8	28.8	57.7
	一般	11	21.2	21.2	78.8
	比较不愿意	3	5.8	5.8	84.6
	完全不愿意	8	15.4	15.4	100
	合计	52	100	100	

表 16　使用手机新媒体前，您在现实生活中与陌生人（特指健全人）交流吗

单位：次，%

	项目	频率	百分比	有效百分比	累积百分比
有效	-2	1	1.9	1.9	1.9
	经常交流	19	36.5	36.5	38.5
	偶尔交流	30	57.7	57.7	96.2
	没有交流过	2	3.8	3.8	100
	合计	52	100	100	

表 17　有将社交媒体中的陌生人（特指健全人）发展为生活中朋友的经历吗

单位：次，%

	项目	频率	百分比	有效百分比	累积百分比
有效	-2	1	1.9	1.9	1.9
	有过十次及以上	6	11.5	11.5	13.5
	有过三到五次	10	19.2	19.2	32.7
	有过一、两次	18	34.6	34.6	67.3
	完全没有	17	32.7	32.7	100
	合计	52	100	100	

文化交流方面。手机新媒体的使用促进了城镇残疾青年的文化交流。调查显示，有49.0%的残疾青年的手机中安装了"唱吧""哔哩哔哩"等文化娱乐型APP。使用手机新媒体之前，仅有39.2%的残疾青年表示自己"比较愿意"或"非常愿意"将自己所拍摄的照片、视频或录制的歌曲等文化艺术作品与他人分享，而在使用手机新媒体之后，这一比例上升到了51.0%。行为方面，使用手机新媒体前，仅有21.6%的残疾青年表示自己在日常生活中"会经常分享"自己拍摄的照片、视频或录制的歌曲等文化艺术作品，而使用手机新媒体后，这一比例几乎增加了一倍，跃升至43.1%。

四　原因分析

综合以上数据分析，发现新媒体在城镇残疾青年社会融入方面的作用表现不一。具体说来，新媒体在城镇残疾青年的政治参与、经济活动中的商品交易活动以及社会互动中的人际交往、文化交流、日常出行等方面表现不俗，极大地促进了城镇残疾青年在这些方面的社会融入。但与之相反的是，在经济活动中的就业方面、社会互动中的教育医疗方面的表现比较"低迷"，没有起到多大的促进作用。这其中的原因非常多，也很复杂，本文主要从新媒体和传播学的视角来进行探析。

（一）手机新媒体在一定程度上弥补了残疾青年缺失的官能

加拿大传播学者马歇尔·麦克卢汉在其代表作《理解媒介》中说过"媒介是人的延伸"，主要意思是说媒介延伸了人的部分官能，比如报纸延伸了人的眼睛，广播延伸了人的耳朵，而电视则，是对耳朵与眼睛的综合延伸。① 进入新媒体时代，这种延伸的意义有了一个显著的变化，它不再是人的某一个官能的延伸，而是整个人身体的一种延伸，同时也是人类关系结构的一种延伸。具体到残疾青年来说，手机新媒体的使用极大地弥补了他们自身的生理缺陷，弥补了他们所缺失的身体官能，从而增加了他们自身的能力。

（二）手机新媒体的互动性激发了残疾青年的活力

中国人民大学新闻学院匡文波教授曾经说过新媒体最大的特征就是"互动性"，如果没有"互动性"，就不能被称为"新媒体"，因此新媒体又叫"互动媒体"。② 关于"互动性"，从字面意思能够大致知道它所代表的意思，但是要准确地说出它具体是指什么，可能就要下一番功夫了。对于"互动性"的学理探讨不属于本研究的重点，因此这里不再用过多的笔墨予以叙述。

传统媒体也有互动性，比如读者来信、民意调查、热线电话等，但相比

---

① 〔加〕马歇尔·麦克卢汉：《理解媒介——论人的延伸》，何道宽译，商务印书馆，2000，第37~52页。
② 匡文波：《到底什么是新媒体?》，《新闻与写作》2012年第7期。

于新媒体的互动性,传统媒体的互动性相对滞后,而且在这种互动关系中,受众往往处于被动地位。新媒体的互动性具有鲜明的"即时"特征,并且"实时"地发挥功效。① 同时新媒体受众在这种互动关系中的主动性得到了应有的体现。

这种"即时""实时"的互动极大地带动了残疾青年的参与感,激活了他们的主动参与意愿,使得他们在手机新媒体所建立的新的话语和行动空间中有了前所未有的存在感和获得感。

(三)手机新媒体的匿名性给予残疾青年很好的缓冲

匿名性是手机新媒体的又一典型特征。由于匿名性的存在,新媒体世界的平等性也随之而来,因此,残疾青年利用手机新媒体从事各种活动时可以不用在意自身的身体缺陷,可以不用在乎社会身份的差别,可以更加平等、自由地参与各种线上活动。另外,社会融入不仅仅是融入线上这个虚拟的世界,还是融入线下的现实世界。长期以来,由于人们对残疾青年缺乏了解,认为残疾青年性格孤僻、怪异,不容易相处,所以在日常生活中与残疾青年交流时常常心有顾虑,没有以诚相待。这种"顾虑"也影响到残疾青年本身,使得他们不愿与健全人交往,渐渐走向了封闭。使用手机新媒体后,残疾青年可以通过手机新媒体与网上的朋友进行正常交往,待相互熟悉、了解之后再发展成为现实生活中的朋友,进行正常的社会交往。

(四)平台建设未满足城镇残疾青年的需求

手机新媒体说到底是一个平台或者一种渠道,它需要优质的内容服务作为支撑。进入手机新媒体时代,各种 APP 如雨后春笋般涌现,结果是各种服务同质化严重,服务质量参差不齐。一旦残疾青年在某款 APP 上得到的

---

① 〔英〕尼古拉斯·盖恩、戴维·比尔:《新媒介:关键概念》,刘君、周竞男译,复旦大学出版社,2015,第90页。

服务没有达到预期,根据使用与满足理论,他们便会毫不留情地删掉,同时对此类APP嗤之以鼻。

(五)专门针对残疾人的新媒体服务少

综观手机新媒体领域,针对残疾人的手机新媒体服务非常少,专门针对残疾青年的手机新媒体服务更少。残疾青年对手机新媒体服务既有与一般人一样的普通需求,也有出于自身考虑的特殊需求。反观当下,关于残疾青年的特殊需求的满足,手机新媒体服务方面还比较缺乏,比如特殊教育、康复治疗、就业帮扶、日常出行等。另外,在一般的手机新媒体中,信息的无障碍建设也是令残疾青年十分头疼的问题,虽然现在无论是电视媒体还是互联网媒体(PC端),无障碍建设都取得了巨大进步,但是,对于手机新媒体来说,这方面的建设力度还有待加强,比如轻、中度视力障碍的残疾青年,他们在面对手机新媒体的小屏幕时会有些吃力,这阻碍着他们对手机新媒体的使用。

五 结论

让手机新媒体在残疾青年的社会融入过程中发挥更大的作用,需要政府、社区、企业和残疾青年四方协同努力。首先,要加大资金投入,推进残疾青年服务项目的新媒体化;其次,要充分利用新媒体开展社会服务项目,调动残疾青年的积极性、参与性,使其积极、主动地参与到服务项目中来;再次,社区应广泛开展线上线下活动,让残疾青年融入社会从社区开始;最后,要提高残疾青年的手机新媒体素养,增强残疾青年运用手机新媒体的能力,让他们借助手机新媒体更好地实现社会融入和个人发展。

传 播 篇

Communication Research

B.16
2016年中国视频付费市场发展报告

刘友芝 王晓婉**

摘 要： 2016年中国视频付费市场延续了2015年的高速增长态势；付费用户以一二线城市的年轻白领群体为主导；付费内容类型呈现出影视剧主导下的多元化格局。这主要得益于三个市场层面因素的推动：一是宏观层面因素，主要包括视频版权环境的优化，网络"提速降费"，多元化在线支付系统的建立；二是中观层面因素，主要包括视频广告市场的增速乏力，年轻化网络用户的娱乐消费升级，视频付费驱动视频行业新的发展模式；三是微观层面因素，主要包括网络视频企

---

* 本研究为国家社科基金项目"以资本运营推动传统媒体与新兴媒体产业融合一体化发展研究"的阶段性研究成果（项目编号：15BXW018）。
** 刘友芝，武汉大学新闻与传播学院教授，研究方向为媒介经营管理；王晓婉，武汉大学新闻与传播学院硕士研究生，研究方向为媒介经营管理。

业用户付费策略的积极推动，如付费会员多元化权益的激励，精品自制剧、独播剧、网络大电影的频出，视频网站的差异化排播。展望未来，视频付费用户规模仍将持续快速增长，付费视频内容有待进一步提升原创性和品质，主要视频平台企业将差异化布局泛娱乐生态。

关键词： 视频付费 内容精品化 会员权益 差异化排播 泛娱乐生态

我国视频付费市场起源于视频行业萌芽阶段的乐视网 2004～2007 年的市场探索，经过视频行业转型阶段的爱奇艺 2010～2011 年的市场预热启动，视频付费市场于 2015～2016 年迎来了高速发展的新时代。

一 总体市场现状：视频付费延续2015年高速增长的态势

（一）付费用户的规模：延续高速增长态势，融入全球付费大潮

截至 2016 年 12 月 31 日，我国视频付费用户规模已达到 7500 万人，付费用户主要分布在爱奇艺、腾讯、优酷、乐视四大视频平台之上，我国总体付费用户规模比 2015 年同期增长了 241%，居全球视频付费增速的首位，是美国视频付费增速的 9 倍。[①] 显示了我国视频付费市场的高速增长态势，我国视频付费正在融入全球付费大潮。

（二）付费用户的结构：一二线城市、年轻化、白领化

2016 年我国网络视频的付费用户，从结构上看，除了男女的性别结

---

① 中文互联网数据资讯中心：《艺恩：2016 年中国视频行业付费市场研究报告》，http://www.199it.com/archives/562535.html。

构较为协调（男性占比为50.70%，女性占比为49.30%）[①]外，在地域结构、年龄结构、收入结构和职业结构分布上呈现出较大的差异性特征。

2016年我国网络视频付费用户的主要结构性特征分布如下所示。

由图1可见，视频付费用户的72%以上来自北上广深及主要省会的大城市，其中，北上广深四个一线大城市的付费用户规模占比高达36.6%，这些地区的经济相对发达，居民的收入和生活水平也相对较高，因此对于网络视频付费的接受程度更高。

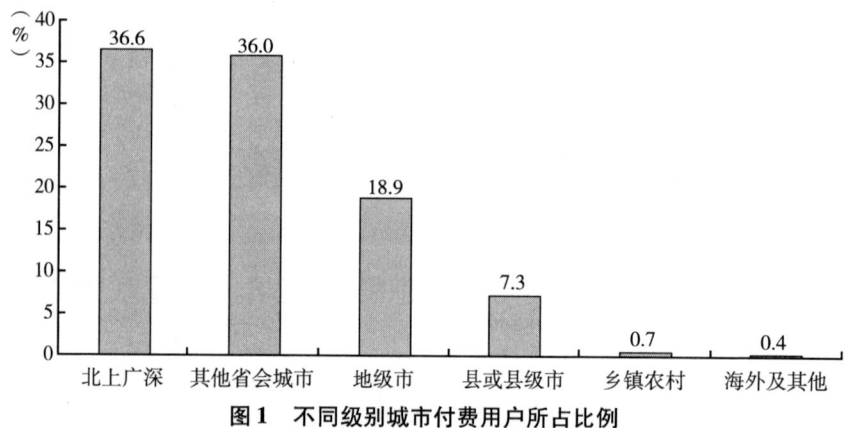

图1 不同级别城市付费用户所占比例

资料来源：易观网，《2016年中国网络付费视频付费市场专题分析》，2017年1月15日，http：//www. useit. com. cn/thread - 14337 - 1 - 1. html。

由图2、图3可知，我国视频付费用户的年龄结构与我国网民用户总体保持一致，40岁以下人群占比高达89.6%，说明年轻用户有较高的视频付费意愿；付费用户的收入结构主要分布在3001~5000元，占付费用户规模的51%；付费用户的职业分布中白领或一般职员的占比最高达61.6%。总体而言，视频付费用户的构成主体，大多为北上广深或主要省会城市、年龄为26~40岁、收入为3001~5000元的白领或一般职员。这一部分群体年

[①] 易观网：《2016年中国网络付费视频付费市场专题分析》，2017年1月15日，http：//www. useit. com. cn/thread - 14337 - 1 - 1. html。

轻、收入相对稳定且职业发展空间较大、追求时尚、消费超前，因此对于视频付费的追求度较高；同时受教育水平较高，对于优质内容的需求较大；此外，生活在大城市的年轻白领用户群体，工作压力较大、线下社交范围较小，通过付费收看心仪的优质视频内容，不失为一种较好的娱乐方式，因此，这一部分群体成为我国视频付费的主要用户。

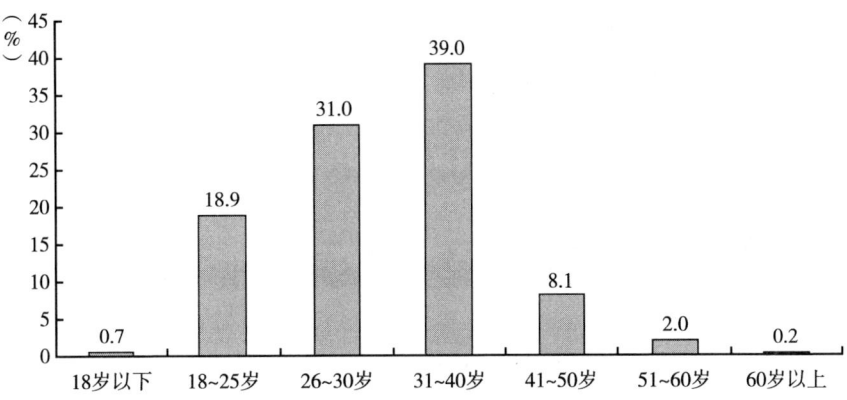

图2　付费用户年龄占比

资料来源：易观网，《2016年中国网络付费视频付费市场专题分析》，2017年1月15日，http://www.useit.com.cn/thread-14337-1-1.html。

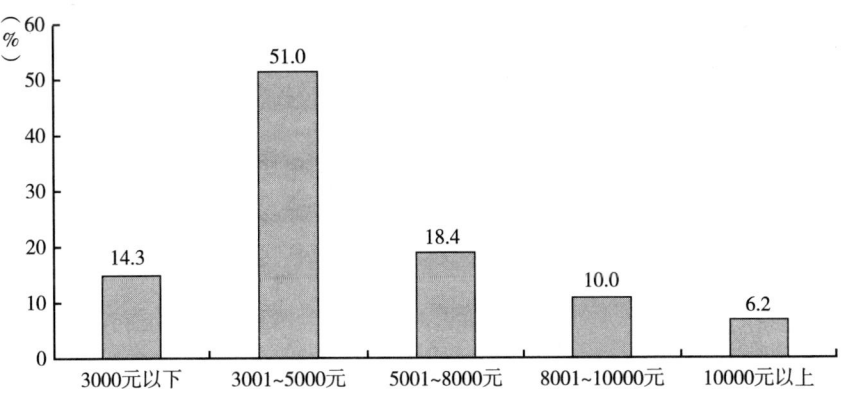

图3　付费用户收入占比

资料来源：易观网，《2016年中国网络付费视频付费市场专题分析》，2017年1月15日，http://www.useit.com.cn/thread-14337-1-1.html。

（三）付费内容的类型：影视剧主导下的多元化付费内容

就付费视频用户观看的内容类型而言，2016年，付费用户收看占比最大的是影视剧，主要包括国内外电影和电视剧，与此同时，2016年国产网络综艺、国产台网综艺、动漫、海外综艺节目、体育节目、演唱会、音乐会和纪录片等多种内容类型，也逐步成为视频用户付费的内容类型。

总体而言，在延续了2015年高速发展态势的基础上，2016年付费用户在市场结构上，显示了结构上的不平衡性，昭示着我国视频付费市场仍有进一步发展的空间。

二 成因：多种因素力促视频付费市场大发展

（一）视频付费宏观市场环境的优化

1. 国家和行业共促视频版权环境的优化

从我国视频行业的发展历程来看，付费模式与免费模式几乎同步产生。但国家对于视频版权的监管、预警、保护措施不到位，视频版权监管存在较大的漏洞，同时，各大网络视频平台也没有就视频付费采取统一步伐，网络视频行业没有形成视频版权保护的行业联盟，助长了网络视频盗版行为的泛滥，致使我国视频付费模式在2004~2013年的十年间发展缓慢。然而，自2013年下半年开始，国家机关、行业协会和网络视频平台相继开始采取相应的视频保护措施，陆续出台有关网络视频版权保护和监管的文件，净化网络视频版权保护的环境，网络视频盗版行为得到了有效遏制，为网络视频平台、网络大电影制片公司和其他视频内容生产主体提供了基础性的版权制度保护环境。

基础性的视频版权环境的优化，客观上增加了视频用户免费观看优质视频内容的难度，使付费成为视频用户获取优质视频版权内容的首要方式，激励着视频平台和其他视频内容的投资方和制作方。2016年涌现了更多精心制作的优质视频内容资源,增强了视频平台对付费会员的内容吸引力。

2. 网络付费环境的改善:"提速降费"和多元化在线支付系统

2016年我国视频付费用户规模持续扩大,也源于我国视频用户的网络付费环境的改善。一方面,网络使用的"提速降费"举措发挥了作用。2013年12月4日,工业和信息化部正式向三大运营商发放4G牌照。4G网络的发展支持用户以更快的速度收看网络视频、获得更好的收看体验。2015年5月,国务院办公厅进一步印发了《关于加快高速宽带网络建设 推进网络提速降费的指导意见》(以下简称《意见》),明确指出要加快基础设施建设,大幅提高网络速率,《意见》出台后,三大运营商相继开展"提速降费"行动,并实施"流量当月不清零"等的流量使用措施。高速的固定宽带和Wi-Fi无线网络+低流量费的4G智能手机,这些重大举措,无疑降低了视频用户观看高清付费长视频的成本,增强了视频用户的付费意愿。另一方面,网络视频平台建立了实时便捷的多元化网上支付系统。截至2016年12月,我国使用网上支付的用户规模达到4.75亿人,较2015年12月增长了14.0%,我国网民使用网上支付的比例从60.5%提升至64.9%。其中,手机网上支付用户规模增长迅速,达到4.69亿人,年增长率为31.2%,网民手机网上支付的使用比例由57.7%提升至67.5%。[①] 各大网络视频平台在开拓手机支付系统的同时,针对不同付费用户群体的特定支付习惯,拓展多样化的网上支付系统,包括第三方支付、网银支付、话费支付、虚拟货币支付等多元化支付体系,多元化的实时便捷网上支付系统,方便了视频会员的实时付费消费。

(二)视频付费中观市场环境因素的推动

1. 视频广告市场增速乏力,面临"天花板"的瓶颈限制

长期以来,广告营销在网络视频平台的整体收入中占有绝对比重,从我

---

① 中国互联网络信息中心:第39次《中国互联网络发展状况统计报告》,第57页,2017年1月。

国视频行业的整体发展过程来看，最早的视频网站乐视网成立伊始，便建立了"免费+广告""付费+内容"的双重发展模式；然而，自2005年以来，以土豆、优酷为代表的视频平台型企业，因沿用美国当时主流的Youtube视频网站的"免费+广告"发展模式而迅速崛起，从此，视频广告便成为我国视频行业的主流生存和发展模式。

虽然我国视频广告市场的绝对规模每年递增，但相对增速从2011年的123%下滑到2012年的82.7%直至2013年的38.20%，呈现出连续两年同比相对增速剧烈下滑的态势，尽管自2014年起相对增速开始企稳止跌。2014~2016的三年间，视频广告市场的增速呈现平缓增长的乏力态势。视频行业单纯依靠广告的生存和发展模式，已面临"天花板"的瓶颈限制；与此同时，2010年以来，伴随着以爱奇艺、腾讯视频、搜狐视频为代表的大视频平台型企业相继进入视频行业，几大视频平台巨头的激烈市场竞争，导致视频版权购买成本、视频带宽成本以及影视剧和综艺节目的自制成本和获取用户等运营成本的压力巨大，视频网站已无法维持视频行业的持续发展，视频行业的生存和发展模式亟待转型。

2. 年轻一代的娱乐消费升级，视频付费市场的良性驱动力

自2015年以来，我国视频付费市场连续两年的高速增长，离不开我国年轻一代娱乐消费升级的视频市场环境的良性驱动。中国移动综合视频用户30岁及以下用户占比超过70%，其中24岁及以下的用户占比高达37.4%；在整个移动互联网用户结构中，80后、90后用户成为主流网络视频消费人群，个性化、娱乐化消费需求的崛起，带来了新的消费趋势；在网络视频方面，年轻一代用户对娱乐明星的追捧、对个性化服务体验的追求、对多样化内容的需求是网络视频付费市场增长的良性驱动力。①

3. 视频付费：视频行业新的发展模式

我国视频行业中的各大综合视频平台型企业，在视频广告增长趋缓和运

---

① 易观网：《2016年中国网络付费视频付费市场专题分析》，2017年1月15日，http://www.useit.com.cn/thread-14337-1-1.html。

营成本攀升的严峻态势下,纷纷探索视频行业新的生存和发展模式。以优质内容吸引视频用户付费消费,促进视频网站的良性健康发展,逐步成为视频行业新的发展模式。

艾瑞咨询《2016年中国视频网站付费用户典型案例研究报告》调查显示,在线视频收入中,广告收入的占比正在逐年递减,2016年广告收入的占比仅为53.4%,而用户付费收入占比为15.5%,版权分销占比为3.1%,其他的收入由游戏联运、电商等共同构成。[①] 用户付费和其他延伸付费项目占比的逐年递增,显示出视频行业正在积极探索摆脱单一依靠广告模式向以会员付费为主的多元视频付费模式的转型。

(三)微观层面的视频企业用户付费策略的积极推动

伴随着各大视频平台型企业之间日趋激烈的市场竞争,争夺优质内容资源的竞争不断升级,导致了视频内容版权方(如传统电视媒体)的提价,这给视频网站带来了巨大的内容成本压力。与此同时,视频网站的广告营收增长率也在不断下滑,单纯依靠广告的营收模式,远不能保证视频网站的可持续发展,在如此严峻的市场生存环境之下,主要视频平台型网站,积极探索新的用户付费营收模式,独特的付费独播内容由此诞生。为此,网络视频平台纷纷转型,从单纯的视频平台企业,进一步切入上游视频内容制作环节,成为视频内容的制片方或投资方,有的更是以直接成立影视公司的方式生产自己的独播内容,例如爱奇艺影业、乐视影业、企鹅影业等。

1. 付费会员的多元化权益激励

从我国视频用户的付费方式来看,会员月度购买是主导,2016年会员月度付费占比接近50%。[②] 这离不开爱奇艺、腾讯、优酷、乐视等各大视频平台型企业针对付费会员的多元化权益激励。总体来看,付费会员的主要权

---

① 艾瑞咨询:《2016年中国视频网站付费用户典型案例研究报告》,2016年10月9日,http://www.iresearch.com.cn/report/2653.html。
② 易观网:《2016年中国网络付费视频付费市场专题分析》,2017年1月15日,http://www.useit.com.cn/thread-14337-1-1.html。

益包括：去广告化、高清画质体验、优质视频内容的专享和抢先看、VR全景观看等，以增强用户的黏性，留存老付费会员，吸引新付费会员。

2. 丰富的优质影视剧：引领视频付费市场

2016年我国视频付费市场的持续高速发展，在很大程度上是因为各大视频平台型企业通过各种途径，积累了大批丰富的优质影视剧内容资源，尤其是精品网络自制剧和网络大电影，成为引爆视频付费市场的"头部内容"。

（1）精品网络自制剧，引爆视频付费市场

第39次《中国互联网络发展状况统计报告》、国家新闻出版广电总局网络司网络视听节目备案库的数据显示，2016年1月1日~11月30日，视频网站备案的网络剧为4430部，共计16938集，节目数量与2015年相比呈井喷式增长。[1] 截至2016年12月11日，视频付费剧从2015年的36部增长到2016年的239部，增长了将近6倍。2016年播放量TOP10自制剧及平台如表1所示。

表1 2016年播放量TOP10自制剧及平台

单位：亿次

网络剧名	播放平台	播放量
《老九门》	爱奇艺	114
《太子妃升职记》	乐视	34
《最好的我们》	爱奇艺	27
《重生之名流巨星》	腾讯	26
《余罪1》	爱奇艺	22
《余罪2》	爱奇艺	21
《半妖倾城》	乐视芒果TV	20
《如果蜗牛有爱情》	腾讯	20
《九州天空城》	腾讯	17
《法医秦明》	搜狐	14

资料来源：中文互联网数据资讯中心，《2016年中国视频行业付费市场研究报告》，http://www.199it.com/archives/562535.html。

---

[1] 中国互联网络信息中心：第39次《中国互联网络发展状况统计报告》，第19页，2017年2月。

自2015年爱奇艺精品自制剧《盗墓笔记》引爆付费市场以来，各大视频网站纷纷以精品网络自制剧吸引会员付费。由表1可知，2016年，播放量排名前10的自制网剧付费播放量都超过了10亿次，爱奇艺的网络精品剧《老九门》更是成为首个播放量超过100亿次的精品网络自制剧，引爆了视频会员的付费市场。

(2) 网络大电影的规模化，进一步巩固了视频用户的付费消费习惯

2016年，电影成为仅次于网剧的吸引会员付费的主要内容类型。每年产量不断上升的院线电影和网络大电影，为视频用户提供了更广阔的选择空间。

网络大电影主要有两大来源：一是由网络视频平台自身的电影制作公司生产的电影；二是由第三方电影公司制作的国产院线电影和海外引进的新电影。

近年来，网络视频播放平台吸引了传统的影视内容生产商的参与，他们利用自身已有的制作团队和经验与网络视频平台合作生产网络大电影，例如慈文传媒将其网络剧《老九门》以番外的形式改编成网络大电影，并与爱奇艺联合出品。传统优秀影视内容生产商的加盟和视频用户审美情趣的提升，改变了以往网络大电影以软色情、惊悚片为主要题材的特点，在线播出的电影内容质量得到了大幅提升。对于第三方电影公司生产的网络大电影，平台采取分级分账收入模式。第三方视频制作方可以从视频平台的付费点播模式中获得不同份额的分账收入。

截至2016年12月31日，我国网络大电影产量超2500部，较2015年增长260%。[①] 网络大电影的规模化，进一步巩固了视频用户的付费消费习惯。

3. 视频网站差异化的排播，力促会员持续付费消费

2016年主要视频平台型网站对付费用户和非付费用户的视频内容的差异化排播方式，也是有力促进我国视频付费市场持续高速增长的重要策略。

---

① 中文互联网数据资讯中心：《2016年中国视频行业付费市场研究报告》，http://www.199it.com/archives/562535.html。

视频网站差异化的排播方式，通常是针对网络视频平台的自制独播剧，为了吸引会员付费观看，网络视频平台会采取各种差异化的内容排播方式。

（1）"会员抢先看"

"会员抢先看"是网络视频平台吸引用户付费的最主要的排播方式，非会员用户通常一周可以收看两集，会员用户可以一次性收看所有剧集或者大部分剧集，这无疑对视频用户具有巨大的吸引力。

（2）"先网后台"

以往优秀的电视节目，通常首先在电视台优先播出，网络视频平台通过购买版权进行二次播放。然而，随着网络视频平台的发展尤其是自制剧内容水平质量的提高，出现了反向输出给电视台播出的现象。2015～2016年出现了很多"先网后台"的播出情形。作为第一部"先网后台"播出的电视剧，《蜀山战纪剑侠传奇》先是于2015年9月22日，在爱奇艺VIP会员以每月一季的频率全球首播，之后在2016年寒假期间再次在安徽卫视播出，将之前的网络热播现象再次引爆，"先网后台"已成为视频付费时代的新的排播方式。

（3）"台网同步"

作为网络播放量超过100亿次的网络热播剧《老九门》，爱奇艺第一次采用了会员剧和电视台"台网同步"+"会员优先"的新的差异化播放模式，即每周一、二晚各更新1集，而会员用户可以抢先收看4集。会员用户提前收看之后，通过社交媒体的讨论，可以再次助推电视台的同名网剧收视率，同时卫视的播放又可以进一步提高网剧的覆盖率，因而，"台网同步"实现了相互导流的效果。

三 趋势：持续健康地发展

（一）视频付费用户规模，仍将持续快速增长

2016年，尽管我国付费用户规模延续了2015年的高速增长态势，但

与我国视频用户总体规模相比,付费用户的规模远小于非付费用户的规模,2016年我国总体网络视频用户规模达5.45亿人,其中,付费用户规模仅为7500万人,非付费用户规模仍高达4.7亿人,显示出我国的付费视频用户规模还有相当大的增长空间。广大的二三线甚至四线城市是我国居民的主要分布区域,拥有巨大的发展潜力和消费市场,因此网络视频平台在追求一二线城市市场的同时,也要积极开拓广大的三四线城市市场。

与此同时,18~30岁这批主要的付费人群随着年龄的增长和收入的逐渐稳定更加愿意加入付费会员的大群体。因此,可以说随着媒体对用户付费习惯的培养,用户逐渐形成付费意识,我国的网络视频付费用户将持续大规模增长。

(二)付费视频内容,有待进一步提升原创性和高品质

自2015年以来,尽管我国视频付费市场在市场需求的引领下,得到了高速发展,但不容忽视的是也存在着某些视频网站为追求高收视率而一味迎合某些付费用户的低俗需求,节目粗制滥造的现象,这与长期以来网剧、网络自制节目等缺少国家审核有关。广电总局在2016年强调"电视不能播的,网络也不行",旨在加强对网络内容的监管和审查。

与此同时,付费视频用户审美品位也在不断提升,付费视频内容的粗制滥造、打擦边球的现象很快会走到尽头。从2016年观众对电视剧中的"抠图"、替身现象的"吐槽"和热议,以及爱奇艺自制网剧《老九门》播放量破100亿次,可以看出广大的视频付费用户审美水平有了很大的提高。在形形色色的视频内容充斥在互联网上的今天,用户要能够清晰地辨别视频内容质量的高低,从市场消费环境层面,进一步促进优质视频内容的大规模产出。

视频制作公司和网络视频平台,应该清楚地认识到:制作优质的节目内容是吸引用户成为付费会员的关键,也是网络视频平台树立自身品牌形象、实现可持续发展的核心。

（三）主要视频平台：差异化发力布局泛娱乐生态

从实践观察来看，经过一定时间的市场培育之后，视频用户对于网络大电影、网络剧、演唱会、网络综艺节目等视频内容的付费娱乐消费意愿和接受程度得到了较大的提升。付费音乐、付费阅读、付费应用下载甚至到线下延伸付费等付费泛娱乐消费，将成为视频付费用户的新消费趋势，引领各大视频平台角逐日趋激烈的精品泛娱乐市场的竞争，差异化布局泛娱乐全产业链将成为主要视频平台未来发力的重要方向。

B.17 "VR＋"：2016年中国虚拟现实发展报告*

雷 霞**

摘　要： 随着各种终端技术的不断发展和革新，虚拟现实技术得到了日新月异的发展。虚拟现实领域依赖自身内容的丰富和产品的提升，带来市场的逐渐成熟和用户的增长。跟任何一个正在发展中的新技术领域一样，虚拟现实在发展过程中也出现一些值得重视和亟待解决的问题。虚拟现实技术的发展可望具有更好的交互性、沉浸感和感知力，并且更加人性化。未来，"VR＋"融入各个领域，将为各行各业带来新的挑战，也带来新的发展契机。

关键词： 虚拟现实　人性化　移动化　交互性　"VR＋"

一　虚拟现实发展现状

2016年3月18日发布的《中华人民共和国国民经济和社会发展第十三个五年规划纲要》提出重点支持的新产业技术当中，VR等新兴前沿领域位

---

* 本文系国家社科基金一般项目"移动终端谣言传播与社会认同影响及对策研究"（批准号：15BXW038）的阶段性成果。
** 雷霞，中国社会科学院新闻与传播研究所副研究员，博士，研究方向为新媒体传播、谣言传播和组织文化传播。

列其中。科技部在"十一五""十二五"期间分别设置了虚拟现实（Virtual Reality，简称VR）技术专题和虚拟现实与数字媒体主题，在"十三五"规划的有关重点研发任务中，也设置了自然交互与虚拟现实的研究方向，对虚拟现实研究继续给予支持。在国家和相关部门对虚拟现实产业发展的支持和推动作用下，国内科技公司对虚拟现实的投入和研发上了一个新的台阶。VR将成为下一代计算平台和互联网的新入口及交互环境，从而对许多行业、互联网应用和大众生活带来颠覆性影响。通过VR形成的全新文化传播方式，将在动漫、游戏、影视、娱乐等文化产业拉动巨大的消费需求。2016年《中国VR用户行为研究报告》显示，我国虚拟现实的潜在用户规模达2.86亿人，在过去一年接触过或体验过VR的浅度用户约为1700万人，购买过各种VR设备的用户约为96万人，15~39岁人群中，听说过VR产品或相关知识，并且对VR非常感兴趣的用户占比达68.5%。①

可以看出，VR产业有国家政策层面的重视和支持，也初步得到消费者的关注和青睐，虚拟现实设备和技术也越来越多应用于各个行业和领域，"VR+"新时代来临。那么，虚拟现实技术的发展历程、发展现状以及发展前景到底如何，虚拟现实技术发展过程中出现哪些问题，虚拟现实技术如何对社会、经济和生活等各方面进行重构等这些问题亟待梳理与思考。

目前虚拟现实技术的实现分三类，即VR（虚拟现实）、AR（增强现实）和MR（混合现实）。VR的视觉呈现方式是阻断人眼与现实世界的连接，通过设备实时渲染的画面，营造出一个全新的世界；AR的视觉呈现方式是在人眼与现实世界连接的情况下，叠加全息影像，加强其视觉呈现的方式；MR是虚拟现实技术的进一步发展，该技术在虚拟世界、现实世界和用户之间搭起一个交互反馈的信息回路，以增强用户体验的真实感。② 虚拟现实的实现方式主要包括两类，即基于计算机开发的虚拟现实三维环境和基于全景相机拍摄的真实全景

---

① 暴风魔镜、国家广告研究院、知萌咨询机构：《中国VR用户行为研究报告》，2016年3月18日，http：//www.360doc.com/content/16/0323/08/5473201_544500447.shtml。
② 艾瑞咨询：《2016年中国虚拟现实（VR）行业研究报告》，2016年3月7日，http：//finance.qq.com/a/20160307/023301.htm。

视频。① 计算机开发的虚拟现实三维环境实现了整个虚拟现实场景的建模、运算和生成；全景视频（360°视频）基于真实场景，以摄像机为中心进行360°拍摄，从而实现用户基于相机位置的360°视角观看和体验。

（一）国内企业涉足虚拟现实领域状况

在中国，2014年VR产业的创业公司在数十家左右，而2015年则达到上百家。国内企业进军VR领域情况见表1。②

表1　国内企业进军VR领域情况

进军VR企业	举措
阿里巴巴	以"造物神"、"Buy+"计划推动VR购物商业模式； 优土上线VR内容平台，协同旗下影业、音乐、视频网站培育VR内容产业； 通过投资Magic Leap等公司谋划AR前沿技术布局
腾讯	以Tencent VR SDK（腾讯虚拟现实软件开发工具包）提供账号接口、支付功能、虚拟形象及社交空间； 以Tencent VR HMD（腾讯虚拟现实头盔显示设备）进军硬件设备领域； 以Tencent VR Store（腾讯虚拟现实商店）实现内容分发； 投资Altspacce、赞那度布局VR社交
华为	着力建设更高速率的4.5G和5G网络，努力实现VR体验毫秒级延迟，解决因传输延时带来的眩晕问题； 建立U-vMOS视频体验衡量体系，并与华策、优土建立内容合作； 发布荣耀V8，进军VR硬件领域
乐视	VR内容战略库； VR内容分发平台乐视界； VR硬件LeVR COOL1； 投资灵境VR，布局VR头显领域

资料来源：笔者根据相关资料整理。

---

① 徐兆吉、马君、何仲、刘晓宇：《虚拟现实：开启现实与梦想之门》，人民邮电出版社，2016，第77页。
② 文钧雷、陈韵林、安乐、宋海涛等：《虚拟现实+：平行世界的商业与未来》，中信出版社，2016，第10~11页。

除了各种技术公司涉足虚拟现实技术与软、硬件研发与设计，爱奇艺、优酷等视频网站也都推出VR平台，另外，关于VR的研讨会、论坛、网站也越来越多。虚拟现实领域正在成为一个消费潜力极大的市场。

（二）国内VR消费与市场现状

《中国VR用户行为研究报告》显示，在VR重度用户未来一年计划购买的VR设备类型中，排名第一的是VR眼镜，占比高达83.1%，用户购买VR眼镜的主要原因是对自己的VR设备进行更新换代；第二是PC端VR头盔，占比超过了1/3；第三是VR一体机。在重度VR用户中，认知度排名前三的VR设备分别是Oculus Rift（94.2%）、索尼PlayStation VR（86.6%）和暴风魔镜（82.7%）；浅度VR用户中，认知度排名前三的VR设备分别是三星Gear VR（47.3%）、索尼PlayStation VR（40.7%）、暴风魔镜（36.5%）。72%的VR重度用户几乎每天都使用VR设备，21%的VR重度用户会每周使用三次以上VR设备。中国VR重度用户每天使用VR设备的时间主要集中在16分钟至60分钟，平均每天使用时间是34分钟，VR已成为重度用户娱乐生活的重要组成部分。VR重度用户最青睐的VR内容是电影、全景视频、VR游戏、全景漫游、全景图片等，其中，巨幕电影占比为83.2%。75.8%的VR重度用户认为VR设备满足了自己对世界的好奇心，VR设备成为其对未知世界进行探索的工具。①

（三）国内VR新闻发展现状

中国网新闻中心于2016年5月开创国内首个"虚拟现实"新闻实验室。中国网虚拟现实新闻频道对新闻报道形式进行视觉上的打磨和深加工，采用VR技术，把新闻报道形式推向开创性的新高度，使用户获得全新的感

---

① 暴风魔镜、国家广告研究院、知萌咨询机构：《中国VR用户行为研究报告》，2016年3月18日，http://www.360doc.com/content/16/0323/08/5473207_544500447.shtml。

官体验。① 2016年"两会"期间，人民日报客户端呈现虚拟现实视频报道，用户拖动鼠标可以全景观察人民大会堂，仿佛置身于会议现场。同时，新华网"两会"专题通过《VR视角》栏目，推出新闻发布会和现场采访等VR视频。2017年，猫眼视觉联合《法制晚报》、虫洞VR共同打造的头盔VR直播"小红帽"猫镜（Cat360），推出VR看"两会"的直播/录播服务，让观众零距离体验这种崭新的报道形式。② 虚拟现实新闻最吸引人的地方是能够让用户真正体验到现场感，但由于制作成本高，市场普及率低等因素，国内虚拟现实新闻才刚刚起步。

二 虚拟现实技术发展过程中出现的问题

在政策层面，VR技术正被提升至国家层面，有良好的政策推动；在技术层面，无论是VR相关计算机视觉识别，还是人工智能技术，各相关技术都取得重大进展；在市场层面，VR应用前景广阔，市场潜力巨大。但在目前发展阶段，VR技术不可避免地存在以下问题，值得警惕。

（一）人才储备不足，技术突破困难

全球职场社交平台LinkedIn（领英）日前发布的全球VR人才供需报告显示，中国的VR人才占比为2%，而从人才需求来看，中国VR人才需求量达18%。国内当前很多VR人才都是为了业务发展而从企业其他部门抽调而来，高质量、专业的VR人才的储备并不完善。③ 人才储备不足直接导致技术突破困难，终端硬件门槛高以及网络带宽和云端计算等的限制很难突破，计算机视觉技术和人工智能技术还有待提升，图像技术和数据计算等技

---

① 辛闻：《中国网虚拟现实（VR）新闻频道》，中国网，2016年5月13日，http：//vr.china.com.cn/2016-05/13/content_38445485.htm。
② 《猫眼视觉VR"小红帽"2017两会"独领风骚"》，96go虚拟现实网，2017年3月11日，http：//www.96go.com/article/13685.htm。
③ 李铎、陈克远：《中国VR人才需求量全球第二 人才匮乏成产业核心症结》，人民网，2016年6月24日，http：//vr.china.com.cn/2016-06/24/content_38736290.htm。

术存在缺陷，已上市的VR硬件设备舒适度欠佳，视觉、声觉和触觉的快速反馈技术也有待提升。

（二）用户体验欠佳，山寨伪体验影响用户黏度

一方面，VR设备带来的眩晕等不适感最直接影响用户的体验，用户不能连续长时间使用，加之各种VR终端设备价格昂贵，商业场馆单次体验成本高昂，因此VR使用场景仍然存在局限，有待开发。而另一方面，山寨产品充斥市场，带来伪体验，严重影响用户黏度。在一定程度上，山寨产品加速了VR产品的普及，但其低劣的质量更加重了用户对VR产品体验的不适感，用户体验较差，市场接受度低，影响用户黏度。

（三）市场推广成本高，VR行业盈利困难

VR产品与别的产品的最大不同之一，就是仅通过一般的广告，也就是说仅通过看别人佩戴VR设备无法体验和想象VR。要想让人彻底了解VR产品，就必须让其亲自佩戴体验，因此，VR市场推广成本高。同时，VR行业盈利困难，挖贝新三板研究院数据显示，新三板VR行业在2016年上半年总共亏损2523万元，同比亏损增加1225万元，企业净利润亏损比例高达81.8%。[①] 同时，VR产业链不完整，产品参差不齐，不能批量生产，影响其市场化和商业化。

（四）VR内容欠丰富，制作成本高

VR内容制作周期长，制作成本高，投入精力多，硬件生产商内容匮乏，因此国内虚拟现实内容深度不足，用户选择面小，目前VR应用以游戏、视频为主，其他内容较少，用户黏性差。以VR新闻为例，中国网新闻中心根据中央"创新方法手段提高新闻舆论传播力引导力"的要求，

---

① 挖贝新三板研究院：《太惨！超80%的新三板VR公司都在亏损》，VR次元微信公众号，2017年2月22日。

以外宣方向为突破口,于 2016 年 5 月开创了国内首个"虚拟现实"新闻实验室。其愿景是"采用 VR 技术,把新闻报道形式推向一个开创性的新高度"。① 但实际上,该频道内容严重匮乏,大多是关于 VR 行业的新闻,而非"VR 新闻"。

(五)VR 行业标准缺失,完整产业链尚未形成

VR 设备种类多,缺乏统一标准,因此存在操作系统、版本分裂发展等问题。这些因素也使得游戏、影视、直播等内容和平台的适配难度加大。VR 领域与各行业的融合还未形成稳固状态。在此基础上,搭建统一的行业标准,使整个产业链上下游各环节进行合作与融合,实现各种设备间的无缝转换都是亟待解决的问题。将来,待完整的 VR 产业链形成之后,用户数据的隐私问题也值得关注。

三 "VR +":虚拟现实发展前景展望及策略

目前,VR 技术相对成熟,AR 和 MR 技术还有待进一步发展。随着"VR +"融入社会生活各个领域,VR 技术将向 AR 和 MR 技术发展和整合,虚拟现实设备将逐步向可穿戴设备发展。

(一)"VR +":虚拟现实行业发展前景展望

虚拟现实技术复杂性和融合性高,其软硬件设备及内容制作都要求较高的创新性,前期投入高,且需要产业链各环节协同配合。同时,虚拟现实体验需要用户打破传统电子消费习惯,培养新的消费模式和经验。

1. 全新想象空间:基于场景的即时互动

传统媒体时代,传播的内容为王,内容高于一切,但随着媒介技术的发

---

① 辛闻:《中国网虚拟现实(VR)新闻频道》,中国网,2016 年 5 月 13 日,http://vr.china.com.cn/2016 - 05/13/content_ 38445485. htm。

展,内容依旧重要的同时,传播媒介本身变得重要,因为媒介带来传播的场景,而场景可以反映传播的氛围,可以提供基于场景的即时互动。当人的思维"步入"虚拟世界,当人自身以"分身""替身"得到同步的、逼真的感知,当人与人以全新的视角和关系重新连接彼此,VR 势必重新定义场景及信息的制造、流通、分享与呈现方式。

2. 市场进入高速发展期

易观智库分析认为,2018 年及以后中国沉浸式 VR 设备市场将进入高速发展期,沉浸式 VR 生态系统逐步成熟,产品被消费级市场接受,行业盈利模式成熟。[1] iiMedia Research 发布的行业报告显示,2015 年中国虚拟现实行业市场规模为 15.4 亿元,预计 2020 年市场规模将超过 550 亿元。[2]

3. 用户关联度增强

艾瑞咨询发布的《2016 年中国虚拟现实(VR)行业研究报告》预计,2020 年 VR 设备出货量将达到 820 万台,用户量超过 2500 万人。[3] 据企鹅智酷发布的《2016 中国新媒体趋势报告》,14.8% 的用户认为 VR/AR 一定会影响资讯获取,48.7% 的用户认为 VR/AR 可能会影响资讯获取,明确认为 VR/AR 不会影响自己与新闻关联度的用户占比仅为 19.1%。[4]

4. 虚拟现实技术对社会、经济和生活等各方面进行重构

虚拟现实技术将嵌入社会、经济和生活的方方面面,彻底改变和颠覆人们现有的消费、交往等生活方式和工作方式。

(1)"VR + 新闻":在场化感知新闻的新方式

从用户角度来说,VR 虚拟现实新闻作为一种用户沉浸式体验新闻的新

---

[1] 易观智库:《2016 年中国沉浸式虚拟现实设备市场 AMC 模型大型公司入场,沉浸式虚拟现实设备市场平台化趋势加速》,2017 年 2 月 3 日,http://www.analysys.cn/analysis/details?columnId=22&articleId=16675。
[2] 艾媒咨询:《2015 年中国虚拟现实行业研究报告》,2015 年 12 月 22 日,http://www.iimedia.cn/39871.html。
[3] 艾瑞咨询:《2016 年中国虚拟现实(VR)行业研究报告》,2016 年 3 月 7 日,http://finance.qq.com/a/20160307/023301.htm。
[4] 企鹅智酷:《2016 中国新媒体趋势报告》,2016 年 11 月 16 日,http://www.imxdata.com/archives/16749。

方式,将用户带入现场,使用户可以360度沉浸于现场,并从不同角度观察现场,而不再是传统的直播画面(由拍摄者或导播等选择)的视角;从新闻的制作与发布角度来说,虚拟新闻产品不再仅由专业的新闻机构制作,掌握了大量数据的社交媒体和公司也将成为新闻制作与传播的主力;从新闻的真实性角度来说,交互体验与虚拟的3D建模等信息是否会影响新闻的真实性原则,还需要进一步探讨。

(2)"VR+娱乐游戏":玩家更充分的角色扮演

游戏是VR技术在娱乐艺术领域的突出应用。在3D游戏基础上,VR技术让游戏玩家体验到更加充分的角色扮演,尤其是在三维游戏、视频游戏、全景视频、赛车、恐怖游戏等领域,玩家身临其境能极大地提升游戏体验。虽然VR游戏制作成本高,但是游戏目标人群黏性大,发展空间大。

(3)"VR+医疗健康":教学、治疗与康复中的应用

VR技术在医疗方面的应用包括数字医院、虚拟手术、医疗教学等。在虚拟环境中,可以建立虚拟的人体模型,同时借助于跟踪球、头戴式可视设备、数据手套,学习者可以很容易了解人体内部各器官结构。[①] 同时,虚拟现实能让患者从疼痛中分心,在临床试验中,使用虚拟疗法的患者报告的疼痛减少50%~90%。[②] 虚拟现实还可以用来辅助治疗创伤后应激障碍及恐惧症等。除此之外,在医学练习、医疗培训与教育、康复训练和心理治疗中,VR技术都有很大的发展空间。

(4)"VR+其他":现实与虚拟完美结合

"VR+"社交与即时交互,"VR+"汽车试驾与研发,"VR+"教育与实验,"VR+"影音多媒体、电视、电影、音乐会、工业设计与生产、工业仿真、汽车仿真、船舶制造、驾驶体验、虚拟校园、高等教育、教学课件、科普、技能训练、科研实验、军事模拟及混合现实训练、航天航海、应急推

[①] 陈定方:《VR:虚拟现实正在走来》,中国网(转自《北京日报》),2016年6月15日,http://vr.china.com.cn/2016-06/15/content_38671545_2.htm。

[②] 〔美〕吉姆·布拉斯科维奇、杰里米·拜伦森:《虚拟现实:从阿凡达到永生》,辛江译,科学出版社,2015,第192页。

演、能源开采仿真和急救培训、房地产开发与体验、地产漫游、虚拟售房、室内设计、场馆仿真、旅游、文物建筑复原、景区虚拟全景规划、博物馆展览、城市规划、地理地图、商业购物、犯罪现场还原、场景营销等，虚拟现实技术具有非常广泛的应用空间。未来，随着VR制作门槛和成本的降低，VR UGC内容将大量出现。

虚拟现实技术将带来更加完全的交互式体验，必将重构人们的社会、经济、生活及其相互关系。当然，"自我"与真实世界的关系以及数字化行踪记录可能带来的隐私泄露等会引发很多新的问题，值得思考。

（二）"VR +"：虚拟现实发展策略

互联网的发展虽然让"地球村"的信息瞬间直达，但很难做到身处不同地理位置的人之间身体上的近距离，而VR技术让人除了在即视感的获得以外，在"身体接触"与触感交互方面也做到了"面对面"的即时直达。这种沉浸感与交互体验是传统媒介无法达到的。展望VR的未来，笔者提出以下发展策略。

1. 生态重构：完善VR内容生产和整体产业链的衔接

目前，消费者开始关注虚拟现实设备，虚拟现实技术也越来越多应用于各个行业和领域，"VR +"新时代来临。VR的发展离不开未来科技、生物和医学知识的探索。未来的VR更离不开好的内容、便捷的社交、随时随地的信息与交互服务等，这就需要进一步完善VR内容生产及其与整体产业链的衔接。

2. 人性化：突破极限，提升技术

未来"VR +"万物互联，离不开软件和硬件的发展与支持，在网络、软件、硬件、数据及知识泛在于人类生活的方方面面时，VR需要突破技术极限，提升品质，以更加人性化、移动化和便捷化。

（1）消除眩晕：四维光场虚拟现实头戴设备提供宜人体验

四维光场虚拟现实头戴设备将大大缓解眩晕感，提供宜人体验。四维光场显示技术可以改变呈现三维立体空间感的方式，让用户双眼不再反复调节、反复聚焦，能极大缓解用户的视觉疲劳。同时，四维光场显示技术对应的光场相机和基于光场原理的开发引擎将大大提高VR内容生产的效率，降低VR的进入门槛。[①]

（2）移动化与便捷化：轻便、可穿戴的设备

可穿戴设备的未来应该是朝着更轻便的方向发展。"VR+"也要求虚拟现实终端设备佩戴更舒适和轻便，以使用户的感官和肢体以及思想的延伸与到达（到达虚拟现实）无须多余的终端，而是通过一体化的操作和感知实现。同时，打破以往只有头和眼睛或肢体在一定范围内动作，实现不受距离限制的自由行走。

（3）提示现实中的危险情境并实现"3R"无缝切换

更自然的交互依赖于人工智能技术的成熟。在用户有需求的时候，VR设备应该实现对现实与虚拟环境的区分，并且能够随意切换，实现VR、AR和MR之间的无缝转换。同时，一旦现实环境中遭遇危险情境，有明显的提示，这对"身处"虚拟现实世界中的用户来说意义重大。

（4）提升通信网络的传输效率和带宽

实时的交互性是虚拟现实的一大特点，为给身处不同地理位置的用户提供即时互动服务，虚拟现实技术可在云端部署，实现超大量数据传输。同时，网络传输系统需要将端到端延时控制在10ms以内以避免较大延迟给用户带来的眩晕感。因此，通信网络的传输效率和带宽需要得到进一步提升。

3. 培养用户黏性，提高用户体验

VR虚拟现实设备购买和使用成本的降低，内容制作门槛的降低以及便捷化、移动化等人性化技术的提升，都将进一步拓展市场，但培养用户黏性的关键在于其最基本的三个特征的强化。

（1）更好的交互性

未来，VR设备自身带有的传感器可望取代遥控器进行操作和控制，而

---

① 文钧雷、陈韵林、安乐、宋海涛等：《虚拟现实+：平行世界的商业与未来》，中信出版社，2016，第26页。

3D建模也将和真实的物品切合，因此，VR将实现更加精准的位置识别、更加灵巧的控制和感应以达到更好的交互。进一步来说，随着智能语音等技术的发展和提升，虚拟现实系统将能够辨识人类语言，因此用户除了可以通过肢体动作，还可以通过语音输入实现交互。

（2）更强的沉浸感

进一步提升触觉反馈技术，实现用户动作和虚拟现实更好的同步，并实时给用户相应的触觉反馈。进一步发展可穿戴设备和传感器感受热和冷等技术，使用户在使用虚拟现实设备时浑身都能有感觉，甚至有味觉。未来，用户能在虚拟现实世界中触摸、感觉、握持、抓举、推、拉、挥拳和操纵物体或游戏人物，能够更进一步"身临其境"。

（3）更大的感知力

VR以脱离现实、完全虚拟的三维立体内容为主体，与现实世界相比，虚拟现实既能实现对真实世界的全方位呈现，又能模拟现实中不存在或者有危险的场景，随着其想象力与感知力的大大提升，用户在虚拟现实世界中的"操作"既能避免危险试验可能引发的后果，又能让试错与纠错成本极大降低。

虚拟现实从终端上彻底颠覆了人的认知与体验，只不过，虚拟现实中的认知与真实世界中的认知有着天壤之别。"VR+"将融入现实世界的方方面面，从而打造一个全新的"虚拟世界"，该"虚拟世界"是对真实世界的再现与增强。未来，人类进入这样的"虚拟世界"，需要进一步合理构建虚拟与真实的边界，以及信息分配的法则。

B.18
2016年中国网络大电影发展报告

苗伟山 周逵 朱鸿军*

摘　要： 网络大电影在近些年发展势头迅猛。本报告首先介绍了网络大电影的概念、特征和发展状况，指出经历了快速成长期后，网络大电影已经在2016年进入了爆发式增长阶段。其次，本报告分别从市场、资金来源和平台三个方面描述了这个领域的发展情况，研究发现网络大电影上映数量已远超过院线电影，其盈利比例超过院线电影；优质平台独家发行成为主流模式，独播剧越来越被青睐；越来越多的众筹借第三方平台流入这个行业；合作流程趋于标准化。再次，报告对于网络大电影的内容类型以及相关方进行了年度分析，发现在制作公司方，不仅专门网络大电影制作机构正在兴起，一线电影公司也开始涉及这个领域；网络电影的观众以20~39岁居多，独家内容对用户更有吸引力；2016年的网络大电影，题材竞争激烈，喜剧、爱情、剧情类播放量最高，喜剧类最赚钱。最后，本研究评述了这个领域的现存问题，指出网络大电影"平台自审"的缺陷已经暴露，政府也已经收紧了政策管控，对此，精品化路线和差异化战略成为网络大电影未来的出路。

关键词： 网络大电影　爱奇艺　网络音视频　互联网治理

---

* 苗伟山，中国社会科学院新闻与传播研究所助理研究员，博士；周逵，中国传媒大学新闻传播学部电视学院副教授；朱鸿军，中国社会科学院新闻与传播研究所副研究员。

在过去五年中，网络视频是增长速度最快的网络娱乐类应用。根据中国互联网络信息中心的统计，与网络文学、网络游戏和网络音乐相比，2010～2016年网络视频的平均使用率为67.87%，2016年已经高达74.5%。① 网络视频包括很多不同类型，《2016年中国网络视听发展研究报告》调查结果显示，网络视频用户最爱看的节目类型是网络电影。② 在网络视频行业快速发展的背景下，网络大电影在2016年爆发式增长，全年共有29部网络大电影总播放量过亿次，上线数量从2015年的700部飙升至2016年的2500部，整个市场规模从6亿元增长到10亿元。③ 其中，仅爱奇艺一家就有122部网络大电影分账超过了100万元，23部超过了500万元。

一 概念、特点与发展

网络大电影是指单部作品正片时长在60分钟以上、制作水准精良、具有完整的电影结构和容量、符合国家相关政策法规、以移动和互联网发行为主的影片。网络大电影是相对于微电影和传统电影而言的，它继承了微电影短小精悍的特点，但在时长和故事性上更加靠近传统电影；制作周期短、播出平台多样、投资少见效快等特点，又使得其，可以更加灵活地满足市场的需求，正如相关视频网站负责人指出的："网络大电影的创意可以很快落实为作品，通常仅需要几个月的周期就可以上线，院线电影动辄需要一两年，因此网络大电影比院线电影更擅长表现当下瞬息万变的时代趋势，更容易接地气。"④

---

① 根据2010～2016年《中国互联网络信息中心的年度报告》整理，https://www.cnnic.net.cn/。
② 中文互联网数据资讯中心：《2016年中国网络视听发展研究报告》，2016年12月8日，http://www.199it.com/archives/544813.html。
③ 中文互联网数据资讯中心：《2016年中国网络大电影行业研究报告》，2016年10月26日，http://www.199it.com/archives/530040.html。
④ 人民网：《网络大电影怎么登堂入室？问题和局限不容忽视》，2016年7月5日，http://bbs1.people.com.cn/post/129/1/2/156993887.html。

网络大电影的发展可以追溯到网络视频，2006年胡戈的《一个馒头引发的血案》蹿红网络，这些自发的非专业的恶搞、拼凑网络视频的网民成为中国网络视频市场的先驱。2010年网络微电影《老男孩》等的热播，标志着网络视频艺术性和专业性的提升。2014年，爱奇艺在首届网络大电影高峰论坛上正式提出"网络大电影"概念，并提出清晰的商业模式。2015年，整个行业迅速发展，爱奇艺当年上线网络大电影612部，超过同年院线上映的电影。同年，一部《道士出山》以接近100倍的投入产出比引爆了产业投资热情，腾讯视频、优酷、乐视、搜狐等相继进入网络大电影市场。与此同时，过度商业化带来的一系列问题也造成了政府的监管和规范问题。这种新生力量在成长初期的疯狂发展与问题重重在2016年得到了最淋漓尽致的体现，整个行业也暴露出一系列困境，而2017年也势必成为市场重回理性发展状态的一年。

二 市场、资金与平台

（一）网络大电影整体市场突飞猛进

网络大电影的整体市场规模在近三年突飞猛进，2015年网络大电影市场规模为6亿元，2016年攀升到10亿元。爱奇艺互联网增值服务事业部副总经理葛旭峰对网络大电影市场的发展进行了预测："对于网大，今年（2016年）我们预测大概是10亿元左右的规模，明年（2017年）能到30亿元左右的规模。"①

1. 网络大电影上映数量已远超过院线电影

在上映数量上，网络大电影的数量在2014年已经超过院线电影，而在2016年达院线电影的5倍多。网络大电影在各月的播放数量也较为均衡，除了2月谷底和12月峰值外，月播出量在190部左右（见图1）。

---

① 搜狐网：《2016年网络大电影吸金投资指南》，2016年9月30日，http://business.sohu.com/20160930/n469458811.shtml。

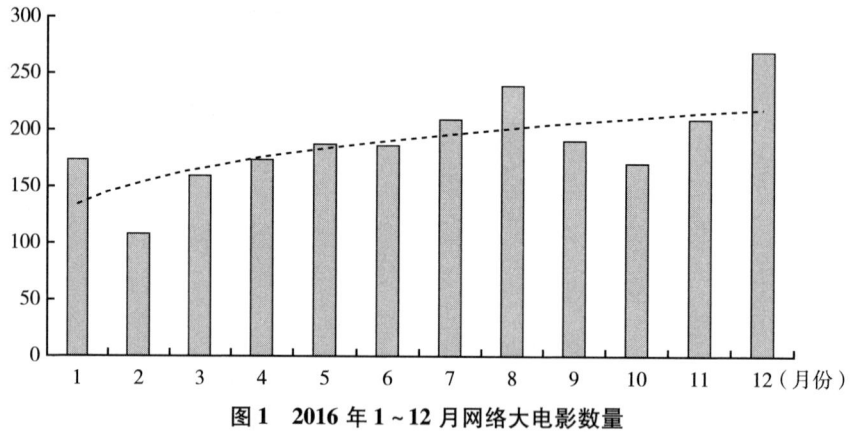

图1　2016年1~12月网络大电影数量

资料来源：骨朵传媒，《2016年12月网络大电影市场分析》，http：//www.weidu8.net/wx/1012148438790826。

2. 优质平台独家发行成为主流模式

2016年，爱奇艺公布了2014~2016年网络大电影的票房榜单。从具体的数据看，三年间爱奇艺网络大电影年度分账TOP20总票房从2014年的601.6万元上升到2015年的5627.8万元，2016年更是达到了1.98亿元，三年增长了近32倍。关于单片的票房冠军，2014年的《成人记2》分账62万元，而2016年的《山炮进城2》票房则达到1829万元。值得关注的是，2016年爱奇艺TOP20的网络大电影中全是独家合作影片，这也说明了在激烈的市场竞争下，优质平台的独家发行已经越来越成为主流模式（见表1）。

表1　2014~2016年爱奇艺年度票房TOP20

单位：万元

	2016年			2015年			2014年	
排名	片名	分账	排名	片名	分账	排名	片名	分账
1	《山炮进城2》	1829	1	《山炮进城》	988	1	《成人记2》	62
2	《老九门番外之二月花开》	1601	2	《二龙湖浩哥之狂暴之路》	701	2	《二龙湖浩哥之风云再起(上)》	55
3	《四平青年之浩哥大战古惑仔》	1321	3	《道士出山3 外星古墓(上)》	472	3	《朝外81号》	44

续表

2016年			2015年			2014年		
排名	片名	分账	排名	片名	分账	排名	片名	分账
4	《超能太监2黄金右手》	1299	4	《二龙湖浩哥之风云再起（上）》	357	4	《校花驾到》	43
5	《我的金品女神》	1268	5	《赌神归来》	312	5	《后备空姐》	42
6	《仙班校园》	1150	6	《道士出山2伏魔军团》	278	6	《心花怒放》	36
7	《盲少爷的小女仆》	981	7	《道士出山3外星古墓（下）》	261	7	《西游之一路向东》	35
8	《血战铜锣湾2》	960	8	《道士出山》	238	8	《鬼局之僵尸都去哪了》	32
9	《二龙湖浩哥之狂暴之路》	952	9	《捉妖济》	210	9	《微交少女》	32
10	《不良女警》	930	10	《道士降魔》	205	10	《泡上美女总裁》	27
11	《老九门番外之虎骨梅花》	900	11	《宅男的最终幻想》	199	11	《山村姑娘》	24
12	《老九门番外之恒河杀树》	831	12	《避风港囧》	167	12	《菲常往事》	23
13	《四平青年3偷天换日》	786	13	《成人游戏》	164	13	《青春荷尔蒙2躁动时代》	22
14	《豪门少女寂寞心》	773	14	《美女总裁的贴身高手》	163	14	《整形归来2》	21
15	《道士出山3外星古墓（下）》	744	15	《茅山道士》	163	15	《足球宝贝》	20
16	《笔仙大战贞子》	734	16	《阴阳先生》	158	16	《女神信条》	17
17	《仙班校园2》	733	17	《时光大战》	153	17	《整形归来》	17
18	《超能太监》	704	18	《拳霸风云》	153	18	《流氓》	16
19	《站住！别跑！》	674	19	《狗眼看阴阳之帝王香包》	149	19	《燃烧》	16
20	《鬼拳》	647	20	《韩囧》	139	20	《聂小倩之情缘未了》	16
	合计	19817		合计	5630		合计	600

资料来源：《爱奇艺公布网络大电影年度分账票房榜》，http://www.chinanews.com/yl/2017/01-17/8126651.shtml。

（二）产业链与网络众筹

1. 网络大电影盈利比例超过院线电影

传统的院线电影因为周期长、环节多和不确定性大等问题，导致了整个行业的投资风险较大。网络大电影因为产业链条的重组而极大降低了风险。对于投资方来说，回款周期从3年以上缩短到最快3个月。有报告指出，目前网络大电影的盈利比例大于60%；与之相对的是中国大陆院线电影的盈利比例暂时不足15%。①

2. 影视众筹平台介入网络大电影

网络大电影短平快的方式不仅吸引了个人、制作机构和第三方投资公司，也吸引了越来越多的众筹借第三方平台流入这个行业。互联网影视众筹指投资人通过互联网众筹平台为影视制作募集资金。影视资助项目包括院线电影、网络大电影、电视剧、新媒体电影、网络剧等。影视众筹的主要回报方式包括实物（如周边产品）、固定收益以及风险投资。

目前国内影视众筹平台有30多家（见表2）。以淘梦网为例，该公司成立于2012年2月，架构包括四大块：淘梦平台（服务于整个团队，做宣发、融资、资源对接）、淘梦影业（做内容的开发）、广告部门、IP部门（未来游戏的衍生和文学的衍生）。淘梦网是国内首家垂直型众筹平台，专注于通过众筹的方式提供网络融资平台。目前淘梦网发行的网络大电影及微电影全网点击量突破50亿次，创作者突破1508人，拥有合作伙伴80人。淘梦网融资进行到"Pre-A +"阶段，厚德前海基金和游族网络都对公司有所投资，合计融资8400万元。

表2　网络大电影众筹平台

平台	类型	投资项目
众筹网	综合型	微电影、院线电影、网络大电影
胖毛在线	垂直型	院线电影、网络大电影
合伙中国	综合型	微电影、网络大电影

---

① 百度百家：《网络大电影众筹，如何会成为电影投资新宠》，2016年1月25日，http：//maqingyun. baijia. baidu. com/article/306446。

续表

平台	类型	投资项目
观众筹	垂直型	微电影、院线电影、网络大电影、网剧
聚米众筹	垂直型	院线电影、网络大电影、网剧、台播电视剧
淘梦网	垂直型	微电影、网络大电影、院线电影、网络剧
平安众+	综合型	院线电影、网络大电影
优酷众筹	垂直型	院线电影、网络大电影
昆筹	垂直型	网络大电影
蛋芽网	垂直型	网络大电影、台播电视剧
电影宝	垂直型	网络大电影
影大人	综合型	网络大电影
聚合众筹	综合型	网络大电影
恒星计划	垂直型	网络大电影

资料来源：艺恩网，《中国网络大电影行业研究报告》，2016年10月24日，http://www.entgroup.cn/report/f/2418156.shtml。

（三）平台

1. 独播剧正在被青睐

目前网络剧有独播和多平台播出两种方式，两者相区别本质上是为了争夺更多的优质资源。因为独播剧很大一部分是视频网站投资，也被称为"自制剧"，是各大网站进行差异化竞争的核心资源。2015年网络大电影市场中，只有爱奇艺有独播网络大电影；2016年开始，其他4大视频网站（腾讯视频、乐视视频、优酷土豆、搜狐视频）都开始进入网络大电影市场，有了自家平台的网络大电影。

2016年，相关数据显示[①]，各独播平台中，爱奇艺的网络大电影数量占比高达61%；其次是腾讯视频，占比28%；乐视视频和优酷土豆平分秋色，旗鼓相当；搜狐视频上线网络大电影数量最少，全年独播网络大电影仅有2部。在独播网络大电影播放量上，2016年，腾讯视频独播网络大电影播放

---

① 同花顺财经：《安信传媒互联网：浙报传媒，边锋联合"毒舌电影"布局网络大电影》，2017年2月8日，http://stock.10jqka.com.cn/20170208/c596350832.shtml。

量在各独播平台中登顶，总播放量高达60亿次，独揽54%的份额；爱奇艺紧随其后，总播放量超28亿次，在独播平台网络大电影播放量中占据26%，乐视视频、优酷土豆网络大电影播放量分别为15亿次和6亿次，占比分别为14%和6%；搜狐视频在2016年度独播网络大电影发力不足，总播放量仅472万次。2016年1~12月独播&多平台网络大电影新增数量对比见图2。

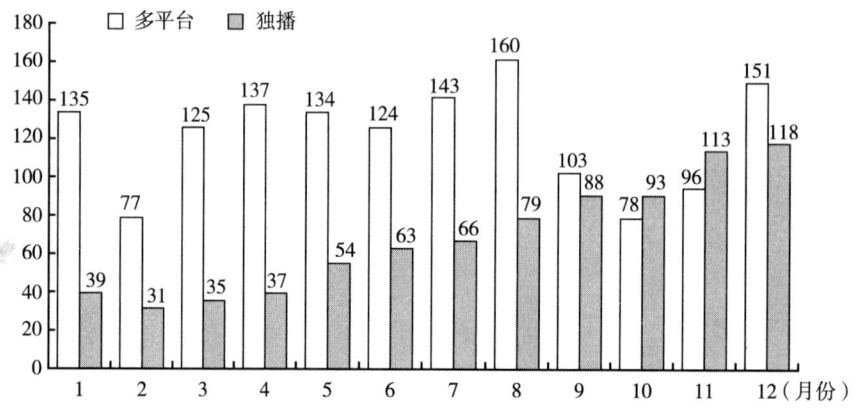

图2　2016年1~12月独播&多平台网络大电影新增数量对比

2. 合作流程正在标准化

在具体的合作上，以爱奇艺为例。整体合作分为合作申请、合作受理、授权上线、合同签约4个环节。合作申请基础条件包括内容和合作方资质。前者对网络大电影的内容有准入门槛：1）单部作品的正片时长在60分钟以上（去除片尾、片头）；2）制作水准精良；3）具备完整电影的结构与容量；4）符合国家相关政策法规。在合作方资质上，则要求具备：1）营业执照副本扫描件、组织机构代码证扫描件、税务登记证扫描件（企业合作者提供）；2）法人或自然人身份证扫描件（企业和个人合作者均需提供）；3）广播电视节目制作经营许可证。

同样以爱奇艺为例，1）在内容合作分成上，如果是独家合作，A类2.5元/有效付费点播；B类2元/有效付费点播；对于非独家合作，C类

1.5元/有效付费点播；D类0.5元/有效付费点播。其中，有效付费点播指每付费用户播放单一付费影片超过6分钟的一次或以上的观影行为，计为1次有效付费点播。2）营销合作分成，0.5元/有效付费点播，分成有效期为影片上线首月；1.0元/有效付费点播，分成有效期为影片上线首月。其中，营销合作的申请仅针对A级、B级（独家）作品开放。

三 制作公司、影片和观众

（一）制作公司

1. 一线电影公司"自主宣发"方式涉足"网络大电影"制作

目前的网络大电影制作公司，既有一线电影公司，也有专门的网络大电影制作机构。一线电影公司在2015年开始进入网络大电影市场，一般通过新媒体部门进行网络大电影投资与制作，主投的项目是自主宣发。例如华谊兄弟旗下的华谊创星，华策旗下的华策娱乐科技，博纳旗下的艺星博纳等。以华策为例，华策影视股份有限公司成立于2005年10月，是一家以影视剧制作、发行为核心，影视基地建设、影城院线、新媒体、广告开发、产业投资等多元化发展格局为一体的全产业链型影视企业。华策于2015年初开启了超级IP战略，打造核心产品矩阵，旨在打通不同娱乐消费场景。华策制作的《微微一笑很倾城》《亲爱的翻译官》《解密》《锦绣未央》都是既在电视台播出，又在网络平台播出的"全网剧"作品。

2. 专门网络大电影制作机构正在兴起

在新兴的专业制作机构中，七娱乐影业集团是目前国内最大的、产量最高的互联网影视娱乐公司。公司以互联网大电影、微电影、网络剧、网络娱乐节目、微明星为主打，成立于2014年5月27日，2015年成为"华谊兄弟""本山传媒"指定互联网影视内容唯一合作伙伴，2016年出品23部网络大电影，开始涉足院线电影，公司出品制作的《山炮进城》《茅山道士》《道士出山》系列等电影点击率超过30亿次。

（二）影片

1. 网络大电影题材竞争激烈

在2016年的网络大电影类型中，剧情类、喜剧类、爱情类数量最多，分别为478部、409部和313部，题材竞争激烈。相比2015年惊悚题材占据一半市场份额的状况，2016年市场趋势良好，网络大电影类型有13种之多，分别为爱情、动作/功夫、犯罪、幻想、惊悚、剧情、科幻、恐怖、冒险、青春、喜剧、悬疑和侦探/推理（见图3）。

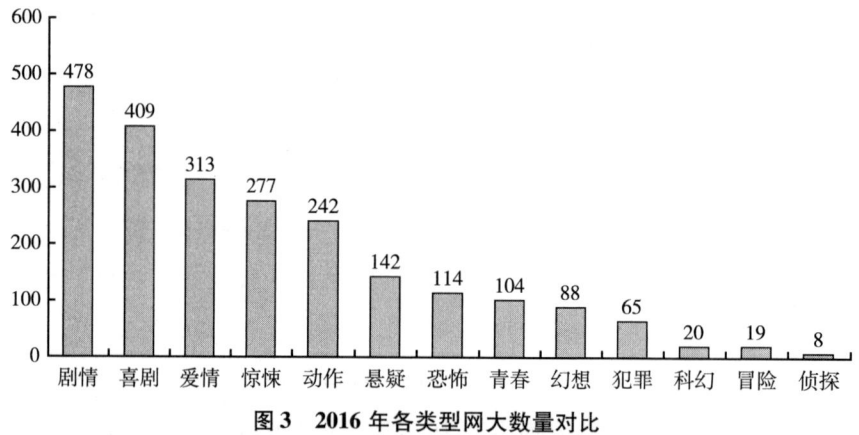

图3　2016年各类型网大数量对比

资料来源：骨朵传媒，《2016年12月网络大电影市场分析》，2017年2月8日，http://www.guduomedia.com/? p=19268。

2. 喜剧、爱情、剧情类网络大电影播放量最高

从播放情况来看，喜剧、爱情、剧情类网络大电影播放量最高，三者播放量分别为41.5亿次、39.5亿次和32.1亿次。而2015年叱咤网络大电影市场的惊悚题材电影在2016年播放量明显下滑，目前科幻、冒险和侦探类题材的网络大电影无论是在制作数量还是播放量上都处于落后状态（见图4）。

3. 喜剧类网络大电影最赚钱

根据爱奇艺发布的2016年网络大电影分账TOP100的电影汇总，我们可以看到最赚钱的类型包括喜剧、动作、惊悚、爱情和悬疑等（见图5）。

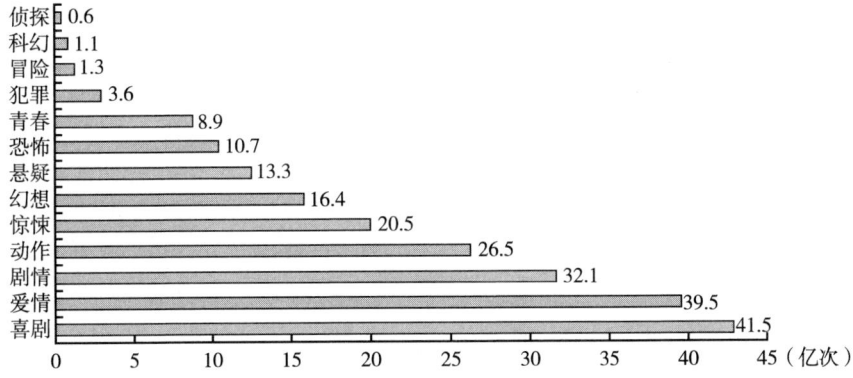

图4 2016年各类型网络大电影播放量对比

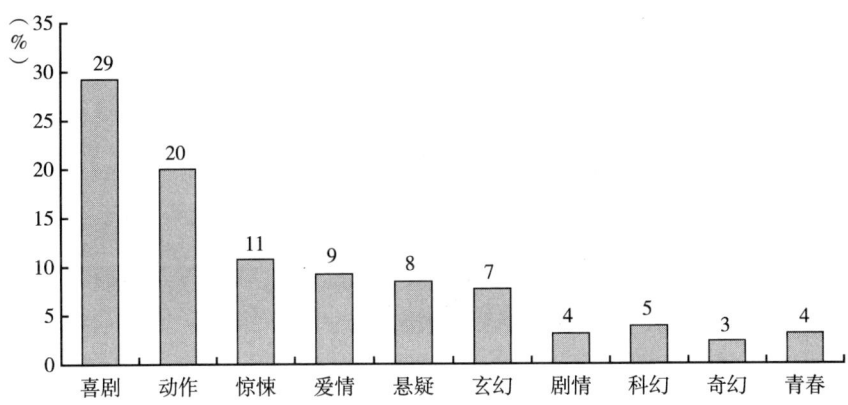

图5 2016年网络大电影分账前100名类型分布

资料来源：中国新闻网，《2016网大年终盘点：爱奇艺公布近三年票房分账榜单》，2017年1月13日，http：//www.chinanews.com/yl/2017/01-13/8123580.shtml。

2016年网络大电影总播放量破亿次的有29部。其中2部总播放量超2亿次；8部播放量在1.5亿~2亿次；19部播放量在1亿~1.5亿次（见表3）。

表3　2016年网络大电影播放量前10名电影

单位：万次

排名	影片	平台	上线时间	总播放量
1	《深宫遗梦》	腾讯视频	3/26/2016	21238.9
2	《仙侠学院》	优酷土豆	8/25/2016	20932.6
3	《超能太监》	多平台	1/4/2016	19259.6
4	《不二土夫子》	腾讯视频	9/23/2016	18149.7
5	《危情别墅》	腾讯视频	7/29/2016	17092.8
6	《孙悟空七打九尾狐》	腾讯视频	8/19/2016	16893.0
7	《夜蒲之奶爸总裁》	多平台	9/8/2016	16697.8
8	《山炮进城2》	爱奇艺	3/2/2016	16458.3
9	《再见美人鱼2》	腾讯视频	2/27/2016	16269.6
10	《危情密友》	腾讯视频	8/26/2016	15759.2

资料来源：骨朵传媒，《骨朵发布2016十佳网大》，https：//read01.com/mNKKGj.html。

（三）观众

1. 网络大电影观众已婚人士多为年轻群体

从受众的视角看，根据2016年12月艺恩联合米都传媒发布的《中国专业网生内容（PGC）用户白皮书》，网络电影的观众以20~39岁居多，已婚人士超过了60%，其中男性约占52.3%，女性约占47.7%。

2. 独家内容对用户更有吸引力

2016年6月，企鹅智酷面向全国18047名网民进行的针对网络视频付费行为的全面调查显示，当前视频用户愿意为网站付费的首要原因来源于网站独家内容的吸引力，对网络大电影来说也同样如此。骨朵数据显示，2016年独播网络大电影的播放量一直远超多平台网络大电影，因此各大视频网站纷纷发力独家内容，在资源推广上予以最大程度的支持，这也是为什么2016年独播网络大电影数量连月上升，多平台网络大电影数量只略有提升。

四 政策规制、管理与发展

(一)网络大电影"平台自审"的缺陷已经暴露

目前的网络大电影大多遵循的是有关部门对于网络影视内容传播的相关规定,尚未有明确的单独法案规范。因为网络大电影在文化产品属性、管理方式、发行播放方式以及内容审查方面等都与传统的电影存在很大差别,因此《电影法》不对网络大电影的监管做规定。鉴于此,网络大电影在审查方面只是作为视频网站的"节目",由视频平台自审。这种宽松的审核制度导致很多网络大电影通过色情、暴力、迷信、恐怖等内容赚取点击量。大量的跟风、蹭热点和同质化影片导致这个领域的电影质量下降,内容粗糙。

(二)网络大电影遭遇首次专项整治

2016年11月,60余部网络大电影因违反相关政策从各大视频网站下架,包括《超能太监之黄金右手》《催乳大师》《大风水师》《绝色之战》等热门影片。这是自2014年网络大电影走红之后广电总局第一次针对网络大电影进行全面整治,涉及题材多、打击力度大。广电总局网络司的负责人称,接下来总局将进一步规范网络大电影的发展环境:1)网络大电影有可能跟网络剧一样一律先审后播;2)组织视频网站、网络视听行业协会开展行业自律;3)政府管理部门依法对业务开办主体进行准入和退出管理。① 网络大电影过去一直都作为节目备案,在内容尺度上也松于院线电影,这才使得很多大尺度的网络大电影得以播出。经历了疯狂而野蛮的生长后,网络大电影走向规范和理性化,有利于整个行业的健康发展。

---

① 搜狐网:《重磅!60多部网络大电影惨遭下架,广电总局政策收紧,直接影响整个行业》,2016年11月6日,https://m.sohu.com/n/472434061/。

（三）网络大电影播出平台开始自律

在这种环境下，作为网络大电影主要播出平台的爱奇艺于2016年12月5日发布了《爱奇艺网络大电影内容价值观说明》，明确提出，将对毁三观、片名低俗化、血腥暴力等九类内容严格把关，禁止其上线。具体包括：1）违背社会伦理准则，不良婚恋观，审美导向以及价值观有偏差，毁三观作品；2）具体展现血腥暴力情节，传播社会负能量；3）恶搞名著，宣扬封建迷信；4）涉及青少年校园伦理的，坚决杜绝未成年涉性内容；5）诋毁公安、军人、护士、医生、老师形象；6）恶搞民族宗教，亵渎宗教信仰；7）触碰宣扬法律禁止的内容；8）详细直接展现恐怖惊悚内容；9）片名低俗化，蹭IP，宣发内容低俗无底线。① 爱奇艺方面表示，这次明确提出"禁九条"也是为了给片方一个详细的规范，一个更加具体的导向，希望片方和平台的合作能实现作品口碑和盈利两方面的丰收。

（四）精品化路线和差异化战略成为网大未来出路

网络大电影从萌芽到快速发展经历了短短几年，2016年爆发式的增长也暴露了这个行业的诸多问题和隐患。网络大电影发展初期制定的低于正常电影标准的"平台标准"已经开始制约网络大电影的发展，强化对网络大电影的监管是大势所趋。只有加大监管和审查的力度，把政府部门监管和行业自律相结合，线上线下统一标准才能催生出优质内容。只有制作方回归网络大电影的深耕细作，平台方整合内部资源，营销精准发力才能推动整个网络大电影行业健康发展，在此基础上发挥网络大电影互联网属性的核心竞争力，细分市场，找准受众，在盈利模式以及题材类型上积极创新、填补院线空白。

---

① 《爱奇艺网络大电影合作模式及价值观说明（2017v1版）》，http：//static. iqiyi. com/ext/common/iQiyiInternetFilm-CooperationGuide. pdf。

B.19
2016年河北省"互联网＋"发展报告

梁跃民*

| 摘　要： | 2016年，河北省"互联网＋"工作普遍展开，各相关厅局单位都能够按照《河北省人民政府关于推进"互联网＋"行动的实施意见》的要求，制定相关工作实施方案，研究制定互联网信息技术与业务深度融合的具体政策措施，在制度建设、平台建设、特色工作方面取得了初步成效。以基础平台建设为重点，建设"互联网＋政务"服务体系。以便民服务为突破口，深入推进"互联网＋政务"。以制定标准为保障，提升"互联网＋政务"工作的整体水平。 |

关键词：　"互联网＋"　互联网　河北省

"互联网＋"是促进互联网创新成果与经济社会发展各领域深度融合，打造新常态下经济提质增效升级的新引擎，是加快推进经济转型和产业升级，促进经济社会发展的战略抓手。2015年12月24日，河北省印发《河北省人民政府关于推进"互联网＋"行动的实施意见》，对"互联网＋"工作进行了顶层设计，对涉及"互联网＋"工作的43家责任单位进行了分工部署。经过2016年全年的运行，现在各项工作正在稳步推进，取得了较明显的成果。

---

* 梁跃民，河北省社会科学院新闻与传播学研究所研究员。

一 河北省"互联网+"工作的基本情况

（一）主要做法

2016年，河北省"互联网+"工作正在普遍展开，各相关厅局单位都能够按照《河北省人民政府关于推进"互联网+"行动的实施意见》的要求，制定相关工作实施方案，研究制定互联网信息技术与业务深度融合的具体政策措施，在制度建设、平台建设、特色工作方面取得了初步成效。主要有以下几个方面的做法。

1. 以基础平台建设为重点，建设"互联网+政务"服务体系

各地各单位根据各自职能和实际情况，在"互联网+"基础平台建设上"八仙过海各显神通"，采取升级改造、合并联网、新建收购等多种方式，建设"互联网+"基础平台，为推进"互联网+"工作奠定了坚实基础。

——省公安厅建设了互联网交通安全综合服务平台，为进一步深化公安交通管理改革提供了技术支撑，对于实现违法处理、机动车选号、驾考预约等主要交通管理业务在互联网办理奠定了基础。

——省卫计委经深入调研、多方咨询、反复论证，将基层医疗卫生机构管理信息系统项目建设方案升级为"河北健康云"项目，采用"云计算"建设模式，充分发挥"云计算"集约化、专业化、开放化、信息共享等优势，以基础平台、业务协同、群众体验和行业监管为重点，全面推进河北省全民健康信息服务体系建设。

——省工商局以创新信用监管理念为引领，以河北省经济户籍系统建设、工商行政管理（市场监督管理）队伍建设为抓手，大力实施"互联网+工商"行动，努力拓展互联网与工商行政管理各领域融合的广度和深度，创新工商行政管理（市场监督管理）服务模式。

——省教育厅成立"河北省教育资源中心"，推进优质数字化教育资源的普及和应用，实现全省优质数字化教育资源共建共享。

——省供销社相继建设并运营"农交汇""八方联采""云供销""农村产权交易"四个省级专业"互联网＋"平台，覆盖电子商务与农村产权两个领域，为全省供销社综合改革提供了坚定的技术支撑。

——省工行总行在业内首家发布了"e-ICBC"互联网金融发展战略，在"金融为本创新为魂互联为器"的基础上，构筑起了以融e购电商平台、融e联即时通信平台、融e行网上银行直销平台以及网络融资中心为主体，覆盖和贯通金融服务、电子商务、社交生活的"三平台、一中心"互联网金融整体架构。

——省妇联构建"互联网＋巾帼创业创新"服务体系，包括"互联网＋培训"、"互联＋旅游＋手工精品"售卖平台、筹备建设河北省巾帼手工旅游产品大网数据平台等，支持女性创业创新，搭建平台助力创新创业，开展"巾帼助力营商"行动，助力优化营商环境。

——省工信厅重点推进"互联网＋协同制造"，着力加强互联网与工业各领域的深度融合，积极推动互联网向社会各领域的渗透，加快发展大智移云（大数据、智能化、移动通讯、云计算），不断加大"互联网＋"的基础支撑保障。

2. 以便民服务为突破口，深入推进"互联网＋政务"

——省检察院以电子检务工程为引领，以打造"数字检察""智慧检察"为目标，紧紧围绕高检院提出的司法办案、检察办公、队伍管理、检务保障、检察决策、检务公开和服务"六大平台"，在设计科学化、建设高效化、设备国产化、硬件标准化、应用智能化、管理规范化上下功夫，着力构建"1云、2中心、3体系、4网络"的具有河北特色的大智移云工程。

——国家统计局河北调查总队推出各专业联网直报系统，在经济普查、各类常规调查、专项调查等由调查对象填报的统计调查中，实现调查对象通过互联网直接向全国数据中心报送原始数据；在价格、人口普查、住户等由调查员直接采集数据的工作中，普遍应用电子采价器、住户记账器等电子终端采集原始数据，并通过网络向全国数据中心报送原始数据。

——省国税局在全省国税机关广泛征集与"互联网＋税务"相关的创意和点子，与腾讯、阿里巴巴、浪潮等多家互联网公司及税友、航信、神码等协作单位进行座谈交流，并与相关业务处室充分沟通，针对各单位上报的创意和想法，进行梳理、分类和汇总，形成初步工作思路，确定该局"互联网＋税务"的建设目标、指导思想、组织架构、建设内容、实施计划和保障措施。

3. 以制定标准为保障，提升"互联网＋政务"工作的整体水平

——省民政厅与省财政厅联合下发《关于加快推进"河北省社会救助和优抚信息管理平台"建设进度的通知》（冀民〔2016〕52号），为全省各级民政部门筹措民政广域网建设资金提供政策依据。发布《河北民政广域网建设技术指导方案》和《办公终端配置最低要求》，建立河北民政各业务及元数据标准规范，统筹推进全省各级民政网络基础设施建设，做到各级民政信息化建设标准统一。

——省人防办自主研发了"河北省人防工程质量监督管理信息系统"，自2016年4月1日起，全省人防系统使用该信息系统在网上处理新报监人防工程质量监督工作。截至目前，全省注册企业用户446个，记录工程超过834项，监管工作效率大大提高。

——省高院自主创新研发了审判风险防控系统，将历年案件评查中发现的问题界定为125个风险点，从信息录入、数据质量、流程完整、资料齐全、程序合法等方面进行自动智能检查，大大提高了数据管控的及时性、准确性、全面性，实现了庞杂繁重的人工管理向信息技术自动化管理的转型。

（二）主要经验

1. 加强组织领导是保障

"互联网＋"是一项跨界和融合性突出的开创工作，必须整合资源、整合力量，统一规划，做好顶层设计。为此，加强组织领导是推动这项工作开展的重要保障。在实际工作中，河北省多个部门在加强组织领导方面采取了多种措施，取得了可喜成效。主要有以下几个方面。

——省地税局省局每年年初将"互联网+"重点工作进行梳理公示，明确牵头部门、工作内容、实现目标及时间节点。涉及的处室及市局制订详细工作计划，把重点任务明确到季度，细化到月份，建立工作台账，确定责任人员，并在定期例会上汇报进度。

——食药监局印发了《关于加强全省食品药品监管信息化建设的指导意见》《河北省食品药品监督管理局关于加强河北省食品药品监管系统互联网网站安全工作的通知》《河北省食品药品监督管理局省本级网上行政审批管理办法》等规范性文件。

——省教育厅在总结以往建设经验的基础上，制定了《河北省中小学教育信息化基础设施建设规范（试行）》，此文件规范了承建公司的建设行为，也为教育部门建设和验收提供了依据，在保障建设质量方面发挥了积极的作用。

——省安监局编制印发了《"互联网+安全生产"综合监管信息平台项目建设管理办法（试行）》和《河北省"互联网+安全生产"综合监管信息平台标准规范（试行）》，共包括业务、数据、技术、管理四大类15项，用于指导平台建设。

2. 顶层设计是引领

在实际工作中注重以科学、系统的论证为依据，制定出统一长期的总体规划方案，分步分期实施，扎实推进，避免一哄而上、随意改变的短期行为，才能引领"互联网+"工作健康有序发展。在这方面，河北省有关厅局取得了丰富经验，主要有两个方面。

——省质量技术监督局研究下发了《河北省质量技术监督局机关信息化业务系统建设管理规定（试行）》《河北省质量技术监督局信息化工作管理办法》《直属事业单位信息化工作考核评价办法（试行）》等文件，保障"互联网+"工作规范有序推进。

——省国资委制定了《河北省国资委国资监管信息化应用建设导引》规划，以提升办公协同为目标，以数据共享为目的，以整合资源为抓手，通过实施"1+2+X+Y"信息化工程，实现信息系统的整合与优化，促进信息资源深入应用和共享，保证各项工作安全、高效、健康、有序、平稳运行，提高办公协作效率，降低工作成本，提升服务水平。

3. 横向联系做拓展

在更大范围内整合资源，促进"互联网+"上层次上水平是推动这项工作持续深入的有效途径。在这方面，河北省有关厅局也探索了行之有效的经验。主要有以下几个方面。

——省农业厅积极鼓励引导电信运营商、IT企业、科研院所、工商资本和农民合作社等社会力量参与"互联网+现代农业"建设，与阿里巴巴、京东、苏宁等电商企业展开全面合作，对接阿里巴巴集团"千县万村"计划，加强农村地区的特色产品网络销售和人才培训。

——省司法厅与省政府规划的政务云紧密结合，形成第"司法云"，能够提供支撑跨层级、跨部门业务协同和数据共享的平台服务。采取大集中模式，同时抓取省市县乡四级司法行政数据，通过数据中心实现数据流转和共享，再经过数据过滤、整合分析实现分析研判，用于指挥中心调度指挥。

——省信访局建成了河北省信访信息系统，实现了"两个全覆盖"，即把来信、来访、网上投诉等不同形式反映的信访事项，纳入河北信访信息系统统一流转，实现对所有信访形式的全覆盖；把受理办理、复查复核、督查督办、统计分析、考核评估等信访业务各个环节，纳入河北信访信息系统统一管理，实现对整个工作过程的全覆盖。

——省移动公司与重点行业开展合作与创新，聚焦金融、政府、文化教育、医疗、能源电力、交通物流、工业制造、商贸、农业、IT企业10类重点行业，河北移动逐一研究并披露行业发展策略，针对自身重点产品和行业解决方案，在基础、平台、应用方面不断形成行业"互联网+"核心能力。

（三）初步成效

总的看来，河北省在"互联网+"建设方面开局顺利，措施得力，取得了可喜成效。网络化、智能化、服务化、协同化的"互联网+"产业生态体系正在进一步完善，"互联网+"正在成为经济社会创新发展的重要驱动力量。目前，党委系统主要集中于建立新媒体矩阵，实现网上办公和搜集民意等工作，职能厅局主要是选准突破口，实现互联网与本职业务的深度融合，均取得初步成效。

——省纪委利用互联网畅通群众举报平台。运用"互联网+监督"思维，建立了互联网信访举报平台，畅通信、访、网、电"四位一体"的监督举报渠道。

——省商务厅围绕产业结构转型升级这一中心任务，集中精力推进优势产业和县域特色经济与互联网深度融合，打造了一批在全国有影响力的电商交易平台。截至目前，已建成大宗商品交易平台10个，县域特色产业交易平台100个。

——省农行以"农银e管家"电子商务服务平台为抓手，构建了适合农村商贸流通特点的"互联网+"服务三农商业模式，探索出了一条具有省农行特色的"互联网+"之路。全力推进"互联网+三农"服务。

——省食药监局建设了省市县三级专网建设和视频指挥系统。全省建设专网点数194个，视频指挥系统接入点172个，建立了省局基础数据管理系统，完善了药品、医疗器械、保健食品、化妆品、餐饮监管基础信息，并在省局政务网站提供了查询服务。

——省地震局利用"互联网+"技术，建设了省级活断层探测与地震危险性评价数据库和河北省城市活断层探测与地震危险性评价信息服务系统，为城市规划、国土利用、重要工程建设设施选址、抗震设防和地震应急措施、救援预案制定等提供了科学依据。

——省文化厅指导河北博物院开发的"360度全景虚拟博物馆"项目真实再现博物院外景及新馆11个展厅的全部内容，使观众足不出户即可欣赏展览和展品，受到广大观众的欢迎。

——省审计厅相关处室组织专门人才构建了大数据审计工作模式，初步建立起以"一个系统、三个平台"为依托的审计信息化运行管理机制，即改造一个移动办公系统，建立大数据分析平台、审计项目管理平台、审计指

挥平台，走在了全国前列。

——省高院自主研发的智审系统，能够自动生成电子卷宗、自动关联案件当事人、自动推送判例法条、自动生成裁判文书。2016年11月在乌镇举办的第三届世界互联网大会上，河北省高院作为四家受邀高院之一，在会上向世界展示了自主研发的"智审1.0系统"及"庭审智能化巡查系统"的最新成果和领先技术，受到了最高院领导和到会来宾的一致好评。

二 主要问题

由于"互联网+"各项工作正处于起步阶段，缺乏可资借鉴的成功经验，加上各单位职能各异，"互联网+"的基础不同，尤其在人才、资金以及认识方面存在差距，因此，在实际工作中也出现了一些不可忽视的问题，主要有以下三个。

（一）认识有待提高

一些单位和地方对于"互联网+"的理解还存在片面性和表面化问题，在实际工作中单纯将舆情应对和办好官网、官博和官微作为"互联网+"的主要内容，网上政务还停留在信息公开、表格下载、进度查询、结果公示等低级层面，在政务服务的便利性和实效性方面还存在一定不足。这就不可避免地影响到了互联网与业务工作的深度融合，出现舍本逐末，偏离主渠道的问题。必须认识到，"互联网+"的核心不在于"互联网"，而在于"+"的融合创新，重点是运用"互联网+"思维，提升政务服务质量和效率。在这方面，建议政府着眼于宏观设计、规划，进行前瞻性研究，对于身份认证、技术标准、交易规则、安全保障等公共建设范畴的问题，应明确相应的建设标准规范，避免重复建设和反复认证；对于政务服务所需的重要数据，在进行可行性研究的前提下强制开放，尽快多维度建立政务服务平台。

（二）资源需要整合

目前，"互联网+"主要还是以厅局或地方为单位各自为战，全省相互贯通的网络体系还远远没有建立起来。一些地方和单位在信息化建设上尚缺乏统一规划、顶层设计，互联互通、信息共享理念淡薄，信息资源共享难、信息系统重复建设、资金投入分散等现象较为突出。尤其是现有的"互联网+"的信息化基础，经历了多年发展建设过程，目前已有的业务系统是不同时期、不同公司按照不同标准开发出来的，架构各异，标准不一，无法实现数据共享、互联互通。河北省各地市安全监管信息化水平差别较大，部分地市自主建设了市级信息平台。各市在平台建设时数据标准、技术路线等不一致，形成了一个个信息"孤岛"，省、市之间数据共享存在一定困难。

（三）人才需补短板

河北省"互联网+"高端人才明显不足。人才是"互联网+"的第一要务，高端人才的不足与引进渠道不畅，在某种程度上制约了河北省"互联网+"质量的提升。而河北省各厅局目前从事"互联网+"工作的人员大多是从其他岗位调整过去的，极少招录专业人才。目前，各单位普遍反映急需既懂政策，又懂IT知识的复合型人才。

三 对策建议

针对存在的突出问题，现就进一步改进河北省"互联网+"各项工作提出如下建议。

（一）加强对"互联网+"建设的顶层设计和协调指导

"互联网+"建设是一项涉及方方面面的重要的全局性工作，也是一项需要在实践中大胆创新的挑战性工作，当前急需发挥党委政府的统筹协调作用，强化顶层设计和协调指导，实现"1+1>2"的效果。建议省委网信办站在全省发展高度加强顶层设计，牵头创新工作机制，规范相关工作制度，进一步加强对省直各单位的"互联网+"建设的协调指导，统筹解决涉及省直单位需要的"互联网+"软件开发、手机APP等政策、技术、资金问题，全面提升全省"互联网+"建设水平。同时，建议全省集中采购统一的基于云架构的基础运行环境服务，提供云计算、云网络、云平台、云安全等基础设施。

（二）促进省直各单位"互联网+"应用和数据资源在更高层次的共享

"互联网+"应用和数据资源共享是"互联网+"建设的核心内涵之一，建议省委网信办会同有关部门研究制定"互联网+"应用和数据资源共享机制和制度，在更大范围和更高层次上实现服务集成和资源共享，促进"互联网+"应用和数据资源共享在省直乃至全省的有效共享，规避重复建设和信息孤岛，将全省"互联网+"建设形成一个有机统一的整体。

（三）制定"互联网+"建设安全规划

全省"互联网+"建设已经全面开展，各类云系统、云数据中心正在如火如荼地建设中。"互联网+"生态下的安全建设，大大有别于传统网络信息安全，各单位的问题会在"互联网+"条件下进一步放大，新的安全问题亟待解决。建议省委网信办尽快制定发布全省"互联网+"建设安全规划，特别是"互联网+政务"云平台的安全规划，在提高"互联网+政务"建设水平的同时，加强"互联网+"政务应用系统和数据资源的安全管理，进一步保障全省网络和信息安全。

（四）创新工作机制，加强横向交流

建议由省网信办牵头，会同有关单位开展"互联网+"试点示范工作，建立业务交流机制，加强研讨，分享经验，促进省直各单位沟通联系，使各

地市之间以及省直各部门之间的相关建设成果得到有效共享,避免重复建设,使先进建设经验及时得到推广,共同提高政务服务水平。做好宣传推广和引导,方便更多群众通过网络获取政务服务,提高"互联网+政务"服务的社会认知度和群众认同感。

（五）加强"互联网+"高端人才引进力度

解决高端人才不足问题,需要立足不断完善培训体系、加大引进人才力度、创新引人用人机制等多方面。建议由省网信办会同有关部门,对河北省"互联网+"领域高端人才情况做一次专题调研,在借鉴先进省份经验的基础上,研究制定河北省"互联网+"高端人才引进和管理办法,建立全省网络建设及应用专家人才库,为各地、各单位网络工作的开展提供智力支持。

产业篇
Sector Reports

B.20
2016年中国新媒体产业发展报告

郭全中 郭凤娟*

摘 要： 在消费升级的推动下，我国新媒体产业虽增速放缓但依然保持较快发展速度，互联网广告和游戏产业在保持高速增长的同时，大数据产业、直播业、VR等产业正处于爆发的前夜。新媒体产业的集中度进一步集中，为了实现可持续发展，互联网巨头也纷纷布局海外市场。

关键词： 新媒体产业 大数据 知识付费

2016年，虽然我国经济增速继续放缓、宏观经济疲软，但在我国网民用户增速同比提升和新技术的推动下，尤其是直播、大数据技术等落地取得

---

* 郭全中，国家行政学院社会和文化教研部高级经济师，管理学博士；郭凤娟，北京资产评估协会科员。

实效，我国的新媒体产业①依然处于高速发展状态，并且出现了直播、大数据和知识付费等新增长点。

一 新媒体产业整体环境依然向好

（一）我国正处于消费升级的新时代，为新媒体产业的发展提供了有利的外部环境

首先，国家统计局数据显示，2016年，我国国内生产总值为744127亿元，同比增长6.7%；人均GDP为53816.56元，将近8000美元；全年全国居民人均可支配收入23821元，同比增长6.3%，其中，城镇居民人均可支配收入33616元，同比增长5.6%。根据西方发达国家文化产业的发展实践与经验，当某国的人均GDP超过5000美元时，该国的消费结构会出现根本性的升级，其主要表现是作为精神需求层面的文化消费和传媒消费的比重快速增加。

其次，中产阶层的形成，为传媒产业发展奠定了坚实的基础。《大西洋月刊》联合高盛全球投资研究所发布了一份2015年《中国消费者新消费阶层崛起》的报告，报告指出：中国城市中产消费者的人数已经过亿，约有1.46亿人，他们的人均年收入在11733美元。②毫无疑问，中产阶层对于精神类产品有着更为强劲的需求，这必将助推精神类产品需求的进一步爆发。

（二）网民和手机网民的增量依然不减

虽然我国网民数和手机网民数已经有很大的基数，但是2016年我国网民数和手机网民数的增量都比2015年高。根据中国互联网信息中心CNNIC发布的第39次《中国互联网络发展状况统计报告》，截至2016年12月，中

---

① 本文所指的新媒体产业主要是互联网媒体产业，包括网络广告、网络游戏、网络视频、大数据、内容付费等。
② 和讯网：《这次消费升级有什么不同》，2017年3月6日，http://news.hexun.com/2017-03-06/188381588.html。

国网民规模达7.31亿人,增长了4299万人,互联网普及率为53.2%;手机网民规模达6.95亿人,同比增长7550万人,市场渗透率提升至95.1%,基本上实现了全覆盖。①

(三)我国政策进一步支持新媒体产业发展

《中共中央关于制定国民经济和社会发展第十三个五年规划的建议》指出,到2020年文化产业的发展目标是成为国民经济的支柱性产业,文化产业的整体市场规模将超过一万亿元。为了顺利实现该目标,2016年国家出台了相应的"十三五"规划及配套政策,文化传媒业的政策利好不断。

尤其需要指出的是,2016年,国家新闻出版广电总局、网信办、文化部等多个部门出台各种新规,互联网媒体受到越来越严格的监管,这也将对新媒体产业的发展产生一定的影响。具体见表1。

表1 2016年相关主管部门出台的新规

文件名称	发布机关	主要内容
《关于进一步加强电视上星综合频道节目管理的通知》	国家新闻出版广电总局	"限童令"——亲子类节目淡出荧屏
《网络出版服务管理规定》	国家新闻出版广电总局、工业和信息化部	中外合资经营、中外合作经营和外资经营的单位不得从事网络出版服务
《电视剧内容制作通则》	国家新闻出版广电总局	电视剧制作机构应积极制作通则中倡导的内容,不得制作通则中禁止的内容
《专网及定向传播视听节目服务管理规定》	国家新闻出版广电总局	媒体定位、管理机制、创新发展、市场价值
《关于移动游戏出版服务管理的通知》	国家新闻出版广电总局	移动游戏版号审批、总局审核
《关于进一步加快广播电视媒体与新兴媒体融合发展的意见》	国家新闻出版广电总局	媒体融合、"十大体系建设目标"

---

① 中国互联网络信息中心:第39次《中国互联网络发展状况统计报告》,2017年1月。

续表

文件名称	发布机关	主要内容
《国家新闻出版广电总局办公厅关于加强网络视听节目持证机关参与"全国中小企业股份转让系统"管理有关问题的通知》	国家新闻出版广电总局	网络视听企业登陆新三板前要审批
《国家新闻出版广电总局关于进一步加强社会类、娱乐类新闻节目管理的通知》	国家新闻出版广电总局	加强对社会类、娱乐类新闻节目的管理
《关于加强网络视听节目直播服务管理有关问题的通知》	国家新闻出版广电总局	加强网络视听节目直播服务管理，电视不能播什么，网络也不行
《网络表演经营活动管理办法》	文化部	网络表演经营单位须有许可证，表演者要实名注册
《互联网直播服务管理规定》	国家网信办	实行"主播实名制登记""黑名单制度"等强力措施，且明确提出了"双资质"的要求

资料来源：根据网络相关资料整理。

二 新媒体产业增速虽有放缓但仍然保持高速

（一）互联网广告增速将近30%，远远超越传统媒体广告

1. 网络广告市场规模为2769.4亿元

艾瑞咨询的数据显示，2016年我国互联网广告市场规模达到2769.4亿元，比2015年增长近700亿元，同比增长32.1%。[①] 2010~2016年的6年间，我国网络广告市场规模从325.5亿元增长到2769.4亿元，增长了7.51倍，年均增长率为42.88%。具体见表2。

---

① 搜狐网：《2017网络广告市场埋伏着哪些神转折?》，2017年1月20日，http://mt.sohu.com/business/d20170120/124848172_505816.shtml。

表2 2010～2016年我国网络广告收入

单位：亿元，%

年份	广告额	
	值	增速
2010	325.5	—
2011	513.0	57.6
2012	753.1	46.8
2013	1100.0	46.1
2014	1540.0	40.0
2015	2096.7	36.1
2016	2769.4	32.1

资料来源：根据艾瑞咨询的报告整理。

尤其需要指出的是，在传统媒体广告收入持续下滑的情形之下，我国互联网广告收入远远超过电视、广播、报纸、杂志四大传统媒体广告收入之和，差距超过1000亿元。

2. 互联网媒体整体高速增长但分化严重

2016年，在魏则西事件等的冲击下，百度等搜索类互联网媒体的广告收入增速出现大幅度下滑，但是阿里巴巴、腾讯、新浪微博、今日头条等基于新一代技术的互联网媒体依然保持高速增长，呈现严重分化状态。根据已经披露的财报，2016年百度的广告收入为645.25亿元，同比增速仅为0.8%；阿里巴巴的总收入超过1400亿元，同比增长52.44%，虽然阿里巴巴没有公布其广告数据，但是预计增长速度将超过50%。需要指出的是，阿里巴巴2016的净利润同比大幅度下降是因为阿里巴巴2015年的投资收益很高；腾讯的总收入超过1500亿元，同比增长47.71%，广告收入高达269亿元，同比增长54%。

与腾讯和阿里巴巴广告收入高速增长形成鲜明对比的是，门户网站的广告收入出现了较大幅度的下滑，2016年，搜狐的门户品牌广告营收为11.08亿美元，同比减少22%；凤凰新媒体净广告营收为12.3亿元，虽与2015财年相比持平，但主要是由于其移动广告营收同比增长53.8%，而移动营收的高速增长却被PC广告营收的下降所抵消。具体见表3。

表3　2016年互联网媒体广告收入及增速

单位：%

公司	销售收入			净利润			广告收入		
	2015年	2016年	增速	2015年	2016年	增速	2015年	2016年	增速
百度（亿元）	663.82	705.49	6.3	336.64	116.32	-65.45	640.37	645.25	0.8
阿里巴巴（亿元）	943.84	1438.78	52.44	688.44	366.88	-46.71	541.00	—	—
腾讯（亿元）	1028.63	1519.38	47.71	291.08	410.95	41.18	174.68	269	54.00
搜狐（亿美元）	19.41	16.5	-15	—	-2.26	—	11.63	11.08	-4.73
新浪（亿美元）	8.807	10.309	17.05	0.257	2.251	775.88	7.432	8.712	17
新浪微博（亿美元）	4.787	6.558	37	0.347	1.08	211	4.021	5.71	42
网易（亿元）	228.03	381.79	67.43	67.35	116.05	72.31	17.89	21.52	20.29
凤凰新媒体（亿美元）	16.10	14.4	-10.56	0.736	0.806	9.51	12.30	12.3	0

资料来源：根据上市公司财报整理。

尤其需要指出的是，智能传播平台的典型代表今日头条2016年的广告收入超过60亿元，同比增速在275%左右，估值已经高达110亿美元。

（二）游戏产业市场增速放缓，规模超过1600亿元

2016年，国家新闻出版广电总局、工业和信息化部等出台《网络出版服务管理规定》《关于移动游戏出版服务管理的通知》。其中国家新闻出版广电总局、工业和信息化部出台的《网络出版服务管理规定》厘清了网络出版物等概念表述，强调游戏是网络出版物，明确了管理职责。国家新闻出版广电总局办公厅印发的《关于移动游戏出版服务管理的通知》则要求实施移动游戏分类审批管理，特别是对数量众多的休闲益智类国产移动游戏，采取游戏出版服务单位负责内容把关，出版行政管理部门对把关结果进行审查的措施，有别于其他类型游戏的前置内容审查，最大限度压缩时限，提高审批效率。

1. 游戏市场依然保持15%以上的增长速度

在国民经济增速继续放缓的背景下，我国的游戏产业市场规模依然保持着 GDP 2 倍以上的增长速度。《2016 年中国游戏产业报告》显示，中国游戏市场实际销售收入 1655.7 亿元，同比增长 17.7%。其中自主研发的网络游戏达到 1182.5 亿元，同比增长 19.9%；移动游戏用户规模达 5.28 亿人，同比增长 15.9%；全年海外市场销售达到 72.35 亿元。① 相对于游戏市场规模 17.7% 的增速，游戏用户的增速只有 5.9%，达到 5.66 亿户。②

2. 自主研发网络游戏市场实际销售收入近1200亿元

2016 年，我国自主研发网络游戏市场实际销售收入的增速高于整体游戏市场的增速。《2016 年中国游戏产业报告》显示，2016 年，我国自主研发网络游戏市场实际销售收入达到 1182.5 亿元，同比增长 19.9%。③ 2016 年的 1182.5 亿元比 2008 年的 110.1 亿元增长了 9.74 倍，年均增长率为 121.75%。④

3. 移动游戏成为份额最大、增速最快的细分市场

根据《2016 年中国游戏产业报告》，2016 年，移动游戏市场规模为 819.2 亿元，同比增长 59.2%，市场份额为 49.5%，首次超过客户端游戏的 582.5 亿元和 35.2%。具体见表 4。

---

① 中国信息产业网：《〈2016 年中国游戏产业报告〉：游戏市场达 1655.7 亿》，2016 年 12 月 16 日，http://www.cnii.com.cn/mobileinternet/2016-12/16/content_1804425.htm。
② 中国信息产业网：《〈2016 年中国游戏产业报告〉：游戏市场达 1655.7 亿》，2016 年 12 月 16 日，http://www.cnii.com.cn/mobileinternet/2016-12/16/content_1804425.htm。
③ 中国信息产业网：《〈2016 年中国游戏产业报告〉：游戏市场达 1655.7 亿》，2016 年 12 月 16 日，http://www.cnii.com.cn/mobileinternet/2016-12/16/content_1804425.htm。
④ 中国信息产业网：《〈2016 年中国游戏产业报告〉：游戏市场达 1655.7 亿》，2016 年 12 月 16 日，http://www.cnii.com.cn/mobileinternet/2016-12/16/content_1804425.htm。

表4　游戏市场收入及市场份额

单位：亿元，%

项目	游戏用户		销售收入		市场份额
	值	增速	值	增速	
移动游戏	5.28	15.9	819.2	59.2	49.5
客户端游戏	1.56	1.4	582.5	-4.8	35.2
网页游戏	2.75	-7.5	187.1	-14.8	11.3
社交游戏	—	—	57.95	—	3.5
家庭游戏机游戏	—	—	6.62	—	0.4
单机游戏	—	—	1.66	—	0.1

资料来源：根据游戏工委、CNG《2016年中国游戏产业报告》资料整理。

4. 网络游戏公司的市场占有率进一步提升

2016年，腾讯、网易、畅游三家上市网络游戏公司的收入之和为1013.82亿元，同比增长29.95%，是全国游戏收入增速（17.7%）的1.69倍。而整个游戏市场的集中度进一步提升，腾讯、网易和畅游三家上市公司的市场份额之和为61.23%；腾讯的游戏收入为708.44亿元，同比增长25.19%，市场份额为42.79%；网易的游戏收入为279.80亿元，同比增长61.60%，市场份额为16.90%。具体见表5。

表5　上市网游公司收入及增速

单位：亿元，%

公司	2013年	2014年	2015年	2016年	市场占有率
腾讯	357.37	447.56	565.87	708.44	42.79
网易	83.09	92.66	173.14	279.80	16.90
畅游	39.39	40.61	41.15	25.58	1.54
合计	479.85	580.83	780.16	1013.82	61.23

资料来源：根据上市公司财报整理。

5. 电子竞技游戏的市场规模超过500亿元

根据《2016年中国游戏产业报告》，2016年，中国电子竞技游戏市场实际销售收入达到504.6亿元，占中国游戏市场实际销售收入的

30.5%。①其中，中国客户端电子竞技游戏市场实际销售收入达到333.2亿元，占中国电子竞技游戏市场的66.03%。②

（三）新媒体产业私有化和积极推动海外并购

1. 海外上市公司纷纷通过私有化退市

前些年，由于我国资本市场不完善、规模小，很多互联网类传媒公司纷纷到海外资本市场融资，而随着我国资本市场规模的快速发展尤其是我国以网络安全理由对互联网企业加强监管等因素的推动下，且为了分享国内资本市场的高估值，海外上市公司有的出于安全需要，有的出于国内资本市场的高估值需要，纷纷从海外资本市场私有化退市。

准备私有化的海外上市公司大大增加，2016年，主要有爱奇艺、聚美优品、世纪佳缘、艺龙、奇虎360、合一集团、巨人网络、搜房网、博纳影业等公司。其中，已经完成私有化的有巨人网络、搜房网、奇虎360、合一集团和博纳影业。巨人网络借壳世纪游轮在国内资本市场成功上市，搜房网借壳重庆万里基本失败，而奇虎360、合一集团和博纳影业尚未在国内上市，而其他公司因为各种因素而取消了私有化。2016年5月22日，世纪游轮发布公告称，巨人网络100%股权已过户至上市公司，并完成相关工商登记变更手续，巨人网络100%股权估值131亿元人民币，并新发行约5139万股股份，募集了近50亿元资金。③截止到2017年2月17日收盘时，世纪游轮的总市值高达1185亿元，史玉柱也获益甚丰。

2. 主动进行跨境并购，布局海外市场

首先，游戏行业跨境并购金额过800亿元。游戏工委发布的游戏产业报告显示，中国游戏用户数量增长率连续5年下降，2016年我国游戏市场的

---

① 中国信息产业网：《〈2016年中国游戏产业报告〉：游戏市场达1655.7亿》，2016年12月16日，http://www.cnii.com.cn/mobileinternet/2016 - 12/16/content_ 1804425.htm。
② 中国信息产业网：《〈2016年中国游戏产业报告〉：游戏市场达1655.7亿》，2016年12月16日，http://www.cnii.com.cn/mobileinternet/2016 - 12/16/content_ 1804425.htm。
③ 新浪网：《世纪游轮一口气宣布3个消息：过户完成 换血完毕 筹集50亿》，2016年5月22日，http://tech.sina.com.cn/i/2016 - 05 - 22/doc - ifxsktkr5886442.shtml。

实际销售收入达到1655.7亿元[1],增速回落,而且腾讯、网易两家公司游戏收入占据中国游戏市场的一半,说明国内游戏市场已经饱和。在这种情况下,国内游戏企业为了增强自身的核心竞争力以及更好地拓展国际市场,大力实施跨境并购而进行国际布局。全球游戏市场目前正处于整合期,市场领先者的市场份额正在扩大,领先优势进一步凸显,我国的游戏企业纷纷通过跨境收购来应对这种挑战。

具体来说,一是腾讯用86亿美元收购了芬兰手游巨头Supercell 84.3%的股份[2];二是世纪游轮斥资305亿元收购以色列游戏公司Alpha100%的股权[3];三是游族网络拟以5.8亿元收购德国游戏开发商Bigpoint100%的股权[4];四是掌趣科技以11亿元收购韩国游戏公司网禅19.24%的股权[5];五是中技控股以16.32亿元收购英国知名游戏开发商和发行商Jagex[6]。

其次,国内影视巨头大有买下好莱坞的势头。一是2016年1月,万达以35亿美元现金收购著名电影制片厂美国传奇娱乐公司;二是万达集团相继收购好莱坞娱乐整合营销公司Propaganda GEM及制作金球奖等颁奖典礼的电视节目制作公司DCP;三是2016年7月,万达旗下美国AMC院线买下欧洲最大的院线公司Odeon&UCI,12月,又买下美国第四大院线,使其成为全球最大院线;四是2016年6月,腾讯收购好莱坞制片公司IM Global的控股权,又在8月投资好莱坞制片厂STX娱乐公司;五是2016年10月,阿里巴巴旗下的阿里影业入股斯皮尔伯格旗下的Amblin Partners,并达成一系列战略合作。

---

[1] 中国信息产业网:《〈2016年中国游戏产业报告〉:游戏市场达1655.7亿》,2016年12月16日,http://www.cnii.com.cn/mobileinternet/2016-12/16/content_1804425.htm。
[2] 腾讯网:《腾讯斥资86亿美元收购芬兰手游开发商Supercell 84.3%股权》,2016年6月21日,http://tech.qq.com/a/20160621/051426.htm。
[3] 新浪网:《世纪游轮305亿收购以色列游戏公司》,2017年10月28日,http://finance.sina.com.cn/roll/2016-10-28/doc-ifxxfuff6986059.shtml。
[4] 和讯网:《游族网络:拟投资5.8亿收购德国游戏开发商BP》,2016年3月22日,http://news.hexun.com/2016-03-22/182905129.html。
[5] 凤凰网:《掌趣科技出资11亿元收购韩国网禅公司19%股权》,2016年3月8日,http://games.ifeng.com/a/20160308/41560359_0.shtml。
[6] 搜狐网:《中技控股拟16亿元收购英国Jagex51%股权》,2016年9月13日,http://mt.sohu.com/20160913/n468324590.shtml。

（四）大数据产业高速发展

2016年，我国大数据产业发展势头良好，中国信息通信研究院发布的《中国大数据发展调查报告（2017年）》显示，2016年我国大数据核心产业的市场规模达到168亿元，同比增长45%，预计到2020年将达到578亿元。具体见表6。

表6　2014～2020年中国大数据市场规模及增速

单位：亿元，%

年份	市场规模	增速
2014	84	—
2015	116	38.1
2016	168	45.0
2017E	234	39.3
2018E	327	39.7
2019E	436	33.3
2020E	578	32.6

注：2017～2020年为预测数据。
资料来源：中国信息通信研究院，《中国大数据发展调查报告（2017年）》。

在168亿元的大数据产业市场中，硬件市场规模为53.9亿元，占比32.1%，下降1.8%；软件市场规模为72.6亿元，占比43.2%，上升0.8%；服务市场规模为24.7%，提升1.0%。

当然，中国信息通信研究院的大数据产业报告的统计口径相对较窄，互联网广告尤其是今日头条等基于大数据技术的智能媒体的广告也属于大数据产业范畴，如果把这些基于大数据的互联网广告计入，则大数据产业的规模会大幅度扩大。

此外，浙江日报报业集团旗下的上市公司浙数文化开始进军大数据产业。2016年，浙数文化的前身浙报传媒通过非公开发行募集19.5亿元，并以此为基础推进浙江大数据交易中心、"富春云"互联网数据中心、大数据创客中心、大数据产业基金的"四位一体"大数据产业生态圈建设。目前，浙江大数据交易中心已经正式上线运营,"富春云"互联网数据中心进入实质性建设阶段,大数据创客中心定址完成,总额10亿元的大数据产业投资基金也设立完成,并对若干优质项目完成出资。

(五)直播业高速发展

1. 直播业务发展快且基本覆盖各个领域

首先,直播业务发展势头良好。2016年被称为我国的互联网直播元年,发展到目前,我国已经有200家左右的直播公司,网络直播的市场规模约为90亿元,用户数量已经达到2亿人,同时在线400万人,同时在线房间数量3000个基本覆盖了直播的各个领域,而在所有的直播当中,资讯直播正在成为媒体融合的重要方向和新热点。互联网直播的在场感、互动性、实时性强,能够提供更好的用户体验,其高速发展的直接原因则是技术进步、游戏娱乐推动以及资本大量涌入等。

其次,直播已经覆盖了各个领域。其中秀场和游戏是传统互联网直播的主要内容,秀场类直播平台以9158、YY(欢聚时代)为代表,游戏类直播平台则以斗鱼、风云直播、虎牙等为代表,除了秀场和游戏直播之外,泛娱乐时尚类以及美妆、体育、健身、财经等垂直领域类直播纷纷出现,而且腾讯、秒拍、美拍、B站等也纷纷嵌入直播功能。

2. 资本大量进入直播业

欢聚时代的财报显示,其2016年的净营收为82.041亿元,同比增长39.1%。第四季度净营收为24.842亿元,同比增长30.8%,其中来自流媒体直播服务(YY直播、在线约会、虎牙直播、PK Show、ME应用和其他直播服务)的营收为22.182亿元,同比增长41.7%,直播服务营收占比为89.29%。陌陌的财报显示,2016年陌陌净营收为5.531亿美元,同比增长313%;第四季度陌陌净营收为2.461亿美元,同比增长524%,其中直播服务营收为1.948亿美元,占比为79.15%。正是因为直播行业前景广阔,资本才蜂拥而入,2015年以来直播行业的主要融资情况见表7。

表7 2015年以来直播行业的主要融资情况

时间	融资方	融资金额	投资方	轮次
2015.3	虎牙直播	7亿元	欢聚时代	续投
2015.3	六间房	26亿元	宋城演艺	收购
2015.5	果酱直播	数百万元	不详	天使轮
2015.10	Imba TV	约1亿元	紫金文化基金等	B轮
2015.11	微吼	近亿元人民币	不详	B轮
2015.11	映客	千万元	赛富基金等	A轮
2015.11	龙珠直播	近一亿美元	游久游戏、腾讯等	B轮
2015.11	欢拓科技	1000万元	赛富基金等	A轮
2015.12	火猫TV	千万美元	优土	A轮
2016.1	映客	8000万元	昆仑万维	A+轮
2016.3	易直播	约6000万元	不详	A轮
2016.3	三好网	7500万元	亦庄互联网等	Pre-A轮
2016.3	斗鱼TV	1亿美元	腾讯等	B轮
2016.4	早道网校	1500万元	YY等	A轮
2016.5	呱呱视频	1.31亿元	光线传媒	被收购
2016.5	野马现场	数千万元	明嘉资本	A轮
2016.8	斗鱼TV	15亿元	凤凰资本、腾讯等	C轮
2016.10	花椒直播	3亿元	中首建投、奇虎360	A轮

资料来源：根据互联网资料整理。

其中，BAT互联网巨头纷纷布局互联网直播。尤其以腾讯更为彻底，目前布局了9家直播平台，其中自建平台就有NOW直播、QQ空间直播、腾讯直播、腾讯新闻、企鹅直播、花样直播等。具体见表8。

表8 BAT的直播布局

公司	APP名称	直播形式	具体情况
腾讯	QQ空间直播	内嵌式	自家产品
	腾讯新闻	内嵌式	自家产品
	企鹅直播	纯直播	自家产品
	花样直播	纯直播	自家产品
	腾讯直播	纯直播	自家产品
	NOW直播	纯直播	自家产品
	斗鱼直播	纯直播	投资
	哔哩哔哩动画	内嵌式	投资
	龙珠TV	纯直播	投资

续表

公司	APP 名称	直播形式	具体情况
阿里巴巴	淘宝	内嵌式	自家产品
	天猫	内嵌式	自家产品
	优土	内嵌式	收购
	来疯视频直播秀	纯直播	优土
	陌陌	内嵌式	投资
	一直播	纯直播	投资的微博
	Acfun	内嵌式	投资的合一集团
百度	百秀直播	纯直播	自家产品
	Ala 直播	纯直播	自家产品
	爱奇艺	内嵌式	收购

资料来源：根据猎豹全球智库报告和互联网资料整理。

（六）短视频领域成为新媒体产业重要风口

在腾讯、今日头条、新浪微博、阿里巴巴、百度等给予内容创业者提供补贴等各种资源的支持下，短视频创业迎来有史以来最好的时代，不少短视频企业顺利完成融资，具体见表9。

表9　2016年短视频项目融资情况

公司	融资时间	融资轮次	融资金额
一下科技	2016.11	E 轮	5 亿美元
梨视频	2016.11	天使轮	5 亿元
陈翔六点半	2016.7	A 轮	数千万元
何仙姑夫	2016.7	A 轮	2000 万元
壹母亲	2016.6	天使轮	数百万元
即刻视频	2016.5	天使轮	1300 万元
Dailycast	2016.5	A 轮	数千万元
Musically	2016.5	C 轮	1 亿美元
旅行者镜头	2016.4	天使轮	数千万元
Faceu	2016.3	B 轮	数千万美元
二更	2016.3	A 轮	5000 万元
小红唇	2016.2	B 轮	数千万美元
日日煮	2016.2	A 轮	3500 万元

资料来源：根据相关资料整理。

（七）知识付费开始艰难探索

我国中产阶层尤其是互联网上的精英人群进一步发展壮大，这部分人群的知识付费意愿增强，以及基于支付宝、微信等便捷的支付工具，使得知识付费成为可能。企鹅智酷发布的《知识付费经济报告》显示，消费有偿分享的知识的渗透率在网民中超过了一半，达55.3%；线上课程/培训/讲座付费排在第三位，占比36.9%。[①] 需要指出的是，26.4%的付费用户有过打赏行为。[②]

在这种情况下，分答、知乎live、喜马拉雅FM、罗辑思维、36氪等专业平台纷纷开始探索知识付费。其中，2016年6月喜马拉雅FM尝试开辟的"付费精品"专区，在同年12月的喜马拉雅FM首届"123知识狂欢节"的销售额达到5088万元。[③] 罗辑思维公布的数据显示，目前旗下付费阅读产品得到APP总用户529万人，日活42万人，订阅总份数130万，总人数超79万，得到APP总营收2.45亿元。[④]

目前，知识变现阶段的商业模式可以分为平台型和独立的知识付费平台两种，平台型的知识付费平台的典型代表是喜马拉雅FM、得到等，这些平台直接生产相关知识产品；独立知识付费平台的典型代表是知乎等，这些平台自己不生产内容，而是通过C端的互动完成生产、消费，平台从中抽取一定比例的收益。

知识付费无疑有良好的发展前景，但是我们也要清楚，由于我国的知识产权保护力度不够以及用户知识付费的意愿还不够强烈，知识付费尚难以在短期内取得快速发展。

---

① 搜狐网：《知识经济时代，为内容知识付费已然成风》，2016年12月20日，http://mt.sohu.com/20161220/n476395728.shtml。
② 搜狐网：《知识经济时代，为内容知识付费已然成风》，2016年12月20日，http://mt.sohu.com/20161220/n476395728.shtml。
③ 中国经济网：《知识付费市场或是下一个风口》，2017年3月2日，http://finance.ce.cn/rolling/201703/02/t20170302_20645899.shtml。
④ 新浪科技：《罗辑思维旗下App得到公布运营数据：总营收1.4亿 最高者入2千万》，2017年2月21日，http://tech.sina.com.cn/i/2017-02-21-doc-ifyarrcf5303139.shtml。

（八）网络视频、VR 火爆

首先，网络视频接近盈利。一是在用户数方面，截至 2016 年 6 月，我国网络视频用户规模达 5.14 亿人，用户使用率为 72.4%[①]；二是在收入方面，网络视频收入和广告收入都保持 50% 以上的增速，尤其是基于移动端的广告收入增速超过 100%[②]；三是在付费用户方面，视频网站成为电影重要发行渠道，付费用户快速增长，相关调查结果显示，2016 年上半年，35.5% 的网络视频用户有过付费看视频的经历。

其次，VR 资本泡沫破灭，未来爆发会有时。2014 年是 VR 元年，该年 VR 企业获得 2.7 亿元的总投资，2015 年获得 24 亿元的总投资，2016 年上半年获得 15.4 亿元的总投资，VR 在快速发展的同时也带来了巨大的资本泡沫。但是由于存在带宽难以支撑、设备昂贵且不易使用等难题，VR 尚难以商业化，资本泡沫也自然破灭。目前，国内的相关企业开始从 VR 入手转变为从 AR 入手，但是相信未来随着带宽的增加和设备更为便宜可用，VR 一定会重新火爆并找到自身的商业模式。

三 新媒体产业的未来发展趋势

首先，新媒体产业的整体增速开始放缓。目前，居于新媒体产业主体的广告、游戏产业等已经具有较大的规模，由于新媒体产业的基数已经很大，新媒体产业整体保持 30% 以上的增速已经很难，整体增速将放缓。

其次，新媒体产业依然靠技术驱动。大数据、直播、VR 等新媒体产业正在快速成长，而这些产业高速发展的背后主导因素依然是技术变革，未来能对 BAT 等互联网巨头产生巨大冲击的必然是基于新一代技术的互联网巨

[①] 中国互联网络信息中心：第 38 次《中国互联网络发展状况统计报告》，2016 年 8 月 3 日，http://www.cnnic.net.cn/hlwfzyj/hlwxzbg/hlwtjbg/201608/P020160803367337470363.pdf。

[②] 新华网：《2016 年传媒经营管理分析》，2017 年 3 月 20 日，http://news.xinhuanet.com/newmedia/2017-03/20/c_136142591.htm。

头，如正在快速发展的今日头条。

再次，互联网巨头正在积极进行海外布局。由于我国互联网用户只占全球网民的1/5，在国内居于领先的互联网巨头为了更大的市场，必然走出国门积极进行海外布局。无论是阿里巴巴、腾讯、百度等互联网巨头，还是新生代的今日头条等都在积极进行海外布局。

最后，新媒体产业正在快速迭代。一是基于移动互联和大数据的用户需求正在快速迭代网民需求，用户需求能够带来更大的商业价值；二是基于大数据和人工智能技术的智能互联网正在快速迭代门户网站；三是用户时间正在快速迭代用户数量，由于我国网民的数量不可能再保持高速增长，而互联网巨头的竞争焦点就是用户时间；四是音视频快速迭代图文，互联网上音视频的商业价值将远远超过图文。

B.21
2016年中国新闻无人机发展现状、问题及展望

刘 君*

摘　要： 2016年中国新闻无人机航拍大多是美景、生活和各种活动，作品以图集、录播视频为主；专业媒体最大的成就是航拍了南方洪灾，自媒体则把自拍发展到一定水平。迎合媒体人需求，个头越来越小，功能越来越强大的便携新闻无人机大量出现。对媒体"领空"更具决定作用的无人机直播，遇到了上传慢、同期声不易同步、无法自动切换手持云台画面等诸多问题，尚需无人机导航直播车和云计算技术等来解决。新闻无人机要取得媒体"制空权"，需要搭载倾斜摄影和VR/AR等设备，并突破新闻习惯，更多植入作者的形象、位置、情感和思想。

关键词： 新闻　媒体　无人机　直播　航拍

科技进步的历史，也是人类生活方式的改变史，其中包含了人类获取信息、传播信息的方式。今天，领先世界的消费无人机市场份额和配套技术①，让中国在第一梯队向媒体"领空"发展。中国媒体向空间维度扩展的

---

* 刘君，新华网无人机频道主编，研究员。
① 新华网：《中国无人机"大"在哪？》，2016年2月16日，http://news.xinhuanet.com/2017-02/16/c_129480908.htm。

新趋势——无人机，向时间维度扩展的新趋势——直播相遇，嫁接出更彻底的移动直播方式——无人机直播，这一直播方式目前却因为种种技术上的障碍和传统新闻理念的阻碍，没热起来。

未来，来自专业媒体和自媒体的无人机信息，尤其是无人机直播或将成为决定媒体"制空权"和媒体领导权的决定角色。媒体和自媒体人要赢得传播"制空权"，新闻无人机还要搭载各种"武器"（设备），实现海陆空交互拍摄。而安装摄像头，仅仅是成为新闻无人机，提供无人机直播基本的要素——上帝视角的基本前提，还要搭载 VR/AR、测绘摄像，以及未来的人工智能装备等。

一　新闻无人机现状和趋势

自 2015 年 6 月新华网组建新闻无人机队以来，无人机航拍了记者曾经难以到达的现场：天津港爆炸、深圳滑坡、南方洪涝灾害。2016 年媒体无人机最突出的表现，就是航拍南方洪涝灾害。以新华网为主的媒体不仅航拍了大量一线救灾人员封堵决口的大量图片和视频，还有一线救灾人员休息的场面。而且，每个视频或每组图片，初步具有了故事的成分。这些故事串起来就形成了一个宏大的抗洪救灾历史图谱。难能可贵的是，传统灾害报道记者，往往难以抵达事件的核心，而航拍报道，依靠自由移动中的天眼视角，给出了灾难核心区和救灾核心区的宏大场景。

无人机在媒体领域的地位，相当于军用飞机的制空权，因为迅速、灵活，可"+"各种"武器"，有决定竞争最终胜利的作用。而决定竞争制空权和媒体"领空"的，不是类似演习的录播，而是突发事件、各种活动和个人生活等方面的无人机直播。2016 的无人机直播，主要在交通监测和各种活动方面，内容和表现形式都相对单一。但为了依靠无人机直播赢得制空权，未来会更多搭载倾斜摄影、VR/AR 等各种"武器"（设备）。例如搭载倾斜摄影后，调整鸟瞰角度，读取核心灾情区人物和景物。

（一）个头越来越小，功能越来越强大的便携新闻无人机

2016年新闻无人机虽说还处在初级阶段，但一个趋势还是很明显的，就是越来越小。2016年上半年，还是大疆的悟系列和精灵系列主导。因为悟昂贵和庞大，被用得较少。而大疆御Mavic Pro的发布，新闻无人机领域出现了悟系列和精灵系列，都呈被逐渐取代的趋势。它是一个折叠的结构，通过折叠能变得像矿泉水瓶那么大（但要装在口袋里，还是稍稍大了）。其实，把无人机做小非常难，因为缩小电池，会减少续航时间；缩小相机，则会牺牲画质；做细机臂，则无法支撑提供更多动力的大电机。而作为中国和世界无人机的领导者，在Mavic身上，我们看到了一个奇妙的平衡①（拍照虽然还符合4K标准，不过因为减小摄像头，不是新闻无人机中最好的），尤其是27分钟续航，比过去的15分钟续航强了不少。

提升了不少功能的大疆御和大疆精灵系列推出的新机，价格变化不大。这有点像摩尔定律——当价格不变时，集成电路上可容纳的元器件的数目，每隔18~24个月便会增加一倍，性能也将提升一倍——在无人机领域的体现。这和计算机从台式PC机到笔记本电脑，再到平板型电脑和大屏智能手机的趋势相一致。其他2016年推出的便携新闻无人机还有主打家用娱乐拍摄的零零无限的Hover，主打运动拍摄GoPro公司的Karma等。其中，凭借摄像头位置变动，能更多角度拍摄的Karma，因为没有自动避障等基本功能而被诟病，更因为会突然失去动力而一度由厂家全部召回。

（二）专业媒体航拍美景和事件，自媒体航拍运动、美景和自己

目前，专业媒体和自媒体的无人机多是航拍美景和各种日常性的活动。有突发新闻事件的时候，专业媒体也会去航拍新闻事件，还有很多交

---

① 无人机之家：《大疆新品Mavic"御"无人机性能测评》，2016年10月10日，http://www.wrjzj.com/wrjjs/jxpc/5184.html。

通主管部门,在微博上组织交通情况的直播。处于航拍初级阶段的新闻无人机,往往存在见景不见人,见人不见故事的情况。一方面,目前考虑到安全性,无人机飞很低来拍地面上的人的情况,比较少见,媒体通常用传统的地拍来补充一个图集中大众最关注的人的部分。巡线等空中作业人员,往往是可以靠得稍近,但人脸表情等细节,还是欠缺。另一方面,也是受传统新闻理论约束的媒体人,怕植入自己的形象、观点,被批评为影响新闻公正。

然而,有意无意做着自媒体人的无人机玩家,在报道中,会更多植入自己的形象,甚至以自拍为主。如果是直播,就有点像"网红"——不是坐在家里,而是直播每天的出行,让我们普通人的旅游留下天眼视角下的全景影像,并在旅途中分享给大家。原飞豹无人机产品经理黄婉盈说:"用手表控制非常简单,当你带上手表的时候,你对手表说 flypro、follow me 或跟着我、降落、起飞,无人机就能实现起飞、降落、跟随这些功能。还有环绕拍摄、跟随拍摄和 360 度环绕自拍。"[①] 无论是徒步,还是骑单车、开车出行,无人机都能记录我们,把美景当成兼顾拍摄的背景。我们的双手、双眼,可以完全交给旅行,而将拍摄交给自动跟随我们的无人机。而且,在悬停模式下,按环绕键,是围绕机头前 10 米方向环绕飞行自拍,这就有了探路的作用。智能手表控制垂直高度高达 300 米,而人的视觉高度一般是 150 米,也就是说,你看不到无人机的时候,它依然在航拍你的旅行。

(三)专业媒体以图片、录播视频为主,自媒体找第一视角感觉

无人机航拍作品的领头羊新华网,依靠全国几乎每个省都有无人机航拍队伍,又有总网的无人机专业频道两个优势,2016 年航拍作品超过 5000 部,但是大部分航拍作品是图片,视频往往是需要加上配音、字幕、片头和

---

① 新华网:《无人机 让你惊 让你嗨》,2016 年 4 月 26 日,http://news.xinhuanet.com/video/2016 - 04/26/c_ 128929714. htm。

片尾，周期长，产量也稍低，视频直播更是屈指可数。而且大部分是在微博平台进行的，《新华网河南频道将无人机直播少林武术节开幕式彩排》[①] 是首次在新华网炫知平台做的无人机直播。直播较少，也同目前的新闻无人机多不能防雨有关系。在南方暴雨灾情发生的日子，新华网媒体发出大量航拍图片和视频，但都是等雨停了，才能去航拍。目前能提供无人机直播的有微博、七牛云、YY、新华网等，斗鱼、花椒等传统直播网站也提供无人机直播。由于微博和世界最大消费无人机厂家中国大疆创新的技术接口合作，不少城市以交通情况直播、交通执法直播为主的微博无人机直播行业新闻，成为常态。

人类不用飞上天，就能像鸟儿一样，在飞翔中俯瞰，这是自媒体人追求第一视角的原因。而无人机与 VR 等设备结合的逼真影像，更能让自媒体人沉浸，以致嗨到大声叫喊。广州亿航智能技术有限公司公关总监冀晨悦说："这个 VR 眼镜可以通过头部的抬头和低头，控制无人机镜头的俯仰。所以真的像飞鸟在空中飞一样。你的头怎么转，你看到的就是那个角度的画面。"深圳市凯迪斯模型有限公司谢莉介绍，市面上的可穿戴头盔式 FPV 眼镜可以覆盖 40 个频点，有效监视、控制距离可达 600 米以上。[②] 但是，这类传播目前多是自己对自己的，不少无人机自媒体人，还处在自嗨阶段。

二 新闻无人机的问题和解办法

目前新闻无人机存在问题，有技术不够发达、配套设备不足的原因，也有飞手思维和行为习惯的局限，乃至新闻理论和新闻伦理的限制。直播中遇到的航拍和地拍的切换问题，航拍视频、图片上传速度、播放速度的问题，

[①] 新华网：《少林武僧瞠目的无人机功夫》，2016 年 10 月 31 日，http：//news.xinhuanet.com/video/2016 -10/31/c_ 129341898.htm。

[②] 新华网：《无人机 让你惊 让你嗨》，2016 年 4 月 26 日，http：//news.xinhuanet.com/video/2016 -04/26/c_ 128929714.htm。

多是技术和设备的原因;而拍不好地面细节,是两方面原因都有:飞手思想和行为习惯,新闻无人机技术不够发达。

我们拿自拍杆,在很大程度上是为了拍摄自己的同时,能拍到更大范围的周边环境。而且,可以选更多、更大的拍摄角度。无人机的自拍比手机自拍更灵活,视角更多样且更广;视野随着无人机的升高而变大。因此,无论是拍好地面细节,还是植入飞手、云台手等作者的影像、评论,都需要飞手首先具备这样的思维。在螺旋桨附件另加4个摄像头的新闻无人机普及前,切换到手持云台地拍的画面,是不得已的选择;而植入飞手的形象和思想,则需要飞手突破思维局限,养成报道习惯,同样需要新闻理论和新闻伦理等方面的突破。

(一)问题与办法:无人机直播克服三大不足填补媒体领空空白

无人机直播是方向。然而,目前无人机直播的硬件、软件等并不十分健全。其一,直播现场信号不好,影响上传速度是很严重的问题。新华网山东分公司飞手张翔建议"可以随身带增强器,增强手机4G信号。开两个手机,一个开热点,一个开4G,哪个快用哪个"来解决现场信号不好的问题。其二,无人机直播同步录同期声不便,是另一个严重的问题。在同期声处理方面,电视台直播采取的是专业而先进的音频、视频分开的两路信号方案。反观无人机直播,飞机在天上,画面对象通常在地面,无人机自身的噪音虽然不算太大,但飞得越低,越难做到清晰地收录来自地面的声音。微博平台的无人机直播,音频采集是通过监视器上面的音频输入,耳机体验感不好,距离也有限,主播与跟拍人员做不到灵活自由的配合。而且,目前无人机直播的音频多依靠手机采集,声音来源单一。对此,有飞手曾尝试着将图传和声音进行有线连接,但该方案一个明显不足就是人被线牵着走、地面的移动受到限制。其三,是影响体验感的延迟问题。因为推流的方式不一样,多数平台延时在10秒左右,微博无人机直播的延时,大概在3秒到5秒。延迟和选择的平台有关,而无人机导航直播车,能解决信号不畅等问题,这将在最后一部分论述。

从理论上讲，自拍者可以通过手机的网络功能，将无人机所拍摄到的精美图像，实时地传到微博、微信朋友圈和直播网站，与家人、好友或网友分享。但是，目前以飞豹自拍无人机为代表的多数遥控手表还不能联网，只能显示飞行状态和参数，分享精彩的时候还需停下来用手机完成。这显然不是真正意义上的直播，顶多算准直播。以大疆为代表的新闻无人机，虽然还不能解放双手，但是能同步直播到微博等平台，而且 Mavic 发布时，同时发布了 FPV 视频眼镜，配合 Mavic 的运动模式。

（二）问题与办法：无人机靠手持云台等地拍弥补细节

高空航拍的优势是场面宏大，缺点是拍不清楚地面小物体，尤其是人脸及其表情。在重要活动中，就需另一个无人机低空航拍——无人机航拍的难点兼重点。另外，地拍（最好用手持云台）补充，常常也是必需的。但目前无人机技术还解决不了与地拍画面的自动切换问题，目前只能通过地面切换台切换。新华网山东无人机飞手张翔给出一个建议，可把无人机遥控器加以改装，安装 HDMI 输出模组。但是，无人机飞得低就危险，容易掉下来，也容易碰触更多的障碍物，低空拍摄并不容易。

无人机的自拍比手机自拍视角更多样、视野更宽广。在人员无法进入的场地直播，让人们平时看不到的景物，成为飞手的背景。因为有智能的跟随和锁定，能得到近似专业设备的稳定和流畅画面。其实，手机云台最重要就是拍同伴，不像手机自拍杆那样，是以自拍为主的。高难度的环绕目标拍摄也能实现，并拍出更加动感的画面，这有点像无人机环绕你 360 度自拍的感觉。虽然不如无人机方便、快捷，但平视拍摄对象，恰恰是弥补了无人机的不足，另外，手机倾斜角度变化，还能拍出俯仰画面。支持超广角全景、延伸拍摄、暗光表现和社交平台直播的手机云台，兼具手机的便携和专业摄像机的画面流畅。

（三）问题与办法：解决配音难"无人机+作者"拉展作者信息

受制于目前的无人机设备，在无人机航拍，尤其无人机直播中，飞手实

时解读航拍事件,几乎不可能;而录播也是在随后根据航拍的视频配音,通过后期制作,补上所航拍事件的解读。电视台的直播节目,因为有专门的音频声道,而能同步评论。但是电视台直播往往要靠镜头反打才能看到主持人,而且这个主持人很可能是个念别人稿子的人。而无人机在航拍中,能方便拍到飞手(云台手),更有条件靠"无人机直播+作者",全面植入作者影像、观点、情感和其他所谓的非客观信息,拉展作者信息。观众对身临其境又出乎意料变化画面的好奇,能产生画面行进的视觉快感和冲击力,能够有效带动观众情绪。① 因此,解说必须随机应变,其一定是作者,而不是念别人稿子的播音员来解说。

正如观点、情感和作者的身影、地理位置常常出现在微博、微信公号新闻中,无人机新闻,尤其是无人机直播,将更大力度地推动新闻观点化、情感化、参与化和位置公开化等。飞手解说的临场发挥,让观众的大脑更"解渴",并产生跃跃欲试的参与感。一方面作者的动作、解说、表情、位置都是新闻有机组成部分,同时,可以让观众感到自己与作者交互的亲切感,由于作者与现场同在,提升了新闻在观众眼中的真实感和第一人称带入感。报道突发事件时,直播为救援人员提供人到达不了位置的实时信息,还能推进、改变事件发展的速度和方向。这也与过去强调作者不参与事件的客观手法不一致,但是,这让传统新闻手法和定义遇到挑战。作者的评论也会被当成舆论引导,而被强调客观报道的专家批评。李良荣认为,新闻只报道事实,评论才发表意见。② 多年前,《华尔街日报》前主编罗伯特·巴特里也抱怨:"崇尚客观性的新闻业正在死去。"③ 但对观众来说,作者解读带来的观点、情感和其他所谓的非客观信息,让新闻更加丰满。

---

① 新华网:《无人机直播:又一次颠覆》,2016年10月12日,http://news.xinhuanet.com/2016-10/12/c_129318698.htm。
② 李良荣、林琳:《浅谈新闻规律》,《新闻大学》1997年第4期,第16~18页。
③ 新华网:《"客观性新闻"正走向终结?》,2003年9月4日,http://news.xinhuanet.com/newmedia/2003-09/04/content_1061242.htm。

三 新闻无人机展望与突破

"无人机+自拍"可以理解成"无人机+作者"的延续。飞手（主人公）由解读事件的配角变成了提供核心形象的主角，进一步拉展飞手思想、感情的同时，重点拉展了飞手实时的一举一动，以及他的周围景象。本部分论述的"无人机+"，比前面提到的"无人机+自拍"和"无人机+作者"，更倾向于"无人机+技术"。"无人机+倾斜摄像"，一般是5台传感器搭载5个摄像头，1个垂直、4个倾斜，从5个不同的角度拍摄，将观众带入更符合人的视觉的多维直观世界。飞手或云台手，通过无人机飞控系统可以同步控制5个镜头同时拍照。"无人机直播+倾斜摄影"，给观众呈现地表全要素还原"实景三维"，大大优于过去仿真的三维模型。这种无人机多维视角直播，特别适合灾难、体育报道。

有人认为："VR演播师是通过VR产品本身及演播师与VR的无缝交融，形成震撼性和感知性强的应用效果，更像是超级魔术师，给用户带来完全不一样的体验。而VR演播师将成为下一代网络红人。"[1] 而笔者认为，未来最火的应该是AR，直播的是现实世界中我们每天的出行。直播热、无人机热，交叉出的无人机直播，目前却不太热，至少需要无人机导航直播车和云计算两个帮手。2017年2月16日，新华网在武汉举行无人机导航直播车启用仪式，首批13台无人机导航直播车正式投入13家地分公司使用。这是新华网组建中国首个新闻无人机队后的又一次首创[2]，解决了信号和视频制作、发布工作台的移动等问题，而信号图传信号质量不强等问题，则需要云计算来解决。

---

[1] 中国证券网：《无人机+VR+远程高清视频成就平凡人的魔术师梦》，2016年7月2日，http：//www.cs.com.cn/ssgs/hyzx/201607/t20160702_5003770.html。
[2] 新华网：《柯玉宝：新华网无人机直播车是创举》，2017年2月24日，http://news.xinhuanet.com/video/2017-02/24/c_129494327.htm。

（一）无人机自拍让我们的出行实时共享给世界

徒步、自行车或自驾游时，第一部分介绍过用手表（飞豹等公司的）等可穿戴设备控制的无人机①，能解放飞手的双手，更有自动跟拍、多方式摄影、语音控制等功能。手机上安装对应 APP，能以第一人称视角实时看无人机拍摄画面。目前综合评价最高的 Mavic 打开手势自拍功能后，相机会识别画面中的运动物体，成功识别后，朝相机挥挥手，待 Mavic 确认后再给出固定手势，前臂灯变为快闪，三秒后就拍照了。② 未来，无人机直播运动着的、旅途中的你，是制造新网红的一个趋势。

目前，自拍人多是通过手机的网络功能，将无人机所拍摄到的图像，实时地传到微博、微信朋友圈和直播网站，与网友分享。未来，遥控手表一定能联网，而不仅仅是显示飞行状态和参数。还有一个大障碍，是多数无人机的摄像头是在飞机底部，不能平视旁边的拍摄对象，更不能拍飞机上方，美国初创公司 Queen B Robotics 推出的无人机 Exo360，被称为全世界第一台可以拍摄 360 度全景 4K 视频的无人机。Exo360 螺旋桨附近的四个摄像头，可以拍摄水平全景视频和照片。未来，所有无人机都能像 Exo360 和 GoPro 无人机那样，在低空飞行时，能平视拍摄周边细节，甚至航拍上方视野，并弥补现在 GoPro 无人机不能自动跟随和自动避障的缺陷。

（二）"无人机+倾斜摄影或 VR"，让媒体和自媒体人获得报道"制空权"

随着测绘等行业技术向新闻无人机领域的转移，未来应该会出现"无人机+倾斜摄影"，靠那个垂直摄像头之外在螺旋桨附近的另外 4 个倾斜摄像头，实现超越裸眼的全角度，看到人眼看不到的背面，拉展死角和数据真

---

① 新华网：《飞豹 XEagle 运动版无人机测评》，2016 年 8 月 10 日，http：//uav. news. cn/news/20160810/3362089_ c. html。
② 无人机之家：《大疆新品 Mavic "御" 无人机性能测评》，2016 年 10 月 10 日，http：//www. wrjzj. com/wrjjs/jxpc/5184. html。

实,将观众带入更符合人类大脑需求的多维直观世界,给观众呈现超越人眼现实的"真三维",而且借助软件放大图像,轻点任何一个楼体或一个人,就会显示出这栋楼或人的准确位置和高度,还可任意查看一扇窗户、人与窗户的距离等数据。观众在看直播的同时,能看到想看的各种数据。加上配套软件,能植入观众互动成分,为观众从"看新闻"到"用新闻"奠定基础。如果未来能广泛应用于媒体直播,就能实时给出事件演变点的变化进度和改变规模,在灾难报道和突发事件中,尤其有价值。

"无人机直播+VR/AR"让虚拟增强现实。美国加州发明家沃斯的VR无人机FlyBi,采用特制VR眼镜,能将无人机拍到的画面实时展示在使用者眼前,自媒体人只要转动头部便能改变镜头角度,配合遥控器控制无人机,使用者即使在地面也能感受翱翔天际的快感。具体说来,是当飞手的头部转向左边时,无人机的摄像头(通过云台)也转向左边进行拍摄,提供无人机第一人称视觉虚拟飞行体验。未来,更火的应该是AR直播,因为能植入与之相关的历史和未来的真实或动漫信息,包括重现湮没信息,拉展时间跨度。未来,观众不需带VR眼镜或头盔,就能裸眼看到全景影像。

(三)直播车和云计算让无人机直播更方便、顺畅

无人机导航直播车不仅能让飞手、记者第一时间到达新闻现场,还能迅速移动直播车承载的制作、控制和信号提供中心,到不断变化的事件核心区,让我们一直用天眼看到事件核心区域的直播,让大家看到过去看不到的角度,体会过去体会不到的新闻进行时。中国新闻摄影学会会员、新华网山东无人机飞手朱津明介绍,新华网无人机新闻直播车具备完整的图传系统,可以通过车载地面站接收无人机发出的自身位置信息以及拍摄的高清视频信号。车载地面站增加了2.5米可升降天线及高增益天线的配置,相比较便携式无人机地面站增1.5倍至2倍的传输距离,能实现对无人机远距离的操控。在没有信号的地区,新华网的无人机新闻直播车能提供信号;在新闻发生核心转换的时候,它能成为移动的无人机保障平台。朱津明说:"新闻采编人员在车内就可以对无人机拍摄的影像进行现场剪辑处理,最后通过车内

网络推送出去。"① 未来,无人机导航直播车会为更多专业媒体使用,自媒体人也会拥有。

直播现场网络不好,上传视频慢,几乎让无人机直播变录播,因为传输过程中丢包,或观看的地方信号不好,易使图像卡。无人机在天空直播还需要云计算,这个也能联想到天空的技术来解决。把视频数据流比喻成水,云计算就是网络河道,视频的水量很大,不走当地狭窄的网络河道,而是就近把水流入云计算在当地的宽河道。水流变快,也不会溅到外面,造成视频流丢包。对离服务器远的海外观众而言,张轶说,腾讯云在海内外有 CDN 节点,目前就支持斗鱼、龙珠、快手等各大视频平台在海外的流畅稳定播出。而采用更新的云计算技术,不仅方便视频流快速上传,还能降低流量费。张轶预测,云计算技术如果能支持 H265 编码以及专业的 Zixi 格式串流,抗丢包能力以及编码效率会有极大提升。云计算,不仅仅能助力水流进河道这一段,还能解决更上游的问题。他说:"用云导播台的功能在后台选择不同的视频流,再最终切换再输出。"②

---

① 新华网:《柯玉宝:新华网无人机直播车是创举》,2017 年 2 月 24 日,http://news.xinhuanet.com/video/2017-02/24/c_129494327.htm。
② 新华网:《云计算破解无人机直播难题》,2017 年 3 月 23 日,http://uav.xinhuanet.com/2017-03/23/c_129516405.htm。

B.22
2016年图书网络出版的现状、问题及对策

——以SPRINGER、人民出版社和科学出版社为例

吴卓晶*

摘　要： 本文以SPRINGER、人民出版社和科学出版社为例，研究了2016年的网络售书价格、网络化程度（与新媒体结合情况）和网络销售策略。通过比较，分析了国内外传统出版集团转型网络出版的现状，对图书网络出版过程中存在的问题进行了归纳总结，以寻求应对策略，并对图书的网络出版进行了展望。

关键词： 图书　网络出版　SPRINGER　人民出版社　科学出版社

网络出版，又称互联网出版，是指具有合法出版资格的传统出版机构或自媒体，以互联网为载体和流通渠道，出版并销售数字出版物的行为。互联网时代数字出版的商业模式主要有三种：一是直接通过互联网平台售卖实体出版物和数字内容，如纸质书和电子书平台、专业数据库、在线学习等；二是通过互联网提供免费基础内容，吸引用户，再设置"付费墙"或提供优质稀缺内容作为增值服务，从部分付费用户获取收益，如网络文学、在线游戏等；三是搭建平台，汇集、提供海量优质免费内容，积聚用户，然后对用户

---

* 吴卓晶，科学出版社农林专著部主任，博士，研究方向为网络出版策略。

行为和偏好进行大数据分析，通过向广告商提供精准营销服务获取广告收益，如门户网站、视频网站等。① 很多出版社选用其中两种或多种模式的组合。

研究 SPRINGER、人民出版社和科学出版社的图书出版策略，尤其是三个出版社的图书网络出版策略，对整个出版业的网络化发展无疑具有重要的参考价值和借鉴意义。

一 网络出版调查与分析

（一）电商销售图书品种

统计 SPRINGER、人民出版社和科学出版社自身的网站及其图书在电商网站（京东商城、当当网、天猫商城和亚马逊网）的数据，发现 SPRINGER 出版集团利用自身网站销售图书达 225140 种，而科学出版社自己的科学书城销售图书达 53914 种。从网站销售的图书总数来看，SPRINGER（亚马逊网和自身网站）共展示图书 352110 种，人民出版社（京东商城、当当网、天猫商城和亚马逊网）共 1329701 种，科学出版社（京东商城、当当网、天猫商城、亚马逊网和自身网站）共 828556 种（见表1）。

调查结果显示，SPRINGER 以自身网站展示、经营、销售图书为主，电商平台销售为辅；人民出版社和科学出版社则主要选择不同的电商平台进行图书销售。

表1　SPRINGER、人民出版社以及科学出版社的网络销售图书品种

单位：种

出版社名称	京东商城	当当网	天猫商城	亚马逊网	出版社网站	图书品种总数
SPRINGER	—	—	—	126970	225140	352110
人民出版社	7082	169886	830730	322003	—	1329701
科学出版社	7500	156636	376101	234405	53914	828556

注：数据采集日期为 2017 年 2 月 25 日。

---

① 《互联网思维对出版工作的启示》，http：//www.onesheng.cn/qzjl/how/351534.html。

（二）网络图书销售价格

三个出版社自身网站和电商网站销售图书的价格见表2。以纸版书为例，SPRINGER、人民出版社和科学出版社每本书的平均售价分别为935元人民币、108元人民币和168元人民币。究其原因，SPRINGER作为国际出版集团，利用欧元对人民币的汇率差额，所以售价为中国图书售价的7~8倍；人民出版社的图书平均售价低于科学出版社，可能与人民出版社出版政府报告、政策准则等字数较少、成本和售价较低的小册子有关，而科学出版社侧重于学术著作出版，每本书的平均页码（或印张）较多；同时，两个出版社分别属于社会科学类出版社和自然科学类出版社，出版风格的差异，影响二者的售价策略。

从电子图书的售价看，SPRINGER每本图书平均达到121欧元（1欧元=7.371元人民币，2017年1月26日汇率，折合892元人民币）；科学出版社每本电子图书平均售价83元人民币，电子图书价格明显低于纸版图书（168元人民币），这是一个不争的事实。科学出版社电子图书的定价与SPRINGER的电子图书定价相比，有10倍余的落差，让出版的利润差加大。对于高定价的出版集团，一是，在同等发行量的前提下，高定价可以保证出版社的纯利润；二是，依靠较高的纯利润可以给作者丰厚的一次性稿酬或版税稿酬，这也是中国作者更愿意到SPRINGER等国际出版集团出版图书的重要原因之一。

互联网的出现，让图书也进入网络化时代，除了一部分读者更愿意阅读电子产品以外，钟爱纸版图书的传统读者不在少数，由此按需印刷应运而生。本文调查的SPRINGER 200种图书中，按需印刷图书的平均售价为140欧元（合计1032元人民币）；科学出版社192种图书中，按需印刷图书的平均售价为239元人民币（见表2）。

表2 SPRINGER、人民出版社和科学出版社每本图书平均售价

单位：元

出版社名称	纸版平均售价	电子版平均售价	按需印刷平均售价
SPRINGER	935	892	1032
人民出版社	108	—	—
科学出版社	168	83	239

由表2还可以看出，国际出版集团SPRINGER，无论是纸版图书、电子图书还是按需印刷图书，售价都高于人民出版社和科学出版社相应的图书售价；三个出版社的纸版图书、电子图书和按需印刷图书售价高低排序为按需印刷＞纸版图书＞电子图书。从售价标准来讲，SPRINGER纸版图书略高于电子图书，但对于科学出版社来说，纸版图书售价是电子版售价的2倍多。

（三）销售策略比较

1. 纸版图书、电子图书和按需印刷图书并存

随机抽取三个出版社的近200种图书，发现SPRINGER网站100%是电子书，电子图书售卖的同时，按需印刷图书占6%；而人民出版社几乎都是纸版图书通过电子商务平台售卖；科学出版社电子图书占17%，按需印刷占13%。

从表3可知，三个出版社的销售策略由以传统出版形态售卖为主，逐渐向电子版过渡，并照顾特殊需求用户实现个性化定制。这在未来的网络图书销售策略中，有待形成最佳配比。

表3　SPRINGER、人民出版社和科学出版社不同销售形式的图书种数与占比

单位：种

出版社名称	纸版图书种数（占比）	电子图书种数（占比）	按需印刷图书种数（占比）	OA种数（占比）
SPRINGER	—	200(100%)	11(6%)	6(3%)
人民出版社	200(100%)	—	—	—
科学出版社	196(98%)	33(17%)	25(13%)	—

2. OA少许

三个出版社中，SPRINGER实行部分开放获取（Open Access，OA）政策，开放获取图书占3%；而科学出版社的科学文库收录了43028种图书，实现部分免费获取，或者图书前30页免费试读。

从OA的策略来讲，部分全书免费下载阅读是一个行之有效的吸引用户

的途径，可增加用户黏性。免费试读，更是让读者了解图书内容是否为自己所需。目录、图表等的免费浏览，让读者对图书有整体的认识以及对细节的关注，利于用户的细化和良好的用户体验。

3. 碎片化潮流

SPRINGER 除了对图书全文售卖以外，还实现了分章节售卖这种碎片化方式。作为图书销售者，给读者提供多元化的阅读选择，增加点击率，积攒人气，便于插入广告等，更利于市场经营与创收。

随着移动终端的广泛普及，人们利用碎片化时间进行购买和阅读的行为将有巨大的利润空间和可操作空间。现在各出版社实行的微信公众号传播，很多就是将图书简介、作者人生历程等做成碎片化阅读，利于新书的推介以及售卖。

4. 其他

SPRINGER 出版集团在亚马逊网站的图书售卖，有一项为"非全新品"打折促卖，很有特色。既利于图书的循环利用，节约资源，又形成了多元产品结构，值得中国的出版社借鉴。

由人民出版社主办的读书会社交平台将成为图书宣传新模式和图书销售新引擎，成为中国出版界电子商务平台。

（四）图书销售与社交媒体融合现状比较

SPRINGER 出版集团自己的网站可以将图书全文（full text）或者章节（chapter）分享至 Facebook、Linkedin 和 Twitter，并且有引用次数（Citations）、提及数（Mentions）、读者数（Readers）和下载数（Downloads）。人民出版社和科学出版社依托不同的电商平台（京东网、当当网和天猫商城），有图书的内容简介和目录，并且有编辑推荐、读者评论等，但尚无微信、QQ 和微博分享的功能。三个出版社在亚马逊网站的图书，都可以分享到微信、新浪微博、QQ 空间和豆瓣。

人民出版社和科学出版社都有自己的微信公众号进行图书的宣传和推广，科学出版社还具有科学文库等数据库产品，人民出版社则依托中国理论网进行社科信息以及时政的宣传推广。

新媒体蓝皮书

二 图书网络出版存在的问题和对策

（一）增加图书品种

对于很多大的出版社或出版集团来说，图书种类多无疑是重要的竞争力体现。增加图书品种，也能明显地增加出版企业的"显示度"。当然，这需要出版社和出版集团的资源整合，对某一个或某几个专业领域的图书出版企业进行并购，铺摊圈地。

广而全，或者少而精，都是图书出版行业的发展方向。出版企业要么覆盖几乎所有学科专业，以图书品种多来占有市场销售量；要么专注于某几个学科和方向，精细图书分类、精细购买用户、细分用户市场。不管是广而全，还是少而精，都各有侧重，开发出相当大的用户群体、占有相当大的市场份额。

（二）规范电子图书定价标准

图书是流通的商品，又不仅仅是普通商品，兼具物质产品和精神产品的属性，从而使得图书还具有重要的社会价值。对图书定价标准进行调整，将图书作为独特的文化产业产品，区别开普通产品，以质量取胜、以个性化差别化取胜，而非价格的恶意竞争，才能为出版行业提供良好的经营环境和竞争环境。

目前，国际市场的电子图书定价与纸版图书定价持平甚至略高，而中国的电子图书定价则明显低于纸版图书定价。适当调高电子图书的定价，可为下一步实行网络化以及个性定制等提供足够的利润空间和可操作空间。

（三）降低纸版图书生产销售比例、增强网络化

1. 出版社自建网站信息需要及时更新

人民出版社和科学出版社自身网站展现的图书较为老化，很多新书无法

及时呈现，新书信息更新慢，甚至很难找到新书出版的信息。相比之下，SPRINGER的网站不仅是一个可以购物的平台，也是一个可以互动留言的网络媒介，更是一个数据库，从1853年至今的所有图书都可以根据年限、学科等进行检索，新书更是随时更新。

要做到及时更新新书出版信息，各出版社既要从战略上足够重视，又要积极组建相应的队伍，实现纸版图书的生产销售、数字化、网络化三位一体。利用网络平台可以预订新书，同时新书的生产进程（如初校、二校、三校、复审、终审、核红，甚至下厂等）在各出版社自身网站体现，甚至在电商平台也同步化信息，让用户了解新书动态。

2. 传统图书出版稳健转型

根据京东商城2016年度图书销售报告，电子书用户大幅增加。在纸书用户继续增长的同时，电子书用户也在大幅增加，增长速度超过纸书用户。根据京东图书文娱业务部的数据，2016年电子书用户同比增长超过200%。当然，这也跟中国收费电子书用户整体基数偏小有很大关系。用户数量增加的同时，电子书总阅读时长提升379%，总下载图书数量提升85%。[①]

尽快转变经营思路，寻求业务多样化、产品多样化势在必行。从长远来看，电子图书售卖将成为新的利润增长点。以网络为主要途径，以电子化图书为主要营销产品和利润增长点，几乎成为整个传统出版业的共识。但从三个出版社的经营情况看，网络化程度还有待加强，电子图书售卖以及电子产品的开发还需要更上一层楼。

传统图书出版转型，面临人员配备不足、事业编制掣肘、战略高度不够、资源整合不完全等问题。组建专业团队、建立灵活多变的机制、具有随时应对市场的营销人员、技术人员、产品开发人员，严格团队纪律，让企业日益专业化、职业化是中国出版社努力的方向。

---

① 科技讯：《京东图书发布2016年图书音像市场年度报告》，2017年1月16日，http://www.kejixun.com/article/170116/274706.shtml。

（四）打造多元产品结构

调查显示，对学术著作来说，大多数出版社依然以纸版书售卖为主，电子书售卖为辅，兼顾按需印刷图书等传统出版思路。冲破传统思维，创建多元产品结构，是未来各出版社的核心竞争力。

数据库是图书网络出版的重要产品形式之一，对于机构用户较为适用；对于个人用户来讲，还需要开发移动端切实可行的产品形式，可以提供一站式知识服务，包括问答、产品购买、周边产品开发等产业链。

利用碎片化时间阅读碎片化读物，将图书分章售卖、分节售卖以及全书售卖相结合。可适当免费获取、全书免费下载、免费浏览结合部分免费（如目录、彩图、章节免费等）。

充分使用移动终端，以手机为媒介，开发各类电子产品，比如使用微信公众号、小程序，或者是APP，当然随着互联网的发展，未来还会出现更多方便快捷的平台或媒介，要积极关注推广，广泛使用。

加强跨界融合，采用多样数字产品形式，如科学方法、科学技术的视频、音频等相结合。学术著作科技化、简洁大众化，适当尝试科技出版与电影、电视剧、网络剧结合，如教育系列科教片、人物传记等；也可以利用网络进行专业培训讲座，将出版与听书、动漫以及游戏开发等相结合。

传统出版要积极与新技术、新传播方式结合，扩大载体和市场，丰富内容传播的渠道和平台。同时，要推进传统出版自建平台，改变劣势。

（五）强化用户体验

1. 信息内容

互联网时代是信息大爆炸的时代，人们湮没在信息的海洋中却又忍受着信息不足的饥渴。读者关注的不仅仅是简单的信息获取，而是如何从复杂的信息环境中获取解决问题的信息内容，并将这些信息动态重组为相应的解决方案。

2. 个性化服务

从用户的角度看，优秀的产品必须是贴心的。只有站在用户的角度开发产品，让用户在消费过程中感受到愉悦，进而对产品和品牌理念产生情感和价值观的认同，才能保证产品和品牌的价值最大化，进而维持产品和品牌的生命力。

3. 内容增值与支付

从内容售卖到内容增值，从读者需求到用户体验，从媒介传播到口碑传播，社交媒体已经开始占领这个时代。通过社交媒体，如 QQ、微信、微博、博客、豆瓣乃至 twitter、facebook 等让好书共分享，甚至可以通过社交媒体实现售卖、支付，让支付无处不在。

（六）营销模式要创新要发展

营销的前提无疑是有好的产品。将互联网时代数字出版的商业模式有机统一，兼顾纸质书和电子书平台、专业数据库、在线学习、网络文学、在线游戏、新闻快讯、门户网站、视频网站等，实现多种组合、多种交叉，以此为基础的营销才能形成产业链条，利于上下游协同营销。

1. 重视产品宣传

据有关资料统计，国外图书行业的广告投入占利润总额的 10%~15%，而在我国，大多数出版社的广告投入仅占利润的 1% 左右，用在专业科技图书上的广告投入更少。[1]

除加大广告传播力度以外，产品通过用户，特别是粉丝团体在互联网（微信、微博、豆瓣小组等）分享推荐，形成"病毒性"传播，业已成为一种新的营销模式。调查数据显示，这种通过关系链传递信息的模式更易被用户接纳，超过半数的人更愿意相信来自社区或朋友圈推荐的产品信息。显然，当产品或服务的相关信息通过社交关系传达给用户的时候，用户会不知

---

[1] 北京汉唐书业：《专业科技类图书发行存在的问题和对策》，2007 年 11 月 21 日，http://www.xici.net/d61631479.htm。

不觉地把对社交圈的信任与其关联。同时,用户通过分享带来参与感,让口碑传播效果最大化。线上和线下熟人关系,将是营销的主流竞争力。

2.线上线下相结合

线上朋友圈分享、好友推送等离不开线下的直观感受。通过举办知识大赛、讨论会、组稿会、茶话会等,面对面地交流,更利于信息的传播和宣传。

电子商务图书销售在网站平台优化、销售资源开拓、物流体系升级等方面整体发力,线上线下营销组合,实现网店与传统门面的有机结合。

(七)打造良好的图书组稿、生产、销售生态圈

1.组稿策略多元化

在约稿组稿方面,SPRINGER以免费为作者出版著作为契机,对那些科研经费尤其是出版经费预算少甚至没有预算的科学家进行约稿出版著作,这对于国内出版社来讲是一个巨大冲击——人民出版社和科学出版社出版著作一般向作者收取出版费;当然国内顶级专家出版著作可以申报学术出版基金,以减免出版费,但在书稿完成80%的情况下,出版基金的申报周期长达2年,还是有诸多不便。每年预留利润的一定比例,用来投资好作者多出好作品,让好作品不愁卖,是出版人的责任。

2.建立良好的作者圈、用户圈

SPRINGER出版集团和科学出版社都集合了期刊出版和图书出版业务,让学术出版的作者圈、用户圈更为完整,并相辅相成、互为补充。

通过读书会、电影、电台等节目凝聚核心作者与用户。图书相关视频、精华书摘、书评等多样的内容适应多种应用场景下的需求,书店、咖啡以及延伸产品、服务,都是其中的一部分。出版业不变的是读者对好内容的追求,让作者圈和读者圈,圈圈相融、良好互动、互为补充、优势互补,让图书的生产和销售一体化,形成稳定可持续发展的良好生态圈。①

---

① 《坚守与变革:出版业的未来与中信的方向》,http://suo.im/1vgGjp。

3.树立和维护出版文化企业的品牌

品牌就是生命力,是可持续发展的必然。品牌的建立凝集着无数企业管理者、企业员工的努力,历经时间检验,因用户认可、口口相传而得名,是产品销售的基础,也是企业长久发展的根本。

出版社应生产明星产品,提供质量过硬的内容,立足数字产品开发,拓展平台资源,汇集出版业人才,融合编辑、IT、市场、销售、新媒体等多领域合作创新发展,顺潮流而动,抓住核心竞争力,打造和优化内容、产品和渠道的组合模式,创造网络时代的出版新形态,为企业的品牌发展注入强劲活力。

三 展望

科技部编写的《中国科技人才发展报告(2014)》等相关报告指出,我国科研人员数量已经跃居世界第一。[①] 2016年的报道显示,我国科技人力资源总量超过7000多万。[②] 无论是网民数量还是科技人员数量,都让科技图书出版具有无限的上升空间,大有可为。

(一)良好的文化氛围渐成

培养全民阅读好习惯,利用一切时间阅读的宣传深入开展,如公共场合禁止大声喧哗,好书共分享。书籍的好内容将与影视剧结合一体,利用多维度、立体转化传播。

图书周边产品的开发,咖啡书屋、小小图书馆、作者读者讨论会等多种形式互动频繁;与图书相关的动漫、卡通形象设计等活动广泛开展;具有创新意义的年度图书,摘取精华汇总,制作的珍藏版大事记画册,融合艺术、

---

① 新浪博客:《我国科研人员数量跃居世界第一》,2015年7月1日,http://blog.sina.com.cn/s/blog_ebb462f00102vpa5.html。
② 科技部:《我国科技人力资源总量超7000多万》,2016年5月18日,http://news.163.com/16/0518/11/BNBIPKFS00014JB6.html。

时政、科学等，让图书兼具阅读价值、参考价值、观赏价值和收藏价值。

各出版单位趋向于做有情怀的出版社，兼顾经济价值与社会价值。出版的图书产品以及商业行为，与人心相符、引发共鸣；同时便利周到的服务体系逐渐形成，市场形态良好。出版企业本身的文化内涵，将物以类聚，凝结一大批忠诚的读者用户群。

（二）技术进步将撬动行业发展

科技推动社会进步。任何一个行业的发展，归根结底都是由技术推动的。蒸汽机的发明，让人类进入了机器动力时代，汽船和火车时代迅速到来；互联网的出现，让电商云集，世界成为地球村。对于出版行业来说，利用现有的技术，拓展产品，增强核心竞争力，是不可回避的使命。

可以利用Google眼镜等视觉工具，阅读、观看著作以及相关的文化产品；对于医学类图书，可以结合3D打印技术，将眼耳鼻舌等数据附在图书当中，让图书不仅是平面的，而且是二维的甚至三维的。著作相关的产品要不定期更新换代，提升用户满意度，满足用户好奇心理，让出版行业更时尚。

（三）产品形式多样

第一，阅读方式与购买方式多样化，开放获取与按需印刷甚至电子版售卖与纸版书售卖并存；第二，电子产品和网络产品多样化，分为图书阅读产品、视频产品、音频产品、网络直播节目等；第三，立体、多维代入式阅读和观看等产品极大丰富，必然带来更多用户，为用户提供多种选择。

（四）大数据与小数据相得益彰

数字化网络化，离不开数据的支撑。网民浏览网页，或者平台等，会留下很多信息。将用户信息，如性别、年龄、职业、阅读习惯、上网时间段、停留时间、感兴趣的内容关键词等信息进行收集与汇总分析，将数据转化为用户特征，有针对性地制定个性化产品。

对于用户来说，精确检索到大数据背景下的小数据，比如某一个关键词对应的所有图书段落、章节、篇等，甚至关键词对应的图片、表格、作者简介、编辑推荐等，更具有实际意义。用户关注的信息归类以及信息之间的比较，形成小数据的完整链条，未来的图书产品开发，将趋于信息化，围绕大数据与小数据的优势互补，展开角逐。

（五）个性化服务遍地开花

图书内容生产、图书多种产品销售、物流快递一体化，用户回访效率高，收集用户需求，满意之处和不满意之处，将个性化服务做全做细、更贴心。机构用户、个人用户黏度增大，免费服务与增值服务相结合。

在信息传播方式变得移动化、交互化、智能化的同时，媒介也如尼尔·波兹曼所言，正以一种"隐蔽而有力的暗示"影响着客观世界。在互联网和新兴媒体普及前，纸质形态是媒体内容的重要承载形式，而互联网和新兴媒体的"隐喻"在形式上偏好屏幕而排除了纸张与印刷，深刻影响了用户的阅读习惯和思维习惯。屏幕产品形式多样，应根据用户需求定制开发。

跨领域资本涌入图书网络出版业，整合平面阅读、音频栏目、视频连载，甚至电影、网络剧等多维资源联动，需要专业化职业化的作者、编辑、电商等共同努力，需要所有从业人员具有与时俱进的学习意识，需要对产品的精益求精，更需要全社会共同携手，打造互联网大潮下的精品阅读。

B.23
2016年中国数字报纸发展报告[*]

李 珠[**]

摘 要: 本报告是对2016年中国数字报纸发展情况的总结,主要分为两个部分:第一部分主要介绍中国数字报纸在2016年的发展状况,既有对总体情况的概括,也有对具体现象(如在新的技术手段如VR技术和无人机的运用、媒体融合、版权维护、报纸之间的相互合作等方面的情形)的表述;第二部分则是对中国数字报纸发展趋势所做的分析,以及对国内数字报纸未来发展的建议。

关键词: 数字报纸 VR新闻 媒体融合 版权维护

2016年中国报纸行业,形势依然严峻。数字报纸的发展一方面体现在对新技术的运用和新产品的开发上,另一方面则体现在业界对于数字报纸的认识进一步加深上。虽然离盈利依然还有很长距离,但是知道问题所在,就可以不断尝试可能的办法,慢慢接近目标。

一 2016年中国数字报纸发展情况

(一)新闻纸产量明显下降,印刷版报纸广告收入大幅下滑

数据显示,2016年国内新闻纸总产量180万吨,同比下降23.4%,和

---

[*] 本文为上海市高校人文社会科学重点研究基地——上海大学影视与传媒产业研究基地"新媒体发展"研究课题成果,课题主持人为吴信训教授。
[**] 李珠,博士,上海大学影视学院讲师。

2015年相比，用纸量增加的有16家，减少的有76家，持平的有7家。①

作为报纸主要收入来源的广告，刊登额从2012年以来呈现"断崖式下滑"。2012年比2011年下降7.3%，2013年继续下降8.1%，2014年再次下降18.3%，2015年更是下滑了35.4%，而2016年仅上半年就同比下降了41.4%，广告资源量也同比下滑了40%。②

（二）中国互联网络发展态势良好

2017年1月CNNIC发布了第39次《中国互联网络发展状况统计报告》，报告显示，截至2016年12月，中国网民规模达7.31亿人，网络普及率达到53.2%。我国网络新闻用户规模为6.14亿人，年均增长率为8.8%，其中，手机网络新闻用户规模达到5.71亿人，占手机网民的82.2%，年均增长率为18.6%。③

（三）纸质报纸停刊、减版，更倾向于数字化经营

2016年停刊、减版的报纸虽然在数量上略少于2015年，但仍然非常多。它们大多在停刊、减版后通过加强数字化经营，以增加自身的竞争力。

1. 停刊

2016年1月1日正式停刊的《今日早报》、《九江晨报》和《都市周报》三份报纸中，《九江晨报》保留旗下微博、微信公众号以及APP，《今日早报》和《都市周报》则转为线上运营。④

2016年1月15日，七大军区机关报《人民前线》、《战旗报》、《战友

---

① 搜狐网：《2016年国内新闻纸总产量较2015年下降23.4%》，2016年12月9日，http://mt.sohu.com/20161209/n475372456.shtml。
② 搜狐网：《中国报业2016发展报告：都市报模式已到被彻底抛弃的时候》，2016年12月28日，http://mt.sohu.com/20161228/n477157701.shtml。
③ 中国互联网络信息中心：第39次《中国互联网络发展状况统计报告》，2017年1月22日，http://www.cnnic.net.cn/hlwfzyj/hlwxzbg/hlwtjbg/201701/t20170122_66437.htm。
④ 人民网：《今日早报都市周报九江晨报三家纸媒停刊未能"跨年"》，2016年1月1日，http://media.people.com.cn/n1/2016/0101/c120837-28002174-2.html。

报》、《战士报》、《前卫报》、《前进报》和《人民军队》宣布停刊①；8月31日，辽宁《时代商报》宣布休刊②；9月27日，《河南青年报》宣布停刊。③

2016年3月29日，香港的《太阳报》决定停刊，同时停办的还有其电子版和网站。④

从2017年1月1日起休刊的《京华时报》⑤和《东方早报》⑥，也同样选择继续数字经营，前者会保留和发展其新媒体方面的业务，后者则直接全部转移到澎湃新闻网。

2. 减版

2016年2月16日，《东南快报》发出声明，从日报改为周五报。声明称，此举是为了"推动传统媒体和新兴媒体融合发展，打造新型主流媒体"。⑦ 2月20日，《晶报》实行双休日合刊⑧；之后不久，《楚天金报》也宣布将周六和周日的报纸合并发行。⑨

2016年11月15日，《中国青年报》宣布，从2017年起，周六和周日取消纸质版，只出数字版。⑩

（四）数字报纸改版、升级

2016年1月4日，《华西都市报》进行了新一轮改版，改版后的《华西

---

① 人民网：《七大军区机关报停刊：曲终人未散》，2016年1月22日，http://military.people.com.cn/n1/2016/0122/c1011-28077016.html。
② 《休刊词》，《时代商报》2016年8月31日，第1版。
③ 搜狐：《〈河南青年报〉将停刊，员工即日起不再上班》，2016年9月27日，http://mt.sohu.com/20160927/n469276967.shtml。
④ 新华网：《香港〈太阳报〉4月1日起停刊》，2016年4月1日，http://news.xinhuanet.com/newmedia/2016-04/01/c_135243645.htm。
⑤ 《休刊公告》，《京华时报》2016年12月29日，第1版。
⑥ 曹玲娟：《〈东方早报〉2017年元旦起休刊》，《人民日报》2016年12月29日，第9版。
⑦ 澎湃新闻：《福建〈东南快报〉由日报改为周五报，周六日休刊》，2016年2月16日，http://www.thepaper.cn/newsDetail_forward_1432340。
⑧ 《致读者》，《晶报》2016年2月5日，第1版。
⑨ 人民网：《报纸减版：是饮鸩止渴还是从长计议？》，2016年3月22日，http://media.people.com.cn/n1/2016/0322/c40606-28217844.html。
⑩ 《初心不改 触手可及》，《中国青年报》2016年11月15日，第1版。

都市报》在互动、精准定制、原创等方面付出了更多的努力。①

2016年3月1日，上海报业集团对其新闻客户端——"上海观察"进行了内容方面的全新改版。将原来的"栏目"升级为"频道"，每日提供文章增加到近百篇。②

2016年5月24日，新华社客户端3.0版上线。该版本新增了"现场"频道，力求将新闻现场实时全息化、立体式地呈现给受众。③

2016年6月28日，人民网、中国共产党新闻网、手机人民网三网同步改版。新版页面突出了内容精品化、设计人性化、视觉规范化、功能个性化四个方面的特色。④

2016年7月1日，齐鲁网新首页正式改版上线。首页着眼于性能的兼容、内容的生动具体和使用的方便。⑤

2016年11月15日，《中国青年报》在宣布周六周日只出数字版的同时，将"冰点暖闻"客户端正式更名为"中国青年报"客户端，升级改版上线。⑥

（五）从两份研究报告看2016年中国报业融合传播

1.《中国报业新媒体影响力研究报告》

2016年11月30日中国报业协会等共同发布《中国报业新媒体影响力研究报告》，520家报业单位的具体情况如下。⑦

---

① 《〈华西都市报〉全新改版16个新闻产品个性亮相》，《四川日报》2016年1月4日，第1版。
② 《更快更宽更深，上海观察新版上线》，《解放日报》2016年3月1日，第1版。
③ 新华网：《新华社客户端3.0版：提升用户体验 现场尽在掌握》，2016年5月24日，http://news.xinhuanet.com/newmedia/2016-05/24/c_135384235.htm。
④ 人民网：《人民网"新三网"上线仪式暨中国共产党新闻网创办十周年座谈会在京举行》，2016年6月28日，http://politics.people.com.cn/n1/2016/0628/c1001-28504139.html。
⑤ 搜狐网：《齐鲁网首页今日全新改版上线》，2016年7月1日，http://mt.sohu.com/20160701/n457267041.shtml。
⑥ 《初心不改 触手可及》，《中国青年报》2016年11月15日，第1版。
⑦ 人民网：《中国报业新媒体影响力报告 深耕多媒体影响多元化》，2016年11月30日，http://media.people.com.cn/n1/2016/1130/c40606-28912220.html。

（1）微信覆盖率更高

520家报纸中开通微信公众号的有454家，开通率为87.3%；开通新浪微博的有435家，开通率为83.7%；开通客户端的有317家，开通率为61.0%。

（2）微博活跃度更高

在开通微信公众号的报纸中，每天发文的占46.0%；在开通微博平台的报纸中，每天发文的占80.0%。微信平台有2.6%处于不发文的休眠状态，微博平台则有8.5%的处于休眠状态。

（3）微博的原创率较高

数据显示，报纸的微博的原创率较高，多集中在80%以上，更有5.8%的报纸原创率达到了100%。而微信的原创率则在40%以下，有24%的微信公众号原创率为0。

（4）省级以上党报和都市报在新媒体影响力中处于领先位置

从统计数据看，无论是微信、微博还是APP，省级以上党报和都市报的影响力得分都要远远高于副省级地市级党报、县市级党报和行业报（见图1）。

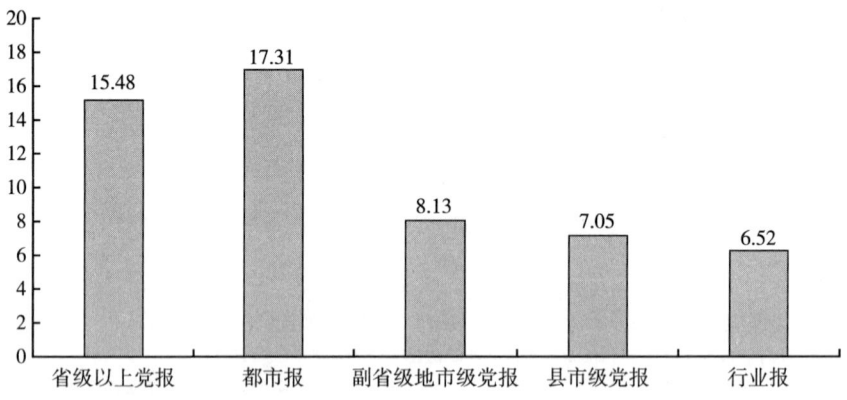

图1 报业单位微信影响力指数分布

2.《2016年中国媒体融合传播指数报告》

人民网研究院2016年12月发布的《2016年中国媒体融合传播指数

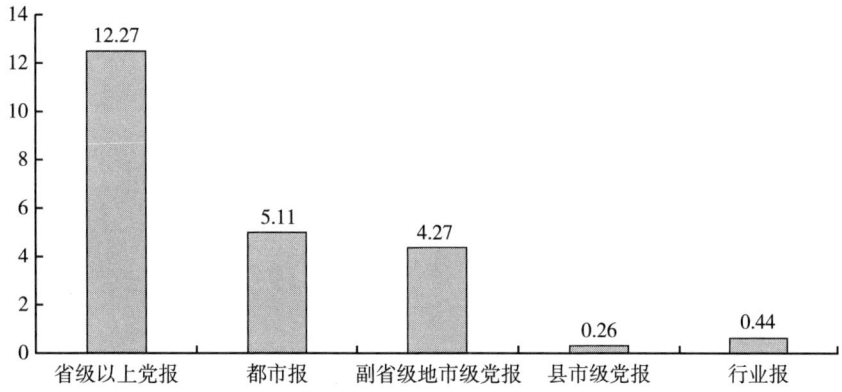

图 2 报业单位微信影响力指数分布

报告》[1] 显示出以下几个方面的问题。

（1）中央级报纸在融合传播方面表现出色，都市类报纸在百强榜中数量过半

在 2016 年报纸融合传播百强榜上，中央级报纸占据了前十名中的半数席位。《人民日报》排名第一，且各项表现均比 2015 年有所提高。都市类报纸在百强榜中占了 53 席，比 2015 年少了 8 席。其余的席位，党报占了 25 席，专业性报纸占了 22 席。

（2）北京、广东遥遥领先，中西部地区开始发力

从地区上看，北京、广东拥有的百强榜报纸最多，两者已经占据了 1/3 的份额，其中北京有 25 家，广东有 12 家。

在全国 34 个省级行政区划中，约 80% 的地区有报纸进入百强榜，除北京外，沿海省份领先优势明显，中部的湖北、四川、湖南等省份表现令人惊喜，而甘肃、宁夏等西部省份也开始出现在榜单上。

（3）传统报纸传播力依然强大，报纸网站则有待改善

纸媒不断停刊、减版乃至裁员，早已不复当年盛况，但是这次的统计显

---

[1] 人民网：《2016 中国报纸融合传播百强榜发布》，2016 年 12 月 19 日，http://media.people.com.cn/n1/2016/1219/c120837-28960709.html。

示,在报纸媒体的融合传播中,传统纸媒的传播力仍然强劲。在统计时段内(2016年1月1日~11月15日),报纸发表文章虽然只有网站的1/5左右,但是报纸文章的被转载量却是网站文章的1.35倍。

(4) 报纸在微信运营上比较均衡,在微博上却相差甚远

进入百强榜的报纸媒体都开通了官方微博或微信账号,其中,《人民日报》继续在几乎各项指标上排名第一。但是各家报纸在微信运营上比较均衡,在微博上却相差甚远,粉丝数量,有超过千万的,也有只有几十万的;发文数量,多的可过万,少的只有几十篇;微博互动的情况也是一样悬殊。

(5) 聚合新闻客户端入驻率提高,自有APP传播力影响力有限

百强报纸中有99家报纸都入驻了聚合新闻客户端,在今日头条、一点资讯等五大第三方客户端入驻平台中,平均入驻量达到2.3个,比2016年有所提升。

百强报纸的自有APP创办率为93%,其中自有安卓APP的平均下载量为269.2万次,比2015年提高了3倍,但两极分化严重,下载量过亿次的只有《人民日报》,近七成的下载量不足10万次,且用户的好评度不高。

(六) 《南华早报》的尝试

2015年12月11日,阿里巴巴收购了香港《南华早报》和它旗下的全部媒体,该报是一份英文报,早在20年前就开始了数字化进程,在内容线上化方面比较突出。阿里巴巴希望以自身在数字领域的优势,扩大在全球的读者群。为此,《南华早报》宣布,从2016年4月5日下午6点起,其在线版和移动版正式免费,正式将它从大中华地区推进到世界各地。

采取这一举措是因为阿里巴巴的CEO马云认为,让读者养成更好的阅读习惯更重要,在这一过程中报纸会逐渐找到除了付费墙以外的正确运营模式。[1] 因此,在宣布免费的同时,《南华早报》还推出了新版的移动应用。

---

[1] 搜狐网:《〈南华早报〉今日起免费,马云意欲何为》,2016年4月5日,http://media.sohu.com/20160405/n443394972.shtml。

该应用增加了诸如搜索、个性化设置、更快的加载速度、社交媒体链接和更方便的导航等新功能。[①]

2016年11月23日,《南华早报》宣布任命社交新闻聚合网站Digg CEO刘可瑞为新任行政总裁,该任命在2017年1月3日生效。可以预期会有一系列的措施出台,以促进这份报纸的数字化运作。[②]

(七)积极运用VR、MR技术

1. VR新闻

VR(虚拟现实)是继互联网、智能手机之后可能改变人类生活方式的高新技术。通过全景VR设备的拍摄,可以360度无死角地还原新闻现场,让受众得到浸入式体验。

2016年4月28日,新浪VR视频频道上线。[③] 6月6日,《重庆晨报》上游新闻APP客户端率先推出全国首个VR新闻频道。[④]

2016年8月17日,"虫洞VR"公司在北京发起成立了VR新闻实验室,首批成员是《广州日报》等12家全国主流报纸,它们可在一起分享VR新闻在拍摄、剪辑等方面的技巧和经验,并在VR虫洞网(www.vrcdkj.com)上发布VR新闻视频。[⑤]

2. MR融媒体实验室

MR技术,也就是混合现实技术,是将虚拟现实(VR)技术和增强现实(AR)技术集合在一起的一种技术手段,在新闻领域具有非常广阔的应用前景。

2016年6月28日,新疆经济报社与新疆云联智慧网络科技有限公司在

[①] 新浪网:《〈南华早报〉网站今日起正式免费》,2016年4月5日,http://tech.sina.com.cn/i/2016-04-05/doc-ifxqxcnr5348919.shtml。
[②] 搜狐网:《〈南华早报〉任命新CEO 将转投数字媒体领域》,2016年11月24日,http://mt.sohu.com/20161124/n473992461.shtml。
[③] 新浪网:《新浪新闻上线VR视频频道 携手高校设立VR实验室》,2016年5月9日,http://tech.sina.com.cn/i/2016-05-09/doc-ifxryhhi8525180.shtml。
[④] 华龙网:《上游新闻VR来了!国内首个APP新闻VR频道上线》,2016年6月6日,http://cq.cqnews.net/html/2016-06/06/content_37141202.htm。
[⑤] 《"VR新闻实验室"在京成立》,《光明日报》2016年8月19日,第4版。

乌鲁木齐合作建立了全国首家MR融媒体实验室。建立该实验室是希望可以通过MR融媒体平台的搭建，推动报业在数字化领域更进一步。①

（八）侵权现象严重，报纸结成维护版权联盟

随着报纸的数字化，侵权事件频频发生，2016年也不例外，6月16日，北京市东城区法院对《新京报》诉大众网侵权一事正式立案。因为涉案稿件达千余篇，《新京报》向法院提起诉讼，要求大众网停止侵权行为，并赔偿其经济损失。②

对于侵权行为，报业除了起诉至法院来维护自身的权益之外，另一个应对方式是结盟。

2016年9月19日，在首届省级党报采编工作会议上，《北京日报》《重庆日报》等二十几家省级党报联合发表了版权保护宣言。宣言建议在适当时机成立全国媒体版权保护联盟，对各种侵权行为及时制止和举报。③

2016年12月15日，人民网与各党报网站正式成立"党报新媒体版权联盟"，该联盟的主要工作之一就是一起建设版权维护网上平台，以维护自身的合法权益。④

（九）各数字报纸加强交流与联系，共同推进数字业务发展

1. 全媒体平台的建设与合作

2016年2月19日，人民日报全媒体平台（中央厨房）正式上线。到2016年7月已经完成了与上游内容生产有关的四百多家媒体和各类机构组

---

① 凤凰网：《全国首家MR融媒体实验室揭牌》，2016年6月29日，http://news.ifeng.com/a/20160629/49263742_0.shtml。
② 新京报网：《新京报起诉大众网索赔百万 因擅自违法使用新京报原创稿件千余篇》，2016年6月20日，http://www.bjnews.com.cn/feature/2016/06/20/407122.html。
③ 凤凰网：《全国20余家省级党报联合发布版权保护宣言》，2016年9月20日，http://news.ifeng.com/a/20160920/49992911_0.shtml。
④ 人民网：《人民网与各党报新媒体发起党报新媒体版权联盟》，2016年12月15日，http://media.people.com.cn/n1/2016/1215/c120837-28952195.html。

织以及下游内容分发渠道的两千多家的单位的接入，是一个开放的、公共的内容生产和全球分发体系。7月14日，人民日报全媒体平台和四川日报报业集团签订协议，建立全面战略合作，在一系列的合作中包括协助四川日报报业集团建立地方性、区域性的全媒体平台。①

2016年8月30日，新华社全媒平台正式上线，第一批42家中央和地方主流媒体入驻，各成员单位将致力于打造融内容生产、渠道分发、版权追踪等功能于一体的新媒体平台。②

2016年12月8日，河南日报报业集团宣布将建设地方性、区域性的全媒体平台。③

2．"唔哩"客户端

2016年3月30日，人民网和上海报业集团在北京鉴定战略合作签约协议，移动资讯阅读客户端"唔哩"作为双方的第一个合作项目在签约仪式上正式发布。"唔哩"客户端是面向90后人群设计的，利用大数据分析精选内容，向用户进行个性化推荐，以年轻人喜欢的表现形式和表达方法传达主流的思想价值。④

3．移动直播报道联盟

2016年12月15日，人民网与各党报网站建立了"移动直播报道联盟"，人民网承诺开放移动直播平台，在重大活动或突发事件时均可进行移动直播，通过联动，在各级平台上快速传播。⑤

---

① 华龙网：《人民日报中央厨房与四川日报报业集团签署战略合作协议》，2016年7月14日，http：//news.cqnews.net/html/2016-07/14/content_37707448.htm。
② 人民网：《新华社全媒平台上线，三大服务功能助推各媒体融合发展》，2016年8月31日，http：//media.people.com.cn/n1/2016/0831/c40606-28678525.html。
③ 《河南日报报业集团与中兴通讯签战略合作协议 携手打造河南新媒体实验室》，《河南法制报》2016年12月9日，第1版。
④ 新华网：《人民网和上海报业集团在京签署战略合作协议"90后"新媒体项目"唔哩"正式启动》，2016年3月31日，http：//news.xinhuanet.com/local/2016-03/31/c_128849826.htm。
⑤ 人民网：《人民网与各党报新媒体发起党报新媒体版权联盟》，2016年12月15日，http：//media.people.com.cn/n1/2016/1215/c120837-28952195.html。

4. 入驻人民日报社数据中心战略合作

2016年12月15日，人民网与各党报网站签订了"入驻人民日报社数据中心战略合作"协议，根据协议，人民网正在建设的人民日报社数据中心弹性计算、数据库、云存储、安全、大数据管理等功能可以提供给签约媒体使用。①

(十)培养适合数字报纸的新型记者

2016年10月，南方报业传媒集团启动了"南方名记培育工程"。集团为这些记者提供更为灵活的工作机制，实行"南方名记工作室"制度，允许他们组建各自的工作室，在人员调配、项目规划、资源调配、酬劳分配等各方面给予更大的自由度，鼓励他们多出精品力作。②

（十一）推动新媒体实验室和融媒体采编平台等项目的建设

2016年1月5日，广州日报报业集团与UC浏览器签订协议，将旗下有关子报子刊内容与UC浏览器融合，并通过UC浏览器实现多渠道传播。③ 1月15日，广州日报全媒体采编系统正式启用，至此，广州日报社建立起了24小时即时新闻快报体系。④

2016年6月13日，江门日报社全媒体中央控制室试运行。⑤

2016年11月18日，新华报业传媒集团融媒体采编平台全面启用。⑥

---

① 人民网：《人民网与各党报新媒体发起党报新媒体版权联盟》，2016年12月15日，http://media.people.com.cn/n1/2016/1215/c120837-28952195.html。
② 南方报业网：《南方报业传媒集团启动"南方名记培育工程"》，2016年12月7日，http://www.nfmedia.com/jtdt/jtxw/201610/t20161018_370489.htm。
③ 大洋网：《两高端两接地打造融媒拳头产品》，2016年1月15日，http://news.dayoo.com/guangzhou/201601/15/143377_46154629.htm。
④ 新华网：《广州日报全媒体采编系统今启用 形成现代传播体系》，2016年1月15日，http://news.xinhuanet.com/newmedia/2016-01/15/c_135011306.htm。
⑤ 江门网：《江门日报全媒体中央控制室昨试运行 新一轮版面优化明日启动》，2016年6月14日，http://www.jiangmen.gov.cn/zwgk/bdzx/201606/t20160614_584780.html。
⑥ 中国江苏网：《欣逢省党代会 新华报业融媒体采编平台全面启用》，2016年11月19日，http://jsnews2.jschina.com.cn/system/2016/11/19/030076230.shtml。

2016年12月8日,河南日报报业集团与中兴通讯股份有限公司签订协议,加强技术合作,除了共建区域性中央厨房、云数据中心和大数据运营中心等之外,还将联合有关方面共同成立河南新媒体实验室,研究开发最新的融媒体产品。①

(十二)不断推出新的产品以满足受众需求

定位不同的受众,给他们更合适的产品,是报纸一直的努力,除了在上文提及的由人民网和上海报业集团合作的针对90后新兴人群的"唔哩"客户端外,各家报纸在开发新产品方面也各有所得。

1. "必闻"客户端

2016年3月5日,"必闻"客户端正式上线运行,这是由安徽省委宣传部主办、安徽新媒体集团承办的一个移动端综合宣传文化的平台。②

2. Sixth Tone

2016年4月5日,澎湃新闻推出Sixth Tone,这是一份线上的英文出版物,主要服务对象是海外受众,以西方读者习惯的方式讲述中国故事。③

3. "周到上海"APP

2016年6月1日上线的"周到上海"APP是上海报业集团旗下新闻晨报打造的一个生活服务指南平台,主要服务对象是上海市民,实用性强是其最大特色。④

4. 界面推出全新原创视频品牌箭厂

2016年10月,上海报业旗下的精品新闻平台"界面"推出了自己的原

---

① 《河南日报报业集团与中兴通讯签战略合作协议 携手打造河南新媒体实验室》,《河南法制报》2016年12月9日,第1版。
② 中安在线:《安徽"必闻"客户端正式上线》,2016年3月5日,http://ah.anhuinews.com/system/2016/03/05/007248317.shtml。
③ 新浪网:《澎湃英文版上线,它是这么讲中国故事的》,2016年4月12日,http://finance.sina.com.cn/roll/2016-04-12/doc-ifxrcizu4015793.shtml。
④ 新华网:《"周到上海"客户端上线》,2016年6月1日,http://news.xinhuanet.com/local/2016-06/01/c_129031402.htm。

创视频品牌——箭厂,以制作兼具新闻价值、社会价值和艺术价值的,原创的、非虚构的视频为特色。①

(十三)无人机技术引入报道

无人机又称"空中机器人",是利用无线电遥控设备和自备程序控制装置操纵的。用无人机从空中进行拍摄是一种新的新闻表达形式。

2015年6月15日,新华网新闻无人机队正式成立。在2016年其业务已遍布国内以及亚太、欧洲地区。2016年4月7日,新华网无人机频道在新华炫闻客户端正式上线,标志着新华网在无人机领域的尝试进入了更高的阶段。②2016年1月4日,《深圳晚报》无人机采访队成立,为数字化报道增添了新的表现形式。③ 3月2日,人民网也正式启动了无人机报道战略。④

(十四)与国外报纸合作

2016年3月21日,四川日报报业集团华西都市报社与韩国《东亚日报》签订合作协议,从4月1日开始,双方定期在报纸版面和官方网站上交换新闻稿件,以促进中韩两国的经贸交流以及中国四川与韩国之间的相互了解与合作。⑤

二 中国数字报纸的发展趋势和发展建议

(一)中国数字报纸的发展趋势

综观2016年中国数字报纸的发展情况,可以发现,随着时间的推移,

---

① 界面:《致用户18:界面推出全新原创视频品牌箭厂预告片今日首发》,2016年10月19日,http://www.jiemian.com/article/909869.html。
② 新华:《无人机频道移动端正式上线新华网》,2016年4月7日,http://www.sc.xinhuanet.com/content/2016-04/07/c_1118558477.htm。
③ 《无人机采访队将随时开启"上帝视角"》,《深圳晚报》2016年1月4日,第A08版。
④ 人民网:《人民网启动无人机报道战略》,2016年4月14日,http://www.people.com.cn/n1/2016/0414/c401488-28276670.html。
⑤ 凤凰网:《〈华西都市报〉今日登陆韩国》,2016年4月1日,http://news.ifeng.com/a/20160401/48292284_0.shtml。

报纸对于未来的走向有了更清楚的认识，对自身在数字化进程中存在的种种问题也更加明确。在过去的一年里，报纸为此进行了各种探讨和尝试，从某种程度上说，这些探讨和尝试也显示了数字报纸在一段时间内的发展趋势。

1. 会有越来越多的报纸选择数字化运营

经济不景气，人们越来越习惯通过网络获得信息和服务，导致纸质报发行量下降，广告收入缩水，报纸收入减少。另外，数字化看上去一直呈上升态势：接收终端种类和数量不断增长，新媒体技术和手段不断翻新，点击量和阅读量不断增加。虽然数字报纸的付费和广告收入还是不尽如人意，但是如果让报纸在两者中做一个选择的话，数字化经营会是优先的选项，2016年中国停刊或者减版的报纸的实际表现证明了这一点。

2. 对新技术的热情持续高涨

人民日报社副总编辑、人民网董事长王一彪说："技术催生了互联网传播，新媒体发展一刻也离不开技术的发展。"① 确实如此，每一次新技术的出现，都会给新媒体带来新的发展机遇，而抓住了这些机遇，也就意味着在数字化的道路上抢占了先机。因此中国报界对于新技术的出现是非常敏感的，无论是早前的智能手机，还是现在的 AR、VR、无人机技术，他们总是能快速感知其可能在新闻传播中发挥的作用并尽快将其投入实际运用。

传播技术的发展可以用日新月异来形容，而对新技术的关注也成为数字报纸未来发展的常态。不过，一窝蜂地凑热闹对报纸的发展并没有任何好处，在技术热潮前，冷静分析技术的特征，为新技术找到一个合适的使用场景，才是真正科学的态度。

3. 版权问题还将困扰报纸

原创的新闻作品被大量非法转载，报社花费大量人力物力诉诸法律，维权索赔成功的案例却很少，这就是目前数字版权的现状，这种情况在文字类版权方面表现得更为突出。可以说，数字版权保护是现在报业共同面临的难

---

① 人民网：《媒体融合时代的党报网站 百舸争流中勇做"弄潮儿"》，2017年1月10日，http://media.people.com.cn/n1/2017/0110/c40606-29012762.html。

题,从私下与侵权者的交涉到法庭上的诉讼,从单枪匹马的维权到建立保护版权的联盟,报纸也想了很多方法应对,但面临的困难依然很多,在立法方面、技术方面、社会习惯方面都需要时间和耐心一点点地克服和改善。

4. 报纸间的合作将成为常态

互联网的出现改变了人们的生活方式,也改变了报纸的经营方式,除了前面提到的内容和传播渠道上的变化之外,另一个明显的变化就是报纸间的合作增多。在国内,为了应对共同的问题,比如版权保护问题,报纸选择了联合,为了共同的发展,比如为了新技术、平台和内容的使用,同样选择了合作;在国外,为了提升自身的影响力,进行国家形象的宣传,报纸还是选择了与国外报纸合作,互惠互利。在当前国际和国内环境下,合作会成为报业发展的关键词。

5. 更倾向于向受众提供个性化产品

目前中国的个性化资讯发展领先于美国,第三方数据显示,2016年9月,中国个性化新闻的人均使用时长同比增长了55.3%。① 报业集团从针对不同人群推出个性化版本,如市民版、区县版、行业版、社区版等,到针对每一个用户推出个人定制版本,既是服务意识的增强,也是技术能力的提高。

向受众提供个性化产品越来越成为报业的共识,而数据库中储存的海量用户数据、阅读数据、关系数据、评论数据等也为个性化的推送提供了可能。报纸可以通过数据分析,非常准确地知道每一个用户的喜好和需求,从而为他提供真正需要的内容产品。这将成为数字报纸未来的一个走向。

(二)对中国数字报纸的发展建议

随着报业数字化实践的深入,困扰数字报纸发展的盈利问题、版权问题、人才问题等越来越成为大众关注的焦点,未来的数字报纸要想获得良性发展首先需要解决这些问题。

---

① 腾讯科技:《腾讯科技龙兵华:中国的个性化资讯发展迅猛,音频则处于起步阶段》,2016年11月14日,http://tech.qq.com/a/20161114/035596.htm。

1. 渠道为王，内容为本

"渠道为王，内容为本"是一句老生常谈，但是今天我们有必要更加深入地理解这句话。

在数字报纸领域，信息传播的渠道众多，囊括了手机、PC、微博、微信公众号、客户端等，以后可能还会有新的渠道出现。"渠道为王"的好处在于可以提高整个报纸的影响力和品牌价值，为其他可以盈利的平台助力。因此，不要一味强求直接利润，也不要一见不能盈利就放弃某些渠道的经营。

再说"内容为本"，内容是报纸的立足之本，这毋庸置疑，不过在数字报纸的经营中，对内容的要求明显提高了。缺少专业水准的普通新闻产品没有价值了，现在需要的是内涵更为丰富的内容产品。此外，内容产品会处于动态的生成和再生产状态，用户会通过推广和互动与产品连接在一起，成为生产流程的一部分。

2. 百年大计，育人为本

数字报纸以全新的形态出现在人们的面前，不断涌现的新技术和新理念又在不断充实着它，因此，数字报纸该如何办，是一个非常困扰人的问题，而要解决这个问题，首先要培养人。

"南方名记培育工程"是一个很好的例子。说它是一个好例子，一是因为它对"名记"提出了自己的见解和要求，二是因为它为"名记"提供了一个非常好的学习和工作环境。要培养一个优秀的数字报纸记者或者工作人员关键要让他们在工作实践中真正学会如何做好数字报纸。作为一份注重人才培养的报纸，愿意为有能力的员工提供学习机会只是第一步，愿意为他们打破常规，提供尝试的机会，并愿意承担失败的风险才更可贵。

3. 维护版权要结合实际，稳步前进

版权保护对于数字内容的重要性不言而喻，但在当前环境下也不可能一蹴而就，我们需要结合实际，稳步前进。在这方面，上海报业集团的一些经验和建议可供借鉴。①

---

① 裘新：《攥成拳头，形成版权保护的"上报规则"》，《新闻战线》2016年第3期。

（1）互联网的特殊性决定了内容市场更为广阔和复杂，因此，应在内容影响力的基础上建立新型的数字版权保护体系。另外，版权收益也应该采取多种形式，而不是现在单一的货币方式。

（2）数字版权保护工作应当是包括监控、沟通、维权、销售等环节在内的全流程覆盖。

（3）版权保护可以根据各媒体的具体情况进行，维权可以以金钱的形式，也可以要求合法转载并注明出处。

（4）在报业集团成立数字版权中心，但版权保护工作不是光靠一个部门就能完成的，需要多方的合作与配合。

从长远考虑，呼吁和促进数字版权的立法是报业必须做的工作，但在敦促立法的过程中，建立自己的数字版权保护机构或者联盟仍然是十分必要的，可以通过对典型案例的操作，形成示范效果，在社会上逐渐形成对数字版权的重视，从而营造出尊重版权、保护版权的社会氛围。

Abstract

Annual Report on Development of New Media in China is the latest annual report compiled by the Institute of Journalism & Communication of the Chinese Academy of Social Sciences. The 2017 report contains five sections: General Report, Hot Topics, Investigations, Communication Research and Sector Reports. These five parts comprehensively analyze new media development in China, interpret the trend of new media development, summarize the problems and conclude on the profound impacts of new media.

In 2016, China vigorously promoted informative development where Internet innovation is in the ascendant, new technologies, products and industries emerge rapidly, and information industry takes an increasing percentage in our GDP. With the fundamental principles of national network services being established, top-level designs of national network power is becoming complete and the routes of Internet and IT development is getting clearer. "Innovation, harmony, green, open, sharing" has become the consensus of new media development.

This book summarizes that since 2016, driven by "Internet Plus" initiative informatization continues to benefit the society and people and new media are deeply influencing China's developing process. China is accelerating the pace of Internet governance, growing from a big Internet nation into a strong Internet power. New information products like short videos, Internet live shows are reforming media communication ecology. Internet celebrity economy and sharing economy are promoting the development of new media industry. With AI playing a leading role, advanced technology helps innovate communicative technologies. Under this environment, media is developing with intelligence and media convergence is getting further accelerated. Content entrepreneurship enters the fast lane of development. Network poverty alleviation plays a key role in national poverty

alleviation. New media is in the crucial position of Chinese international communication and national image building. As new media development is getting into a new phase, some problems cannot be ignored: threats of global internet space safety, outbreaks of Internet finance risks. Besides, the ethical problems of new media communication have to be discussed and the social responsibilities of Internet companies are to be enhanced urgently.

This book contains reports from more than 10 famous experts and scholars in the field of new media research. These reports profoundly discuss some important issues such as media convergence in China, Internet celebrity economy, political Weibo matrix, VR, news UAV, international Internet public opinions, paid videos, Internet movies, Internet live shows, Internet informative safety, media convergence of TV, copyrights of new media, government Internet communication. Meanwhile, it summarizes the status of new media industries like online book publication, digital newspaper and mobile videos etc.

This book holds the view that in 2016, China strategically promoted the development of new media. The convergence of new media and traditional media is going into depth and breadth. With China vigorously promoting the top-level design of Internet and IT development, new media will connect multiple fields and industries and become a key factor in the new stage of social transformation in China. All kinds of new technologies, new products and new industries are appearing competitively, which will push China to become a strong Internet power.

Contents

I General Report

B. 1 Era of Intelligence and Video: New Media Developing Trend in China
         Tang Xujun, Huang Chuxin and Wang Dan / 001

  1. General Situation and Development Trend   / 002
  2. Hot Spots and Focus Summary   / 013
  3. Communication and Effect Analysis   / 032
  4. Prospects and Suggestions   / 038

Abstract: Since 2016, driven by the "Internet Plus" initiative, informatization continues to benefit the society and people and new media are deeply influencing China's developing process. China is accelerating the pace of Internet governance, growing from a big Internet nation into a strong Internet power. New information products like short videos and Internet live shows are reforming media communication ecology. Internet celebrity economy and sharing economy are promoting the development of new media industry. With AI playing a leading role, advanced technology helps innovate communicative technologies. Under this environment, media is developing with intelligence and media convergence is getting further accelerated. Content entrepreneurship enters the fast lane of development. Network poverty alleviation plays a key role in national poverty alleviation. New media is in the crucial position of Chinese international

communication and national image building. As new media development is getting into a new phase, some problems cannot be ignored: threats of global Internet space safety, outbreaks of Internet financial risks. Besides, the ethical problems of new media communication have to be discussed and the social responsibilities of Internet companies are to be enhanced urgently.

Keywords: New Media; Short Video; Artificial Intelligence; Internet Governance; New Media Industry

II Hot Topics

B. 2 The Report on Development of China's Internet Celebrity
Economy   *OuYang Rihui, Liu Jian* / 043

Abstract: Internet Celebrity Economy is an important part of the new economy, 2016 is the first year of China's Internet Celebrity Economy. In this year, a large influx of financial capital into the industry, the rapid expansion of market size, and the economy formed a closed loop. What's more, Internet Celebrity Economy also exposed some problems, seriously disrupting the normal order of the market. So, the government must strengthen the regulation of the industry, grasping the trend of economic development of the net, leading the development of standardized economic development. Internet Celebrity Economy is the product of the Internet economic restructuring and upgrading of the product, the rapid development of the red economy to create a miracle of the new media economy.

Keywords: Internet Celebrity Economy; E-commerce Liquidate; Network Live

B. 3 The Network Live Broadcast Development Report in China
in 2016   *Yang Meiyan, Zhou Xiaoyu and Liu Hou* / 061

Abstract: In 2016, with significant capital investment and the upgrading consumption of users, the Live Webcast industry in China ushered in explosive growth, rapidly entering the layout stage. As social-gene-carrier, the Live Webcast industry revealed itself expansion characteristics and activated potential of its scenario-social; in the aspect of content production, it was underway the transformation from the traditional model of UGC to the original model of PGC and PUGC, leading the industry to development in depth of content entrepreneurship; under mobile environment, the Live Webcast platform has formed the multipoint linear model of revenue. At the same time, such problems as content bottleneck and the incomplete industrial chain occurred. Regarding a near-term trend, under the double pressures of competition and the strengthening specification, the Live Webcast will enter the stage of reshuffle in the sustained growth. Furthermore, the Live + will prospectively yield a lot. And it is going to highlight collaboration of short video applications and Live Webcast.

Keywords: The Anchors; Mobile Live Webcast; Live +

B. 4　The Media Convergence Report of China in 2016

Huang Chuxin, Peng Yunjia / 078

Abstract: The iteration of the technology is constantly shaping the new information communication system, and the media convergence has become the mainstream of the development of the times. This year, the technology of video broadcast has become popular, and the domestic traditional media and social media have joined the live wave, more abundant forms of news products continue to emerge. In the face of the complex communication forms, the Chinese government has introduced policies and regulations for the media to provide a more clear development environment. With the continuing favorable policies, the domestic media have actively explored the mechanism of capital introduction, management chain and the diversified development model. At the same time, there have existed some obstacles in imperfect system, industry regulation, talent introduction and other aspects of the development process of media

convergence. To keep the smooth development of the media convergence, media agencies should innovate ideas and form a unique position and product advantages, as well as continue to improve the chain of diversified industrial operations and form differentiated competitiveness.

Keywords: Media Convergence; Mobile Broadcast; Industry Regulation; Evaluation System

B.5　The Report on China's Internet International Public Opinion in 2016　　*Liu Pengfei, Qu Xiaocheng and Qi Sihui* / 097

Abstract: With the change of global pattern, there is an increase of China-relevant news topics arising in the global communication, which puts forward a new challenge to China. Such as The Belt and Road, G20 Hangzhou summit, South China Sea Arbitration, 3rd World Internet Conference, Rio De janeiro Olympic Games, all these news topics make an improvement of shaping China image in the world. It is also suggested that, to improve the self-global influence, China should bring forth new ideas in international arena promote the soft power in the global internet communication.

Keywords: Internet; Global Communication; Public Opinion; Media Convergence

B.6　The Report on Copyright Protection of China's New Media in 2016　　*Zhu Hongjun, Liu Xianghua* / 116

Abstract: The copyright protection of new media in China has achieved initial success in 2016, meanwhile, the further development of new media has spawned new problems. This article combs the status of current copyright protection achievements and infringement issues and then puts forward some suggestions on how to strengthen the copyright protection of the new media from the national and industry level according to the problems of judicial legislation, copyright interest and public custom in copyright protection of new media.

Keywords: New Media; Copyright Protection; Copyright Interest; Infringement

B. 7　The Report of APP Innovation Development in 2016

Zhong Ying, Li Qiuhua / 130

Abstract: Based on Schumpeter's Innovation Theory, Rogers's innovation diffusion theory and integrated innovation theory, this paper constructs the New Media Innovation Index of mobile APP, which includes 3 primary indicators such as Media Quality, Technology Attribute and User Value, and six secondary indicators, 16 3-level indicators. According to the New Media Innovation Index system, we take a quantitative study on New Media Innovation level of the selected 7 kinds of 106 mobile APP. The results show that Instant Messenger and social mobile APP had an impressive showing, Mobile Live APP take a sudden emergence, payment and information APP need to upgrade. The "Media Quality" and "User Value" indicators score is higher as a whole and relatively balanced, "Technological Attribute" indicators on the low side and polarization. Based on the results of the New Media Innovation presented by the study results, the mobile APP should take the content construction as the core, take the technology as the engine, take the user demand as the leading factor, and enhance the overall level of New Media Innovation.

Keywords: New Media Innovation; Mobile APP; Media Quality; Technology Attribute; User Value

B.8 The Report on China's Development of Government Affairs Microblog Matrix in 2016　　　　　　　　　　Hou E / 143

Abstract: In 2016, Along with "Internet Powerful Nation" of national strategy push deeper, the new media in promoting national innovation and national governance system and the significance and role of the management ability of modern more and more protruding, governing "network governance" has become a "road of China" "governing" extension in reality in the field of new media, the CPC Central Committee with Comrade Xi Jinping at the core of Internet management and social management of top-level design and macro guiding ideology has completed the continuity and systemic. The new situation, new demands and new strategy, Government Affairs Microblog urgent need change management idea, linkage synergy, activate the organization and group power, break through the current innovation fatigue, the lower Public opinion were huge bottleneck, positive practice Xi Jinping's "People-centered" development ideas, to Government Affairs Microblog matrix management model, continuous innovation "Internet + social governance" new pattern.

Keywords: New Media; Government Affairs Microblog; Government Affairs Microblog Matrix; Internet Governance; Social Governance

B.9　The Development Report of Virtual Reality in China in 2016
　　　　　　　　　　　　　　　　Li Weidong, Liu Yating / 160

Abstract: Virtual Reality New Media refers to the new media system based on virtual reality technology, which can integrate perception, Interaction, vision and audition, making information more vivid, abundant and comprehensive. Based on the macroscopic environment of virtual reality and new media development, this report analyzes the development status of virtual new media terminal and application, focusing on virtual reality news, virtual reality search engine, virtual reality shopping, virtual reality socializing, virtual reality film and television, virtual reality live broadcast, virtual reality game and other application models. Under the background of analyzing the present situation and problems of the development of virtual reality and new media, we propose that the virtual reality technology will produce the birth of the next Internet , Glasses Internet , which would lead a revolutionary influence on the development of the network and new media.

Keywords: Virtual Reality; New Media Application; Internet on the Glasses

III Investigation Reports

B. 10 The Report of Live Video Streaming in China in 2016

Yin Le, Liu Zhengyang / 176

Abstract: In 2016, China's live video streaming has experienced an unprecedented rapid development. The rapid growth of the number of users, the rapid expansion of the scale of the industry and the emergence and development of a variety of new forms of live video streaming technology made the year destined to become the milestone for the development of China live video streaming. Live video streaming as a new form of media, has the low-access, high-interaction features which is different from the traditional live. In order to understand the basic situation, this paper will give a brief description to the development and main types of China's live video streaming. Then we will analyze the characteristics of live video streamings that are different from the previous media forms. Also, it is necessary to synthesize the statistical data from different research institutions to draw a picture for users' characteristics. Based on those analysis, we will better understand the status of China's live video streaming development, which can give us the opportunity to identify and solve the problems. Finally, through forecasting the trend, we hope to provide a reference for the development of China's live video streaming industry.

Keywords: Live Video Streaming; Communication Characteristics; Live Studio

B.11 The Report of Government Network Communication in 2016

Tan Tian, Xia Xia and Zhang Zijun / 190

Abstract: In 2016, "Internet plus government services" was first written into the government report, and the government network communication has pushed forward channel layout and government service. This paper summarizes and analyzes the government network communication on four aspects such as infrastructure, service level, matrix construction and big data communication etc. It is necessary to establish a set of scientific and seasonable evaluation system of government network communication.

Keywords: Government Network Communication; Government New Media; Social Communication

B.12 A Study on College Students' Use of Wechat Emoticons

Kuang Wenbo, Qiu Shuimei / 202

Abstract: Given the fact that WeChat has gradually replaced QQ, Renren and other social networking sites and become users' primary choice for daily communication, emoticons circulated on WeChat have become popular among college students, which is the symbol of Internet communication. This research focused on college students and through questionnaire and in-depth interviews, the author found the following results based on the uses and gratifications in using WeChat emoticons: student groups use WeChat emoticons mainly due to psychological motivation of the three main reasons: the softening of tone of the chat, visual and vivid expression to the mood and emotion, active chat atmosphere and making the dialogue more interesting. The convenience of emoticons using is mainly for three reasons: free, independent collection and making, diversification of subdivided emoticons. The entertainment of emoticons using is mainly reflected in three aspects: to convey their own sense of humor, to share interesting emoticons, and to apply "large scale" emoticons among close friend. Gender, interactive objects, peer pressure, subculture preferences are the main factors that affect the emoticons uses and gratifications. Based on the factors above, ultimately formed the WeChat emoticons uses and gratifications model.

Keywords: WeChat; WeChat Emoticon; Uses and Gratifications; Technology Acceptance Model

B. 13 A Study on the Network Communication of Dispute Policy Events in 2016 *Zhang Shuhua, Wang Jialin* / 219

Abstract: The development of information technology, especially the new media, has had an indelible influence on the path and effectiveness of policy communication. Based on the study of 150 dispute policy events in 2016, this paper focuses on the impact of network disputes on the communication of public policy in the new media platform. The result shows that the dispute policy mainly involves the issues of social security, transportation, rule of law, education and environmental protection, etc., most of which are complex. National issues are long-term and moderate; regional ones are short-term and intense. Micro blogging and WeChat show the range of the dispute, and the forum and the follow-up show the depth of the dispute, which means that the public and the media are the dominant forces in the dispute. The result of the dispute reflects the strong influence of the public policy "intervention". The policy promulgation is the primary motive of the policy controversy; meanwhile, the interest demands, the dissatisfaction and the change of the policy are the main motive of participating in the dispute. In addition, the fundamental cause of the policy crisis does not point to the communication, but the imbalance of inherent social structure of the policy. The existing policy crisis is caused directly by the low policy and decision-making level. Accordingly, I put forward the daily communication strategy in response to the fundamental structural crisis, shallow procedural crisis prevention strategy, and the strategy against the superficial event crisis.

Keywords: Dispute Policy; Policy Communication; New Media; Policy Crisis

B. 14　The Report on China's Television Convergence

　　　　Development in 2016　　　　　　　　　　*Yu Xuan* / 235

Abstract: Based on empirical documents and data, this research report investigates into China's television integration in the year of 2016 from the overall situation, major innovation and developing trend. First of all, rise in parts but delay in the whole, pan-entertainment facing the whole country and life service based in the local, constitute the overall situation of television industry in its integration and transition process. Secondly, the media integration innovation in 2016 mainly presented as the recurrence and its new achievements of IPTV (Internet Protocol Television), and the exploration for live streaming in mobile terminals in terms of business level. Traditional radio and television giants, in terms of content level, started to open themselves up and invest in network entertainment programs as market entities, and meanwhile they operated their commercials of all media in an integral way which reflected as a new feature in their progress of marketing transition. Thirdly, the report demonstrates China's current television media integration and development trend, i. e., more flourishing contents of IPTV with the development of IPTV, the accelerating launch of products and application targeted to fine classifications in mobile terminals and diverse development of commercial operations.

Keywords: Media Convergence; Television Media; Internet-based Transformation

B. 15　Mobile New Media Impact on Urban Disabled Youth
　　　　Social Integration Research: Taking Beijing
　　　　Xicheng District as an Example　　*Luo Ziwen, Li Hongda* / 248

Abstract: In this paper, a questionnaire survey and in-depth interviews were used to investigate the influence of the mobile phone media on the social integration of the disabled youth in Beijing, Xicheng District. The study found that young people with disabilities can cover their own physiological deficiency through mobile phone media with strangers, breakthrough of their own psychological barriers, expand their social relations, so as to extend their social capital, get more social support. Specifically, mobile phone media on urban youth with disabilities has obvious role in promoting political participation, economic activities, social interaction and other aspects; the effect is not obvious in the promotion of urban disabled youth employment, health and education. In order to achieve better results, governments, communities, enterprises and urban youth with disabilities need to work together.

Keywords: Mobile Phone Media; Urban Youth with Disabilities; Social Inclusion

Ⅳ　Communication Research

B. 16　The Development Report of China's Video
　　　　Paid Market in 2016　　*Liu Youzhi, Wang Xiaowan* / 262

Abstract: China's video paid market in 2016 keeps growing rapidly as in 2015. And the main paid users are the young and white-collar workers in first and second-tier cities. At the same time, the paid content shows pluralistic patterns dominated by movie and television plays. The phenomena are mainly due to the promotion of three market factors. At the macro level, it is the result of optimizing the video copyright environment, reducing Internet's charges and speeding it up and building pluralistic online paid system; At the meso-level, the main factors are that video advertising market growth is weak, young Internet users' consumption of entertainment upgrades, and the paid video drives the appearance of a new development pattern of this industry. Last, at the micro level, a number of paid strategies are promoted by Internet video enterprises. For example, they stimulate diversified rights of paid VIP, and they provide rich and high quality self-made dramas, exclusive plays and online popular movies; Besides, the video sharing websites broadcast programs for VIP in advance. In future, the quantity of video paid users will continue to grow rapidly, and the originality and the quality of the paid-video content should be further enhanced. Additionally, the main video platform enterprises will distribute differently in the widely entertainment ecologies

Keywords: Paid-Video; Optimization of Video Content; Rights of VIP; Distinguishing Broadcasting Schedule; Widely Entertainment Ecologies

B.17 "VR +": the Development Report of Virtual Reality in China　　　　　　　　　　　　*Lei Xia / 275*

Abstract: With the development and innovation of all kinds of medium terminal technology, virtual reality technology has a rapid development. Relying on the promotion of the content and products and the growth of the number of the users, virtual reality market is becoming gradually mature. Similar to any new technology, the development of virtual reality also appears some issues worthy of attention and need to be addressed. The development of virtual reality technology is expected to have better interactivity and be more immersive, perceptive, and more humanized. In the future, "VR +" will be integrated into all areas, which will bring new challenges to people's life and new development opportunity as well.

Keywords: Virtual Reality; Humanized; Mobile; Interactivity; "VR +"

B. 18　The Report of China Online Movie in 2016

Miao Weishan, Zhou Kui and Zhu Hongjun / 287

Abstract: The report reviews Chinese online movie industry which has undergone rapid development in 2016. First of all, we give a snapshot of this field by introducing the main concept, features and development. After period of rapid growth, 2016 witnesses exponential growth. Then, this report analyzes three different but highly related aspects of online movie in China, that is, its market, capital and platform. This report argues the number of online movie has surpassed that of traditional movie in, and the profit ratio of the former is higher than the latter. The exclusive distribution of quality platform has become the mainstream model. It is obviously clear that the exclusive play has enjoyed popularity. Capital flows into the market through more and more crow-funding platform. Standardized cooperation process are emerging and popular. Thirdly, we probe into the content, type and related stakeholders of online movie. The Results show that both the traditional giant film companies and new organizations have actively involved in this industry. The audience of online movie tend to be young people between 20-39 years old, and they prefer the exclusive play. Various types of online movie mushroomed in 2016, and the most watched types include comedy, love story and drama show. Among them, comedy movies have cleaned up the box office. Finally, we discuss the current challenges and future prospects of online movies. The government has tightened the control over the online movies since some questions began to arise with the self-review of platform. Following the strategy of excellence and differentiation, online movie in China will step into a new stage.

Keywords: Online Movie; IQIYI Online; Audio Video; Internet Governance

B. 19　The Report of Internet Plus Development in Hebei Province in 2016　　　　　*Liang Yuemin / 301*

Abstract: In 2016, Hebei province Internet plus work is widely spread,

the relevant departments and bureaus units according to the "Hebei Provincial People's Government on the promotion of" Internet plus "action implementation opinions" requirements, formulate relevant implementation plan, study and formulate specific policies and measures of integration of Internet information technology and business depth, initial results have been achieved in the system construction platform construction work characteristics. On the basis of platform construction as the key construction Internet plus government service system. To service as a breakthrough, to further promote the Internet plus government. In order to develop standards for security, improve the overall level Internet plus government work.

Keywords: Internet Plus ; Internet; Hebei

V　Sector Reports

B.20　The New Media Industry Report in China in 2016

Guo Quanzhong , Guo Fengjuan / 312

Abstract: According to the promotion of consumption, China's new media industry, although the slowdown in growth but still maintain a high growth rate of development, the Internet advertising and game industry to maintain high growth at the same time, large data industry, live industry, VR and other industries Is on the eve of the outbreak. And the concentration of new media industry to further focus, in order to achieve sustainable development, Internet giants have also layout overseas markets.

Keywords: New Media Industry; Big Data; Knowledge Payment

B.21　The Status, Problems and Prospect of News UAV in 2016

Liu Jun / 329

Abstract: Beauty, life and a variety of activities were pictured by UAV

(Unmanned Aerial vehicle) in 2016, which is Atlas and video-based; The greatest achievement for professional media is that flood in the South was recorded with UAV, as the same time, to take self portraits were developed to a certain level by self-media; To meet the needs of media man, kinds of portable UAVs appear, with strong function and getting smaller and smaller. The UAV live is more decisive for media airspace and encountered many issues, such as slow upload, the same period not easy to synchronize, not automatically switch the handheld PTZ picture, still need unmanned navigation satellite and cloud computing to solve. In order to obtain media air supremacy, news UAV need to carry tilt photography and VR/AR and other equipment, and to break the news habits, more implanted author's image, location, emotion and thought.

Keywords: News; Media; Unmanned Aerial Vehicle; Live Broadcast; Aerial

B.22 The Current Situation, Problems and Countermeasures of Book Network Publishing in 2016: Case of SPRINGER, People's Publishing House and Science Press　　*Wu Zhuojing* / 341

Abstract: Based on SPRINGER Publishing Group, People's Publishing House and Science Press, the price of sale online in 2016, the degree of networking (with the combination of new media) and the online sales strategy were studied in this paper. Through the comparison, the author analyzes the current situation of the book publishing online of traditional publishing group at home and abroad, summarizes the problems existing, and tries to find out the way to cope with, and makes a prospect of the book publishing online.

Keywords: Book; Publishing Online; SPRINGER; People's Publishing House; Science Press

B.23 The Development Report of Domestic and Foreign Digital Newspaper in 2016 *Li Zhu* / 354

Abstract: The report is a summary on the development situation of domestic digital newspaper in 2016, it's mainly divided into two parts: the first part describes the development status in the field of digital newspaper in China in 2016, there is not only a summary of the overall situation, but also the expression of specific phenomena, such as the application of VR technology and unmanned aerial vehicles, media convergence, copyright protection, and the co-operation among the newspapers; The second part analyses development trend of the domestic digital newspaper, as well as makes suggestions to the future development of it.

Keywords: Digital Newspaper; VR News; Media Convergence; Copyright Protection

社会科学文献出版社　　　　　　　　　　　　**皮书系列**

❖ 皮书起源 ❖

"皮书"起源于十七、十八世纪的英国，主要指官方或社会组织正式发表的重要文件或报告，多以"白皮书"命名。在中国，"皮书"这一概念被社会广泛接受，并被成功运作、发展成为一种全新的出版形态，则源于中国社会科学院社会科学文献出版社。

❖ 皮书定义 ❖

皮书是对中国与世界发展状况和热点问题进行年度监测，以专业的角度、专家的视野和实证研究方法，针对某一领域或区域现状与发展态势展开分析和预测，具备原创性、实证性、专业性、连续性、前沿性、时效性等特点的公开出版物，由一系列权威研究报告组成。

❖ 皮书作者 ❖

皮书系列的作者以中国社会科学院、著名高校、地方社会科学院的研究人员为主，多为国内一流研究机构的权威专家学者，他们的看法和观点代表了学界对中国与世界的现实和未来最高水平的解读与分析。

❖ 皮书荣誉 ❖

皮书系列已成为社会科学文献出版社的著名图书品牌和中国社会科学院的知名学术品牌。2016年，皮书系列正式列入"十三五"国家重点出版规划项目；2012~2016年，重点皮书列入中国社会科学院承担的国家哲学社会科学创新工程项目；2017年，55种院外皮书使用"中国社会科学院创新工程学术出版项目"标识。

权威报告·热点资讯·特色资源

皮书数据库
ANNUAL REPORT(YEARBOOK) DATABASE

当代中国与世界发展高端智库平台

所获荣誉

- 2016年，入选"国家'十三五'电子出版物出版规划骨干工程"
- 2015年，荣获"搜索中国正能量 点赞2015""创新中国科技创新奖"
- 2013年，荣获"中国出版政府奖·网络出版物奖"提名奖
- 连续多年荣获中国数字出版博览会"数字出版·优秀品牌"奖

成为会员

通过网址www.pishu.com.cn或使用手机扫描二维码进入皮书数据库网站，进行手机号码验证或邮箱验证即可成为皮书数据库会员（建议通过手机号码快速验证注册）。

会员福利

- 使用手机号码首次注册会员可直接获得100元体验金，不需充值即可购买和查看数据库内容（仅限使用手机号码快速注册）。
- 已注册用户购书后可免费获赠100元皮书数据库充值卡。刮开充值卡涂层获取充值密码，登录并进入"会员中心"—"在线充值"—"充值卡充值"，充值成功后即可购买和查看数据库内容。

卡号：894436518793
密码：

数据库服务热线：400-008-6695
数据库服务QQ：2475522410
数据库服务邮箱：database@ssap.cn
图书销售热线：010-59367070/7028
图书服务QQ：1265056568
图书服务邮箱：duzhe@ssap.cn

子库介绍
Sub-Database Introduction

中国经济发展数据库

涵盖宏观经济、农业经济、工业经济、产业经济、财政金融、交通旅游、商业贸易、劳动经济、企业经济、房地产经济、城市经济、区域经济等领域，为用户实时了解经济运行态势、把握经济发展规律、洞察经济形势、做出经济决策提供参考和依据。

中国社会发展数据库

全面整合国内外有关中国社会发展的统计数据、深度分析报告、专家解读和热点资讯构建而成的专业学术数据库。涉及宗教、社会、人口、政治、外交、法律、文化、教育、体育、文学艺术、医药卫生、资源环境等多个领域。

中国行业发展数据库

以中国国民经济行业分类为依据，跟踪分析国民经济各行业市场运行状况和政策导向，提供行业发展最前沿的资讯，为用户投资、从业及各种经济决策提供理论基础和实践指导。内容涵盖农业，能源与矿产业，交通运输业，制造业，金融业，房地产业，租赁和商务服务业，科学研究，环境和公共设施管理，居民服务业，教育，卫生和社会保障，文化、体育和娱乐业等100余个行业。

中国区域发展数据库

对特定区域内的经济、社会、文化、法治、资源环境等领域的现状与发展情况进行分析和预测。涵盖中部、西部、东北、西北等地区，长三角、珠三角、黄三角、京津冀、环渤海、合肥经济圈、长株潭城市群、关中—天水经济区、海峡经济区等区域经济体和城市圈，北京、上海、浙江、河南、陕西等34个省份及中国台湾地区。

中国文化传媒数据库

包括文化事业、文化产业、宗教、群众文化、图书馆事业、博物馆事业、档案事业、语言文字、文学、历史地理、新闻传播、广播电视、出版事业、艺术、电影、娱乐等多个子库。

世界经济与国际关系数据库

以皮书系列中涉及世界经济与国际关系的研究成果为基础，全面整合国内外有关世界经济与国际关系的统计数据、深度分析报告、专家解读和热点资讯构建而成的专业学术数据库。包括世界经济、国际政治、世界文化与科技、全球性问题、国际组织与国际法、区域研究等多个子库。

法律声明

"皮书系列"（含蓝皮书、绿皮书、黄皮书）之品牌由社会科学文献出版社最早使用并持续至今，现已被中国图书市场所熟知。"皮书系列"的LOGO（ ）与"经济蓝皮书""社会蓝皮书"均已在中华人民共和国国家工商行政管理总局商标局登记注册。"皮书系列"图书的注册商标专用权及封面设计、版式设计的著作权均为社会科学文献出版社所有。未经社会科学文献出版社书面授权许可，任何使用与"皮书系列"图书注册商标、封面设计、版式设计相同或者近似的文字、图形或其组合的行为均系侵权行为。

经作者授权，本书的专有出版权及信息网络传播权为社会科学文献出版社享有。未经社会科学文献出版社书面授权许可，任何就本书内容的复制、发行或以数字形式进行网络传播的行为均系侵权行为。

社会科学文献出版社将通过法律途径追究上述侵权行为的法律责任，维护自身合法权益。

欢迎社会各界人士对侵犯社会科学文献出版社上述权利的侵权行为进行举报。电话：010-59367121，电子邮箱：fawubu@ssap.cn。

社会科学文献出版社

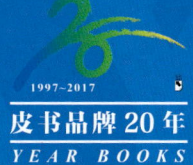

皮书系列

2017年

智库成果出版与传播平台

社会科学文献出版社
SOCIAL SCIENCES ACADEMIC PRESS (CHINA)

社长致辞

伴随着今冬的第一场雪，2017年很快就要到了。世界每天都在发生着让人眼花缭乱的变化，而唯一不变的，是面向未来无数的可能性。作为个体，如何获取专业信息以备不时之需？作为行政主体或企事业主体，如何提高决策的科学性让这个世界变得更好而不是更糟？原创、实证、专业、前沿、及时、持续，这是1997年"皮书系列"品牌创立的初衷。

1997～2017，从最初一个出版社的学术产品名称到媒体和公众使用频率极高的热点词语，从专业术语到大众话语，从官方文件到独特的出版型态，作为重要的智库成果，"皮书"始终致力于成为海量信息时代的信息过滤器，成为经济社会发展的记录仪，成为政策制定、评估、调整的智力源，社会科学研究的资料集成库。"皮书"的概念不断延展，"皮书"的种类更加丰富，"皮书"的功能日渐完善。

1997～2017，皮书及皮书数据库已成为中国新型智库建设不可或缺的抓手与平台，成为政府、企业和各类社会组织决策的利器，成为人文社科研究最基本的资料库，成为世界系统完整及时认知当代中国的窗口和通道！"皮书"所具有的凝聚力正在形成一种无形的力量，吸引着社会各界关注中国的发展，参与中国的发展。

二十年的"皮书"正值青春，愿每一位皮书人付出的年华与智慧不辜负这个时代！

社会科学文献出版社社长
中国社会学会秘书长

2016年11月

社会科学文献出版社简介

社会科学文献出版社成立于1985年，是直属于中国社会科学院的人文社会科学专业学术出版机构。

成立以来，社科文献依托于中国社会科学院丰厚的学术出版和专家学者资源，坚持"创社科经典，出传世文献"的出版理念和"权威、前沿、原创"的产品定位，逐步走上了智库产品与专业学术成果系列化、规模化、数字化、国际化、市场化发展的经营道路，取得了令人瞩目的成绩。

学术出版 社科文献先后策划出版了"皮书"系列、"列国志"、"社科文献精品译库"、"全球化译丛"、"全面深化改革研究书系"、"近世中国"、"甲骨文"、"中国史话"等一大批既有学术影响又有市场价值的图书品牌和学术品牌，形成了较强的学术出版能力和资源整合能力。2016年社科文献发稿5.5亿字，出版图书2000余种，承印发行中国社会科学院院属期刊72种。

数字出版 凭借着雄厚的出版资源整合能力，社科文献长期以来一直致力于从内容资源和数字平台两个方面实现传统出版的再造，并先后推出了皮书数据库、列国志数据库、中国田野调查数据库等一系列数字产品。2016年数字化加工图书近4000种，文字处理量达10亿字。数字出版已经初步形成了产品设计、内容开发、编辑标引、产品运营、技术支持、营销推广等全流程体系。

国际出版 社科文献通过学术交流和国际书展等方式积极参与国际学术和国际出版的交流合作，努力将中国优秀的人文社会科学研究成果推向世界，从构建国际话语体系的角度推动学术出版国际化。目前已与英、荷、法、德、美、日、韩等国及港澳台地区近40家出版和学术文化机构建立了长期稳定的合作关系。

融合发展 紧紧围绕融合发展战略，社科文献全面布局融合发展和数字化转型升级，成效显著。以核心资源和重点项目为主的社科文献数据库产品群和数字出版体系日臻成熟，"一带一路"系列研究成果与专题数据库、阿拉伯问题研究国别基础库及中阿文化交流数据库平台等项目开启了社科文献向专业知识服务商转型的新篇章，成为行业领先。

此外，社科文献充分利用网络媒体平台，积极与各类媒体合作，并联合大型书店、学术书店、机场书店、网络书店、图书馆，构建起强大的学术图书内容传播平台，学术图书的媒体曝光率居全国之首，图书馆藏率居于全国出版机构前十位。

有温度，有情怀，有视野，更有梦想。未来社科文献将继续坚持专业化学术出版之路不动摇，着力搭建最具影响力的智库产品整合及传播平台、学术资源共享平台，为实现"社科文献梦"奠定坚实基础。

经济类 皮书系列
重点推荐

经 济 类

经济类皮书涵盖宏观经济、城市经济、大区域经济，
提供权威、前沿的分析与预测

经济蓝皮书
2017年中国经济形势分析与预测
李扬 / 主编　2016年12月出版　定价：89.00元

◆ 本书为总理基金项目，由著名经济学家李扬领衔，联合中国社会科学院等数十家科研机构、国家部委和高等院校的专家共同撰写，系统分析了2016年的中国经济形势并预测2017年我国经济运行情况。

中国省域竞争力蓝皮书
中国省域经济综合竞争力发展报告（2015～2016）
李建平　李闽榕　高燕京 / 主编　2017年2月出版　估价：198.00元

◆ 本书融多学科的理论为一体，深入追踪研究了省域经济发展与中国国家竞争力的内在关系，为提升中国省域经济综合竞争力提供有价值的决策依据。

城市蓝皮书
中国城市发展报告No.10
潘家华　单菁菁 / 主编　2017年9月出版　估价：89.00元

◆ 本书是由中国社会科学院城市发展与环境研究中心编著的，多角度、全方位地立体展示了中国城市的发展状况，并对中国城市的未来发展提出了许多建议。该书有强烈的时代感，对中国城市发展实践有重要的参考价值。

皮书系列
重点推荐　经济类

人口与劳动绿皮书
中国人口与劳动问题报告 No.18

蔡昉 张车伟 / 主编　2017 年 10 月出版　估价：89.00 元

◆ 本书为中国社科院人口与劳动经济研究所主编的年度报告，对当前中国人口与劳动形势做了比较全面和系统的深入讨论，为研究我国人口与劳动问题提供了一个专业性的视角。

世界经济黄皮书
2017 年世界经济形势分析与预测

张宇燕 / 主编　2016 年 12 月出版　定价：89.00 元

◆ 本书由中国社会科学院世界经济与政治研究所的研究团队撰写，2016 年世界经济增速进一步放缓，就业增长放慢。世界经济面临许多重大挑战同时，地缘政治风险、难民危机、大国政治周期、恐怖主义等问题也仍然在影响世界经济的稳定与发展。预计 2017 年按 PPP 计算的世界 GDP 增长率约为 3.0%。

国际城市蓝皮书
国际城市发展报告（2017）

屠启宇 / 主编　2017 年 2 月出版　估价：89.00 元

◆ 本书作者以上海社会科学院从事国际城市研究的学者团队为核心，汇集同济大学、华东师范大学、复旦大学、上海交通大学、南京大学、浙江大学相关城市研究专业学者。立足动态跟踪介绍国际城市发展时间中，最新出现的重大战略、重大理念、重大项目、重大报告和最佳案例。

金融蓝皮书
中国金融发展报告（2017）

李扬 王国刚 / 主编　2017 年 1 月出版　估价：89.00 元

◆ 本书由中国社会科学院金融研究所组织编写，概括和分析了 2016 年中国金融发展和运行中的各方面情况，研讨和评论了 2016 年发生的主要金融事件，有利于读者了解掌握 2016 年中国的金融状况，把握 2017 年中国金融的走势。

经济类　皮书系列 重点推荐

农村绿皮书
中国农村经济形势分析与预测（2016～2017）

魏后凯　杜志雄　黄秉信／著　　2017年4月出版　　估价：89.00元

◆ 本书描述了2016年中国农业农村经济发展的一些主要指标和变化，并对2017年中国农业农村经济形势的一些展望和预测，提出相应的政策建议。

西部蓝皮书
中国西部发展报告（2017）

姚慧琴　徐璋勇／主编　　2017年9月出版　　估价：89.00元

◆ 本书由西北大学中国西部经济发展研究中心主编，汇集了源自西部本土以及国内研究西部问题的权威专家的第一手资料，对国家实施西部大开发战略进行年度动态跟踪，并对2017年西部经济、社会发展态势进行预测和展望。

经济蓝皮书·夏季号
中国经济增长报告（2016～2017）

李扬／主编　　2017年9月出版　　估价：98.00元

◆ 中国经济增长报告主要探讨2016~2017年中国经济增长问题，以专业视角解读中国经济增长，力求将其打造成一个研究中国经济增长、服务宏微观各级决策的周期性、权威性读物。

就业蓝皮书
2017年中国本科生就业报告

麦可思研究院／编著　　2017年6月出版　　估价：98.00元

◆ 本书基于大量的数据和调研，内容翔实，调查独到，分析到位，用数据说话，对我国大学生教育与发展起到了很好的建言献策作用。

皮书系列重点推荐 社会政法类

社会政法类

 社会政法类皮书聚焦社会发展领域的热点、难点问题，提供权威、原创的资讯与视点

社会蓝皮书
2017年中国社会形势分析与预测

李培林　陈光金　张翼 / 主编　2016年12月出版　定价：89.00元

◆ 本书由中国社会科学院社会学研究所组织研究机构专家、高校学者和政府研究人员撰写，聚焦当下社会热点，对2016年中国社会发展的各个方面内容进行了权威解读，同时对2017年社会形势发展趋势进行了预测。

法治蓝皮书
中国法治发展报告 No.15（2017）

李林　田禾 / 主编　2017年3月出版　估价：118.00元

◆ 本年度法治蓝皮书回顾总结了2016年度中国法治发展取得的成就和存在的不足，并对2017年中国法治发展形势进行了预测和展望。

社会体制蓝皮书
中国社会体制改革报告 No.5（2017）

龚维斌 / 主编　2017年4月出版　估价：89.00元

◆ 本书由国家行政学院社会治理研究中心和北京师范大学中国社会管理研究院共同组织编写，主要对2016年社会体制改革情况进行回顾和总结，对2017年的改革走向进行分析，提出相关政策建议。

社会政法类　皮书系列 重点推荐

社会心态蓝皮书
中国社会心态研究报告（2017）

王俊秀　杨宜音 / 主编　2017年12月出版　估价：89.00元

◆ 本书是中国社会科学院社会学研究所社会心理研究中心"社会心态蓝皮书课题组"的年度研究成果，运用社会心理学、社会学、经济学、传播学等多种学科的方法进行了调查和研究，对于目前我国社会心态状况有较广泛和深入的揭示。

生态城市绿皮书
中国生态城市建设发展报告（2017）

刘举科　孙伟平　胡文臻 / 主编　2017年7月出版　估价：118.00元

◆ 报告以绿色发展、循环经济、低碳生活、民生宜居为理念，以更新民众观念、提供决策咨询、指导工程实践、引领绿色发展为宗旨，试图探索一条具有中国特色的城市生态文明建设新路。

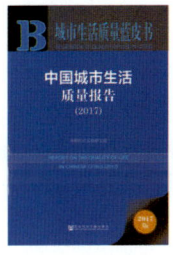

城市生活质量蓝皮书
中国城市生活质量报告（2017）

中国经济实验研究院 / 主编　2017年7月出版　估价：89.00元

◆ 本书对全国35个城市居民的生活质量主观满意度进行了电话调查，同时对35个城市居民的客观生活质量指数进行了计算，为我国城市居民生活质量的提升，提出了针对性的政策建议。

公共服务蓝皮书
中国城市基本公共服务力评价（2017）

钟君　吴正杲 / 主编　2017年12月出版　估价：89.00元

◆ 中国社会科学院经济与社会建设研究室与华图政信调查组成联合课题组，从2010年开始对基本公共服务力进行研究，研创了基本公共服务力评价指标体系，为政府考核公共服务与社会管理工作提供了理论工具。

行业报告类

行业报告类皮书立足重点行业、新兴行业领域，
提供及时、前瞻的数据与信息

企业社会责任蓝皮书
中国企业社会责任研究报告（2017）

黄群慧　钟宏武　张蒽　翟利峰/著　2017年10月出版　估价：89.00元

◆ 本书剖析了中国企业社会责任在2016~2017年度的最新发展特征，详细解读了省域国有企业在社会责任方面的阶段性特征，生动呈现了国内外优秀企业的社会责任实践。对了解中国企业社会责任履行现状、未来发展，以及推动社会责任建设有重要的参考价值。

新能源汽车蓝皮书
中国新能源汽车产业发展报告（2017）

黄中国汽车技术研究中心　日产（中国）投资有限公司
东风汽车有限公司/编著　2017年7月出版　估价：98.00元

◆ 本书对我国2016年新能源汽车产业发展进行了全面系统的分析，并介绍了国外的发展经验。有助于相关机构、行业和社会公众等了解中国新能源汽车产业发展的最新动态，为政府部门出台新能源汽车产业相关政策法规、企业制定相关战略规划，提供必要的借鉴和参考。

杜仲产业绿皮书
中国杜仲橡胶资源与产业发展报告（2016~2017）

杜红岩　胡文臻　俞锐/主编　2017年1月出版　估价：85.00元

◆ 本书对2016年来的杜仲产业的发展情况、研究团队在杜仲研究方面取得的重要成果、部分地区杜仲产业发展的具体情况、杜仲新标准的制定情况等进行了较为详细的分析与介绍，使广大关心杜仲产业发展的读者能够及时跟踪产业最新进展。

行业报告类 — 皮书系列重点推荐

企业蓝皮书
中国企业绿色发展报告 No.2（2017）

李红玉　朱光辉 / 主编　　2017 年 8 月出版　　估价：89.00 元

◆ 本书深入分析中国企业能源消费、资源利用、绿色金融、绿色产品、绿色管理、信息化、绿色发展政策及绿色文化方面的现状，并对目前存在的问题进行研究，剖析因果，谋划对策。为企业绿色发展提供借鉴，为我国生态文明建设提供支撑。

中国上市公司蓝皮书
中国上市公司发展报告（2017）

张平　王宏淼 / 主编　　2017 年 10 月出版　　估价：98.00 元

◆ 本书由中国社会科学院上市公司研究中心组织编写的，着力于全面、真实、客观反映当前中国上市公司财务状况和价值评估的综合性年度报告。本书详尽分析了 2016 年中国上市公司情况，特别是现实中暴露出的制度性、基础性问题，并对资本市场改革进行了探讨。

资产管理蓝皮书
中国资产管理行业发展报告（2017）

智信资产管理研究院 / 编著　　2017 年 6 月出版　　估价：89.00 元

◆ 中国资产管理行业刚刚兴起，未来将中国金融市场最有看点的行业。本书主要分析了 2016 年度资产管理行业的发展情况，同时对资产管理行业的未来发展做出科学的预测。

体育蓝皮书
中国体育产业发展报告（2017）

阮伟　钟秉枢 / 主编　　2017 年 12 月出版　　估价：89.00 元

◆ 本书运用多种研究方法，在对于体育竞赛业、体育用品业、体育场馆业、体育传媒业等传统产业研究的基础上，紧紧围绕 2016 年体育领域内的各种热点事件进行研究和梳理，进一步拓宽了研究的广度、提升了研究的高度、挖掘了研究的深度。

皮书系列
重点推荐

国别与地区类

国别与地区类

国别与地区类皮书关注全球重点国家与地区，
提供全面、独特的解读与研究

美国蓝皮书
美国研究报告（2017）

郑秉文　黄平/主编　2017年6月出版　估价：89.00元

◆ 本书是由中国社会科学院美国所主持完成的研究成果，它回顾了美国2016年的经济、政治形势与外交战略，对2017年以来美国内政外交发生的重大事件及重要政策进行了较为全面的回顾和梳理。

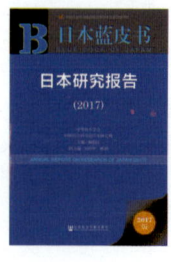

日本蓝皮书
日本研究报告（2017）

杨伯江/主编　2017年5月出版　估价：89.00元

◆ 本书对2016年拉丁美洲和加勒比地区诸国的政治、经济、社会、外交等方面的发展情况做了系统介绍，对该地区相关国家的热点及焦点问题进行了总结和分析，并在此基础上对该地区各国2017年的发展前景做出预测。

亚太蓝皮书
亚太地区发展报告（2017）

李向阳/主编　2017年3月出版　估价：89.00元

◆ 本书是中国社会科学院亚太与全球战略研究院的集体研究成果。2016年的"亚太蓝皮书"继续关注中国周边环境的变化。该书盘点了2016年亚太地区的焦点和热点问题，为深入了解2016年及未来中国与周边环境的复杂形势提供了重要参考。

国别与地区类 — 皮书系列重点推荐

德国蓝皮书
德国发展报告（2017）

郑春荣 / 主编　2017年6月出版　估价：89.00元

◆ 本报告由同济大学德国研究所组织编撰，由该领域的专家学者对德国的政治、经济、社会文化、外交等方面的形势发展情况，进行全面的阐述与分析。

日本经济蓝皮书
日本经济与中日经贸关系研究报告（2017）

王洛林　张季风 / 编著　2017年5月出版　估价：89.00元

◆ 本书系统、详细地介绍了2016年日本经济以及中日经贸关系发展情况，在进行了大量数据分析的基础上，对2017年日本经济以及中日经贸关系的大致发展趋势进行了分析与预测。

俄罗斯黄皮书
俄罗斯发展报告（2017）

李永全 / 编著　2017年7月出版　估价：89.00元

◆ 本书系统介绍了2016年俄罗斯经济政治情况，并对2016年该地区发生的焦点、热点问题进行了分析与回顾；在此基础上，对该地区2017年的发展前景进行了预测。

非洲黄皮书
非洲发展报告 No.19（2016~2017）

张宏明 / 主编　2017年8月出版　估价：89.00元

◆ 本书是由中国社会科学院西亚非洲研究所组织编撰的非洲形势年度报告，比较全面、系统地分析了2016年非洲政治形势和热点问题，探讨了非洲经济形势和市场走向，剖析了大国对非洲关系的新动向；此外，还介绍了国内非洲研究的新成果。

皮书系列
重点推荐

地方发展类

地方发展类

 地方发展类皮书关注中国各省份、经济区域，提供科学、多元的预判与资政信息

北京蓝皮书
北京公共服务发展报告（2016~2017）

施昌奎 / 主编　2017年2月出版　估价：89.00元

◆ 本书是由北京市政府职能部门的领导、首都著名高校的教授、知名研究机构的专家共同完成的关于北京市公共服务发展与创新的研究成果。

河南蓝皮书
河南经济发展报告（2017）

张占仓 / 编著　2017年3月出版　估价：89.00元

◆ 本书以国内外经济发展环境和走向为背景，主要分析当前河南经济形势，预测未来发展趋势，全面反映河南经济发展的最新动态、热点和问题，为地方经济发展和领导决策提供参考。

广州蓝皮书
2017年中国广州经济形势分析与预测

庾建设　陈浩钿　谢博能 / 主编　2017年7月出版　估价：85.00元

◆ 本书由广州大学与广州市委政策研究室、广州市统计局联合主编，汇集了广州科研团体、高等院校和政府部门诸多经济问题研究专家、学者和实际部门工作者的最新研究成果，是关于广州经济运行情况和相关专题分析、预测的重要参考资料。

皮书系列
重点推荐

文化传媒类

文化传媒类

文化传媒类皮书透视文化领域、文化产业，
探索文化大繁荣、大发展的路径

新媒体蓝皮书

中国新媒体发展报告No.8（2017）

唐绪军／主编　2017年6月出版　估价：89.00元

◆ 本书是由中国社会科学院新闻与传播研究所组织编写的关于新媒体发展的最新年度报告，旨在全面分析中国新媒体的发展现状，解读新媒体的发展趋势，探析新媒体的深刻影响。

移动互联网蓝皮书

中国移动互联网发展报告（2017）

官建文／编著　2017年6月出版　估价：89.00元

◆ 本书着眼于对中国移动互联网2016年度的发展情况做深入解析，对未来发展趋势进行预测，力求从不同视角、不同层面全面剖析中国移动互联网发展的现状、年度突破及热点趋势等。

传媒蓝皮书

中国传媒产业发展报告（2017）

崔保国／主编　2017年5月出版　估价：98.00元

◆ "传媒蓝皮书"连续十多年跟踪观察和系统研究中国传媒产业发展。本报告在对传媒产业总体以及各细分行业发展状况与趋势进行深入分析基础上，对年度发展热点进行跟踪，剖析新技术引领下的商业模式，对传媒各领域发展趋势、内体经营、传媒投资进行解析，为中国传媒产业正在发生的变革提供前瞻行参考。

经济类

"三农"互联网金融蓝皮书
中国"三农"互联网金融发展报告（2017）
著（编）者：李勇坚 王弢　2017年8月出版 / 估价：98.00元
PSN B-2016-561-1/1

G20国家创新竞争力黄皮书
二十国集团（G20）国家创新竞争力发展报告（2016~2017）
著（编）者：李建平 李闽榕 赵新力　周天勇
2017年8月出版 / 估价：158.00元
PSN Y-2011-229-1/1

产业蓝皮书
中国产业竞争力报告（2017）No.7
著（编）者：张其仔　2017年12月出版 / 估价：98.00元
PSN B-2010-175-1/1

城市创新蓝皮书
中国城市创新报告（2017）
著（编）者：周天勇 旷建伟　2017年11月出版 / 估价：89.00元
PSN B-2013-340-1/1

城市蓝皮书
中国城市发展报告 No.10
著（编）者：潘家华 单菁菁　2017年9月出版 / 估价：89.00元
PSN B-2007-091-1/1

城乡一体化蓝皮书
中国城乡一体化发展报告（2016～2017）
著（编）者：汝信 付崇兰　2017年7月出版 / 估价：85.00元
PSN B-2011-226-1/2

城镇化蓝皮书
中国新型城镇化健康发展报告（2017）
著（编）者：张占斌　2017年8月出版 / 估价：89.00元
PSN B-2014-396-1/1

创新蓝皮书
创新型国家建设报告（2016～2017）
著（编）者：詹正茂　2017年12月出版 / 估价：89.00元
PSN B-2009-140-1/1

创业蓝皮书
中国创业发展报告（2016～2017）
著（编）者：黄群慧 赵卫星 钟宏武等
2017年11月出版 / 估价：89.00元
PSN B-2016-578-1/1

低碳发展蓝皮书
中国低碳发展报告（2016~2017）
著（编）者：齐晔 张希良　2017年3月出版 / 估价：98.00元
PSN B-2011-223-1/1

低碳经济蓝皮书
中国低碳经济发展报告（2017）
著（编）者：薛进军 赵忠秀　2017年6月出版 / 估价：85.00元
PSN B-2011-194-1/1

东北蓝皮书
中国东北地区发展报告（2017）
著（编）者：朱宇 张新颖　2017年12月出版 / 估价：89.00元
PSN B-2006-067-1/1

发展与改革蓝皮书
中国经济发展和体制改革报告No.8
著（编）者：邹东涛 王再文　2017年1月出版 / 估价：98.00元
PSN B-2008-122-1/1

工业化蓝皮书
中国工业化进程报告（2017）
著（编）者：黄群慧　2017年12月出版 / 估价：158.00元
PSN B-2007-095-1/1

管理蓝皮书
中国管理发展报告（2017）
著（编）者：张晓东　2017年10月出版 / 估价：98.00元
PSN B-2014-416-1/1

国际城市蓝皮书
国际城市发展报告（2017）
著（编）者：屠启宇　2017年2月出版 / 估价：89.00元
PSN B-2012-260-1/1

国家创新蓝皮书
中国创新发展报告（2017）
著（编）者：陈劲　2017年12月出版 / 估价：89.00元
PSN B-2014-370-1/1

金融蓝皮书
中国金融发展报告（2017）
著（编）者：李扬 王国刚　2017年12月出版 / 估价：89.00元
PSN B-2004-031-1/6

京津冀金融蓝皮书
京津冀金融发展报告（2017）
著（编）者：王爱俭 李向前
2017年3月出版 / 估价：89.00元
PSN B-2016-528-1/1

京津冀蓝皮书
京津冀发展报告（2017）
著（编）者：文魁 祝尔娟　2017年4月出版 / 估价：89.00元
PSN B-2012-262-1/1

经济蓝皮书
2017年中国经济形势分析与预测
著（编）者：李扬　2016年12月出版 / 定价：89.00元
PSN B-1996-001-1/1

经济蓝皮书·春季号
2017年中国经济前景分析
著（编）者：李扬　2017年6月出版 / 估价：89.00元
PSN B-1999-008-1/1

经济蓝皮书·夏季号
中国经济增长报告（2016～2017）
著（编）者：李扬　2017年9月出版 / 估价：98.00元
PSN B-2010-176-1/1

经济信息绿皮书
中国与世界经济发展报告（2017）
著（编）者：杜平　2017年12月出版 / 估价：89.00元
PSN G-2003-023-1/1

就业蓝皮书
2017年中国本科生就业报告
著（编）者：麦可思研究院　2017年6月出版 / 估价：98.00元
PSN B-2009-146-1/2

皮书系列 2017全品种

经济类

就业蓝皮书
2017年中国高职高专生就业报告
著(编)者：麦可思研究院　2017年6月出版 / 估价：98.00元
PSN B-2015-472-2/2

科普能力蓝皮书
中国科普能力评价报告（2017）
著(编)者：李富 强李群　2017年8月出版 / 估价：89.00元
PSN B-2016-556-1/1

临空经济蓝皮书
中国临空经济发展报告（2017）
著(编)者：连玉明　2017年9月出版 / 估价：89.00元
PSN B-2014-421-1/1

农村绿皮书
中国农村经济形势分析与预测（2016~2017）
著(编)者：魏后凯 杜志雄 黄秉信
2017年4月出版 / 估价：89.00元
PSN G-1998-003-1/1

农业应对气候变化蓝皮书
气候变化对中国农业影响评估报告 No.3
著(编)者：矫梅燕　2017年8月出版 / 估价：98.00元
PSN B-2014-413-1/1

气候变化绿皮书
应对气候变化报告（2017）
著(编)者：王伟光 郑国光　2017年6月出版 / 估价：89.00元
PSN G-2009-144-1/1

区域蓝皮书
中国区域经济发展报告（2016~2017）
著(编)者：赵弘　2017年6月出版 / 估价：89.00元
PSN B-2004-034-1/1

全球环境竞争力绿皮书
全球环境竞争力报告（2017）
著(编)者：李建平 李闽榕 王金南
2017年12月出版 / 估价：198.00元
PSN G-2013-363-1/1

人口与劳动绿皮书
中国人口与劳动问题报告 No.18
著(编)者：蔡昉 张车伟　2017年11月出版 / 估价：89.00元
PSN G-2000-012-1/1

商务中心区蓝皮书
中国商务中心区发展报告 No.3（2016）
著(编)者：李国红 单菁菁　2017年1月出版 / 估价：89.00元
PSN B-2015-444-1/1

世界经济黄皮书
2017年世界经济形势分析与预测
著(编)者：张宇燕　2016年12月出版 / 定价：89.00元
PSN Y-1999-006-1/1

世界旅游城市绿皮书
世界旅游城市发展报告（2017）
著(编)者：宋宇　2017年1月出版 / 估价：128.00元
PSN G-2014-400-1/1

土地市场蓝皮书
中国农村土地市场发展报告（2016~2017）
著(编)者：李光荣　2017年3月出版 / 估价：89.00元
PSN B-2016-527-1/1

西北蓝皮书
中国西北发展报告（2017）
著(编)者：高建龙　2017年3月出版 / 估价：89.00元
PSN B-2012-261-1/1

西部蓝皮书
中国西部发展报告（2017）
著(编)者：姚慧琴 徐璋勇　2017年9月出版 / 估价：89.00元
PSN B-2005-039-1/1

新型城镇化蓝皮书
新型城镇化发展报告（2017）
著(编)者：李伟 宋敏 沈体雁　2017年3月出版 / 估价：98.00元
PSN B-2014-431-1/1

新兴经济体蓝皮书
金砖国家发展报告（2017）
著(编)者：林跃勤 周文　2017年12月出版 / 估价：89.00元
PSN B-2011-195-1/1

长三角蓝皮书
2017年新常态下深化一体化的长三角
著(编)者：王庆五　2017年12月出版 / 估价：88.00元
PSN B-2005-038-1/1

中部竞争力蓝皮书
中国中部经济社会竞争力报告（2017）
著(编)者：教育部人文社会科学重点研究基地
南昌大学中国中部经济社会发展研究中心
2017年12月出版 / 估价：89.00元
PSN B-2012-276-1/1

中部蓝皮书
中国中部地区发展报告（2017）
著(编)者：宋亚平　2017年12月出版 / 估价：88.00元
PSN B-2007-089-1/1

中国省域竞争力蓝皮书
中国省域经济综合竞争力发展报告（2017）
著(编)者：李建平 李闽榕 高燕京
2017年2月出版 / 估价：198.00元
PSN B-2007-088-1/1

中三角蓝皮书
长江中游城市群发展报告（2017）
著(编)者：秦尊文　2017年9月出版 / 估价：89.00元
PSN B-2014-417-1/1

中小城市绿皮书
中国中小城市发展报告（2017）
著(编)者：中国城市经济学会中小城市经济发展委员会
中国城镇化促进会中小城市发展委员会
《中国中小城市发展报告》编纂委员会
中小城市发展战略研究院
2017年11月出版 / 估价：128.00元
PSN G-2010-161-1/1

中原蓝皮书
中原经济区发展报告（2017）
著(编)者：李英杰　2017年6月出版 / 估价：88.00元
PSN B-2011-192-1/1

自贸区蓝皮书
中国自贸区发展报告（2017）
著(编)者：王力　2017年7月出版 / 估价：89.00元
PSN B-2016-559-1/1

15

社会政法类

北京蓝皮书
中国社区发展报告（2017）
著(编)者：于燕燕　2017年2月出版／估价：89.00元
PSN B-2007-083-5/8

殡葬绿皮书
中国殡葬事业发展报告（2017）
著(编)者：李伯森　2017年4月出版／估价：158.00元
PSN G-2010-180-1/1

城市管理蓝皮书
中国城市管理报告（2016~2017）
著(编)者：刘林　刘承水　2017年5月出版／估价：158.00元
PSN B-2013-336-1/1

城市生活质量蓝皮书
中国城市生活质量报告（2017）
著(编)者：中国经济实验研究院
2017年7月出版／估价：89.00元
PSN B-2013-326-1/1

城市政府能力蓝皮书
中国城市政府公共服务能力评估报告（2017）
著(编)者：何艳玲　2017年4月出版／估价：89.00元
PSN B-2013-338-1/1

慈善蓝皮书
中国慈善发展报告（2017）
著(编)者：杨团　2017年6月出版／估价：89.00元
PSN B-2009-142-1/1

党建蓝皮书
党的建设研究报告 No.2（2017）
著(编)者：崔建民　陈东平　2017年2月出版／估价：89.00元
PSN B-2016-524-1/1

地方法治蓝皮书
中国地方法治发展报告 No.3（2017）
著(编)者：李林　田禾　2017年3月出版／估价：108.00元
PSN B-2015-442-1/1

法治蓝皮书
中国法治发展报告 No.15（2017）
著(编)者：李林　田禾　2017年3月出版／估价：118.00元
PSN B-2004-027-1/1

法治政府蓝皮书
中国法治政府发展报告（2017）
著(编)者：中国政法大学法治政府研究院
2017年2月出版／估价：98.00元
PSN B-2015-502-1/2

法治政府蓝皮书
中国法治政府评估报告（2017）
著(编)者：中国政法大学法治政府研究院
2016年11月出版／估价：98.00元
PSN B-2016-577-2/2

反腐倡廉蓝皮书
中国反腐倡廉建设报告 No.7
著(编)者：张英伟　2017年12月出版／估价：89.00元
PSN B-2012-259-1/1

非传统安全蓝皮书
中国非传统安全研究报告（2016～2017）
著(编)者：余潇枫　魏志江　2017年6月出版／估价：89.00元
PSN B-2012-273-1/1

妇女发展蓝皮书
中国妇女发展报告 No.7
著(编)者：王金玲　2017年9月出版／估价：148.00元
PSN B-2006-069-1/1

妇女教育蓝皮书
中国妇女教育发展报告 No.4
著(编)者：张李玺　2017年10月出版／估价：78.00元
PSN B-2008-121-1/1

妇女绿皮书
中国性别平等与妇女发展报告（2017）
著(编)者：谭琳　2017年12月出版／估价：99.00元
PSN G-2006-073-1/1

公共服务蓝皮书
中国城市基本公共服务力评价（2017）
著(编)者：钟君　吴正果　2017年12月出版／估价：89.00元
PSN B-2011-214-1/1

公民科学素质蓝皮书
中国公民科学素质报告（2016～2017）
著(编)者：李群　陈雄　马宗文
2017年1月出版／估价：89.00元
PSN B-2014-379-1/1

公共关系蓝皮书
中国公共关系发展报告（2017）
著(编)者：柳斌杰　2017年11月出版／估价：89.00元
PSN B-2016-580-1/1

公益蓝皮书
中国公益慈善发展报告（2017）
著(编)者：朱健刚　2017年4月出版／估价：118.00元
PSN B-2012-283-1/1

国际人才蓝皮书
海外华侨华人专业人士报告（2017）
著(编)者：王辉耀　苗绿　2017年8月出版／估价：89.00元
PSN B-2014-409-4/4

国际人才蓝皮书
中国国际移民报告（2017）
著(编)者：王辉耀　2017年2月出版／估价：89.00元
PSN B-2012-304-3/4

国际人才蓝皮书
中国留学发展报告（2017）No.5
著(编)者：王辉耀　苗绿　2017年10月出版／估价：89.00元
PSN B-2012-244-2/4

海洋社会蓝皮书
中国海洋社会发展报告（2017）
著(编)者：崔凤　宋宁而　2017年7月出版／估价：89.00元
PSN B-2015-478-1/1

社会政法类 | 皮书系列 2017全品种

行政改革蓝皮书
中国行政体制改革报告（2017）No.6
著(编)者：魏礼群　2017年5月出版 / 估价：98.00元
PSN B-2011-231-1/1

华侨华人蓝皮书
华侨华人研究报告（2017）
著(编)者：贾益民　2017年12月出版 / 估价：128.00元
PSN B-2011-204-1/1

环境竞争力绿皮书
中国省域环境竞争力发展报告（2017）
著(编)者：李建平　李闽榕　王金南
2017年11月出版 / 估价：198.00元
PSN G-2010-165-1/1

环境绿皮书
中国环境发展报告（2017）
著(编)者：刘鉴强　2017年11月出版 / 估价：89.00元
PSN G-2006-048-1/1

基金会蓝皮书
中国基金会发展报告（2016~2017）
著(编)者：中国基金会发展报告课题组
2017年4月出版 / 估价：85.00元
PSN B-2013-368-1/1

基金会绿皮书
中国基金会发展独立研究报告（2017）
著(编)者：基金会中心网　中央民族大学基金会研究中心
2017年6月出版 / 估价：88.00元
PSN G-2011-213-1/1

基金会透明度蓝皮书
中国基金会透明度发展研究报告（2017）
著(编)者：基金会中心网　清华大学廉政与治理研究中心
2017年12月出版 / 估价：89.00元
PSN B-2015-509-1/1

家庭蓝皮书
中国"创建幸福家庭活动"评估报告（2017）
国务院发展研究中心"创建幸福家庭活动评估"课题组著
2017年8月出版 / 估价：89.00元
PSN B-2012-261-1/1

健康城市蓝皮书
中国健康城市建设研究报告（2017）
著(编)者：王鸿春　解树江　盛继洪
2017年9月出版 / 估价：89.00元
PSN B-2016-565-2/2

教师蓝皮书
中国中小学教师发展报告（2017）
著(编)者：曾晓东　鱼霞　2017年6月出版 / 估价：89.00元
PSN B-2012-289-1/1

教育蓝皮书
中国教育发展报告（2017）
著(编)者：杨东平　2017年4月出版 / 估价：89.00元
PSN B-2006-047-1/1

科普蓝皮书
中国基层科普发展报告（2016~2017）
著(编)者：赵立　新陈玲　2017年9月出版 / 估价：89.00元
PSN B-2016-569-3/3

科普蓝皮书
中国科普基础设施发展报告（2017）
著(编)者：任福君　2017年6月出版 / 估价：89.00元
PSN B-2010-174-1/3

科普蓝皮书
中国科普人才发展报告（2017）
著(编)者：郑念　任嵘嵘　2017年4月出版 / 估价：98.00元
PSN B-2015-513-2/3

科学教育蓝皮书
中国科学教育发展报告（2017）
著(编)者：罗晖　王康友　2017年10月出版 / 估价：89.00元
PSN B-2015-487-1/1

劳动保障蓝皮书
中国劳动保障发展报告（2017）
著(编)者：刘燕斌　2017年9月出版 / 估价：188.00元
PSN B-2014-415-1/1

老龄蓝皮书
中国老年宜居环境发展报告（2017）
著(编)者：党俊武　周燕珉　2017年1月出版 / 估价：89.00元
PSN B-2013-320-1/1

连片特困区蓝皮书
中国连片特困区发展报告（2017）
著(编)者：游俊　冷志明　丁建军
2017年3月出版 / 估价：98.00元
PSN B-2013-321-1/1

民间组织蓝皮书
中国民间组织报告（2017）
著(编)者：黄晓勇　2017年12月出版 / 估价：89.00元
PSN B-2008-118-1/1

民调蓝皮书
中国民生调查报告（2017）
著(编)者：谢耘耕　2017年12月出版 / 估价：98.00元
PSN B-2014-398-1/1

民族发展蓝皮书
中国民族发展报告（2017）
著(编)者：郝时远　王延中　王希恩
2017年4月出版 / 估价：98.00元
PSN B-2006-070-1/1

女性生活蓝皮书
中国女性生活状况报告 No.11（2017）
著(编)者：韩湘景　2017年10月出版 / 估价：98.00元
PSN B-2006-071-1/1

汽车社会蓝皮书
中国汽车社会发展报告（2017）
著(编)者：王俊秀　2017年1月出版 / 估价：89.00元
PSN B-2011-224-1/1

皮书系列 2017全品种

社会政法类

青年蓝皮书
中国青年发展报告（2017）No.3
著（编）者：廉思 等　2017年4月出版 / 估价：89.00元
PSN B-2013-333-1/1

青少年蓝皮书
中国未成年人互联网运用报告（2017）
著（编）者：李文革 沈杰 季为民
2017年11月出版 / 估价：89.00元
PSN B-2010-156-1/1

青少年体育蓝皮书
中国青少年体育发展报告（2017）
著（编）者：郭建军 杨桦　2017年9月出版 / 估价：89.00元
PSN B-2015-482-1/1

群众体育蓝皮书
中国群众体育发展报告（2017）
著（编）者：刘国永 杨桦　2017年12月出版 / 估价：89.00元
PSN B-2016-519-2/3

人权蓝皮书
中国人权事业发展报告 No.7（2017）
著（编）者：李君如　2017年9月出版 / 估价：98.00元
PSN B-2011-215-1/1

社会保障绿皮书
中国社会保障发展报告（2017）No.9
著（编）者：王延中　2017年4月出版 / 估价：89.00元
PSN G-2001-014-1/1

社会风险评估蓝皮书
风险评估与危机预警评估报告（2017）
著（编）者：唐钧　2017年8月出版 / 估价：85.00元
PSN B-2016-521-1/1

社会工作蓝皮书
中国社会工作发展报告（2017）
著（编）者：民政部社会工作研究中心
2017年8月出版 / 估价：89.00元
PSN B-2009-141-1/1

社会管理蓝皮书
中国社会管理创新报告 No.5
著（编）者：连玉明　2017年11月出版 / 估价：89.00元
PSN B-2012-300-1/1

社会蓝皮书
2017年中国社会形势分析与预测
著（编）者：李培林 陈光金 张翼
2016年12月出版 / 定价：89.00元
PSN B-1998-002-1/1

社会体制蓝皮书
中国社会体制改革报告No.5（2017）
著（编）者：龚维斌　2017年4月出版 / 估价：89.00元
PSN B-2013-330-1/1

社会心态蓝皮书
中国社会心态研究报告（2017）
著（编）者：王俊秀 杨宜音　2017年12月出版 / 估价：89.00元
PSN B-2011-199-1/1

社会组织蓝皮书
中国社会组织评估发展报告（2017）
著（编）者：徐家良 廖鸿　2017年12月出版 / 估价：89.00元
PSN B-2013-366-1/1

生态城市绿皮书
中国生态城市建设发展报告（2017）
著（编）者：刘举科 孙伟平 胡文臻
2017年9月出版 / 估价：118.00元
PSN G-2012-269-1/1

生态文明绿皮书
中国省域生态文明建设评价报告（ECI 2017）
著（编）者：严耕　2017年12月出版 / 估价：98.00元
PSN G-2010-170-1/1

体育蓝皮书
中国公共体育服务发展报告（2017）
著（编）者：戴健　2017年12月出版 / 估价：89.00元
PSN B-2013-367-2/4

土地整治蓝皮书
中国土地整治发展研究报告 No.4
著（编）者：国土资源部土地整治中心
2017年7月出版 / 估价：89.00元
PSN B-2014-401-1/1

土地政策蓝皮书
中国土地政策研究报告（2017）
著（编）者：高延利 李宪文
2017年12月出版 / 估价：89.00元
PSN B-2015-506-1/1

医改蓝皮书
中国医药卫生体制改革报告（2017）
著（编）者：文学国 房志武　2017年11月出版 / 估价：98.00元
PSN B-2014-432-1/1

医疗卫生绿皮书
中国医疗卫生发展报告 No.7（2017）
著（编）者：申宝忠 韩玉珍　2017年4月出版 / 估价：85.00元
PSN G-2004-033-1/1

应急管理蓝皮书
中国应急管理报告（2017）
著（编）者：宋英华　2017年9月出版 / 估价：98.00元
PSN B-2016-563-1/1

政治参与蓝皮书
中国政治参与报告（2017）
著（编）者：房宁　2017年9月出版 / 估价：118.00元
PSN B-2011-200-1/1

中国农村妇女发展蓝皮书
农村流动女性城市生活发展报告（2017）
著（编）者：谢丽华　2017年12月出版 / 估价：89.00元
PSN B-2014-434-1/1

宗教蓝皮书
中国宗教报告（2017）
著（编）者：邱永辉　2017年4月出版 / 估价：89.00元
PSN B-2008-117-1/1

行业报告类

SUV蓝皮书
中国SUV市场发展报告（2016~2017）
著（编）者：靳军　　2017年9月出版／估价：89.00元
PSN B-2016-572-1/1

保健蓝皮书
中国保健服务产业发展报告 No.2
著（编）者：中国保健协会　中共中央党校
2017年7月出版／估价：198.00元
PSN B-2012-272-3/3

保健蓝皮书
中国保健食品产业发展报告 No.2
著（编）者：中国保健协会
　　　　　中国社会科学院食品药品产业发展与监管研究中心
2017年7月出版／估价：198.00元
PSN B-2012-271-2/3

保健蓝皮书
中国保健用品产业发展报告 No.2
著（编）者：中国保健协会
　　　　　国务院国有资产监督管理委员会研究中心
2017年3月出版／估价：198.00元
PSN B-2012-270-1/3

保险蓝皮书
中国保险业竞争力报告（2017）
著（编）者：项俊波　　2017年12月出版／估价：99.00元
PSN B-2013-311-1/1

冰雪蓝皮书
中国滑雪产业发展报告（2017）
著（编）者：孙承华　伍斌　魏庆华　张鸿俊
2017年8月出版／估价：89.00元
PSN B-2016-560-1/1

彩票蓝皮书
中国彩票发展报告（2017）
著（编）者：益彩基金　　2017年4月出版／估价：98.00元
PSN B-2015-462-1/1

餐饮产业蓝皮书
中国餐饮产业发展报告（2017）
著（编）者：邢颖　　2017年6月出版／估价：98.00元
PSN B-2009-151-1/1

测绘地理信息蓝皮书
新常态下的测绘地理信息研究报告（2017）
著（编）者：库热西·买合苏提
2017年12月出版／估价：118.00元
PSN B-2009-145-1/1

茶业蓝皮书
中国茶产业发展报告（2017）
著（编）者：杨江帆　李闽榕　　2017年10月出版／估价：88.00元
PSN B-2010-164-1/1

产权市场蓝皮书
中国产权市场发展报告（2016~2017）
著（编）者：曹和平　　2017年5月出版／估价：89.00元
PSN B-2009-147-1/1

产业安全蓝皮书
中国出版传媒产业安全报告（2016~2017）
著（编）者：北京印刷学院文化产业安全研究院
2017年3月出版／估价：89.00元
PSN B-2014-384-13/14

产业安全蓝皮书
中国文化产业安全报告（2017）
著（编）者：北京印刷学院文化产业安全研究院
2017年12月出版／估价：89.00元
PSN B-2014-378-12/14

产业安全蓝皮书
中国新媒体产业安全报告（2017）
著（编）者：北京印刷学院文化产业安全研究院
2017年12月出版／估价：89.00元
PSN B-2015-500-14/14

城投蓝皮书
中国城投行业发展报告（2017）
著（编）者：王晨艳　丁伯康　　2017年11月出版／估价：300.00元
PSN B-2016-514-1/1

电子政务蓝皮书
中国电子政务发展报告（2016~2017）
著（编）者：李季　杜平　　2017年7月出版／估价：89.00元
PSN B-2003-022-1/1

杜仲产业绿皮书
中国杜仲橡胶资源与产业发展报告（2016~2017）
著（编）者：杜红岩　胡文臻　俞锐
2017年1月出版／估价：85.00元
PSN G-2013-350-1/1

房地产蓝皮书
中国房地产发展报告 No.14（2017）
著（编）者：李春华　王业强　　2017年5月出版／估价：89.00元
PSN B-2004-028-1/1

服务外包蓝皮书
中国服务外包产业发展报告（2017）
著（编）者：王晓红　刘德军
2017年6月出版／估价：89.00元
PSN B-2013-331-2/2

服务外包蓝皮书
中国服务外包竞争力报告（2017）
著（编）者：王力　刘春生　黄育华
2017年11月出版／估价：85.00元
PSN B-2011-216-1/2

工业和信息化蓝皮书
世界网络安全发展报告（2016~2017）
著（编）者：洪京一　　2017年4月出版／估价：89.00元
PSN B-2015-452-5/5

工业和信息化蓝皮书
世界信息化发展报告（2016~2017）
著（编）者：洪京一　　2017年4月出版／估价：89.00元
PSN B-2015-451-4/5

皮书系列 2017全品种 — 行业报告类

工业和信息化蓝皮书
世界信息技术产业发展报告（2016~2017）
著（编）者：洪京一　2017年4月出版 / 估价：89.00元
PSN B-2015-449-2/5

工业和信息化蓝皮书
移动互联网产业发展报告（2016~2017）
著（编）者：洪京一　2017年4月出版 / 估价：89.00元
PSN B-2015-448-1/5

工业和信息化蓝皮书
战略性新兴产业发展报告（2016~2017）
著（编）者：洪京一　2017年4月出版 / 估价：89.00元
PSN B-2015-450-3/5

工业设计蓝皮书
中国工业设计发展报告（2017）
著（编）者：王晓红　于炜　张立群
2017年9月出版 / 估价：138.00元
PSN B-2014-420-1/1

黄金市场蓝皮书
中国商业银行黄金业务发展报告（2016~2017）
著（编）者：平安银行　2017年3月出版 / 估价：98.00元
PSN B-2016-525-1/1

互联网金融蓝皮书
中国互联网金融发展报告（2017）
著（编）者：李东荣　2017年9月出版 / 估价：128.00元
PSN B-2014-374-1/1

互联网医疗蓝皮书
中国互联网医疗发展报告（2017）
著（编）者：宫晓东　2017年9月出版 / 估价：89.00元
PSN B-2016-568-1/1

会展蓝皮书
中外会展业动态评估年度报告（2017）
著（编）者：张敏　2017年1月出版 / 估价：88.00元
PSN B-2013-327-1/1

金融监管蓝皮书
中国金融监管报告（2017）
著（编）者：胡滨　2017年6月出版 / 估价：89.00元
PSN B-2012-281-1/1

金融蓝皮书
中国金融中心发展报告（2017）
著（编）者：王力　黄育华　2017年11月出版 / 估价：85.00元
PSN B-2011-186-6/6

建筑装饰蓝皮书
中国建筑装饰行业发展报告（2017）
著（编）者：刘晓一　葛顺道　2017年7月出版 / 估价：198.00元
PSN B-2016-554-1/1

客车蓝皮书
中国客车产业发展报告（2016~2017）
著（编）者：姚蔚　2017年10月出版 / 估价：85.00元
PSN B-2013-361-1/1

旅游安全蓝皮书
中国旅游安全报告（2017）
著（编）者：郑向敏　谢朝武　2017年5月出版 / 估价：128.00元
PSN B-2012-280-1/1

旅游绿皮书
2016~2017年中国旅游发展分析与预测
著（编）者：张广瑞　刘德谦　2017年4月出版 / 估价：89.00元
PSN G-2002-018-1/1

煤炭蓝皮书
中国煤炭工业发展报告（2017）
著（编）者：岳福斌　2017年12月出版 / 估价：85.00元
PSN B-2008-123-1/1

民营企业社会责任蓝皮书
中国民营企业社会责任报告（2017）
著（编）者：中华全国工商业联合会
2017年12月出版 / 估价：89.00元
PSN B-2015-511-1/1

民营医院蓝皮书
中国民营医院发展报告（2017）
著（编）者：庄一强　2017年10月出版 / 估价：85.00元
PSN B-2012-299-1/1

闽商蓝皮书
闽商发展报告（2017）
著（编）者：李闽榕　王日根　林琛
2017年12月出版 / 估价：89.00元
PSN B-2012-298-1/1

能源蓝皮书
中国能源发展报告（2017）
著（编）者：崔民选　王军生　陈义和
2017年10月出版 / 估价：98.00元
PSN B-2006-049-1/1

农产品流通蓝皮书
中国农产品流通产业发展报告（2017）
著（编）者：贾敬敦　张东科　张玉玺　张鹏毅　周伟
2017年1月出版 / 估价：89.00元
PSN B-2012-288-1/1

企业公益蓝皮书
中国企业公益研究报告（2017）
著（编）者：钟宏武　汪杰　顾一　黄晓娟　等
2017年12月出版 / 估价：89.00元
PSN B-2015-501-1/1

企业国际化蓝皮书
中国企业国际化报告（2017）
著（编）者：王辉耀　2017年11月出版 / 估价：98.00元
PSN B-2014-427-1/1

企业蓝皮书
中国企业绿色发展报告 No.2（2017）
著（编）者：李红玉　朱光辉　2017年8月出版 / 估价：89.00元
PSN B-2015-481-2/2

企业社会责任蓝皮书
中国企业社会责任研究报告（2017）
著（编）者：黄群慧　钟宏武　张蒽　翟利峰
2017年11月出版 / 估价：89.00元
PSN B-2009-149-1/1

汽车安全蓝皮书
中国汽车安全发展报告（2017）
著（编）者：中国汽车技术研究中心
2017年7月出版 / 估价：89.00元
PSN B-2014-385-1/1

 行业报告类

皮书系列
2017全品种

汽车电子商务蓝皮书
中国汽车电子商务发展报告（2017）
著（编）者：中华全国工商业联合会汽车经销商商会
　　　　　北京易观智库网络科技有限公司
2017年10月出版／估价：128.00元
PSN B-2015-485-1/1

汽车工业蓝皮书
中国汽车工业发展年度报告（2017）
著（编）者：中国汽车工业协会　中国汽车技术研究中心
　　　　　丰田汽车（中国）投资有限公司
2017年4月出版／估价：128.00元
PSN B-2015-463-1/2

汽车工业蓝皮书
中国汽车零部件产业发展报告（2017）
著（编）者：中国汽车工业协会　中国汽车工程研究院
2017年10月出版／估价：98.00元
PSN B-2016-515-2/2

汽车蓝皮书
中国汽车产业发展报告（2017）
著（编）者：国务院发展研究中心产业经济研究部
　　　　　中国汽车工程学会　大众汽车集团（中国）
2017年8月出版／估价：98.00元
PSN B-2008-124-1/1

人力资源蓝皮书
中国人力资源发展报告（2017）
著（编）者：余兴安　2017年11月出版／估价：89.00元
PSN B-2012-287-1/1

融资租赁蓝皮书
中国融资租赁业发展报告（2016~2017）
著（编）者：李光荣　王力　2017年8月出版／估价：89.00元
PSN B-2015-443-1/1

商会蓝皮书
中国商会发展报告No.5（2017）
著（编）者：王钦敏　2017年7月出版／估价：89.00元
PSN B-2008-125-1/1

输血服务蓝皮书
中国输血行业发展报告（2017）
著（编）者：朱永明　耿鸿武　2016年8月出版／估价：89.00元
PSN B-2015-583-1/1

上市公司蓝皮书
中国上市公司社会责任信息披露报告（2017）
著（编）者：张旺　张杨　2017年11月出版／估价：89.00元
PSN B-2011-234-1/2

社会责任管理蓝皮书
中国上市公司社会责任能力成熟度报告（2017）No.2
著（编）者：肖红军　王晓光　李伟阳
2017年12月出版／估价：98.00元
PSN B-2015-507-2/2

社会责任管理蓝皮书
中国企业公众透明度报告(2017)No.3
著（编）者：黄速建　熊梦　王晓光　肖红军
2017年1月出版／估价：98.00元
PSN B-2015-440-1/2

食品药品蓝皮书
食品药品安全与监管政策研究报告（2016~2017）
著（编）者：唐民皓　2017年6月出版／估价：89.00元
PSN B-2009-129-1/1

世界能源蓝皮书
世界能源发展报告（2017）
著（编）者：黄晓勇　2017年6月出版／估价：99.00元
PSN B-2013-349-1/1

水利风景区蓝皮书
中国水利风景区发展报告（2017）
著（编）者：谢婵才　兰思仁　2017年5月出版／估价：89.00元
PSN B-2015-480-1/1

私募市场蓝皮书
中国私募股权市场发展报告（2017）
著（编）者：曹和平　2017年12月出版／估价：89.00元
PSN B-2010-162-1/1

碳市场蓝皮书
中国碳市场报告（2017）
著（编）者：定金彪　2017年11月出版／估价：89.00元
PSN B-2014-430-1/1

体育蓝皮书
中国体育产业发展报告（2017）
著（编）者：阮伟　钟秉枢　2017年12月出版／估价：89.00元
PSN B-2010-179-1/4

网络空间安全蓝皮书
中国网络空间安全发展报告（2017）
著（编）者：惠志斌　唐涛　2017年4月出版／估价：89.00元
PSN B-2015-466-1/1

西部金融蓝皮书
中国西部金融发展报告（2017）
著（编）者：李忠民　2017年8月出版／估价：85.00元
PSN B-2010-160-1/1

协会商会蓝皮书
中国行业协会商会发展报告（2017）
著（编）者：景朝阳　李勇　2017年4月出版／估价：99.00元
PSN B-2015-461-1/1

新能源汽车蓝皮书
中国新能源汽车产业发展报告（2017）
著（编）者：中国汽车技术研究中心
　　　　　日产（中国）投资有限公司　东风汽车有限公司
2017年7月出版／估价：98.00元
PSN B-2013-347-1/1

新三板蓝皮书
中国新三板市场发展报告（2017）
著（编）者：王力　2017年6月出版／估价：89.00元
PSN B-2016-534-1/1

信托市场蓝皮书
中国信托业市场报告（2016~2017）
著（编）者：用益信托工作室
2017年1月出版／估价：198.00元
PSN B-2014-371-1/1

皮书系列 2017全品种

行业报告类

信息化蓝皮书
中国信息化形势分析与预测（2016~2017）
著(编)者：周宏仁　2017年8月出版／估价：98.00元
PSN B-2010-168-1/1

信用蓝皮书
中国信用发展报告（2017）
著(编)者：章政　田侃　2017年4月出版／估价：99.00元
PSN B-2013-328-1/1

休闲绿皮书
2017年中国休闲发展报告
著(编)者：宋瑞　2017年10月出版／估价：89.00元
PSN G-2010-158-1/1

休闲体育蓝皮书
中国休闲体育发展报告（2016~2017）
著(编)者：李相如　钟炳枢　2017年10月出版／估价：89.00元
PSN G-2016-516-1/1

养老金融蓝皮书
中国养老金融发展报告（2017）
著(编)者：董克用　姚余栋
2017年6月出版／估价：89.00元
PSN B-2016-584-1/1

药品流通蓝皮书
中国药品流通行业发展报告（2017）
著(编)者：佘鲁林　温再兴　2017年8月出版／估价：158.00元
PSN B-2014-429-1/1

医院蓝皮书
中国医院竞争力报告（2017）
著(编)者：庄一强　曾益新　2017年3月出版／估价：128.00元
PSN B-2016-529-1/1

医药蓝皮书
中国中医药产业园战略发展报告（2017）
著(编)者：裴长洪　房书亭　吴滌今
2017年8月出版／估价：89.00元
PSN B-2012-305-1/1

邮轮绿皮书
中国邮轮产业发展报告（2017）
著(编)者：汪泓　2017年10月出版／估价：89.00元
PSN G-2014-419-1/1

智能养老蓝皮书
中国智能养老产业发展报告（2017）
著(编)者：朱勇　2017年10月出版／估价：89.00元
PSN B-2015-488-1/1

债券市场蓝皮书
中国债券市场发展报告（2016~2017）
著(编)者：杨农　2017年10月出版／估价：89.00元
PSN B-2016-573-1/1

中国节能汽车蓝皮书
中国节能汽车发展报告（2016~2017）
著(编)者：中国汽车工程研究院股份有限公司
2017年9月出版／估价：98.00元
PSN B-2016-566-1/1

中国上市公司蓝皮书
中国上市公司发展报告（2017）
著(编)者：张平　王宏淼
2017年10月出版／估价：98.00元
PSN B-2014-414-1/1

中国陶瓷产业蓝皮书
中国陶瓷产业发展报告（2017）
著(编)者：左和平　黄速建　2017年10月出版／估价：98.00元
PSN B-2016-574-1/1

中国总部经济蓝皮书
中国总部经济发展报告（2016~2017）
著(编)者：赵弘　2017年9月出版／估价：89.00元
PSN B-2005-036-1/1

中医文化蓝皮书
中国中医药文化传播发展报告（2017）
著(编)者：毛嘉陵　2017年7月出版／估价：89.00元
PSN B-2015-468-1/1

装备制造业蓝皮书
中国装备制造业发展报告（2017）
著(编)者：徐东华　2017年12月出版／估价：148.00元
PSN B-2015-505-1/1

资本市场蓝皮书
中国场外交易市场发展报告（2016~2017）
著(编)者：高峦　2017年3月出版／估价：89.00元
PSN B-2009-153-1/1

资产管理蓝皮书
中国资产管理行业发展报告（2017）
著(编)者：智信资产管理研究院
2017年6月出版／估价：89.00元
PSN B-2014-407-2/2

文化传媒类

皮书系列 2017全品种

传媒竞争力蓝皮书
中国传媒国际竞争力研究报告（2017）
著（编）者：李本乾 刘强
2017年11月出版 / 估价：148.00元
PSN B-2013-356-1/1

传媒蓝皮书
中国传媒产业发展报告（2017）
著（编）者：崔保国 2017年5月出版 / 估价：98.00元
PSN B-2005-035-1/1

传媒投资蓝皮书
中国传媒投资发展报告（2017）
著（编）者：张向东 谭云明
2017年6月出版 / 估价：128.00元
PSN B-2015-474-1/1

动漫蓝皮书
中国动漫产业发展报告（2017）
著（编）者：卢斌 郑玉明 牛兴侦
2017年9月出版 / 估价：89.00元
PSN B-2011-198-1/1

非物质文化遗产蓝皮书
中国非物质文化遗产发展报告（2017）
著（编）者：陈平 2017年5月出版 / 估价：98.00元
PSN B-2015-469-1/1

广电蓝皮书
中国广播电影电视发展报告（2017）
著（编）者：国家新闻出版广电总局发展研究中心
2017年7月出版 / 估价：98.00元
PSN B-2006-072-1/1

广告主蓝皮书
中国广告主营销传播趋势报告 No.9
著（编）者：黄升民 杜国清 邵华冬 等
2017年10月出版 / 估价：148.00元
PSN B-2005-041-1/1

国际传播蓝皮书
中国国际传播发展报告（2017）
著（编）者：胡正荣 李继东 姬德强
2017年11月出版 / 估价：89.00元
PSN B-2014-408-1/1

纪录片蓝皮书
中国纪录片发展报告（2017）
著（编）者：何苏六 2017年9月出版 / 估价：89.00元
PSN B-2011-222-1/1

科学传播蓝皮书
中国科学传播报告（2017）
著（编）者：詹正茂 2017年7月出版 / 估价：89.00元
PSN B-2008-120-1/1

两岸创意经济蓝皮书
两岸创意经济研究报告（2017）
著（编）者：罗昌智 林咏能
2017年10月出版 / 估价：98.00元
PSN B-2014-437-1/1

两岸文化蓝皮书
两岸文化产业合作发展报告（2017）
著（编）者：胡惠林 李保宗 2017年7月出版 / 估价：89.00元
PSN B-2012-285-1/1

媒介与女性蓝皮书
中国媒介与女性发展报告（2016~2017）
著（编）者：刘利群 2017年9月出版 / 估价：118.00元
PSN B-2013-345-1/1

媒体融合蓝皮书
中国媒体融合发展报告（2017）
著（编）者：梅宁华 宋建武 2017年7月出版 / 估价：89.00元
PSN B-2015-479-1/1

全球传媒蓝皮书
全球传媒发展报告（2017）
著（编）者：胡正荣 李继东 唐晓芬
2017年11月出版 / 估价：89.00元
PSN B-2012-237-1/1

少数民族非遗蓝皮书
中国少数民族非物质文化遗产发展报告（2017）
著（编）者：肖远平（彝）柴立（满）
2017年8月出版 / 估价：98.00元
PSN B-2015-467-1/1

视听新媒体蓝皮书
中国视听新媒体发展报告（2017）
著（编）者：国家新闻出版广电总局发展研究中心
2017年7月出版 / 估价：98.00元
PSN B-2011-184-1/1

文化创新蓝皮书
中国文化创新报告（2017）No.7
著（编）者：于平 傅才武 2017年7月出版 / 估价：98.00元
PSN B-2009-143-1/1

文化建设蓝皮书
中国文化发展报告（2016~2017）
著（编）者：江畅 孙伟平 戴茂堂
2017年6月出版 / 估价：116.00元
PSN B-2014-392-1/1

文化科技蓝皮书
文化科技创新发展报告（2017）
著（编）者：于平 李凤亮 2017年11月出版 / 估价：89.00元
PSN B-2013-342-1/1

文化蓝皮书
中国公共文化服务发展报告（2017）
著（编）者：刘新成 张永新 张旭
2017年12月出版 / 估价：98.00元
PSN B-2007-093-2/10

文化蓝皮书
中国公共文化投入增长测评报告（2017）
著（编）者：王亚南 2017年4月出版 / 估价：89.00元
PSN B-2014-435-10/10

文化蓝皮书
中国少数民族文化发展报告（2016~2017）
著(编)者：武翠英 张晓明 任乌晶
2017年9月出版 / 估价：89.00元
PSN B-2013-369-9/10

文化蓝皮书
中国文化产业发展报告（2016~2017）
著(编)者：张晓明 王家新 章建刚
2017年2月出版 / 估价：89.00元
PSN B-2002-019-1/10

文化蓝皮书
中国文化产业供需协调检测报告（2017）
著(编)者：王亚南 2017年2月出版 / 估价：89.00元
PSN B-2013-323-8/10

文化蓝皮书
中国文化消费需求景气评价报告（2017）
著(编)者：王亚南 2017年4月出版 / 估价：89.00元
PSN B-2011-236-4/10

文化品牌蓝皮书
中国文化品牌发展报告（2017）
著(编)者：欧阳友权 2017年5月出版 / 估价：98.00元
PSN B-2012-277-1/1

文化遗产蓝皮书
中国文化遗产事业发展报告（2017）
著(编)者：苏杨 张颖岚 王宇飞
2017年8月出版 / 估价：98.00元
PSN B-2008-119-1/1

文学蓝皮书
中国文情报告（2016~2017）
著(编)者：白烨 2017年5月出版 / 估价：49.00元
PSN B-2011-221-1/1

新媒体蓝皮书
中国新媒体发展报告No.8（2017）
著(编)者：唐绪军 2017年6月出版 / 估价：89.00元
PSN B-2010-169-1/1

新媒体社会责任蓝皮书
中国新媒体社会责任研究报告（2017）
著(编)者：钟瑛 2017年11月出版 / 估价：89.00元
PSN B-2014-423-1/1

移动互联网蓝皮书
中国移动互联网发展报告（2017）
著(编)者：官建文 2017年6月出版 / 估价：89.00元
PSN B-2012-282-1/1

舆情蓝皮书
中国社会舆情与危机管理报告（2017）
著(编)者：谢耘耕 2017年9月出版 / 估价：128.00元
PSN B-2011-235-1/1

影视风控蓝皮书
中国影视舆情与风控报告（2017）
著(编)者：司若 2017年4月出版 / 估价：138.00元
PSN B-2016-530-1/1

地方发展类

安徽经济蓝皮书
合芜蚌国家自主创新综合示范区研究报告（2016~2017）
著(编)者：王开玉 2017年11月出版 / 估价：89.00元
PSN B-2014-383-1/1

安徽蓝皮书
安徽社会发展报告（2017）
著(编)者：程桦 2017年4月出版 / 估价：89.00元
PSN B-2013-325-1/1

安徽社会建设蓝皮书
安徽社会建设分析报告（2016~2017）
著(编)者：黄家海 王开玉 蔡宪
2016年4月出版 / 估价：89.00元
PSN B-2013-322-1/1

澳门蓝皮书
澳门经济社会发展报告（2016~2017）
著(编)者：吴志良 郝雨凡 2017年6月出版 / 估价：98.00元
PSN B-2009-138-1/1

北京蓝皮书
北京公共服务发展报告（2016~2017）
著(编)者：施昌奎 2017年2月出版 / 估价：89.00元
PSN B-2008-103-7/8

北京蓝皮书
北京经济发展报告（2016~2017）
著(编)者：杨松 2017年6月出版 / 估价：89.00元
PSN B-2006-054-2/8

北京蓝皮书
北京社会发展报告（2016~2017）
著(编)者：李伟东 2017年6月出版 / 估价：89.00元
PSN B-2006-055-3/8

北京蓝皮书
北京社会治理发展报告（2016~2017）
著(编)者：殷星辰 2017年5月出版 / 估价：89.00元
PSN B-2014-391-8/8

北京蓝皮书
北京文化发展报告（2016~2017）
著(编)者：李建盛 2017年4月出版 / 估价：89.00元
PSN B-2007-082-4/8

北京律师绿皮书
北京律师发展报告No.3（2017）
著(编)者：王隽 2017年7月出版 / 估价：88.00元
PSN G-2012-301-1/1

地方发展类

皮书系列 2017全品种

北京旅游蓝皮书
北京旅游发展报告（2017）
著(编)者：北京旅游学会　2017年1月出版 / 估价：88.00元
PSN B-2011-217-1/1

北京人才蓝皮书
北京人才发展报告（2017）
著(编)者：于淼　2017年12月出版 / 估价：128.00元
PSN B-2011-201-1/1

北京社会心态蓝皮书
北京社会心态分析报告（2016～2017）
著(编)者：北京社会心理研究所
2017年8月出版 / 估价：89.00元
PSN B-2014-422-1/1

北京社会组织管理蓝皮书
北京社会组织发展与管理（2016～2017）
著(编)者：黄江松　2017年4月出版 / 估价：88.00元
PSN B-2015-446-1/1

北京体育蓝皮书
北京体育产业发展报告（2016～2017）
著(编)者：钟秉枢　陈杰　杨铁黎
2017年9月出版 / 估价：89.00元
PSN B-2015-475-1/1

北京养老产业蓝皮书
北京养老产业发展报告（2017）
著(编)者：周明明　冯喜良　2017年8月出版 / 估价：89.00元
PSN B-2015-465-1/1

滨海金融蓝皮书
滨海新区金融发展报告（2017）
著(编)者：王爱俭　张锐钢　2017年12月出版 / 估价：89.00元
PSN B-2014-424-1/1

城乡一体化蓝皮书
中国城乡一体化发展报告·北京卷（2016～2017）
著(编)者：张宝秀　黄序　2017年5月出版 / 估价：89.00元
PSN B-2012-258-2/2

创意城市蓝皮书
北京文化创意产业发展报告（2017）
著(编)者：张京成　王国华　2017年10月出版 / 估价：89.00元
PSN B-2012-263-1/7

创意城市蓝皮书
青岛文化创意产业发展报告（2017）
著(编)者：马达　张丹妮　2017年8月出版 / 估价：89.00元
PSN B-2011-235-1/1

创意城市蓝皮书
天津文化创意产业发展报告（2016～2017）
著(编)者：谢思全　2017年6月出版 / 估价：89.00元
PSN B-2016-537-7/7

创意城市蓝皮书
无锡文化创意产业发展报告（2017）
著(编)者：谭军　张鸣年　2017年10月出版 / 估价：89.00元
PSN B-2013-346-3/7

创意城市蓝皮书
武汉文化创意产业发展报告（2017）
著(编)者：黄永林　陈汉桥　2017年9月出版 / 估价：99.00元
PSN B-2013-354-4/7

创意上海蓝皮书
上海文化创意产业发展报告（2016～2017）
著(编)者：王慧敏　王兴全　2017年8月出版 / 估价：89.00元
PSN B-2016-562-1/1

福建妇女发展蓝皮书
福建省妇女发展报告（2017）
著(编)者：刘群英　2017年11月出版 / 估价：88.00元
PSN B-2011-220-1/1

福建自贸区蓝皮书
中国（福建）自由贸易实验区发展报告（2016～2017）
著(编)者：黄茂兴　2017年4月出版 / 估价：108.00元
PSN B-2017-532-1/1

甘肃蓝皮书
甘肃经济发展分析与预测（2017）
著(编)者：朱智文　罗哲　2017年1月出版 / 估价：89.00元
PSN B-2013-312-1/6

甘肃蓝皮书
甘肃社会发展分析与预测（2017）
著(编)者：安文华　包晓霞　谢增虎
2017年1月出版 / 估价：89.00元
PSN B-2013-313-2/6

甘肃蓝皮书
甘肃文化发展分析与预测（2017）
著(编)者：安文华　周小华　2017年1月出版 / 估价：89.00元
PSN B-2013-314-3/6

甘肃蓝皮书
甘肃县域和农村发展报告（2017）
著(编)者：刘进军　柳民　王建兵
2017年1月出版 / 估价：89.00元
PSN B-2013-316-5/6

甘肃蓝皮书
甘肃舆情分析与预测（2017）
著(编)者：陈双梅　郝树声　2017年1月出版 / 估价：89.00元
PSN B-2013-315-4/6

甘肃蓝皮书
甘肃商贸流通发展报告（2017）
著(编)者：杨志武　王福生　王晓芳
2017年1月出版 / 估价：89.00元
PSN B-2016-523-6/6

广东蓝皮书
广东全面深化改革发展报告（2017）
著(编)者：周林生　涂成林　2017年12月出版 / 估价：89.00元
PSN B-2015-504-3/3

广东蓝皮书
广东社会工作发展报告（2017）
著(编)者：罗观翠　2017年6月出版 / 估价：89.00元
PSN B-2014-402-2/3

广东蓝皮书
广东省电子商务发展报告（2017）
著(编)者：程晓　邓顺国　2017年7月出版 / 估价：89.00元
PSN B-2013-360-1/3

皮书系列 2017全品种 — 地方发展类

广东社会建设蓝皮书
广东省社会建设发展报告（2017）
著（编）者：广东省社会工作委员会
2017年12月出版 / 估价：99.00元
PSN B-2014-436-1/1

广东外经贸蓝皮书
广东对外经济贸易发展研究报告（2016~2017）
著（编）者：陈万灵　2017年8月出版 / 估价：98.00元
PSN B-2012-286-1/1

广西北部湾经济区蓝皮书
广西北部湾经济区开放开发报告（2017）
著（编）者：广西北部湾经济区规划建设管理委员会办公室
　　　　　广西社会科学院 广西北部湾发展研究院
2017年2月出版 / 估价：89.00元
PSN B-2010-181-1/1

巩义蓝皮书
巩义经济社会发展报告（2017）
著（编）者：丁同民 朱军　2017年4月出版 / 估价：58.00元
PSN B-2016-533-1/1

广州蓝皮书
2017年中国广州经济形势分析与预测
著（编）者：庾建设 陈浩钿 谢博能
2017年7月出版 / 估价：85.00元
PSN B-2011-185-9/14

广州蓝皮书
2017年中国广州社会形势分析与预测
著（编）者：张强 陈怡霓 杨秦　2017年6月出版 / 估价：85.00元
PSN B-2008-110-5/14

广州蓝皮书
广州城市国际化发展报告（2017）
著（编）者：朱名宏　2017年8月出版 / 估价：79.00元
PSN B-2012-246-11/14

广州蓝皮书
广州创新型城市发展报告（2017）
著（编）者：尹涛　2017年7月出版 / 估价：79.00元
PSN B-2012-247-12/14

广州蓝皮书
广州经济发展报告（2017）
著（编）者：朱名宏　2017年7月出版 / 估价：79.00元
PSN B-2005-040-1/14

广州蓝皮书
广州农村发展报告（2017）
著（编）者：朱名宏　2017年8月出版 / 估价：79.00元
PSN B-2010-167-8/14

广州蓝皮书
广州汽车产业发展报告（2017）
著（编）者：杨再高 冯兴亚　2017年7月出版 / 估价：79.00元
PSN B-2006-066-3/14

广州蓝皮书
广州青年发展报告（2016~2017）
著（编）者：徐柳 张强　2017年9月出版 / 估价：79.00元
PSN B-2013-352-13/14

广州蓝皮书
广州商贸业发展报告（2017）
著（编）者：李江涛 肖振宇 荀振英
2017年7月出版 / 估价：79.00元
PSN B-2012-245-10/14

广州蓝皮书
广州社会保障发展报告（2017）
著（编）者：蔡国萱　2017年8月出版 / 估价：79.00元
PSN B-2014-425-14/14

广州蓝皮书
广州文化创意产业发展报告（2017）
著（编）者：徐咏虹　2017年7月出版 / 估价：79.00元
PSN B-2008-111-6/14

广州蓝皮书
中国广州城市建设与管理发展报告（2017）
著（编）者：董皞 陈小钢 李江涛
2017年7月出版 / 估价：85.00元
PSN B-2007-087-4/14

广州蓝皮书
中国广州科技创新发展报告（2017）
著（编）者：邹采荣 马正勇 陈爽
2017年7月出版 / 估价：79.00元
PSN B-2006-065-2/14

广州蓝皮书
中国广州文化发展报告（2017）
著（编）者：徐俊忠 陆志强 顾涧清
2017年7月出版 / 估价：79.00元
PSN B-2009-134-7/14

贵阳蓝皮书
贵阳城市创新发展报告No.2（白云篇）
著（编）者：连玉明　2017年10月出版 / 估价：89.00元
PSN B-2015-491-3/10

贵阳蓝皮书
贵阳城市创新发展报告No.2（观山湖篇）
著（编）者：连玉明　2017年10月出版 / 估价：89.00元
PSN B-2011-235-1/1

贵阳蓝皮书
贵阳城市创新发展报告No.2（花溪篇）
著（编）者：连玉明　2017年10月出版 / 估价：89.00元
PSN B-2015-490-2/10

贵阳蓝皮书
贵阳城市创新发展报告No.2（开阳篇）
著（编）者：连玉明　2017年10月出版 / 估价：89.00元
PSN B-2015-492-4/10

贵阳蓝皮书
贵阳城市创新发展报告No.2（南明篇）
著（编）者：连玉明　2017年10月出版 / 估价：89.00元
PSN B-2015-496-8/10

贵阳蓝皮书
贵阳城市创新发展报告No.2（清镇篇）
著（编）者：连玉明　2017年10月出版 / 估价：89.00元
PSN B-2015-489-1/10

地方发展类

皮书系列 2017全品种

贵阳蓝皮书
贵阳城市创新发展报告No.2（乌当篇）
著(编)者：连玉明　2017年10月出版　估价：89.00元
PSN B-2015-495-7/10

贵阳蓝皮书
贵阳城市创新发展报告No.2（息烽篇）
著(编)者：连玉明　2017年10月出版　估价：89.00元
PSN B-2015-493-5/10

贵阳蓝皮书
贵阳城市创新发展报告No.2（修文篇）
著(编)者：连玉明　2017年10月出版　估价：89.00元
PSN B-2015-494-6/10

贵阳蓝皮书
贵阳城市创新发展报告No.2（云岩篇）
著(编)者：连玉明　2017年10月出版　估价：89.00元
PSN B-2015-498-10/10

贵州房地产蓝皮书
贵州房地产发展报告No.4（2017）
著(编)者：武廷方　2017年7月出版　估价：89.00元
PSN B-2014-426-1/1

贵州蓝皮书
贵州册亨经济社会发展报告(2017)
著(编)者：黄德林　2017年3月出版　估价：89.00元
PSN B-2016-526-8/9

贵州蓝皮书
贵安新区发展报告（2016~2017）
著(编)者：马长青　吴大华　2017年6月出版　估价：89.00元
PSN B-2015-459-4/9

贵州蓝皮书
贵州法治发展报告（2017）
著(编)者：吴大华　2017年5月出版　估价：89.00元
PSN B-2012-254-2/9

贵州蓝皮书
贵州国有企业社会责任发展报告（2016～2017）
著(编)者：郭丽　周航　万强
2017年12月出版　估价：89.00元
PSN B-2015-512-6/9

贵州蓝皮书
贵州民航业发展报告（2017）
著(编)者：申振东　吴大华　2017年10月出版　估价：89.00元
PSN B-2015-471-5/9

贵州蓝皮书
贵州民营经济发展报告（2017）
著(编)者：杨静　吴大华　2017年3月出版　估价：89.00元
PSN B-2016-531-9/9

贵州蓝皮书
贵州人才发展报告（2017）
著(编)者：于杰　吴大华　2017年9月出版　估价：89.00元
PSN B-2014-382-3/9

贵州蓝皮书
贵州社会发展报告（2017）
著(编)者：王兴骥　2017年6月出版　估价：89.00元
PSN B-2010-166-1/9

贵州蓝皮书
贵州国家级开放创新平台发展报告（2017）
著(编)者：申晓庆　吴大华　李泓
2017年6月出版　估价：89.00元
PSN B-2016-518-1/9

海淀蓝皮书
海淀区文化和科技融合发展报告（2017）
著(编)者：陈名杰　孟景伟　2017年5月出版　估价：85.00元
PSN B-2013-329-1/1

杭州都市圈蓝皮书
杭州都市圈发展报告（2017）
著(编)者：沈翔　戚建国　2017年5月出版　估价：128.00元
PSN B-2012-302-1/1

杭州蓝皮书
杭州妇女发展报告（2017）
著(编)者：魏颖　2017年6月出版　估价：89.00元
PSN B-2014-403-1/1

河北经济蓝皮书
河北省经济发展报告（2017）
著(编)者：马树强　金浩　张贵
2017年4月出版　估价：89.00元
PSN B-2014-380-1/1

河北蓝皮书
河北经济社会发展报告（2017）
著(编)者：郭金平　2017年1月出版　估价：89.00元
PSN B-2014-372-1/1

河北食品药品安全蓝皮书
河北食品药品安全研究报告（2017）
著(编)者：丁锦霞　2017年6月出版　估价：89.00元
PSN B-2015-473-1/1

河南经济蓝皮书
2017年河南经济形势分析与预测
著(编)者：胡五岳　2017年2月出版　估价：89.00元
PSN B-2007-086-1/1

河南蓝皮书
2017年河南社会形势分析与预测
著(编)者：刘道兴　牛苏林　2017年4月出版　估价89.00元
PSN B-2005-043-1/8

河南蓝皮书
河南城市发展报告（2017）
著(编)者：张占仓　王建国　2017年5月出版　估价：89.00元
PSN B-2009-131-3/8

河南蓝皮书
河南法治发展报告（2017）
著(编)者：丁同民　张林海　2017年5月出版　估价：89.00元
PSN B-2014-376-6/8

河南蓝皮书
河南工业发展报告（2017）
著(编)者：张占仓　丁同民　2017年5月出版　估价：89.00元
PSN B-2013-317-5/8

河南蓝皮书
河南金融发展报告（2017）
著(编)者：河南省社会科学院
2017年6月出版　估价：89.00元
PSN B-2014-390-7/8

皮书系列 重点推荐 — 地方发展类

河南蓝皮书
河南经济发展报告（2017）
著(编)者：张占仓　2017年3月出版 / 估价：89.00元
PSN B-2010-157-4/8

河南蓝皮书
河南农业农村发展报告（2017）
著(编)者：吴海峰　2017年4月出版 / 估价：89.00元
PSN B-2015-445-8/8

河南蓝皮书
河南文化发展报告（2017）
著(编)者：卫绍生　2017年3月出版 / 估价：88.00元
PSN B-2008-106-2/8

河南商务蓝皮书
河南商务发展报告（2017）
著(编)者：焦锦淼　穆荣国　2017年6月出版 / 估价：88.00元
PSN B-2014-399-1/1

黑龙江蓝皮书
黑龙江经济发展报告（2017）
著(编)者：朱宇　2017年1月出版 / 估价：89.00元
PSN B-2011-190-2/2

黑龙江蓝皮书
黑龙江社会发展报告（2017）
著(编)者：谢宝禄　2017年1月出版 / 估价：89.00元
PSN B-2011-189-1/2

湖北文化蓝皮书
湖北文化发展报告（2017）
著(编)者：吴成国　2017年10月出版 / 估价：95.00元
PSN B-2016-567-1/1

湖南城市蓝皮书
区域城市群暨合
著(编)者：童中贤　韩未名
2017年12月出版 / 估价：89.00元
PSN B-2006-064-1/1

湖南蓝皮书
2017年湖南产业发展报告
著(编)者：梁志峰　2017年5月出版 / 估价：128.00元
PSN B-2011-207-2/8

湖南蓝皮书
2017年湖南电子政务发展报告
著(编)者：梁志峰　2017年5月出版 / 估价：128.00元
PSN B-2014-394-6/8

湖南蓝皮书
2017年湖南经济展望
著(编)者：梁志峰　2017年5月出版 / 估价：128.00元
PSN B-2011-206-1/8

湖南蓝皮书
2017年湖南两型社会与生态文明发展报告
著(编)者：梁志峰　2017年5月出版 / 估价：128.00元
PSN B-2011-208-3/8

湖南蓝皮书
2017年湖南社会发展报告
著(编)者：梁志峰　2017年5月出版 / 估价：128.00元
PSN B-2014-393-5/8

湖南蓝皮书
2017年湖南县域经济社会发展报告
著(编)者：梁志峰　2017年5月出版 / 估价：128.00元
PSN B-2014-395-7/8

湖南蓝皮书
湖南城乡一体化发展报告（2017）
著(编)者：陈文胜　王文强　陆福兴　邝奕轩
2017年6月出版 / 估价：89.00元
PSN B-2015-477-8/8

湖南县域绿皮书
湖南县域发展报告 No.3
著(编)者：袁准　周小毛　2017年9月出版 / 估价：89.00元
PSN G-2012-274-1/1

沪港蓝皮书
沪港发展报告（2017）
著(编)者：尤安山　2017年9月出版 / 估价：89.00元
PSN B-2013-362-1/1

吉林蓝皮书
2017年吉林经济社会形势分析与预测
著(编)者：马克　2015年12月出版 / 估价：89.00元
PSN B-2013-319-1/1

吉林省城市竞争力蓝皮书
吉林省城市竞争力报告
著(编)者：崔岳春　张磊　2017年3月出版 / 估价：89.00元
PSN B-2015-508-1/1

济源蓝皮书
济源经济社会发展报告（2017）
著(编)者：喻新安　2017年4月出版 / 估价：89.00元
PSN B-2014-387-1/1

健康城市蓝皮书
北京健康城市建设研究报告（2017）
著(编)者：王鸿春　2017年8月出版 / 估价：89.00元
PSN B-2015-460-1/2

江苏法治蓝皮书
江苏法治发展报告 No.6（2017）
著(编)者：蔡道通　龚廷泰　2017年8月出版 / 估价：98.00元
PSN B-2012-290-1/1

江西蓝皮书
江西经济社会发展报告（2017）
著(编)者：张勇　姜玮　梁勇　2017年10月出版 / 估价：89.00元
PSN B-2015-484-1/2

江西蓝皮书
江西设区市发展报告（2017）
著(编)者：姜玮　梁勇　2017年10月出版 / 估价：79.00元
PSN B-2016-517-2/2

江西文化蓝皮书
江西文化产业发展报告（2017）
著(编)者：张圣才　汪春翔
2017年10月出版 / 估价：128.00元
PSN B-2015-499-1/1

地方发展类 | 皮书系列 重点推荐

街道蓝皮书
北京街道发展报告No.2（白纸坊篇）
著(编)者：连玉明　2017年8月出版 / 估价：98.00元
PSN B-2016-544-7/15

街道蓝皮书
北京街道发展报告No.2（椿树篇）
著(编)者：连玉明　2017年8月出版 / 估价：98.00元
PSN B-2016-548-11/15

街道蓝皮书
北京街道发展报告No.2（大栅栏篇）
著(编)者：连玉明　2017年8月出版 / 估价：98.00元
PSN B-2016-552-15/15

街道蓝皮书
北京街道发展报告No.2（德胜篇）
著(编)者：连玉明　2017年8月出版 / 估价：98.00元
PSN B-2016-551-14/15

街道蓝皮书
北京街道发展报告No.2（广安门内篇）
著(编)者：连玉明　2017年8月出版 / 估价：98.00元
PSN B-2016-540-3/15

街道蓝皮书
北京街道发展报告No.2（广安门外篇）
著(编)者：连玉明　2017年8月出版 / 估价：98.00元
PSN B-2016-547-10/15

街道蓝皮书
北京街道发展报告No.2（金融街篇）
著(编)者：连玉明　2017年8月出版 / 估价：98.00元
PSN B-2016-538-1/15

街道蓝皮书
北京街道发展报告No.2（牛街篇）
著(编)者：连玉明　2017年8月出版 / 估价：98.00元
PSN B-2016-545-8/15

街道蓝皮书
北京街道发展报告No.2（什刹海篇）
著(编)者：连玉明　2017年8月出版 / 估价：98.00元
PSN B-2016-546-9/15

街道蓝皮书
北京街道发展报告No.2（陶然亭篇）
著(编)者：连玉明　2017年8月出版 / 估价：98.00元
PSN B-2016-542-5/15

街道蓝皮书
北京街道发展报告No.2（天桥篇）
著(编)者：连玉明　2017年8月出版 / 估价：98.00元
PSN B-2016-549-12/15

街道蓝皮书
北京街道发展报告No.2（西长安街篇）
著(编)者：连玉明　2017年8月出版 / 估价：98.00元
PSN B-2016-543-6/15

街道蓝皮书
北京街道发展报告No.2（新街口篇）
著(编)者：连玉明　2017年8月出版 / 估价：98.00元
PSN B-2016-541-4/15

街道蓝皮书
北京街道发展报告No.2（月坛篇）
著(编)者：连玉明　2017年8月出版 / 估价：98.00元
PSN B-2016-539-2/15

街道蓝皮书
北京街道发展报告No.2（展览路篇）
著(编)者：连玉明　2017年8月出版 / 估价：98.00元
PSN B-2016-550-13/15

经济特区蓝皮书
中国经济特区发展报告（2017）
著(编)者：陶一桃　2017年12月出版 / 估价：98.00元
PSN B-2009-139-1/1

辽宁蓝皮书
2017年辽宁经济社会形势分析与预测
著(编)者：曹晓峰　梁启东
2017年1月出版 / 估价：79.00元
PSN B-2006-053-1/1

洛阳蓝皮书
洛阳文化发展报告（2017）
著(编)者：刘福兴　陈启明　2017年7月出版 / 估价：89.00元
PSN B-2015-476-1/1

南京蓝皮书
南京文化发展报告（2017）
著(编)者：徐宁　2017年10月出版 / 估价：89.00元
PSN B-2014-439-1/1

南宁蓝皮书
南宁经济发展报告（2017）
著(编)者：胡建华　2017年9月出版 / 估价：79.00元
PSN B-2016-570-2/3

南宁蓝皮书
南宁社会发展报告（2017）
著(编)者：胡建华　2017年9月出版 / 估价：79.00元
PSN B-2016-571-3/3

内蒙古蓝皮书
内蒙古反腐倡廉建设报告 No.2
著(编)者：张志华　无极　2017年12月出版 / 估价：79.00元
PSN B-2013-365-1/1

浦东新区蓝皮书
上海浦东经济发展报告（2017）
著(编)者：沈开艳　周奇　2017年1月出版 / 估价：89.00元
PSN B-2011-225-1/1

青海蓝皮书
2017年青海经济社会形势分析与预测
著(编)者：陈玮　2015年12月出版 / 估价：79.00元
PSN B-2012-275-1/1

人口与健康蓝皮书
深圳人口与健康发展报告（2017）
著(编)者：陆杰华　罗乐宣　苏杨
2017年11月出版 / 估价：89.00元
PSN B-2011-228-1/1

皮书系列重点推荐 — 地方发展类

山东蓝皮书
山东经济形势分析与预测（2017）
著（编）者：李广杰　2017年7月出版 / 估价：89.00元
PSN B-2014-404-1/4

山东蓝皮书
山东社会形势分析与预测（2017）
著（编）者：张华 唐洲雁　2017年6月出版 / 估价：89.00元
PSN B-2014-405-2/4

山东蓝皮书
山东文化发展报告（2017）
著（编）者：涂可国　2017年11月出版 / 估价：98.00元
PSN B-2014-406-3/4

山西蓝皮书
山西资源型经济转型发展报告（2017）
著（编）者：李志强　2017年7月出版 / 估价：89.00元
PSN B-2011-197-1/1

陕西蓝皮书
陕西经济发展报告（2017）
著（编）者：任宗哲 白宽犁 裴成荣
2015年12月出版 / 估价：89.00元
PSN B-2009-135-1/5

陕西蓝皮书
陕西社会发展报告（2017）
著（编）者：任宗哲 白宽犁 牛昉
2015年12月出版 / 估价：89.00元
PSN B-2009-136-2/5

陕西蓝皮书
陕西文化发展报告（2017）
著（编）者：任宗哲 白宽犁 王长寿
2015年12月出版 / 估价：89.00元
PSN B-2009-137-3/5

上海蓝皮书
上海传媒发展报告（2017）
著（编）者：强荧 焦雨虹　2017年1月出版 / 估价：89.00元
PSN B-2012-295-5/7

上海蓝皮书
上海法治发展报告（2017）
著（编）者：叶青　2017年6月出版 / 估价：89.00元
PSN B-2012-296-6/7

上海蓝皮书
上海经济发展报告（2017）
著（编）者：沈开艳　2017年1月出版 / 估价：89.00元
PSN B-2006-057-1/7

上海蓝皮书
上海社会发展报告（2017）
著（编）者：杨雄 周海旺　2017年1月出版 / 估价：89.00元
PSN B-2006-058-2/7

上海蓝皮书
上海文化发展报告（2017）
著（编）者：荣跃明　2017年1月出版 / 估价：89.00元
PSN B-2006-059-3/7

上海蓝皮书
上海文学发展报告（2017）
著（编）者：陈圣来　2017年6月出版 / 估价：89.00元
PSN B-2012-297-7/7

上海蓝皮书
上海资源环境发展报告（2017）
著（编）者：周冯琦 汤庆合 任文伟
2017年1月出版 / 估价：89.00元
PSN B-2006-060-4/7

社会建设蓝皮书
2017年北京社会建设分析报告
著（编）者：宋贵伦 冯虹　2017年10月出版 / 估价：89.00元
PSN B-2010-173-1/1

深圳蓝皮书
深圳法治发展报告（2017）
著（编）者：张骁儒　2017年6月出版 / 估价：89.00元
PSN B-2015-470-6/7

深圳蓝皮书
深圳经济发展报告（2017）
著（编）者：张骁儒　2017年7月出版 / 估价：89.00元
PSN B-2008-112-3/7

深圳蓝皮书
深圳劳动关系发展报告（2017）
著（编）者：汤庭芬　2017年6月出版 / 估价：89.00元
PSN B-2007-097-2/7

深圳蓝皮书
深圳社会建设与发展报告（2017）
著（编）者：张骁儒 陈东平　2017年7月出版 / 估价：89.00元
PSN B-2008-113-4/7

深圳蓝皮书
深圳文化发展报告(2017)
著（编）者：张骁儒　2017年7月出版 / 估价：89.00元
PSN B-2016-555-7/7

四川法治蓝皮书
丝绸之路经济带发展报告（2016～2017）
著（编）者：任宗哲 白宽犁 谷孟宾
2017年12月出版 / 估价：85.00元
PSN B-2014-410-1/1

四川法治蓝皮书
四川依法治省年度报告No.3（2017）
著（编）者：李林 杨天宗 田禾
2017年3月出版 / 估价：108.00元
PSN B-2015-447-1/1

四川蓝皮书
2017年四川经济形势分析与预测
著（编）者：杨钢　2017年1月出版 / 估价：98.00元
PSN B-2007-098-2/7

四川蓝皮书
四川城镇化发展报告（2017）
著（编）者：侯水平 陈炜　2017年4月出版 / 估价：85.00元
PSN B-2015-456-7/7

地方发展类・国际问题类

皮书系列 重点推荐

四川蓝皮书
四川法治发展报告（2017）
著（编）者：郑泰安　2017年1月出版 / 估价：89.00元
PSN B-2015-441-5/7

四川蓝皮书
四川企业社会责任研究报告（2016～2017）
著（编）者：侯水平　盛毅　翟刚
2017年4月出版 / 估价：89.00元
PSN B-2014-386-4/7

四川蓝皮书
四川社会发展报告（2017）
著（编）者：李羚　2017年5月出版 / 估价：89.00元
PSN B-2008-127-3/7

四川蓝皮书
四川生态建设报告（2017）
著（编）者：李晟之　2017年4月出版 / 估价：85.00元
PSN B-2015-455-6/7

四川蓝皮书
四川文化产业发展报告（2017）
著（编）者：向宝云　张立伟
2017年4月出版 / 估价：89.00元
PSN B-2006-074-1/7

体育蓝皮书
上海体育产业发展报告（2016～2017）
著（编）者：张林　黄海燕
2017年10月出版 / 估价：89.00元
PSN B-2015-454-4/4

体育蓝皮书
长三角地区体育产业发展报告（2016～2017）
著（编）者：张林　2017年4月出版 / 估价：89.00元
PSN B-2015-453-3/4

天津金融蓝皮书
天津金融发展报告（2017）
著（编）者：王爱俭　孔德昌
2017年12月出版 / 估价：98.00元
PSN B-2014-418-1/1

图们江区域合作蓝皮书
图们江区域合作发展报告（2017）
著（编）者：李铁　2017年6月出版 / 估价：98.00元
PSN B-2015-464-1/1

温州蓝皮书
2017年温州经济社会形势分析与预测
著（编）者：潘忠强　王春光　金浩
2017年4月出版 / 估价：89.00元
PSN B-2008-105-1/1

西咸新区蓝皮书
西咸新区发展报告（2016~2017）
著（编）者：李扬　王军　2017年6月出版 / 估价：89.00元
PSN B-2016-535-1/1

扬州蓝皮书
扬州经济社会发展报告（2017）
著（编）者：丁纯　2017年12月出版 / 估价：98.00元
PSN B-2011-191-1/1

长株潭城市群蓝皮书
长株潭城市群发展报告（2017）
著（编）者：张萍　2017年12月出版 / 估价：89.00元
PSN B-2008-109-1/1

中医文化蓝皮书
北京中医文化传播发展报告（2017）
著（编）者：毛嘉陵　2017年5月出版 / 估价：79.00元
PSN B-2015-468-1/2

珠三角流通蓝皮书
珠三角商圈发展研究报告（2017）
著（编）者：王先庆　林至颖
2017年7月出版 / 估价：98.00元
PSN B-2012-292-1/1

遵义蓝皮书
遵义发展报告（2017）
著（编）者：曾征　龚永育　雍思强
2017年12月出版 / 估价：89.00元
PSN B-2014-433-1/1

国际问题类

"一带一路"跨境通道蓝皮书
"一带一路"跨境通道建设研究报告（2017）
著（编）者：郭业洲　2017年8月出版 / 估价：89.00元
PSN B-2016-558-1/1

"一带一路"蓝皮书
"一带一路"建设发展报告（2017）
著（编）者：孔丹　李永全　2017年7月出版 / 估价：89.00元
PSN B-2016-553-1/1

阿拉伯黄皮书
阿拉伯发展报告（2016～2017）
著（编）者：罗林　2017年11月出版 / 估价：89.00元
PSN Y-2014-381-1/1

北部湾蓝皮书
泛北部湾合作发展报告（2017）
著（编）者：吕余生　2017年12月出版 / 估价：85.00元
PSN B-2008-114-1/1

大湄公河次区域蓝皮书
大湄公河次区域合作发展报告（2017）
著（编）者：刘稚　2017年8月出版 / 估价：89.00元
PSN B-2011-196-1/1

大洋洲蓝皮书
大洋洲发展报告（2017）
著（编）者：喻常森　2017年10月出版 / 估价：89.00元
PSN B-2013-341-1/1

皮书系列重点推荐

国际问题类

德国蓝皮书
德国发展报告（2017）
著(编)者：郑春荣　2017年6月出版 / 估价：89.00元
PSN B-2012-278-1/1

东盟黄皮书
东盟发展报告（2017）
著(编)者：杨晓强　庄国土
2017年3月出版 / 估价：89.00元
PSN Y-2012-303-1/1

东南亚蓝皮书
东南亚地区发展报告（2016~2017）
著(编)者：厦门大学东南亚研究中心　王勤
2017年12月出版 / 估价：89.00元
PSN B-2012-240-1/1

俄罗斯黄皮书
俄罗斯发展报告（2017）
著(编)者：李永全　2017年7月出版 / 估价：89.00元
PSN Y-2006-061-1/1

非洲黄皮书
非洲发展报告 No.19（2016~2017）
著(编)者：张宏明　2017年8月出版 / 估价：89.00元
PSN Y-2012-239-1/1

公共外交蓝皮书
中国公共外交发展报告（2017）
著(编)者：赵启正　雷蔚真
2017年4月出版 / 估价：89.00元
PSN B-2015-457-1/1

国际安全蓝皮书
中国国际安全研究报告(2017)
著(编)者：刘慧　2017年7月出版 / 估价：98.00元
PSN B-2016-522-1/1

国际形势黄皮书
全球政治与安全报告（2017）
著(编)者：李慎明　张宇燕
2016年12月出版 / 估价：89.00元
PSN Y-2001-016-1/1

韩国蓝皮书
韩国发展报告（2017）
著(编)者：牛林杰　刘宝全
2017年11月出版 / 估价：89.00元
PSN B-2010-155-1/1

加拿大蓝皮书
加拿大发展报告（2017）
著(编)者：仲伟合　2017年9月出版 / 估价：89.00元
PSN B-2014-389-1/1

拉美黄皮书
拉丁美洲和加勒比发展报告（2016~2017）
著(编)者：吴白乙　2017年6月出版 / 估价：89.00元
PSN Y-1999-007-1/1

美国蓝皮书
美国研究报告（2017）
著(编)者：郑秉文　黄平　2017年6月出版 / 估价：89.00元
PSN B-2011-210-1/1

缅甸蓝皮书
缅甸国情报告（2017）
著(编)者：李晨阳　2017年12月出版 / 估价：86.00元
PSN B-2013-343-1/1

欧洲蓝皮书
欧洲发展报告（2016~2017）
著(编)者：黄平　周弘　江时学
2017年6月出版 / 估价：89.00元
PSN B-1999-009-1/1

葡语国家蓝皮书
葡语国家发展报告（2017）
著(编)者：王成安　张敏　2017年12月出版 / 估价：89.00元
PSN B-2015-503-1/2

葡语国家蓝皮书
中国与葡语国家关系发展报告·巴西（2017）
著(编)者：张曙光　2017年8月出版 / 估价：89.00元
PSN B-2016-564-2/2

日本经济蓝皮书
日本经济与中日经贸关系研究报告（2017）
著(编)者：张季风　2017年5月出版 / 估价：89.00元
PSN B-2008-102-1/1

日本蓝皮书
日本研究报告（2017）
著(编)者：杨柏江　2017年5月出版 / 估价：89.00元
PSN B-2002-020-1/1

上海合作组织黄皮书
上海合作组织发展报告（2017）
著(编)者：李进峰　吴宏伟　李少捷
2017年6月出版 / 估价：89.00元
PSN Y-2009-130-1/1

世界创新竞争力黄皮书
世界创新竞争力发展报告（2017）
著(编)者：李闽榕　李建平　赵新力
2017年1月出版 / 估价：148.00元
PSN Y-2013-318-1/1

泰国蓝皮书
泰国研究报告（2017）
著(编)者：庄国土　张禹东
2017年8月出版 / 估价：118.00元
PSN B-2016-557-1/1

土耳其蓝皮书
土耳其发展报告（2017）
著(编)者：郭长刚　刘义　2017年9月出版 / 估价：89.00元
PSN B-2014-412-1/1

亚太蓝皮书
亚太地区发展报告（2017）
著(编)者：李向阳　2017年3月出版 / 估价：89.00元
PSN B-2001-015-1/1

印度蓝皮书
印度国情报告（2017）
著(编)者：吕昭义　2017年12月出版 / 估价：89.00元
PSN B-2012-241-1/1

国际问题类 皮书系列重点推荐

印度洋地区蓝皮书
印度洋地区发展报告（2017）
著(编)者：汪戎　　2017年6月出版 / 估价：89.00元
PSN B-2013-334-1/1

英国蓝皮书
英国发展报告（2016～2017）
著(编)者：王展鹏　　2017年11月出版 / 估价：89.00元
PSN B-2015-486-1/1

越南蓝皮书
越南国情报告（2017）
著(编)者：广西社会科学院　罗梅　李碧华
2017年12月出版 / 估价：89.00元
PSN B-2006-056-1/1

以色列蓝皮书
以色列发展报告（2017）
著(编)者：张倩红　　2017年8月出版 / 估价：89.00元
PSN B-2015-483-1/1

伊朗蓝皮书
伊朗发展报告（2017）
著(编)者：冀开远　　2017年10月出版 / 估价：89.00元
PSN B-2016-575-1/1

中东黄皮书
中东发展报告No.19（2016～2017）
著(编)者：杨光　　2017年10月出版 / 估价：89.00元
PSN Y-1998-004-1/1

中亚黄皮书
中亚国家发展报告（2017）
著(编)者：孙力　吴宏伟　　2017年7月出版 / 估价：98.00元
PSN Y-2012-238-1/1

皮书序列号是社会科学文献出版社专门为识别皮书、管理皮书而设计的编号。皮书序列号是出版皮书的许可证号，是区别皮书与其他图书的重要标志。

它由一个前缀和四部分构成。这四部分之间用连字符"-"连接。前缀和这四部分之间空半个汉字（见示例）。

《国际人才蓝皮书：中国留学发展报告》序列号示例

从示例中可以看出，《国际人才蓝皮书：中国留学发展报告》的首次出版年份是2012年，是社科文献出版社出版的第244个皮书品种，是"国际人才蓝皮书"系列的第2个品种（共4个品种）。

社会科学文献出版社　　　　　　　　　　　　　　**皮书系列**

❖ 皮书起源 ❖

"皮书"起源于十七、十八世纪的英国，主要指官方或社会组织正式发表的重要文件或报告，多以"白皮书"命名。在中国，"皮书"这一概念被社会广泛接受，并被成功运作、发展成为一种全新的出版形态，则源于中国社会科学院社会科学文献出版社。

❖ 皮书定义 ❖

皮书是对中国与世界发展状况和热点问题进行年度监测，以专业的角度、专家的视野和实证研究方法，针对某一领域或区域现状与发展态势展开分析和预测，具备原创性、实证性、专业性、连续性、前沿性、时效性等特点的公开出版物，由一系列权威研究报告组成。

❖ 皮书作者 ❖

皮书系列的作者以中国社会科学院、著名高校、地方社会科学院的研究人员为主，多为国内一流研究机构的权威专家学者，他们的看法和观点代表了学界对中国与世界的现实和未来最高水平的解读与分析。

❖ 皮书荣誉 ❖

皮书系列已成为社会科学文献出版社的著名图书品牌和中国社会科学院的知名学术品牌。2016年，皮书系列正式列入"十三五"国家重点出版规划项目；2012~2016年，重点皮书列入中国社会科学院承担的国家哲学社会科学创新工程项目；2017年，55种院外皮书使用"中国社会科学院创新工程学术出版项目"标识。

中国皮书网
www.pishu.cn

发布皮书研创资讯，传播皮书精彩内容
引领皮书出版潮流，打造皮书服务平台

栏目设置

关于皮书：何谓皮书、皮书分类、皮书大事记、皮书荣誉、
皮书出版第一人、皮书编辑部

最新资讯：通知公告、新闻动态、媒体聚焦、网站专题、视频直播、下载专区

皮书研创：皮书规范、皮书选题、皮书出版、皮书研究、研创团队

皮书评奖评价：指标体系、皮书评价、皮书评奖

互动专区：皮书说、皮书智库、皮书微博、数据库微博

所获荣誉

2008年、2011年，中国皮书网均在全国新闻出版业网站荣誉评选中获得"最具商业价值网站"称号；

2012年，获得"出版业网站百强"称号。

网库合一

2014年，中国皮书网与皮书数据库端口合一，实现资源共享。更多详情请登录www.pishu.cn。

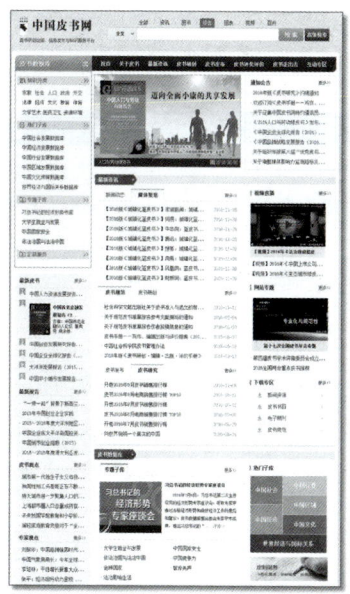

权威报告·热点资讯·特色资源

皮书数据库

ANNUAL REPORT(YEARBOOK) DATABASE

当代中国与世界发展高端智库平台

所获荣誉

- 2016年，入选"国家'十三五'电子出版物出版规划骨干工程"
- 2015年，荣获"搜索中国正能量 点赞2015""创新中国科技创新奖"
- 2013年，荣获"中国出版政府奖·网络出版物奖"提名奖
- 连续多年荣获中国数字出版博览会"数字出版·优秀品牌"奖

成为会员

通过网址www.pishu.com.cn或使用手机扫描二维码进入皮书数据库网站，进行手机号码验证或邮箱验证即可成为皮书数据库会员（建议通过手机号码快速验证注册）。

会员福利

- 使用手机号码首次注册会员可直接获得500元体验金，不需充值即可购买和查看数据库内容（仅限使用手机号码快速注册）。
- 已注册用户购书后可免费获赠100元皮书数据库充值卡。刮开充值卡涂层获取充值密码，登录并进入"会员中心"—"在线充值"—"充值卡充值"，充值成功后即可购买和查看数据库内容。

数据库服务热线：400-008-6695
数据库服务QQ：2475522410
数据库服务邮箱：database@ssap.cn

图书销售热线：010-59367070/7028
图书服务QQ：1265056568
图书服务邮箱：duzhe@ssap.cn

更多信息请登录

皮书数据库
http://www.pishu.com.cn

中国皮书网
http://www.pishu.cn

皮书微博
http://weibo.com/pishu

皮书博客
http://blog.sina.com.cn/pishu

皮书微信"皮书说"

请到当当、亚马逊、京东或各地书店购买，也可办理邮购

咨询/邮购电话：010-59367028　59367070
邮　　箱：duzhe@ssap.cn
邮购地址：北京市西城区北三环中路甲29号院3号
　　　　　楼华龙大厦13层读者服务中心
邮　　编：100029
银行户名：社会科学文献出版社
开户银行：中国工商银行北京北太平庄支行
账　　号：0200010019200365434